W0060765

Zerrissene Leben

Bruni Adler

Zerrissene Leben

Hitler, Stalin und die Folgen

Russisch-deutsche Lebensläufe

Klöpfer & Meyer

Autorin und Verlag bedanken sich bei Sabine und Eberhard Schöck, Baden-Baden, beim
Bundesverband der Deutschen West-Ost-Gesellschaften (BDWOeV) in Berlin, bei der
Hans-Boeckler-Stiftung in Düsseldorf und auch bei der Stadt Wangen im Allgäu für die
freundlich-großzügige Hilfe zum Erscheinen dieses Buches.

© 2010 Klöpfer und Meyer, Tübingen.
Alle Rechte vorbehalten.
ISBN 978-3-940086-49-5

Lektorat: Petra Wägenbaur, Tübingen.
Umschlaggestaltung: Christiane Hemmerich Konzeption und Gestaltung, Tübingen.
Herstellung: Horst Schmid, Mössingen.
Satz: CompArt, Mössingen.
Druck und Einband: Pustet, Regensburg.

Mehr über das Verlagsprogramm von Klöpfer & Meyer
finden Sie unter: *www.kloepfer-meyer.de*

Vorwort

Bruni Adler

In diesem Buch erzählen 21 Deutsche und ehemalige Sowjetbürger – Russen, Russlanddeutsche, Ukrainer, Tataren – aus unterschiedlichsten Perspektiven, wie sie die Zeit des Bolschewismus, des Nationalsozialismus und des II. Weltkriegs erlebt haben – als Deportierte und Häftlinge in Stalins Sondersiedlungen oder dem Gulag, als Soldaten oder Kriegsgefangene in Hitlers oder Stalins Gefangenenlagern, als deutsche oder sowjetische Zwangsarbeiter. Die Stimmen dieser Frauen und Männer waren – und sind – politisch unbequem oder unerwünscht und wurden aus der offiziellen Geschichtsschreibung weitgehend ausgeklammert.

Die vorliegende Recherche, die im Rahmen des Kulturaustausches zwischen der Stadt Wangen im Allgäu und der Akademie für Kultur und die Künste der Stadt Tscheljabinsk im südlichen Ural entstand, ist keiner politischen Meinung verpflichtet, sondern orientiert sich allein an den Menschenrechten, die sowohl während der nationalsozialistischen wie auch der bolschewistischen Diktatur massiv missachtet wurden.

Im Laufe meiner drei Reisen nach Westsibirien fand ich Unterstützung bei dem Direktor der Akademie für Kultur und die Künste in Tscheljabinsk, Herrn Ruschanin, und seinem Kollegium. Die Journalistin Nuria Fatichowa begeisterte sich für meine Arbeit und berichtete über dieses Projekt in einer Tageszeitung. Auf ihren Artikel hin nahmen einige Veteranen Kontakt mit mir auf, so wie die Deutschlehrerin Lyubow Nikolajewna Telminowa. In Deutschland wurde ich von einem Zeitzeugen an den nächsten weitervermittelt. Manchmal führte mich auch der Zufall oder meine Anfrage bei bestimmten Organisationen mit gesprächsbereiten Menschen zusammen.

Gern hätte ich meine Recherchen auch auf Archivmaterial gestützt und traf mich zu diesem Zweck mit zwei Archivbeamten in Tscheljabinsk. Diese erklärten mir jedoch, sie seien nur gegen ‚Kooperation' bereit, Unterlagen zur Verfügung zu stellen. Über den Preis für diese Unterstützung ließen mich dieser Herr und seine Begleiterin im Unklaren, verlangten aber, als Co-Autoren meines Buches mitzuwirken. Dass mein Text damit ihren Vorstellungen zu entsprechen habe, daran ließen sie mich nicht im Zweifel. Sie allein könnten schließlich für die ‚Wissenschaftlichkeit' meines Vorhabens bürgen, erklärten sie, denn nur von ihnen könne ich verlässliche Todeszahlen von Gulag-Häftlingen, russlanddeutschen Zwangsarbeitern, deutschen Zivildeportierten sowie Kriegsgefangenen in den Lagern rund um Tscheljabinsk erhalten. Von dem manchmal teuren Umgang mit russischen Archivaren hatte ich gehört. Trotzdem war ich enttäuscht und entschied, meine Arbeit ohne diese Beamten fortzusetzen.

Die unterschiedlichen Sichtweisen der Männer und Frauen, die hier zu Wort kommen, kann man zwar nicht verallgemeinern, dennoch repräsentieren sie Gruppen von Menschen, denen Ähnliches widerfahren ist. Bis auf einen katholischen deutschen Pfarrer, der Jahre als Kriegsgefangener in Tscheljabinsk verbrachte, stimmte jeder Befragte der Veröffentlichung seiner Erinnerungen zu, nachdem er das Manuskript selbst oder mit Hilfe eines Dolmetschers korrigiert hatte. Die Entscheidung, zum Zwecke dieser Publikation seinen vollständigen Namen oder nur den Vornamen zu verwenden, blieb jedem einzelnen Zeitzeugen selber überlassen.
Manche Berichte ähnelten sich so sehr, dass nicht jeder Eingang in dieses Buch fand, wie z. B. die Erinnerungen der ehemaligen Rotarmistin Antonia. Ihr Satz: „Manchmal setzten wir uns zum Essen auf steif gefrorene, tote deutsche Soldaten wie auf eine Bank", hat sich jedoch in mein Gedächtnis eingebrannt. Der Bericht einer Weißrussin erschien mir hingegen zu fragwürdig, um ihn zu veröffentlichen. Die Hintergründe für diese Unglaubwürdigkeit – in meinen Augen – sind dennoch erwähnenswert. Mit 16 Jahren kam sie offenbar als Zwangsarbeiterin nach Deutschland. Hätte sie das den sowjetischen Behörden bei ihrer Heimkehr nach Kriegsende berichtet, wäre sie wahrscheinlich zu weiterer Arbeit im Gulag verurteilt wurden, denn Zwangsarbeiter galten Stalin, ebenso wie sowjetische Kriegsgefangene, als Vaterlandsverräter.
Meine Gesprächspartnerin fälschte daher sowohl ihr Geburtsdatum wie auch ihre Geschichte und konnte glaubhaft machen, als 13-Jährige mehrere Jahre im KZ Ravensbrück verbracht zu haben. Diese Angaben schützten sie vor bolschewistischen Sanktionen. Als ich sie nach Details zu diesem KZ, das ich gut kenne, befragte, wurde mir klar, dass sie dort nie

gewesen sein konnte. Zu ihrer eigenen Sicherheit war sie jedoch gezwungen, die einmal aus Angst erfundene Geschichte ein Leben lang aufrechtzuerhalten – auch um weiterhin in den Genuss einer kleinen Opferrente zu kommen. Sie ist sicherlich eine von vielen Rückkehrern, die ein Leben lang mit einer aus Not erfundenen Darstellung lebten.

Während der drei Jahre, die ich an diesem Buch arbeitete, erkannte ich immer deutlicher, dass unser Handeln wesentlich von den Systemen bestimmt wird, in denen wir Menschen leben und in die wir verstrickt sind – also von dem historischen und geographischen Kontext, in dem jeder Einzelne agiert. In jeder Hierarchie, gleich welcher politischen oder religiösen Prägung, herrscht eine Machtelite mehr oder weniger demokratisch über die große Mehrheit der Menschen. Da das System die Mächtigen besonders privilegiert, versuchen sie diese Struktur aufrechtzuerhalten. Je diktatorischer ein Regime ist, umso brutaler sind die Mittel, die zur Wahrung der Machtverhältnisse eingesetzt werden müssen und können. Demokratien sind dagegen auf subtilere Mittel der Meinungsbildung und damit der Machterhaltung angewiesen.

Stützen hierarchischer Systeme sind überzeugte Mitstreiter der Mächtigen und bürokratische Kader ebenso wie opportunistische Handlanger. Sie alle partizipieren an den Privilegien der Elite. Aber auch die schweigende Mehrheit, die sich dem Regime mehr oder weniger freiwillig beugt, trägt zum Erhalt des Machtgefüges bei. Dabei suchen die meisten Menschen für sich und ihre Familien auch unter schier ausweglosen Bedingungen vor allem einen Weg zu überleben – wenn nötig auch auf Kosten anderer. Nicht jeder hat ja die Möglichkeit, ins Exil zu gehen, und nur wenige Menschen wehren sich offen gegen Korrumpierung und Unrecht und sind bereit, dafür ihre Freiheit oder ihr Leben aufs Spiel zu setzen.

Meine Gesprächspartner machten mir immer wieder aufs Neue deutlich, dass letztlich nicht Gruppen, Kollektive oder Nationen handeln und leiden, sondern Individuen. Im Mittelpunkt meines Buches steht daher der einzelne Mensch in all seiner Widersprüchlichkeit – als Opfer *und* Täter. Jenseits moralischer Urteile und der Frage nach Schuld standen für mich folgende Fragen im Vordergrund: Wie wurden meine sowjetischen und deutschen Zeitzeugen zu Anhängern der einen oder anderen politischen Weltanschauung? Wie wurden sie dazu gebracht, zu hassen, zu vergewaltigen und zu töten, ohne sich dabei in vielen Fällen als Täter zu sehen? Welche Handlungsspielräume hatten sie, bzw. inwiefern waren sie staatlicher Propaganda, Desinformation und Hetze ausgeliefert? Auf welche Weise haben sie von den Machtstrukturen profitiert oder – wenn auch unwillentlich – zu deren Aufrechterhaltung beigetragen, selbst wenn sie das System ablehnten oder unter ihm litten? Wie haben die Männer, Frauen und Kinder mit ihren seelischen Erschütterungen gelebt?

Fast alle von mir befragten Zeitzeugen beklagten, dass sie sich in der offiziellen Geschichtsschreibung nicht wiederfänden. Dieses Buch thematisiert und würdigt daher insbesondere die Leiden und Erfahrungen einfacher Menschen – in der ehemaligen Sowjetunion und in Deutschland. Kommenden Generationen sollen ihre Stimmen helfen, Manipulation und Propaganda leichter zu durchschauen. Sie sollen ihnen vor Augen führen, dass Krieg vor allem Leid und Elend bedeutet und nicht Heldentum und Abenteuer.

Mich bewegte die Frage: Wie kann man Geschichte begreifen, tatsächlich aus ihr lernen, ohne sich für die nicht zur Machtelite Gehörenden, also die Mehrheit der Menschen, zu interessieren – oder für noch lebende Zeitzeugen? Dabei wurde mir immer klarer, dass jede Machtelite offenkundig ein Gespür dafür hat, dass sie gefährdet bleibt, solange sie nicht über die Definition der Gegenwart – und damit der Vergangenheit – herrscht. Weil sich Machteliten auch über die Deutung der Vergangenheit legitimieren, lassen sie Geschichte in ihrem Sinne darstellen. So entstehen häufig Geschichtsmythen, die sich als Geschichtswissen etablieren. Als Folge davon müssen Erinnerungen, die nicht ins gewünschte Bild passen, ausgelöscht oder zumindest ignoriert werden. Alle meine Gesprächspartner verbanden daher mit der Veröffentlichung ihrer Erinnerungen jenseits nationaler und ethnischer Grenzen den Wunsch, einen Beitrag zur Aufarbeitung der Geschichte im eigenen Land sowie zur Völkerverständigung *von unten* zu leisten.

Ich freue mich ganz besonders, dass mein Buch schon vor seiner Veröffentlichung zu Diskussionen unter den Historikern geführt hat, denen ich mein Manuskript mit der Bitte um einen Begleittext zur Verfügung stellte. Ich bin Prof. Dr. Narsky, Geschichtsprofessor an der Universität Tscheljabinsk, und Prof. Dr. Baberowski, Geschichtsprofessor an der Humboldt-Universität Berlin, dankbar, dass sie mir ihren Gedankenaustausch in Form eines Briefwechsels zur Veröffentlichung überließen. Ihre Briefe sind als Nachwort am Ende des Buches zu lesen.

Inhalt

1. Alexander Semjonowitsch Schlykow

Ein Ural-Kosake auf dem *Weg des Lebens* nach Leningrad

Meine Begegnung mit Dr. Alexander Semjonowitsch Schlykow hatte Oleg Salo, der Stellvertreter der Russlanddeutschen in *Tscheljabinsk*, gemeinsam mit dem Leiter des *Hauses der Freundschaft* in die Wege geleitet, wo unser Gespräch auch stattfand. An dem Treffen im Unterrichtsraum für Deutsch nahmen außerdem die Deutschdozentin der Pädagogischen Universität, Olga Vlassenko, und ihr Schüler Pavel Chernyaev teil, die sich bereit erklärt hatten zu übersetzen. Da ich mit *Kosaken* vor allem kampf- und sangfreudige Donkosaken verband, überraschte mich sogleich der Geburtsort des rüstigen Veteranen, an dessen Brust eine fabelhafte Anzahl militärischer Orden prangte: Er wurde 1921 im Ural geboren, in eine Bauernfamilie in Kljutschi, einem kleinen Dorf etwa 60 Kilometer entfernt von Tscheljabinsk.

„Katharina die Große siedelte die ihr treu ergebenen Kosaken auch im Ural an, wo sie Russland gegen die *Kasachen* schützen sollten, die, aus Zentralrussland kommend, die Grenzen ihres Reiches unsicher machten", erklärt er.

Meine Fragen nach seiner Kindheit amüsieren ihn. Mit einem Schmunzeln in seinen strahlend hellblauen Augen erzählt er: „Jeder Kosak hatte damals zwei Pferde und einen Säbel. Je mehr Söhne er hatte, desto mehr Land erhielt er von der Zarin – 15 Hektar pro Sohn."

Während ich noch über die Weitsicht der Zaren nachdenke, die sich durch diese Regelung immer neue Generationen treuer Staatsdiener sicherten, sagt der hochdekorierte Veteran: „Mein Vater hatte drei Söhne. Zusammen standen den vier männlichen Familienmitgliedern also 60 Hektar Land zu. Meine Familie galt daher für die damaligen Verhältnisse als wohlhabend. Durch die Politik Stalins waren wir aber plötzlich nicht mehr begüterte Kosaken, sondern verhasste *Kulaken*. Im Rahmen der *Entkulakisierung* versuchte man auch meine Familie zu enteignen und zum Beitritt in die *Kolchose* zu zwingen. Da wir aber keine Tagelöhner

11

beschäftigten, sondern die gesamte Feldarbeit selber bewerkstelligten, blieben wir von der ersten Welle der Enteignungen verschont.

1929 schaffte die Kolchose einen Mähdrescher an. Wäre Vater ihr nicht beigetreten, hätte er dieses Gerät nicht nutzen können. Da er außerdem um die Sicherheit seiner Söhne fürchtete, wurde er Mitglied der Kolchose. Im ersten Jahr ging alles verhältnismäßig gut. Zunehmend kristallisierte sich jedoch heraus, dass manche Kolchosmitglieder fleißig arbeiteten, während sich andere auf die faule Haut legten. Trotzdem war der Lohn für jeden mehr oder weniger gleich. Damals zählte nämlich nicht die geleistete *Arbeit*, sondern die Anzahl der Arbeits-*Stunden*. Als zur Ineffizienz der Kolchose-Produktion 1931/32 auch noch Dauerregen und Unwetter hinzukamen, löste dies eine katastrophale Hungersnot aus. Auch in unserem Dorf verhungerten viele Menschen. Die Frauen buken Lebeda-Brot mit Melde, einer Pflanze reich an Vitamin C. Darüber hinaus konnte das Gemüse aus dem kleinen, vom Staat genehmigten, privaten Hausgarten über Tod und Leben in einer Familie entscheiden. Der Wahrheit halber sollte ich erwähnen, dass die Kinder der Kolchosmitglieder in der Gemeinschaftskantine täglich ein kostenloses warmes Essen erhielten."

Die von Dr. Schlykow erwähnten privaten Gärten machten nur etwa vier Prozent der landwirtschaftlichen Nutzfläche der UdSSR aus, erwirtschafteten aber mehr als die Hälfte der Gesamtmenge an Kartoffeln, Gemüse und Obst sowie über 70 Prozent an Milch und Fleisch.[1]

„Ich hatte 1931, im ersten Hungerjahr, gerade das vierte Schuljahr beendet und wurde nach Jetkul in die 30 Kilometer entfernte weiterführende Schule geschickt. Die meisten Dorfkinder absolvierten allerdings lediglich vier Schuljahre. Von 60 Schülern strebten nur etwa zwölf eine weiterführende Bildung an. Je nach Wetter kamen wir einmal in der Woche oder alle 14 Tage nachhause. Begleitet wurde unsere kleine Gruppe stets von einem Erwachsenen oder einem älteren Schüler. In den Hungerjahren bestand unsere Marschverpflegung aus Rübenstücken. Die Schule hatte auch den Vorteil, dass es dort täglich ein warmes Essen gab."

Meine Frage, ob es sich um ein Internat handelte, verneint er: „Nein, nein! Mein Vater hatte auf Empfehlung meines älteren Bruders ein kleines Privatzimmer gemietet, das ich mit zwei anderen Jungen teilte. Die freundliche Hauswirtin wurde in Geld oder Naturalien bezahlt."

Seit ein paar Tagen mit der westsibirischen Winterkälte vertraut, bitte ich ihn, mir die Bekleidung zu beschreiben, die es ihm als kleinem Jungen ermöglichte, 30 Kilometer zu Fuß zurückzulegen, ohne zu erfrieren. Ich erinnere mich an den Vortag, als ich mit Olga in der Stadt unterwegs war und sie plötzlich sagte: „Komm, Bruni, wir gehen in das Geschäft!" Auf meine erstaunte Frage, ob sie in diesem teuren Laden etwas kaufen wolle, erwiderte sie überrascht: „Nein, natürlich nicht! Nur aufwärmen!"

Alexander Semjonowitsch erklärt unterdessen: „Die Kinder der Kolchosmitglieder erhielten eine Schuluniform und einen Mantel. Bis dahin hatte ich noch nie einen Mantel gesehen!"

„Hatten Sie Heimweh?"

„Natürlich. Aber wenn man eine Schulbildung wollte, gab es keine Alternative. Mein älterer Bruder hatte die Schule bereits absolviert. Ich war also ganz allein und habe anfangs viel geweint. In der ersten Zeit besuchte der Bischof noch ab und zu unsere Schule. Mit dem Religionsverbot war es damit aber vorbei. Andererseits ging ich gern in die Schule. Mein Lieblingsfach war Literatur."

„Sie kamen also 1931 nach Jetkul und blieben vier Jahre dort?"

„Ganz so einfach war es nicht. 1934 erkrankte ich an Malaria und blieb ein ganzes Jahr lang zuhause …"

„Beschreiben Sie mir doch bitte Ihren Heimweg im Winter, bei Schnee und klirrender Kälte! Einem Tag wie heute! Minus 25 Grad und der Wind bläst."

Bereitwillig erzählt er: „Unterwegs legten wir normalerweise eine Rast ein. War das Wetter gar zu ungnädig, kam es vor, dass wir in einem der Dörfer unterwegs übernachteten. Ich sehe, dass Sie sich Gegebenheiten gern an Hand von Anekdoten veranschaulichen lassen, deswegen werde ich Ihnen ein unvergessliches Erlebnis schildern: Einmal wurden wir, eine Gruppe von sechs Schülern, unterwegs von Wölfen angefallen. Wölfe sind im Ural ja keine Seltenheit. Zusammen mit zwei Schulkameraden kletterte ich schnell auf einen Baum. Die anderen drei liefen mit der 16-jährigen Begleitperson davon. Drei bis vier Stunden hingen wir vor Angst und Kälte zitternd im Geäst, bis die Wölfe bei einbrechender Dunkelheit endlich das Interesse an uns verloren. Wir waren halberfroren!" Scherzend fügt er hinzu: „Aber die Wölfe bestimmt auch. In dieser Nacht haben wir in dem nahe gelegenen Dorf übernachtet.

Ein andermal, im Frühling, hatte das Schmelzwasser die Brücke weggerissen, und wir mussten warten, bis der Wasserspiegel so weit gesunken war, dass wir den Fluss durchqueren konnten. 1936 schloss ich die Schule jedoch ab und ging mit 15 Jahren ins medizinische Technikum nach Troizk."

„Wann beendeten Sie Ihre Ausbildung dort?"

„1939."

„Sie verbrachten also die schlimmsten Jahre der *stalinschen Säuberungen* in Troizk. War Ihre Familie von den Repressionen betroffen, die wie die Pest in Ihrem Land wüteten?", frage ich unbekümmert. Schließlich hatte sich seine Familie dem Kollektivierungsdruck gebeugt.

Umso mehr trifft mich seine scheinbar trockene Antwort: „Wie unzählige andere wurde auch mein Vater 1938 verhaftet und zu zehn Jahren Zwangsarbeit verurteilt. Dass er schon zwei Monate später erschossen wurde, erfuhren wir erst nach Stalins Tod, 20 Jahre später. Mein Vater wurde zwar rehabilitiert, aber von meiner Familie weiß bis heute niemand etwas über die genauen Umstände oder Gründe seines Todes. Briefwechsel war den Sträflingen damals verboten. Dennoch fühlten oder ahnten wir, dass Vater tot war."

„Was empfinden Sie heute angesichts dieses Unrechts, das Ihrem Vater und Ihrer Familie widerfuhr?"

„Ich bin enttäuscht über die Entgleisungen in meinem Land. Dennoch waren die Maßnahmen gegen Parteifeinde notwendig."

„Sie reden von dem Mord an Ihrem Vater und zahllosen anderen unschuldigen Menschen!"[2]

„Die Kommunisten mussten die alten Strukturen brechen, um neue aufbauen zu können. Deswegen war es richtig, keine Kritik am Stalinismus zuzulassen. Es war damals tatsächlich unmöglich, sich gegen Stalin aufzulehnen."

„Kann man ein vermeintliches Paradies wirklich auf den Gebeinen unzähliger Opfer errichten? Die Bolschewiki, die im Namen einer Ideologie Millionen Menschen sterben ließen, interessierten sich nicht für den Einzelnen. Auch das Leben Ihres Vaters zählte nicht."

Betont ruhig erwidert er: „Weiß ich denn mit Sicherheit, ob er sich nicht doch etwas hatte zu Schulden kommen lassen?"

„Sie meinen, seine Ermordung ohne Gerichtsverfahren könnte berechtigt gewesen sein?!", entfährt es mir bestürzt.

„Solange ich keine genaue Information habe, ist diese Annahme zumindest denkbar, meinen Sie nicht auch?"

Ich beobachte die Gesichter um mich herum: Olga, Pavel, Oleg. Widerspruch lese ich in ihren Augen nicht. Der ist mir während meiner zahlreichen Gespräche in Russland nur einmal begegnet. Bestimmt wissen sie nicht, dass Stalin 1937 in einem streng geheimen Befehl anordnete: „… diese ganze

Bande von antisowjetischen Elementen ... auf erbarmungslose Weise zu vernichten.' Zu diesen zählten *Rückkehrer* aus der Verbannung, Kulaken, einstige Mitglieder antibolschewistischer Parteien, Geistliche und ehemalige zaristische Offiziere und Soldaten, so genannte *Weiße*. Der Geheimdienst sollte dieses Mordprogramm verschleiern, was ihm offenbar gelungen ist.

Die von ihm selbst veranlassten Morde der Jahre 1937/38 kreidete Stalin seinem Handlanger und loyalen Geheimpolizeichef *Jeschow* an und ließ ihn zum Tode verurteilen. Mit ihm opferte er auch dessen Familie und Gefolgsleute – 364 Menschen – dem Volkszorn, genauso wie er es mit dessen Vorgänger *Jagoda* getan hatte. Stalin selbst präsentierte sich dagegen öffentlichkeitswirksam als gerechter Herrscher. Er ließ seinen neuen Polizeichef Berija etwa 1,5 Millionen Fälle des von ihm selbst veranlassten Staatsterrors überprüfen. 450.000 Urteile wurden daraufhin aufgehoben, 128.000 Verfahren eingestellt und 327.000 Menschen aus dem *Gulag* entlassen.[3] Recht und Ordnung schienen wieder hergestellt und viele sahen in Stalin weiterhin den strengen, aber gerechten Herrscher. Durch Skrupellosigkeit und geschickte Propaganda gelang es dem Diktator also, Terror zu entfesseln und gleichzeitig den Dank für seine Beendigung zu ernten. Die Angehörigen derjenigen, die nicht heimkehrten, blieben so meist mit dem Zweifel an der Unschuld ihrer Familienangehörigen und Freunde zurück – offenbar selbst dann, wenn diese, wie Alexanders Vater, rehabilitiert wurden.

Von dem Terror im eigenen Land zu dem in Deutschland wechselnd, erklärt der Veteran: „Wir waren über die Verfolgung unserer kommunistischen Mitstreiter in Deutschland gut informiert und fühlten uns mit ihrem Leid in den faschistischen KZ solidarisch."

Wie hätte er auch wissen können, dass Stalin 1937/38 auch die Kommunistische Partei in Deutschland fast vollkommen auslöschen ließ, weil sie sich zunehmend von seiner Politik abwandte.[4] Letztendlich ließ er mehr Mitglieder des Politbüros der KPD (von 1933) umbringen als Hitler.[5] Allein im Februar 1940, einige Monate nach Abschluss des Hitler-Stalin-Paktes, händigte Stalin 570 deutsche Kommunisten an die Gestapo aus.[6] Während junge Sowjetbürger über Hitlers Untaten Bescheid wussten, wurden deutsche Soldaten über die Verbrechen der Bolschewiki informiert. Auf beiden Seiten zogen dann Millionen Männer gegen das Übel jenseits ihrer Grenze in den Kampf! Dass es im eigenen Land genügend

Unrecht zu bekämpfen gegeben hätte, konnten oder wollten die mit Halbwahrheiten abgespeisten jungen Helden nicht sehen – oder sie fühlten sich gegenüber ihrem Staat machtlos. Und heute? Eine nationale Grenzen überschreitende Geschichtsschreibung würde jungen Menschen auch in Russland und Deutschland die Begegnung und Wahrung des Friedens mit Sicherheit erleichtern.

Hätte dieser Krieg nicht nur die Nazi-Teufel ausgetrieben, sondern auch die stalinistischen Beelzebuben, dann hätte er in meinen Augen etwas von dem Glorienschein verdient, der ihn in den Ländern der Sieger heute noch umgibt. Einen Sieg zu verherrlichen, der mit millionenfacher Vergewaltigung und Vertreibung und dem damit verbundenen Tod unzähliger Zivilisten einherging, der die Besiegten jahrelanger Zwangsarbeit und hunderttausendfachem Tod auslieferte, der die *befreiten* Menschen ausraubte und ihre Gebiete für immer annektierte, widerstrebt mir.

„Die Idee des Kommunismus ist trotzdem gut!", betont mein Gegenüber, als habe er meine Gedanken gelesen. „Das heißt nicht, dass alle Kommunisten gute Menschen waren oder sind. Vielleicht gibt es davon ein paar mehr in *Weißrussland*. Dort funktioniert der Kommunismus besser als bei uns."

Erneut setzen seine Worte bei mir düstere Assoziationen frei – Erinnerungen an einen Besuch in *Brest* kurz vor einer Wiederwahl des weißrussischen Staatsoberhauptes Lukaschenko, der damals die Büros oppositioneller Parteien kurz und klein schlagen ließ.[7] Wer seine abweichende Meinung öffentlich kundtat, landete im Gefängnis. Ich behalte meine Gedanken jedoch für mich.

Alexander Semjonowitsch schrieb sich ein Jahr nach dem Verschwinden seines Vaters, im September 1939, in der Medizinischen Fakultät der Universität von *Swerdlowsk* ein und wurde acht Monate später zum Militärdienst einberufen. „Aufgrund der internationalen Lage erwartete man in Russland einen Krieg. Ich war 18 Jahre alt, also war meine Einberufung vollkommen normal. Ich kam in den Nordosten *Leningrad*s, ins Gebiet Wologda, nach Wytegra – 3000 Kilometer von zuhause entfernt. Wir fuhren mit dem Zug bis Wolchow, südlich des Ladogasees, mit dem Schiff über diesen und den Onegasee und gelangten nach fünf oder sechs Tagen auf dem Fluss Wytegra an unser Ziel.

Ich bedauerte einerseits, mein Studium unterbrechen zu müssen. Andererseits war ich überzeugt, dass ich nach Absolvierung meines Militärdienstes, also nach zwei Jahren, weiterstudieren würde. Ich empfand ein starkes Verantwortungsgefühl gegenüber meinem Vaterland – und litt doch auch unter Heimweh. Zunächst faszinierte mich jedoch all das Neue. Ich fand die Gegend viel schöner als den Ural. Es war Sommeranfang. Die Wälder waren grün. Mich begeisterten die breiten Flüsse, die saftigen Wiesen und Hügel. Wytegra ist eine Hafenstadt. Das war für mich eine neue Welt! Ich bestaunte die zweistöckigen Holzhäuser, die Märkte, die Läden, die Fischerei, den Hafen, die Holzindustrie! Viel zu schnell, nach zwei Tagen schon, brachen wir zu unseren 30 Kilometer entfernten Kasernen auf, und einen Monat später ging es weiter nach Tilsit, an die neue deutsch-sowjetische Grenze …"

„Die Hitler und Stalin in ihrem Abkommen von 1939 festgelegt hatten …", werfe ich ein.

„Ja. Mit diesem Vertrag gehörten die baltischen Staaten zur UdSSR und wir hatten die Aufgabe, neue Grenzanlagen zu errichten. Unsere Politkommissare schärften uns ein, Kriegspropaganda kein Gehör zu schenken. Auf deutscher Seite geschah das Gleiche. Auch dort sollten die Menschen an Hitlers Friedenspläne glauben, während gleichzeitig die Grenze gesichert wurde."

„Wie sah Ihre Aufgabe aus?"

„Wir mussten Gräben schaufeln, Bunker bauen, Stacheldraht ziehen und Minen legen. Unsere Kasernen befanden sich in der Nähe eines litauischen Dorfes, etwa zwei Kilometer von der Grenze entfernt. Sonntags besuchten wir dort die katholische Messe." Er lächelt: „Der freundliche Priester, der außerdem Imker war, lud uns in sein Haus ein und bot uns Tee mit *Honig* an …" Da es im Ural üblich ist, Tee mit Marmelade zu süßen, fiel dies dem jungen Soldaten natürlich besonders auf.

„In den ersten Junitagen verließen die Menschen nach und nach ihre Dörfer", fährt er fort. „Als wir den Priester fragten, wohin sie gingen, antwortete er: ,Feldarbeit verrichten'. Als wir ihn am nächsten Sonntag besuchten, hatte er bereits alle seine Möbel auf ein Pferdefuhrwerk geladen und war gerade im Begriff wegzufahren. Wieder erkundigten wir uns nach den Gründen. ,Wir leben in unruhigen Zeiten', erklärte er ausweichend. Schließlich nahm er uns aber mit in sein leeres Haus und enthüllte uns: ,Es wird Krieg geben! Und hier in Grenznähe wird man zuerst kämpfen.'"

Mit ironischem Unterton fügt Alexander Semjonowitsch hinzu: „Diesmal bot er uns keinen Tee an. Das spielte sich genau zwölf Tage vor Kriegsbeginn ab! Diese Worte stimmten mich traurig und machten mir

Angst. Außerdem war ich verwirrt, weil die sowjetische Propaganda laut und vernehmlich den Frieden beschwor.

‚Krieg gegen wen?‘, fragte ich den Priester. ‚Gegen die Nachbarn‘, erwiderte er vage. Für meinen Freund und mich konnte das nur Ostpreußen bedeuten. Beunruhigt begaben wir uns zu unserem Kommandeur. Der hörte uns ruhig an und sagte: ‚Glaubt dieser Propaganda nicht! Ihr seht doch selbst: Hier ist alles ruhig!‘ Er befahl uns jedoch, mit niemandem darüber zu sprechen! Eine Dreiviertelstunde später wurden wir zum Stabskommandeur gerufen und mussten alles noch einmal erzählen. ‚Glaubt doch diesen Gerüchten nicht!‘, wiederholte er. ‚Und redet vor allem nicht darüber‘. Während des Abendappells wurde erneut betont: ‚Zwischen Deutschland und der Sowjetunion herrscht Freundschaft. Allen anderen Gerüchten ist kein Glauben zu schenken!‘"

An dieser Stelle bin ich leider gezwungen, das Gespräch mit Dr. Alexander Schlykow zu unterbrechen. Ich werde in der Akademie der Künste zu einem Gespräch mit Studenten erwartet. Zu meiner Freude erklärt sich mein Gegenüber ohne Umschweife bereit, unsere Unterhaltung am nächsten Tag fortzusetzen.

Über meine Recherchen informiert, fragen die Studenten, warum ich mich mit einem Krieg beschäftige, der über 60 Jahre zurückliegt.

„Weil man nur aus vergangenen Kriegen etwas über Kriege lernen kann. Vielleicht lassen sich durch deren Analyse Mechanismen und Strukturen erkennen, die allen Kriegen zugrunde liegen."

In Russland gäbe es derzeit keinen Krieg zu vermeiden, entgegnen die Studenten unbekümmert.

„War oder ist der Krieg gegen *Tschetschenien* kein Krieg?", frage ich zurück.

„Das ist etwas ganz anderes!", lautet die einstimmige Antwort. „Und selbst wenn Sie Recht haben, Kriege hat es zu jeder Zeit gegeben! Sie lassen sich nicht vermeiden!"

„Ich weigere mich aber, Krieg als eine Form von Naturkatastrophe zu betrachten."

„Was sollten wir denn Ihrer Meinung nach in Bezug auf Tschetschenien tun?"

„Mit Tschetschenen sprechen, versuchen ihre Sichtweise zu verstehen und nach den wirtschaftlichen Hintergründen dieses Konfliktes fragen!"

„In Tscheljabinsk lebt eine tschetschenische Minderheit!", höre ich eine Studentin sagen.

„Sprecht mit ihnen! Lernt etwas über ihre Geschichte! Eine Wurzel der gegenwärtigen Spannungen findet Ihr auch dort!"

„Mit denen kann man nicht reden! Da lässt sich keine gemeinsame Sprache finden!"

Nur Unwissenheit lässt sie so reden, denke ich. Würden sie mit Tschetschenen sprechen, so würden sie erfahren, dass dieses Volk schon seit Ende des 19. Jahrhunderts gegen seine Unterwerfung durch den Zar rebelliert hat. Auch Stalin schickte mehrere Strafexpeditionen gegen die Aufständischen im Kaukasus. Als das Gebiet nach Abzug der deutschen Truppen Anfang 1944 wieder unter sowjetische Herrschaft geriet, ließ Stalin über eine halbe Million Tschetschenen und Inguschen deportieren. Die autonome Republik der Tschetschenen hörte damit auf zu existieren.[8] Alles, was an die Vertriebenen erinnerte, wurde zerstört, in ihren umbenannten, verlassenen Dörfern siedelte man russische Bauern an, die ihre Häuser in den Kriegswirren verloren hatten. Über das Schicksal der einstigen Bewohner erfuhren sie nichts. Die Namen der deportierten Völker ließ Stalin aus allen offiziellen Dokumenten, sogar aus der *Großen Sowjet-Enzyklopädie* entfernen.[9] Wären die Studenten in der Lage, propagierte Feindbilder zu überwinden, so würden sie auch erfahren, dass fast ein Viertel dieser damals deportierten *Volksfeinde* ums Leben kam und dass es den Tschetschenen erst seit 1994 offiziell wieder erlaubt ist, in ihre Heimat zurückzukehren.[10]

Das Unwissen der Studenten rührt wohl daher, dass Tschetschenien heute noch ein heikles Thema ist. Die Journalistin Anna Politkowskaja wurde erschossen, weil sie sich weigerte, darüber zu schweigen. Die Journalistin Elena Tregubova floh nach einem Mordanschlag ins Ausland. Sie hatte Tausende Fälle von Verschleppung, systematischer Folter, Hunderte Hinrichtungen und massenhafte Plünderungen angeprangert sowie die Tatsache, dass separatistische Bestrebungen als Terrorismus deklariert und brutal unterdrückt wurden. Sie wagte auch zu sagen, dass dieser Krieg längst ein staatlich finanzierter Handel mit Waffen, Öl und Menschen ist und dass der russische Geheimdienst Anschläge inszenierte, um Akzeptanz für Putins Vorgehen gegen Tschetschenien zu gewinnen.[11] Nach dem Gespräch mit den Studenten kehre ich nachdenklich in mein Zimmer im Studentenwohnheim zurück.

Als Dr. Schlykow am nächsten Tag in dunklem Anzug mit dezenter schwarz-weißer Krawatte erscheint, sehe ich in ihm in erster Linie den

Zivilisten und erfolgreichen Chirurgen. Nur ein rechteckiger, bunter Orden-und-Medaillenspiegel von der Größe eines Reisepasses ziert seine linke Brust. Diesmal erklärt sich Oleg, der Vorsitzende der Russlanddeutschen, bereit zu dolmetschen. Schnell kehren wir zu Alexanders Begegnung mit dem litauischen Pfarrer zwölf Tage vor Ausbruch des deutsch-sowjetischen Krieges in der Nähe von Tilsit zurück.

„Am nächsten Tag wurden Patronen und Granaten in größerer Zahl als bisher ausgegeben, die Bunker besser befestigt, mehr Minen platziert und vom russischen Hinterland mehr Soldaten an die Front verlegt. Ich verspürte eine wachsende Unruhe – und trotzdem tanzten wir noch mit litauischen Mädchen."

„Haben Sie von der Deportation Tausender Litauer während der sowjetischen Besatzung – vor Beginn und nach Ende des Krieges etwas mitbekommen?"

„Nein. Von den Repressionen gegenüber der Bevölkerung wusste ich nichts. Dass es aber Einheimische gab, die über die Gegenwart russischer Soldaten nicht glücklich waren, habe ich bemerkt. Auch nach Kriegsende war die Stimmung nicht gut. Während der Wahlen zum 1. Sekretär der Kommunistischen Partei Litauen (KPL) 1946 rollten russische Panzer durch Kaunas. Damals wurden ein russischer Soldat und eine Abgeordnete auf der Treppe einer Schule getötet. Meines Wissens wurden der oder die Täter nie gefasst."

Was war geschehen? Nachdem die Rote Armee 1939 einmarschiert war, ließ Stalin die litauische Führungsschicht liquidieren und 20.000 sowjetische Soldaten in Litauen ansiedeln.[12] Auf acht Litauer kam nun ein Sowjetsoldat. 1941, kurz vor Kriegsbeginn, wurden 35.000 Litauer nach Sibirien deportiert. Während sich Scharen von Flüchtlingen auf den Weg nach Westen machten, wurden 750.000 in ihrem eigenen Land internierte Litauer zu Fuß nach Osten evakuiert.[13] Erst der Einmarsch der Deutschen setzte diesen Todesmärschen, die Ungezählte nicht überlebten, ein Ende.

In vielen sowjetischen Gefängnissen im Baltikum, in Weißrussland und der *Ukraine* – besonders in Ostpolen bzw. der Westukraine – kam es zu Massakern. Die NS-Propaganda instrumentalisierte die erschütternden Berichte deutscher Soldaten, die diese Berge von Toten entdeckten, für antijüdische Hetzkampagnen. Bis zu den Säuberungen von 1937 zählte, besonders in der Ukraine, eine beachtliche Anzahl von Juden zu den Mitarbeitern der für diese Massaker verantwortlichen sowjetischen Geheimpolizei, was den ohnehin vorhandenen Antisemitismus in der UdSSR

20

weiter schürte. Als der diffamierende Begriff *Jüdischer Bolschewismus* von den Nazis propagandistisch ausgeschlachtet wurde, war er in Stalins Machtbereich schon lange in Gebrauch. Für Ezra Mendelsohn von der Hebräischen Universität Jerusalem liegt die Bereitschaft vieler Litauer, sich an der NS-Vernichtungspolitik gegenüber Juden zu beteiligen, auch an der ‚traurigen Allianz zwischen jüdischen Radikalen … und einem bösen Regime, das Millionen von Unschuldigen ermordete.'[14] Für unzählige ebenso unschuldige Juden hatte dies verheerende Folgen.

Der erneute sowjetische Einmarsch im Baltikum Ende 1944 war nicht nur von Plünderungen, Brandzerstörungen und Vergewaltigungen begleitet, die KPL – 1948 gehörten ihr nur etwa 20 Prozent Litauer an[15] – betrieb darüber hinaus die gewaltsame Russifizierung des Landes. Zwischen 1940 und 1953 wurden über 100.000 Litauer, zehn Prozent der Bevölkerung, einschließlich Tausender Kinder, von Deportations- und Verhaftungswellen erfasst.[16] Im Gegenzug siedelten die Bolschewiki zwischen 1945 und 1951 130.000 Russen und Weißrussen in Litauen an.[17] Von den nach Deutschland geflohenen oder dort zur Zwangsarbeit verpflichteten Litauern warteten nach Kriegsende 64.000 auf eine Auswanderungsmöglichkeit nach Übersee. In ihre besetzte Heimat wollten sie nicht zurückkehren.[18]

„Ich habe den Beginn des Krieges geahnt", erzählt Dr. Schlykow, für den diese Informationen jahrzehntelang unzugänglich waren. „Er lag förmlich in der Luft. Am Abend des 21. Juni fühlte ich mich besonders ruhelos. Ich konnte die ganze Nacht nicht schlafen. Ab vier Uhr hörte ich Flugzeuge die Grenze überfliegen. Kurz darauf wurden wir zum Appell gerufen und aufgefordert, unsere Stellungen einzunehmen. Bis zum letzten Moment sträubte sich alles in mir gegen diesen Krieg. Im Morgengrauen konnten wir deutsche Schiffe auf der Mitte des Flusses beobachten. Als wir uns nicht provozieren ließen, eröffneten sie schließlich das Feuer. Erst in diesem Moment, um fünf Uhr morgens, stand für mich mit unumstößlicher Gewissheit fest: Nun ist Krieg. Gegen zehn Uhr wurde unsere Stellung von Granatwerfern beschossen. Nachmittags wurde unsere Kaserne von einer Ju 87 bombardiert, und wir hatten viele Tote zu beklagen."
„Was ging damals in Ihnen vor?"
Er schaut mir offen in die Augen: „Ich verspürte Angst – und Hass."
„Sie waren damals so alt, wie mein jüngster Sohn heute ist. Es tut mir leid, dass Sie in so jungen Jahren etwas so Schlimmes erleben mussten."
„Ich verstehe, was Sie sagen wollen", erwidert er sanft und erzählt leise

weiter: „Von 1.000 Mann waren in wenigen Minuten zehn tot – und viele verletzt. Unsere Zeitungen informierten die Bevölkerung am nächsten Morgen über die Bombardierung russischer Städte." Was sie nicht berichteten war, dass wenigstens 76 verschiedene Quellen Stalin von dem bevorstehenden Krieg in Kenntnis gesetzt hatten.[19] Weil er für sein Versagen zu Kriegsbeginn wieder einmal Sündenböcke brauchte, ließ er am 22. Juni etliche seiner Generäle erschießen.[20]

„Zwei Wochen leisteten wir Widerstand", fährt Alexander Semjonowitsch fort, „verteidigten erfolgreich unsere Stellung. Dann kam der Befehl zum Rückzug, weil die Gefahr drohte, in einen deutschen Kessel zu geraten. Vor unserem Aufbruch platzierten wir Minen, wo wir den Aufmarsch deutscher Panzer erwarteten. Während anderen Abteilungen LKW zur Verfügung standen, zogen wir Pioniere zu Fuß zurück. Als wir unterwegs an vielen neuen Panzern vorbeikamen, die gesprengt oder zerschossen waren, dachte ich zunächst, dies sei das Werk der Faschisten."

„Waren alle deutschen Soldaten Faschisten?"

„Sie trugen alle eine graue Uniform", erwidert er. „‚Warum leistet Ihr keinen Widerstand?', fragte ich die ersten Panzerführer, denen ich begegnete. ‚Wir haben kein Benzin mehr', erwiderten sie. Es stellte sich also heraus, dass die Panzer von unseren eigenen Leuten gesprengt worden waren. Alle zu sprengen, fehlte ihnen allerdings die Zeit. Wir hatten sehr viele Tote. Anfangs beerdigten wir sie noch in ihren Uniformen und befestigten auf ihrem Grab einen Stern aus Holz, in den wir den Namen des Gefallenen einritzten. Im Juli und August hoben wir Massengräber aus und kannten von manch einem Toten nicht einmal den Namen."

Alexander schweigt. Um uns ist es still geworden.

Später erfahre ich, dass die durchschnittliche Lebensdauer eines russischen Frontsoldaten im ersten Kriegswinter nur wenige Wochen betrug.[21] Auch die deutsche Wehrmacht hatte bis Ende August 1941 bereits 400.000 Soldaten verloren.[22] An manchen Frontabschnitten leisteten die Rotarmisten erbitterten Widerstand, andernorts liefen sie aufgrund der verheerenden Verluste oder der Ablehnung des stalinistischen Regimes davon. Bis Oktober 1941 waren mehr als 650.000 sowjetische Soldaten desertiert oder hatten sich unerlaubt von der Truppe entfernt. Keine andere Armee des II. Weltkriegs brachte es auf eine so hohe Zahl.[23] Alexander dachte jedoch nicht ans Davonlaufen. „Wir brannten auf dem Rückzug möglichst viele Fabriken, Brücken und Felder ab, damit sie den

Faschisten nicht in die Hände fielen. Geerntetes Getreide, das möchte ich betonen, haben wir jedoch nicht vernichtet. Die Menschen, denen wir begegneten, hatten Angst vor den Deutschen und Mitleid mit uns Soldaten. Wir hatten ja auch nicht genug zu essen." Dass die Deutschen vielerorts als Befreier vom sowjetischen Joch begrüßt wurden, erfuhr er wohl nicht.

„Mich packte das Grauen. Überall Feuer! Überall Tote! Ich legte weiterhin Minen und hatte dabei ständig Angst, sie könnten zum falschen Zeitpunkt explodieren. Ich hatte auch die Aufgabe, Minen zu entschärfen. Hatte mein Minensuchgerät eine aufgespürt, grub ich sie vorsichtig mit meinen Händen aus." Flüsternd fährt er fort: „Ein Pionier kann sich nur einen Fehler leisten. Auch in verlassenen Häusern waren Minen verborgen. Ich lebte jeden Augenblick in Todesgefahr." Kaum hörbar fügt er hinzu: „Eines Tages entdeckte mein Kommandant in einem Haus ein Klavier. Er setzte sich daran, um zu spielen – und ist mit dem Klavier explodiert." Er schweigt, ehe er hinzufügt: „Ich verbrachte 1.418 Tage an der Front. 1.418 Tage Todesangst."

Angst und Entsetzten herrschte auch auf deutscher Seite. Ein Wehrmachtsoldat schildert den Einmarsch in Litauen mit den Worten: „…menschenleere, zerstörte Ortschaften. Nurmehr Leichen liegen haufenweise herum, oder verstümmelte und verwundete Litauer kriechen umher … furchtbare, grauenhafte Bilder."[24]

„Im September 1941 wurde ich am Knie verwundet und kam in ein Lazarett bei Moskau", höre ich den Veteran sagen.

„Wie kam es dazu?"

„Bei Smolensk verminte ich als Teil eines achtköpfigen Spähtrupps eine Eisenbahnbrücke. Auf dem Rückweg zu unserer Einheit entdeckten uns deutsche Soldaten. Drei meiner Kameraden wurden getötet, ich und drei weitere verletzt. Auch unser Kommandeur war getroffen worden. Ich konnte ihn zunächst nirgends finden. Als ich eine Weile herumgerobbt war, fand ich ihn mit einem Brust- und einem Bauchschuss. Ich verband seinen Bauch und hatte dann für die Brustwunde keine Binde mehr. Also rollte ich ihn in seinen Mantel und zog ihn zurück zu den beiden unverletzten Kameraden. Diese holten sofort zwei Sanitäter, die den Verletzten mit einem Pferdewagen zum 3 oder 4 Kilometer entfernten medizinischen Bataillon brachten."

„Hat Ihr Kommandeur überlebt?"

„Das habe ich leider nie erfahren. Mit gebrochener Kniescheibe durchlief ich mehrere Lazarette, bis ich am 22. Oktober in der Nähe von Moskau als geheilt entlassen und einem anderen Bataillon zugeführt wurde. Ich wollte sofort wieder an die Front. Stattdessen erhielt jeder von uns eine Paradeuniform. Ich war höchst erstaunt. Etliche Ministerien waren bereits evakuiert. Moskau wurde täglich bombardiert! Die Deutschen standen 24 Kilometer vor der Hauptstadt! Und wir sollten an einer Parade teilnehmen!? Ich konnte es nicht fassen. Aber am 7. November 1941, dem 24. Jahrestag der Russischen Revolution, marschierte ich als Teilnehmer der Militärparade über den Roten Platz."

Vier Wochen davor waren von den 800.000 Rotarmisten, die Moskau verteidigen sollten, noch ganze 90.000 am Leben und 3 Millionen sowjetische Soldaten waren in deutsche Gefangenschaft geraten.[25] Um eine militärische Katastrophe abzuwenden, hatte Stalin den berühmten General Schukow halbverhungert aus dem Gulag entlassen. Zum Zeitpunkt dieser Parade war es diesem bereits gelungen, die militärische Disziplin wiederherzustellen.

„Um vier Uhr nachts wurden wir mit Autos die 30 Kilometer in die Hauptstadt gefahren", erzählt Alexander Semjonowitsch weiter. „Als wir sie im Morgengrauen erreichten, schneite es. Heute kann nicht bombardiert werden, dachte ich beruhigt, und es wurde mir etwas leichter ums Herz. Während der Parade, vorbei an der Tribüne, auf der Stalin und die gesamte sowjetische Führung stand, ebbte meine Furcht weiter ab, bis ich schließlich zu der Auffassung gelangte, dass die Situation vielleicht doch nicht so gefährlich war."

Ob er als junger Soldat wusste, dass allein 1933 300.000 Menschen, als ‚sozialer Müll', aus Moskau verwiesen worden waren?[26] Dass der Wohnraum dort 1936 pro Kopf auf 4,2 Quadratmeter gesunken war und die meisten Arbeiter in Massenunterkünften lebten?[27] Hat er gesehen, dass der mittelalterliche Stadtkern bereits größtenteils abgerissen war, weil Stalin wie Hitler eine imperiale Hauptstadt plante? Leider gelingt es Alexander Semjonowitsch und mir auch an diesem Tag nicht, unser Gespräch zu Ende zu führen.

Was er wohl denkt, als ich am nächsten Tag weder von Olga und Pavel noch von Oleg begleitet werde, sondern von Ljuba – Lyubow Nikolajewna Telminowa? Der einfühlsamen Deutschlehrerin gelingt es auf ganz besondere Weise, nicht nur eine Brücke der Worte, sondern auch eine Brücke der Gedanken und Empfindungen zu sein. An diesem Tag beenden wir unser Gespräch nach mehreren hausinternen Umzügen schließlich in der zugigen Garderobe des *Hauses der Freundschaft*. Alexander Semjonowitsch scheint die Verlegung in immer ungemütlichere Räumlichkeiten nicht einmal wahrzunehmen. Es ist, als ob das Umfeld hinter seinen Erinnerungen versinkt. Zu Beginn reicht er mir einen Zeitungsausschnitt der *Prawda* vom 7. November 1941. Auf einen jungen Soldaten in dem dort abgebildeten Photo der historischen Parade deutend, sagt er: „Das bin ich."

Ein Junge in meinen Augen! Weil es empfindlich kalt war, zogen sich Alexander und seine frierenden Kameraden nach der Parade in den wärmeren U-Bahnhof zurück, der heute noch einem Marmorpalast voller Kronleuchter und Buntglastafeln gleicht. Dass beim Bau dieser U-Bahn Tausende ihr Leben lassen mussten, vergisst man angesichts dieser Pracht nur allzu leicht. Der Volksmund sagt nicht zu Unrecht: „Unter jeder Schwelle liegen drei Tote."

Nach dieser Parade wurde Alexander, seinem Wunsch entsprechend, wieder an die Front verlegt, nach Krukovo, 16 Kilometer vor Moskau in Richtung Leningrad. Nach verlustreichen Kämpfen trieb seine Division von Dezember 1941 bis März 1942 die deutsche Wehrmacht auf ihrem Rückzug vor sich her.

„Ich habe viele erfrorene deutsche Soldaten gesehen. Beim Kampf um Moskau kamen zwischen Juli 1941 und März 1942 1.200.000 Soldaten der Roten Armee und 2.300.000 deutsche Soldaten ums Leben."

„Was empfanden Sie angesichts der unzähligen toten Deutschen?"

„Ich konnte keine Feinde mehr in ihnen sehen, sondern einfach nur Menschen. 1942 erließ Stalin den Befehl, dass jeder Soldat, der über medizinische Kenntnisse verfügte, diese an der Front einsetzen sollte. Ich war also fortan auch Feldscher und leitete ab Dezember 1942 den Sanitätsdienst des Bataillons bei Nowgorod. Als Mediziner habe ich immer auch deutsche Soldaten behandelt."

Als Alexander Semjonowitsch im Februar 1943 den Auftrag erhielt, als Teil einer Kolonne Lebensmittel nach Leningrad zu bringen, waren dort bei verzweifeltem Widerstand schon fast 500.000 sowjetische Soldaten gefallen oder in Gefangenschaft geraten. Darüber hinaus hatten NKWD-Einheiten im Spätsommer 1941 an der Leningrader Front wöchentlich bis zu 400 Fahnenflüchtige erschossen.[28] Als sich der damals 20-Jährige auf den Weg in die Stadt begab, litt diese bereits seit eineinhalb Jahren unter der Blockade durch die deutsche Wehrmacht.

„Der einzige Zugang nach Leningrad verlief über den gefrorenen Ladogasee entlang des *Lebensweges*", erzählt er. „Diese Strecke wurde von den Deutschen stark bombardiert und war daher sehr gefährlich. Unterwegs wurden zahlreiche LKW getroffen, explodierten und versanken mit meinen Kameraden unter dem Eis. Die Lebensbedingungen in der Stadt waren katastrophal. Es gab kaum Wasser, Lebensmittel oder Brennmaterial. Die Überlebenden verheizten Möbel und Fußbodenbretter. Angehörige schleppten oder zogen ihre Toten zu den Friedhöfen. Es war ein Bild des Grauens.

Nach Ablieferung der Lebensmittel machte ich mich auf die Suche nach den vier Familien, die ich evakuieren sollte. Bei der ersten Adresse öffnete eine Frau, die nicht mehr ganz bei Sinnen schien. ‚Ihr Mann schickt mich, um Sie abzuholen', stellte ich mich vor. Als sie nicht reagierte, erkundigte ich mich nach dem Rest der Familie. ‚Alle tot! Meine beiden Kinder, meine Mutter, alle tot', stammelte sie. Betroffen und hilflos bat ich wenigstens sie zu ihrem Mann mitzukommen. ‚Auf keinen Fall!' beharrte sie. ‚Ich bin zu krank und zu hungrig.' Am nächsten Tag hatte sie sich aber doch anders entschieden. Und so konnte ich sie 300 bis 400 Kilometer östlich von Leningrad ihrem Mann übergeben. Der brachte sie sofort in ein Krankenhaus. Dennoch ist sie gestorben, wie ich später erfuhr."

Alexander Semjonowitsch scheint die Kinder und Erwachsenen, die in der Garderobe nach ihren Mänteln forsten, nicht wahrzunehmen, als wir uns schweigend gegenüber sitzen. Schließlich flüstert er: „Bei der zweiten und dritten Adresse fand ich niemanden mehr vor. Alle waren tot."

Plötzlich bebt seine Stimme. Wut funkelt in seinen Augen, als er die Worte hervor peitscht: „Bei der letzten Adresse begegnete mir die Schande Russlands! Als ich anklopfte, öffnete eine elegante Dame die Tür. ‚Wohnt hier Salia?' erkundigte ich mich. Sie nickte und rief nach ihrer Tochter. Während ich wartete, hörte ich in einem Raum, dessen Tür offen stand, einige Herren miteinander plaudern und mir fiel auf, dass es nach teuren Zigarren duftete. Als ich dieses Zimmer betreten wollte, wurde ich von Salias Mutter daran gehindert. Kurz darauf erschien die Tochter. An das nun folgende Gespräch erinnere ich mich genau. ‚Ich bin hier, um Sie zu Ihrem Mann zu bringen', erklärte ich ihr. ‚Das muss ich mir überlegen', erwiderte sie. – ,Ich komme morgen zurück. Bis dahin sollten Sie alles vorbereitet haben.' Bei den Männern handelte es sich um Offiziere der Roten Armee, deren Aufgabe es war, die halbverhungerten Armeeangehörigen mit Lebensmitteln zu versorgen." Voller Verachtung schleudert er mir die Worte entgegen: „Sie selber litten keinen Hunger! Ich empfand diesen Offizieren gegenüber nichts als Hass! Wäre ich nicht Humanist, hätte ich sie vielleicht erschossen."[29]

Als er sich etwas beruhigt hat, fährt er fort: „Als ich am nächsten Morgen wiederkam, hatte Salia beschlossen, nicht mitzukommen. Ihre Mutter weinte und beschwor ihre Tochter: ‚Überlege Dir das gut!' Ich verstand diese Frau nicht. So evakuierten wir nur insgesamt 28 Menschen aus einer Stadt, in der Hunderttausende starben. Als sich Salias Mann nach seiner Frau erkundigte, erklärte ich ihm, sie sei krank."

„Warum sagten Sie ihm nicht die Wahrheit?"

„Ach wissen Sie, beide waren Juden. Die können sehr emotional sein. Ich befürchtete, er könne sich etwas antun, wenn ich ihm die Wahrheit erzähle. Warum sollte ich ihn mitten im Krieg unnötig belasten? Kurz darauf kam ich wieder an die Front und nahm südlich von Leningrad an erbitterten Kämpfen teil. Danach war ich Feldscher auf der Sinjawskij-Höhe, einem ausgedehnten Sumpfgebiet, wo es deutschen Truppen gelungen war, Teile der Roten Armee einzukesseln. Der Vorteil eines Sumpfgebietes ist, dass die Bomben tief im Sumpf explodieren und daher weniger Unheil anrichten. Der Nachteil ist, dass man keine Schanzen bauen kann und den Granaten- und Bombensplittern schutzlos ausgeliefert ist. Wir hatten viele Gefallene. Im Herbst 1944 war ich an den erbitterten Kämpfen um *Königsberg* beteiligt. Mit Hilfe amerikanischer und russischer Bomberverbände gelang es uns schließlich, die Stadt Anfang 1945 einzunehmen."

„Kamen Sie mit der deutschen Zivilbevölkerung in und um Königsberg in Kontakt?"

„Nein. Von Ostpreußen aus erreichte meine Einheit im Frühjahr 1945 Warschau. Die Altstadt, die Umgebung des Bahnhofs und das Gebiet des ehemaligen Ghettos waren zerstört. Die größten Teile der Stadt standen aber noch …"

„Sind Ihnen beim Durchmarsch durch Pommern im Frühjahr 1945 keine Flüchtlingstrecks begegnet?", frage ich erstaunt.

Ausweichend antwortet er: „Ich erinnere mich an eine Stadt, deren Namen mir leider entfallen ist. Als unsere Artillerie diesen Ort im April 1945 umstellt hatte, erschien eine Delegation seiner Bürger und überreichte unserem Kommandeur ein in ein Tuch gewickeltes Brot. Sie erklärte, dass Katharina die Große hier geboren worden sei und dass sie ihre Stadt zur

Ehre Deutschlands und Russlands kampflos übergeben möchten. Unsere Führung ging auf dieses Angebot ein. Die anderen deutschen Städte, durch die wir kamen, Danzig, Kolberg und Swinemünde waren dagegen vollkommen zerstört."

Bei dieser Stadt handelte es sich um *Stettin*. Als ich mich bei Alexander Semjonowitsch erkundige, wie sich nach der Übergabe die Beziehungen zwischen den russischen Soldaten und den Zivilisten, vor allem den Frauen, gestalteten, antwortet er: „Die Menschen hatten Angst, ja, auch Angst vor Vergewaltigung, und versteckten sich." Das Thema wechselnd fährt er fort: „Die letzte Stadt, die wir erreichten, war Rostock. Dort leistete die deutsche Flotte erbitterten Widerstand, obwohl dies gegenüber der amerikanischen und sowjetischen Übermacht sinnlos war. Bis ich am 9. Juni in die baltischen Staaten verlegt wurde, verbrachte ich einen Monat in Rostock. Unter den deutschen Frauen gab es auch solche, die sich aus freien Stücken mit amerikanischen oder russischen Soldaten einließen."

Wie *frei* das Verhalten der schutzlosen Frauen in einer besetzten Stadt tatsächlich war, darüber wollten sich wohl weder amerikanische noch russische Soldaten den Kopf zerbrechen.

„Damals bereiteten sich die USA und Russland auf einen gemeinsamen Krieg gegen Japan vor", fährt Alexander Semjonowitsch fort. „Dennoch wurden in den baltischen Staaten viele Abteilungen der Roten Armee aufgelöst. Aus meiner, der 3. Weißrussischen Front, und anderen wurde die Siegesparade für Moskau am 20. Juni 1945 zusammengestellt …"

Ein Jahr zuvor war ein Zug von 57.000 deutschen Kriegsgefangenen durch die Straßen der russischen Hauptstadt getrieben worden. Wäre es nicht schon so spät, dann würde ich Dr. Schlykow gern zu seinen Orden befragen. Huldigt man mit ihnen indirekt nicht auch dem Krieg, anstatt ihn als tragisches Scheitern zu begreifen? Wird der Heldenmythos nicht auch immer wieder dafür instrumentalisiert, neue Generationen junger Männer zu kriegerischen Heldentaten anzuspornen – oder zu missbrauchen?

Rekrutenschinderei veranlasst in Russland jährlich mehr als 1.000 Rekruten zu desertieren. Offiziere – *Djedy* – drücken oft beide Augen zu, wenn junge Soldaten von älteren misshandelt werden. Nach Schätzungen des *Komitees der Soldatenmütter* kommen in Russland jedes Jahr etwa 2.000 Soldaten in Folge von Gewaltverbrechen oder Fahrlässigkeit um. Ermittlungen verlaufen meist im Sande. Wie gern würde ich auch dieses Thema mit meinem Gegenüber ansprechen. Stattdessen erkundige ich mich, wie er reagieren würde, wenn in diesem Augenblick ein deutscher Veteran durch die Tür käme.

Lächelnd erwidert er: „Ich habe doch schon während des Krieges verwundete Deutsche versorgt. Einen Faschisten habe ich aber schon anders behandelt."

„Wie konnten Sie einen verwundeten Faschisten von einem einfachen Landser unterscheiden?"

„Wenn man sich mit ihnen unterhielt, bekam man recht schnell ein Gefühl dafür, ob man einen fanatischen Faschisten vor sich hatte."

„Gab es nicht auch fanatische Stalinisten? Waren die kleinen Faschisten oder Bolschewiki wirklich das große Problem? Oder waren es nicht eher die Fanatiker auf beiden Seiten?"

Ohne nachzudenken antwortet er: „Da kann ich Ihnen ohne weiteres zustimmen! Auf beiden Seiten waren die Fanatiker gleich Unheil bringend. Und noch etwas möchte ich betonen: Wir russischen Soldaten hatten wie die deutschen im Grunde keine andere Wahl, als unseren Vorgesetzten zu gehorchen. Ich weiß, dass die allermeisten Deutschen freiwillig weder in Polen noch in Russland einmarschiert sind."

„Wie würden Sie heute Ihre Einstellung gegenüber Deutschland beschreiben?"

Nachdenklich, so, als ob er meine Frage erwartet hat, erwidert er: „Ich hatte 40 Jahre lang einen Freund. Wir haben zusammen gearbeitet und uns persönlich wunderbar verstanden. Aber in all diesen Jahren habe ich nie erfahren, dass er Russlanddeutscher ist. Als er einen deutschen Pass hatte und schon in Deutschland lebte, besuchte er mich einmal in Tscheljabinsk. Erst da wagte er, mir seine wahre Identität zu enthüllen. Er erzählte mir, dass man seine Familie, als er 16 Jahre alt war, von der Wolga nach Sibirien verschleppt hatte. Er überlegte zu Beginn des Krieges, ob er nicht einfach in der sibirischen Kolchose bleiben sollte, meldete sich dann aber freiwillig, unter falschem Namen, an die Front. Mit seinem deutschen Namen hätte man ihn wohl kaum an der Westfront eingesetzt, von den Problemen mit seinen russischen Kameraden ganz zu schweigen. Mein Freund bewährte sich als mutiger Panzerführer und wurde mit zahlreichen Orden ausgezeichnet …"

Während mir die Frage durch den Kopf geht, was diesen Russlanddeutschen von den Wlassow-Soldaten unterschied, die mit der deutschen Wehrmacht gegen Stalin kämpften, erzählt der pensionierte Chirurg voller Wärme und Wehmut: „Nach dem Krieg begann mein Freund an der

Abendschule Medizin zu studieren. Er ist ein paar Jahre jünger als ich und war zunächst mein Schüler. 1990 lebte er auf der Krim und wanderte von dort nach Deutschland aus. Als er mich aus Deutschland anrief, hatte ich einige Jahre nichts von ihm gehört. Von ihm habe ich die Tragik der Russlanddeutschen erst wirklich erfahren – oder begriffen."

Mir ist, als ob er mit diesen Worten allen Russlanddeutschen ein Denkmal setzen möchte. Ermutigt durch seine Offenheit frage ich: „Von deutscher Seite wurden gegenüber dem russischen Volk, insbesondere gegenüber den russischen Juden und den russischen Kriegsgefangenen, schlimme Verbrechen verübt. Ich bedauere das sehr. Gab es in Ihren Augen auch russisches Unrecht, unter dem Deutsche zu leiden hatten?"

„Selbstverständlich! Alles, was aus Rache geschah oder geschieht, ist Unrecht!"

Wochen später, bei meinem nächsten Besuch in Tscheljabinsk, treffe ich Dr. Schlykow noch einmal, diesmal in einer Selbstbedienungs-Pizzeria. Unser Gespräch verdichtet sich in seiner Frage: „Meinen Sie nicht auch, dass jeder Krieg vor allem ökonomische Ursachen hat?"

Ich denke an Staaten, die sich durch das Ausplündern anderer Länder bereichern, an gierige Eliten aus Adel, Kirche, Großkapital, Großindustrie, Militär oder Politik, die durch Kriege oder Bürgerkriege ihre Macht ausweiten oder ihren Reichtum mehren wollen, und denen die Zahl der Menschen, die dafür sterben müssen, gleichgültig ist. „Ja", stimme ich ihm zu. „Aber den Menschen, die in den Kriegen kämpfen sollen, gaukelt die Propaganda ein Paradies vor, für das es sich angeblich zu sterben lohnt."

„Dennoch ist die Idee des Kommunismus eine gute Idee", wendet er ein.

„Es mag ein schönes Ideal sein. Aber der Weg in eine bessere Welt darf nicht mit Leichen und Leid gepflastert sein."

Leszek Kolakowski hat dies treffend so formuliert: „Wenn sie Freiheit schaffen wollen, indem sie Massenterror ausüben, wird das Ergebnis Massenterror sein; wenn sie mit Angst und Unterdrückung eine Gesellschaft herbeiführen wollen, werden sie Angst und Terror bekommen ..."[30]

2. Dr. G.

Ein Militärarzt über einen Massenselbstmord bei Berlin

„Frohe Weihnachen und ein glückliches Neues Jahr!" Der freundliche Gruß und das Lüpfen seines Hutes waren eins. Wie immer nahmen wir uns Zeit für einen nachbarschaftlichen Plausch. Dass Dr. G. 1920 das Licht der Welt erblickt hatte, wusste ich bereits. Als ich ihn diesmal fragte, ob er mir von dem Deutschland seiner Kindheit, seiner Jugend und seines jungen Erwachsenenalters erzählen würde, antwortete er überrascht: „Natürlich! Gern!", und versprach anzurufen. Mitte Januar klingelte dann das Telefon. Meine Einladung zum Abendessen nahm er dankend an – höflich und freundlich, wie er nun mal ist. Ein zurückhaltendes Lächeln aus graubraunen Augen begleitete seine bedächtigen Bewegungen und Worte. Die Zeit des Hastens hat er hinter sich gelassen.

Mein Gast wuchs als Einzelkind auf. Sein Vater hatte sich nach dem I. Weltkrieg als praktischer Arzt in Lychen niedergelassen, einem kleinen Städtchen nördlich von Berlin. Als Dr. G. noch kein Jahr alt war, starb seine Mutter an einer Blinddarmentzündung. Wer die nächsten zwei Jahre für ihn sorgte, weiß er nicht. Er hat nie danach gefragt. Die einzige Mutter, die er kennt und an der er hing, war seine Stiefmutter, die Tochter des örtlichen Tierarztes, die sein Vater heiratete, als er etwa drei Jahre alt war. Aber auch diese Ehe stand unter keinem guten Stern. Wegen einer Bauchhöhlenschwangerschaft kam die junge Frau ins Krankenhaus.
„Das Kreiskrankenhaus Lychen hatte keinen guten Ruf", erzählt Dr. G. schleppend: „Die Ärzte hatten bei der Operation einen Tupfer in ihrem Unterleib vergessen. Das führte zu Vereiterungen und weiteren Eingriffen. Die daraus resultierenden Probleme haben ihr Leben zerstört." Die Worte klingen wie leises Stöhnen.
„Sie meinen, Ihre Stiefmutter konnte danach keine Kinder bekommen?"
Er nickt und zögert, als hätte er mehr sagen wollen.

„Erzählen Sie mir von Ihrer Kindheit", versuche ich ihn aufzumuntern, „womit haben Sie gespielt? Wer waren Ihre Freunde?"

Lange ist es still, ehe er antwortet: „Freunde? Eigentlich hatte ich keine. Ich sollte nicht mit den anderen Jungen spielen. Meine Mutter wollte nicht, dass ich verdorben werde. Sie mochte ihre Redensweise, ihre Zoten über Mädchen nicht."

„Aber mit Mädchen durften Sie befreundet sein?"

„Schon eher. Mit Gretel, der Tochter des Drogisten, habe ich öfter gespielt. Ach, wissen Sie, das war eine schreckliche Prüderie damals, in unseren Kreisen. Der Sohn des Apothekers war Corpsstudent und wurde mir als abschreckendes Beispiel vor Augen geführt." Kaum hörbar kommen die nächsten Worte über seine Lippen: „Er hatte Syphilis im dritten Stadium, mit 29 Jahren. Als er an den Rollstuhl gefesselt war, hat er sich nach mehreren Selbstmordversuchen schließlich mit Gift aus der Apotheke seines Vaters das Leben genommen."

„Welche Lektion sollten Sie von dieser entsetzlichen Tragödie lernen?"

„Hände weg von Frauen!", schießt die Antwort hervor.

„Also waren Sie oft allein. Was haben Sie mit Ihrer Zeit angefangen?"

„Solche Fragen hat mir noch niemand gestellt." Er schweigt, ehe er schließlich erzählt: „Wir hatten einen großen Garten, der bis an den See reichte. Dort habe ich mir aus Bohnenstangen und Dachpappe ein Zelt gebaut. Das war mein Reich."

„Und dort saßen Sie ganz allein?"

„Ich hab mich schon beschäftigt. Am Eingang habe ich Fallgruben gebaut." Zaghaft lächelnd fährt er fort: „Pfingsten 1929 legten Paddler aus Berlin an und fragten, ob sie ihre Boote in unserem Garten lagern dürften. ‚Gern', antwortete mein Vater und bot ihnen mein Zelt an. Prompt stapfte einer von ihnen in eine meiner 30 Zentimeter tiefen Fallen! Zum Glück verletzte er sich nicht." Begeistert klatscht sich der alte Herr auf seine Oberschenkel, und ich freue mich, ihn lachen zu sehen.

„Ich war ein anfälliges Kind", fährt er fort. „Ich war so oft krank, dass mich meine Eltern in der ersten Klasse aus der Schule nahmen und mir zuhause Privatunterricht erteilen ließen. 1932 kam ich auf das Joachimsthalsche Internat in Templin, in die Adelsschule des Nordens, vergleichbar mit Salem im Süddeutschen."

„Dort erlebten Sie also Hitlers Machtergreifung. Haben Sie daran Erinnerungen?"

„Nein. Die Weimarer Regierungen wechselten ja ständig. Das hat in meinem Leben keine Rolle gespielt. Da gab es ganz andere Erschütterungen. 1933 starb mein Vater." Er versinkt in Schweigen. Plötzlich platzen Worte aus ihm heraus, so hart, als ob es seiner ganzen Anstrengung bedürfe, sie auszusprechen: „He shot himself."

Betroffen starre ich ihn an. „Warum?"

„Ach, soll man an diese alten Wunden rühren? Mein Vater hatte ein Verhältnis mit einer Patientin. Da gab es natürlich viel Gerede. An seine Beerdigung kann ich mich genau erinnern, an die Predigt des Pfarrers und die Ehrensalve des Schützenvereins. Es ging alles ganz feierlich zu. In unserem Garten benahmen sich die Trauergäste dann plötzlich vollkommen anders, so als ob sie der Tod meines Vaters nicht berühren würde. Leider blieb nicht verborgen, dass ich diese Heuchelei lächerlich fand. Als es dann die Frage meiner Vormundschaft zu klären galt – ich war ja erst 13 Jahre alt – war kein Mitglied meiner Familie bereit, diese Aufgabe zu übernehmen."

„Wer wurde Ihr Vormund?"

„Der Rechtsanwalt und Notar von Lychen, praktisch jedoch seine Frau. Sie waren beide mit meinem Vater befreundet. Viel zu tun hatte ich mit ihnen nicht."

„Wie haben Sie und Ihre Stiefmutter all das verkraftet?"

„Ich war ja im Internat. Da ging das Leben weiter."

„Wussten Sie, dass Ihre Mutter eigentlich Ihre Stiefmutter war?"

„Offiziell klärte man mich an meiner Konfirmation darüber auf, ein Jahr nach dem Tod meines Vaters. Da hatte ich mir aber schon meine eigenen Gedanken gemacht, angeregt durch das Studium der alten Familienbibel und den Grabstein meiner leiblichen Mutter. Als meine Stiefmutter ein Jahr nach dem Tod meines Vaters das Gerede der Leute nicht mehr ertragen konnte, zogen wir nach Berlin. Ich wechselte aufs Realgymnasium, wo ich 1938 mein Abitur ablegte."

„Da haben Sie 1936 bestimmt die Olympiade miterlebt?"

„Ich hatte mich sogar freiwillig zum Fahnenschwenken gemeldet. Am Eröffnungsabend standen wir in der obersten Reihe des Stadions und wedelten mit unseren Fahnen."

„Aus Parteibegeisterung?"

„Im ganzen Leben nicht. Die Fahnenschwenkerei bot uns eine willkommene Gelegenheit, die großartige Eröffnungsfeier umsonst miterleben zu können. Ich erinnere mich an die berühmte Tänzerin Palucca." Er wechselt unvermittelt das Thema: „Ein Jahr später wurde die Schulzeit um ein Jahr verkürzt. Hitler brauchte Soldaten."

„Hatten Sie jüdische Mitschüler?"

„Einen, Eduard Bogdinskie. Seine Familie zog 1936 in die Schweiz. Sie baten uns, ihnen ihre Bücher in die Gegend von St. Gallen nachzuschicken, was wir auch taten. Darüber hinaus wurde über ihre plötzliche Abreise nicht gesprochen. Ich wüsste gern, was aus ihnen geworden ist."

„Sie haben sich damals keine weiteren Gedanken gemacht?"

„Nein. Schauen Sie sich doch mal die 16-Jährigen von heute an. Glauben Sie, die würden viel anders reagieren?"

„Waren Sie nicht in der HJ? Kam dort das politische Tagesgeschehen nicht zur Sprache?"

„Ich war nie in der HJ. Meine Mutter wollte das nicht. Sie hatte immer noch Angst, ich könnte verdorben werden, z. B. auf den Zeltlagern. Mir lag auch nichts daran."

„Aber es war doch ab 1936 Pflicht."

„Meine Mutter nahm meine Kreislaufprobleme zum Anlass, um mich beim *Bann K* anzumelden. Das war so eine alternative Naziorganisation für Jugendliche, die auf irgendeine Weise körperliche Probleme hatten. Ich nahm aber nur an ein paar dieser Treffen teil."

„Sie waren also auch weiterhin zumeist allein?"

„In der Tanzstunde kam ich mit anderen zusammen. Aber auch da hab ich mich nicht an die Mädchen rangetraut, die mir gefielen." Er beobachtet die langsam niederbrennenden Kerzen und lehnt sich zurück: „Ich hatte mir einen Detektorapparat gebastelt und konnte mit dem Kopfhörer Radio hören. Von da an erledigte ich meine Hausaufgaben meist mit Musikbegleitung. Empfangen konnte ich allerdings nur den Sender Berlin. Wegen der verkürzten Schulzeit musste ich mich plötzlich ganz schnell für einen Beruf entscheiden und bewarb mich 1937 bei der Militärärztlichen Akademie in Berlin. Für das Studium dort entstanden meiner Mutter keine Kosten. Das war eine wesentliche Entlastung für sie."

„1938 brannten in Deutschland die Synagogen. Jüdische Geschäfte wurden zerstört. Haben Sie davon etwas mitbekommen?"

„Wir wohnten in Berlin-Steglitz, also etwas außerhalb des Zentrums. Als ich mir eines Nachmittags in der Joachimsthaler Straße die Auslagen eines Photogeschäfts anschaute, sah ich, wie mir gegenüber eine Wohnung im ersten Stock brannte. Auf der Straße lagen Scherben und überall standen Gaffer."

„Was ging Ihnen dabei durch den Kopf?"

„Nichts. Ich habe nicht darüber nachgedacht. Soll ich Ihnen etwas anderes als die Wahrheit sagen?"

Kann es wirklich sein, dass ein Ereignis, das heute auf der ganzen Welt bekannt ist, einen Berliner Abiturienten damals kaum berührte? Immer verständlicher wird mir Martin Walsers Satz: „Solange etwas ist, ist es nicht das, was es gewesen sein wird."[1]

Nach dem Physikum 1941 absolvierte der damalige Student drei Auswärtssemester in Erlangen. „Dort konnte man wenigstens ungestört schlafen", erklärt er. In Erlangen begegnete er seiner ersten Liebe: Gertrud.

„Sie hätte mich gern verführt."

Überrascht über seine Direktheit frage ich, warum er sich nicht verführen ließ.

„Aus Angst vor den Konsequenzen natürlich. Als Student der Militärakademie durfte ich erst nach dem Staatsexamen heiraten. Wäre ein Kind unterwegs gewesen, hätte ich heiraten müssen. Das hätte das Ende meiner Ausbildung bedeutet. Ich glaube, ich habe Gertrud damit wehgetan."

„Als Medizinstudent müssen Sie doch über Verhütung informiert gewesen sein?"

„An Sexualkunde war nicht zu denken. Ich glaube an keiner Universität. Ich bin aber der Meinung, dass Männer damals zu mehr Verantwortung gegenüber Frauen erzogen wurden. Andererseits müssen die Menschen heute dank der Pille weniger Angst vor den Folgen von Sexualität haben. 1940 hörte ich einen Vortrag des Japaners Ogino. Das von ihm mitverfasste Buch über die Knauss-Ogino-Methode erschien in Deutschland allerdings erst 1953!"

„Sie bewahrten sich also in Erlangen Ihre Unschuld?"

„Das sagen Sie so einfach. Ich wusste doch, dass ich an die Front musste. Hätte Gertrud ein Kind bekommen, was wär dann aus dem armen Gör geworden? Es gab genug Knilche, die Mädchen mit Kindern sitzen ließen. Das wollte ich ihr nicht antun. Ich kam dann ja auch für zwei Semester nach Russland als Hilfsarzt beim Truppenarzt.

Meinen ersten Einsatz hatte ich im Sumpfgebiet des *Wolchow*, südlich des Ladogasees. Damals operierte unsere Einheit noch mit Pferden. Durch das Sumpfgebiet zog sich ein kilometerlanger matschiger Weg. Eines Tages näherte sich uns plötzlich eine russische Flugzeugstaffel, die sich an dieser so genannten Straße orientierte. Entsetzt beobachtete ich, wie die ihre Bomben ausklinkten. Ich kann mich heute noch daran erinnern, wie schnell ich im Straßengraben lag. Wie durch ein Wunder war nichts passiert. In diesem Moorgebiet konnten wir uns nicht tiefer als 50 Zentimeter eingraben. Wir legten Bäume über unsere Gruben und konstruierten einen Kamin, denn es war schon kalt."

„Was konnten Sie in Ihrem Erdloch als Arzt ausrichten?"

„Nichts, außer Verwundetenzettel für diejenigen ausstellen, die ins Lazarett gebracht werden mussten. Zum Glück wurden wir bald an die Mag verlegt, wo wir in russischen Katen wohnten. Wo sich die Bewohner tagsüber aufhielten, weiß ich nicht, aber nachts schliefen sie auf ihrem großen Ofen. Der zuständige Truppenarzt, Dr. Albertsen, hatte nichts dagegen. Es gab keinerlei Probleme. Erstaunlicherweise funktionierte sogar die Feldpost. Ich bat Gertrud um ein Thermometer und Erlanger Bier. Beides kam an! Das Bier allerdings gefroren. In diesem schrecklich kalten Winter war unsere Ausrüstung vollkommen unzureichend."

„Helfen Sie mir, besser zu verstehen, wie das damals für Sie in Russland war."

Es sind keine freundlichen Orte, die er in seiner Erinnerung besucht. Dr. G. stützt den Kopf in seine Hände und blickt mich traurig an: „Sie meinen wirklich, es hat einen Sinn, darüber zu sprechen? Wir lebten in einer Art friedlichen Koexistenz mit der einheimischen Bevölkerung. Wir Ärzte betreuten nicht nur deutsche Soldaten, sondern auch die Dorfbewohner. Es waren ja Menschen wie Sie und ich. Zu Weihnachten luden sie uns zu Kascha ein, einem Brei aus Getreide, wie Buchweizen, Hirse oder Haferflocken, während die Rote Armee von der anderen Seite der Newa herüberschoss." Seine folgenden Worte verblüffen mich noch mehr: „Aus dieser grauenhaften Zeit habe ich mir die schönste Erinnerung meines Lebens bewahrt." Noch leiser erzählt er: „Wir hatten minus 30 Grad. Der Raureif hing armdick an den Zäunen. Die aufgehende Sonne überzog das ganze weite Land mit einem zartrosa Schimmer. Zwei Tage lang fiel kein einziger Schuss! Alles war vollkommen still, wie in einem Märchen." Murmelnd fährt er fort: „Ab dem 7. Lebensjahr lernten dort alle Kinder Deutsch. Damals war ich das erste Mal in einer russischen Banja. Die Benutzung dieses Sauna ähnlichen Badehauses, das mit einem Holzofen beheizt wurde, war mit den Dorfbewohnern klar abgesprochen und hat prima funktioniert. Anschließend rollten wir uns im Schnee."

„Das klingt so anders als das, was man normalerweise über den Krieg in Russland hört."

„Was Sie in Filmen gesehen oder in Büchern gelesen haben, wird wohl auch stimmen. Und was ich erlebt habe ebenfalls. Nach einem halben Jahr, im März 1942, kam ich nach Deutschland zurück und lag wegen einer Nierenentzündung erst mal ein Vierteljahr in der Heidelberger Uniklinik."

Zu dem Zeitpunkt waren schon fast 1 Million deutsche Soldaten tot, verwundet, gefangen oder vermisst – fast ein Drittel des gesamten Heeres. Und mehr als 3 Millionen Sowjetsoldaten waren bereits in deutsche Gefangenschaft geraten.[2]

Auf meine Frage nach Gertrud antwortet er: „Sie wurde im Norden Finnlands als Nachrichtenhelferin eingesetzt und verliebte sich in einen Arzt. Am Polterabend schickte er ihr ein Telegramm mit den Worten: ‚Hochzeit auf unbestimmte Zeit verschoben.‘

Ich besuchte nach der Entlassung aus der Klinik meine Mutter in Berlin und ging dann für ein Semester nach Göttingen. Am Morgen nach meiner Ankunft dort rief mich meine Mutter an und sagte: ‚Wir sind total ausgebombt. Unsere Straße ist ein einziges Trümmerfeld. Im Keller des Lokals an der Ecke wurde eine ganze Hochzeitsgesellschaft ausgelöscht. Ich bin mit einer nassen Decke über dem Kopf durch das brennende Berlin bis zum Stettiner Bahnhof gelaufen.‘ Von unserem Besitz war nichts zu retten. Mutter kehrte nach Lychen zurück. Unser Haus war zwar vermietet, aber ein Zimmer hatte sie darin behalten."

„Haben Sie auch Bombenangriffe auf Berlin erlebt?"

„Oh ja. Nach dem Göttinger Semester kehrte ich für den Rest des Studiums nach Berlin zurück. Kaserniert waren wir im Invalidenbau, den der *Alte Fritz* für die Verwundeten und Veteranen seiner Kriege hatte bauen lassen. Nach bestandenem Staatsexamen wurde ich im Februar 1945 nach Mettingen bei Ibbenbüren in Westfalen in ein Reservelazarett versetzt. Es war in einer von Nonnen geführten Mädchenschule untergebracht und wurde bald aufgelöst. Die Patienten brachte man auf offenen Planwagen zum Truppenübungsplatz Munster-Lager, wo ich eine Stationsarztstelle erhielt. Im Hauptlazarett waren 40.000 Gefangene zu betreuen, obwohl es nur 4.000 Betten gab. Beruflich war dies eine äußerst lehrreiche Zeit. Als wenig später die Engländer anrückten, wurde ich bei der Verteidigung des Truppenübungsplatzes gefangen genommen und gefilzt. Das kleine Goldkettchen meiner leiblichen Mutter, dass ich in einem Seitenfach meines Portemonnaies aufbewahrte, fanden sie aber zum Glück nicht."

Als ich versuche, seinen dunklen Blick zu deuten und ihn frage, ob dies die schwärzeste Zeit seines Lebens war, scheinen die Erinnerungen wie hohe Wellen über ihm zusammenzubrechen. „Kurz nach meiner Gefangennahme schrieb mir im Juli 1945 meine Tante, die Schwester meines Vaters …" Flüsternd fährt er fort: „Durch diese Postkarte erfuhr ich vom Tod meiner Mutter und Großmutter." Stockend haucht er: „Aus Angst vor den Russen … hatten sich kurz vor deren Einmarsch … 300 Menschen, vor allem Frauen … im Lychener See ertränkt." Er starrt bewegungslos vor sich hin. „Sie wollten die alten Geschichten hören, dann sollen Sie auch alles wissen: Meine Mutter und Großmutter hatten Zyankali genommen, das sie und viele andere vom Apotheker bekommen hatten."

„300 Menschen", stammle ich.

„Mir war, als würde ich den Boden unter meinen Füßen verlieren. Immer wieder sagte ich mir: ‚Jetzt bist du ganz allein auf der Welt. Jetzt hast du niemanden mehr!'".

Die Rote Armee verübte in vielen Orten Brandenburgs und Mecklenburgs Massenverbrechen. Tausende Menschen begingen Selbstmord, vor allem vergewaltigte Frauen. Ein Schweizer Journalist schrieb über die russischen Soldaten: ‚Teils wie Schweine, teils wie Engel … wie bei einem Hagelwetter, das nur strichweise die ganze Ernte vernichtet.'[3] Insgesamt fielen den Sowjets in Mitteldeutschland, der späteren DDR, 240.000 Menschen zum Opfer.[4]

„Mein Chefarzt, Dr. Grott, hat mich aufgefangen", erzählt Dr. G. weiter. „Dieser gläubige Katholik hat mich zum Glauben hingeführt. Während der Gefangenschaft konvertierte ich Weihnachten 1945 zum Katholizismus.

Eines Tages forderten die Engländer Hilfskräfte für das nicht weit entfernte Konzentrationslager Bergen-Belsen an. Die Helfer kamen vollkommen verstört zurück. Die Engländer hatten ihnen verboten, über das, was sie gesehen hatten, zu reden. Wir haben zwar versucht, etwas aus ihnen herauszubekommen, aber sie blieben stumm."

Wegen einer Fleckfieberepidemie hatte Himmler einer kampflosen Übergabe dieses KZ zugestimmt. Bis zum Frühjahr 1942 waren hier 14.000 bis 18.000 sowjetische Gefangene an Hunger, Kälte und Krankheiten gestorben. Von den 60.000 Häftlingen, welche die Briten dort vorfanden, starben nach der Befreiung noch 14.000. Die Gesamtzahl der Opfer wird auf 50.000 geschätzt. Ein britischer Militärarzt schrieb: ‚Kein Bericht und keine Fotografie kann den grauenhaften Anblick des Lagergeländes hinreichend wiedergeben … Überall … verwesende menschliche Körper …'

„Was wussten Sie damals über die Gräueltaten in den nationalsozialistischen KZ?"

„Die Existenz der Lager war mir bekannt. Über das, was hinter den Mauern geschah, wusste ich aber nichts. Als meine Mutter von Berlin nach Lychen zurückgekehrt war, erzählte sie mir einmal von offenen LKW-Transporten mit Frauen. Lychen liegt ja nur zwölf Kilometer von Ravensbrück entfernt. Da hat man sich schon Fragen gestellt. Verlässliche Antworten gab es aber nicht."

„Vielleicht wollte man sie auch nicht haben. Wann haben Sie vom Holocaust erfahren?"

„Ich weiß nicht mehr."

„Was empfanden Sie, als Sie davon hörten?"

„Ich habe im Grunde gar nichts mehr gefühlt", flüstert er. „Ich war wie gefühlstot. Der einzige Gedanke, dessen ich damals noch fähig war, war der, dass ich überlebt hatte."

„Haben Sie Ihre Erinnerungen mit Ihren Töchtern geteilt?"

„Nein. Die haben ihre eigenen Probleme. Was soll ich sie mit meiner Geschichte belasten."

3. Olga Geibel

Von der Wolga an den Ob deportiert

Die Straße vom seenreichen Flachland um *Tscheljabinsk* nach Miass, in das mittlere Uralgebirge, führt durch endlos scheinende Birkenwälder. Hier und da gibt das Laub den Blick auf einen der unzähligen Seen frei. In den Dörfern blüht jetzt im Juni vor jedem der kleinen Holzhäuser ein lila Fliederbusch, manchmal daneben ein zweiter, weißer. Dunkelbraune naturbelassene Häuschen stehen neben zahlreichen bunten, grün oder blau gestrichenen. Viele sind mit kunstvoll geschnitzten Fensterrahmen und Giebeln verziert. Oft blitzen hinter den Fensterscheiben weiße Spitzengardinen. Ich lasse mich von dem Blick aus dem fahrenden Bus treiben und habe das Gefühl, in den Film *Dr. Schiwago* geraten zu sein.
Zu der scheinbaren Idylle gehören auch halbzerfallene Hütten und tief zerfurchte, unbefestigte Pfade. Asphaltierte Straßen gibt es in den Dörfern entlang der Hauptstraße nicht. Nach jedem Regen verwandeln sich die Wege in schier unpassierbare Schlammpisten, und an windigen Sommertagen frisst sich der heiße Sand durch alle Ritzen und Poren. Auf fließendes Wasser und Kanalisation müssen die Menschen in der großen Mehrzahl der Dörfer auch verzichten. Dafür ist jedes Häuschen von einem ausgedehnten Gemüsegarten umgeben.

In Miass wird unsere kleine Gruppe von Deutschen, die sich am Kulturaustausch zwischen der Allgäustadt Wangen und dem westsibirischen Tscheljabinsk beteiligen, von Nina Valler und Olga Geibel erwartet, den Leiterinnen des deutschen Kulturzentrums. Wir sind nicht die ersten Deutschen hier. Die Zaren ließen in Russland lebende Deutsche bereits im 19. Jahrhundert und während des I. Weltkrieges in die kleine Industriestadt verschleppen. Stalin deportierte unzählige weitere zur Zwangsarbeit in den Ural. Im II. Weltkrieg kamen deutsche Kriegsgefangene hinzu, die gemeinsam mit den russlanddeutschen *Trudarmisten* ganze Stadtteile in Miass errichteten und unter anderem LKW für den Krieg zu produzieren.

Damals wurde das breite Tal am Stadtrand zum gewaltigen Massengrab. Die Gebeine der Toten, die hier an Hunger, Überarbeitung und Krankheit zugrunde gingen, oder Erschießungen, Folter und anderen Gewalttaten zum Opfer fielen, wurden in diese Senke geworfen, in der sie heute noch liegen. Ein kleines, relativ neues Denkmal, das an ihr Schicksal erinnern soll, trägt die Aufschrift: ‚Hier sind Kriegsgefangene aus Deutschland – 1944–1949 – begraben. Laß es genügt verfluchten Krieg!‘ „Diese Inschrift wurde aus dem Russischen übersetzt", erklären Nina und Olga. Da sie beide kaum Deutsch sprechen, ist ihnen die seltsame Übersetzung wohl gar nicht aufgefallen. Ein Riss mitten durch den etwa 1,50 Meter hohen, mit deutschen Staatsgeldern finanzierten Gedenkstein zeugt davon, dass er schon Opfer von Vandalismus war.

Olga, eine ehemalige Wolgadeutsche, erklärt sich bereit zu erzählen, wie es sie nach Miass verschlagen hat. Für das Gespräch lädt sie Nina, Dolmetscherin Olga, die unsere Delegation begleitet, und mich in ihre Datscha ein, in ihr Schrebergartenhäuschen an einem der zahlreichen Seen in der Umgebung. Unterwegs wird zunächst eingekauft. Dann hält Nina ihr Auto noch in einer der üblichen, schachbrettartig angelegten Garagenvorstädte an, wo nummerierte Garagen holperige, ungeteerte Wege säumen. Nicht nur Ladas werden hier abgestellt, sondern auch Eingemachtes und andere Dinge, die man bei uns im Keller lagern würde. Aber die Wohnblocks von Miass verfügen, wie andernorts, weder über direkt angebaute Garagen noch Keller.
Der Schrebergarten in seiner bunten Ordnung ist eine Augenweide im Kontrast zur grauen, städtischen Normalität. Ein paar Blumen blühen im Schatten von Obstbäumen neben in Reih und Glied sprießenden Zwiebeln, Karotten und Kartoffeln. Die immer wiederkehrenden Hungersnöte haben die Menschen in Russland gelehrt, selbst für ihr Überleben zu sorgen. Blumen werden eher als Luxus betrachtet.
Die liebevoll selbst gezimmerten, teils mehrstöckigen und immer originellen Gartenhäuschen verfügen weder über Kanalisation, noch über Strom oder fließendes Wasser. Aber hier, am stillen Seeufer, versinkt das geschäftige Stadttreiben hinter friedlicher Gartenidylle. Wie um die Mauer zwischen Gegenwart und Vergangenheit vorsichtig zu überwinden, zeigt uns Olga zunächst alte Fotografien – darunter ein Bild ihrer väterlichen Großeltern, des Schweizers Karl Freund und seiner deutschen Frau Sofia. Auch die deutschen Eltern ihrer Mutter verschlug es vor langer Zeit an die Wolga.

Olgas Vorfahren folgten dem Besiedlungsmanifest Katharinas II., das im deutschsprachigen Raum tausendfach veröffentlicht wurde und mehrere Auswanderungswellen auslöste. Allein 1763 zogen aus den Landesteilen, die unter dem Siebenjährigen Krieg (1756–1763) besonders gelitten hatten, 20.000 Kolonisten nach Russland. Später flohen die Menschen vor hohen Steuerabgaben, der Rekrutierung in Napoleons Armee (1792–1815) und schlechten Ernten (1809–1816). Sie siedelten an der Wolga, am Schwarzen Meer und in den Ostseeprovinzen. Kleine Gruppen zogen sogar bis nach Mittelasien und Sibirien. Manche kamen auch schon damals bis nach Miass.

Die russischen Zaren warben um Kolonisten, die ihre Wirtschaft stärken und die expandierenden Grenzen sichern sollten. Russische Bauern wollten sich in den unsicheren Grenzgebieten nur ungern niederlassen. Da es den Deutschen verboten war, in russischen Dörfern zu siedeln, war das Verhältnis zu den Einheimischen eher durch ein Nebeneinander als ein Miteinander geprägt. So ist es zu erklären, dass von den fast 2 Millionen Russlanddeutschen viele der Landessprache nicht mächtig waren.

Als Deutschland 1914 Russland den Krieg erklärte, war das für die Deutschen in Russland ein Schock. Obwohl 250.000 von ihnen, darunter etwa 50.000 Wolgakolonisten ‚Für Kaiser (Zar), Glauben und Vaterland‘ die Uniform anzogen, wurden sie zur Zielscheibe von Pogromen.[1] Die prekäre Lage an der Front sowie wachsende wirtschaftliche Schwierigkeiten ließen Russlands Machtelite nach Sündenböcken suchen, die sie in den *inneren Deutschen*, den Deutschen, die in Russland lebten, fanden. Ihre Verfolgung gipfelte in den *Liquidationsgesetzen* von 1915, in deren Folge deutsche Unternehmen Einschränkungen hinzunehmen hatten, schließen mussten, oder vom Staat konfisziert wurden.

Der Gebrauch der deutschen Sprache als Unterrichtssprache wurde zunächst verboten, später wurden deutsche Schulen geschlossen. Deutsche Lehrer sowie Personen, die Verbindungen nach Deutschland gepflegt hatten, wurden verbannt. Ende 1916 hatte man bereits rund 120.000 deutsche Kolonisten, weitgehend mittel- und rechtlos, ins Landesinnere deportiert. Mit ihrem Besitz entlohnte man russische Soldaten für ihren Militärdienst.[2] Die Revolution von 1918 brachte zwar das Ende der Liquidationsgesetze, mit dem *Bürgerkrieg* drohten jedoch neue Gefahren, denn auch die politische Einstellung der Deutschen orientierte sich am Besitzstand. Während sich die einen antisowjetischen Aufständischen anschlossen, folgten andere dem Ruf des 1. Katharinenstädter Kommunistischen Deutschen Regiments.

Als die Bolschewiki die Machtfrage zu ihren Gunsten entschieden hatten, gelang es dem Sowjetkongress der Wolgadeutschen, 1918 die Errichtung der *Autonomen Sozialistischen Sowjetrepublik (ASSR)* zu erwirken. Lenin verband mit diesem Dekret die Hoffnung, die deutschen Kommunisten würden ihre Republik zu einer Vorzeigefestung der proletarischen Weltrevolution machen. 120.000 Russlanddeutsche zogen es jedoch vor, dem Land, das in einem blutigen Bürgerkrieg unterzugehen schien, den Rücken zu kehren.[3]

1929, zwei Jahre vor Olgas Geburt, setzten auch an der Wolga massive Enteignungen ein. Wer sich widersetzte, wurde als *Kulak* und damit als Feind des Volkes abgestempelt und verschwand meist spurlos während einer der unzähligen nächtlichen Verhaftungswellen, unter ihnen große Teile von Olgas Familie. Wie überall im Sowjetreich, so blühte auch in den deutschen Dörfern das Denunziantentum, wucherten Missgunst und Zwietracht.

Diese politischen Umwälzungen berührten Olgas Kindheit zunächst jedoch nur am Rande. Sie spielte mit deutschen, aber auch mit ein paar russischen sowie Kalmücken- und Kasachenkindern, die in ihrem deutschen Kolonistendorf lebten. So lernte sie frühzeitig Russisch, die Sprache, die bald wieder die einzige erlaubte Umgangssprache wurde.

Als Olga 1931 geboren wurde, waren bereits 95 Prozent der deutschen Bauernwirtschaften an der Wolga zu *Kolchosen* zusammengeschlossen. „Es gab damals noch viele rein deutsche *Sowchosen* und Kolchosen", erklärt sie. „Wir lebten in unserem mit vier Zimmern geräumigen Holzhaus und besaßen wie die meisten anderen Familien nur noch eine Kuh sowie Schafe und Hühner für den Eigenbedarf."

Als der Schulunterricht ab 1936 wieder ausschließlich in Russisch gehalten werden musste – seit Errichtung der Autonomen Wolgarepublik hatte er in Deutsch stattgefunden – fiel der kleinen Olga die Umstellung nicht schwer.

Ihre glücklichsten Erinnerungen ranken sich um Festtage. „Da wir unter unseren Freunden das größte Haus hatten, kamen sie Weihnachten alle zu uns. Alle trugen schöne Kleider. Adolf Schwarz verkleidete sich als Weihnachtsmann, Mutter als Christkind. Am Weihnachtsbaum hingen Wachsfiguren. Es wurden Gedichte aufgesagt und Weihnachtslieder gesungen."

Mit leuchtenden Augen kehrt sie für ein paar Augenblicke in frohe Kindertage zurück.

Aber schnell verdunkeln traumatische Ereignisse ihre relative Normalität. „In der Nacht, als wir Stalins *Ukaz*, den Befehl zum Verlassen der Wolgaregion erhielten, wurde mein Vater, ein weit gereister höherer Angestellter, an seiner Arbeitsstelle verhaftet. Ich habe ihn nie wieder gesehen. Mit seinem Verschwinden endete meine sorglose, glückliche Kinderzeit!"

Als Olgas Vater verschwand, waren dem stalinistischen Terror bereits Millionen Sowjetbürger zum Opfer gefallen. Schon 1937 hatte Stalin alle Deutschen, die in der Rüstungsindustrie arbeiteten, deportieren lassen. Über 40.000 Menschen kamen allein bei dieser Aktion ums Leben.[4] Die Verschleppung der Deutschen begann also nicht erst mit dem Einmarsch der deutschen Wehrmacht in die Sowjetunion.

Ihre für immer versunkene Kinderwelt entschlossen beiseite schiebend, drängt es Olga, die Geschichte ihrer Verbannung zu erzählen. „Stalins Befehl, wenige Tage nach Kriegsbeginn, lautete, dass wir uns in drei Tagen am Bahnhof einzufinden hätten. Eine Holzkiste voller Reisenotwendigem durften wir mitnehmen. Wir Deutschen, die erste Gruppe der Deportierten, hatten Glück im Unglück. Die Familien der Kalmücken, die zehn Tage später verschleppt wurden, durften so gut wie nichts mitnehmen.[5] Bleiben durften nur *Kasachen* und Russen. Die Nachbarinnen, egal welcher Nationalität, halfen meiner Mutter, unsere Hühner zu braten und brachten sie in zwei Fässern zum Bahnhof.

Unsere Viehwaggonreise ins Ungewisse dauerte vom 3. September bis Anfang Oktober 1941. Als meine drei Geschwister Nikolaj, Irma und Frieda sowie Mama und ich den Ob erreicht hatten, wurden wir auf ein Frachtschiff verladen. Keiner von uns hatte eine Vorstellung von dem, was uns erwartete. Die Älteren weinten. Wir Jüngeren sangen mit unserer Lehrerin deutsche Lieder. Bei Kamen am Ob lud man uns schließlich aus und wies uns einer Kolchose zu. Untergebracht wurde meine Familie im Haus des Waisenmädchens Maria. Auch vier oder fünf weitere Familien wurden auf verlassene oder fast verlassene Häuser verteilt."

„Was war mit Marias Eltern geschehen?"

„Ihre Mutter war schon vor dem Krieg gestorben und ihr Vater im August 1941 an der Front gefallen. Mein Bruder Nikolaj wurde im Dezember 1941 mit den anderen deutschen Männern ab 17 Jahren in die

Trudarmee eingezogen, wo bald weit über 1 Million Russlanddeutsche Zwangsarbeit verrichten mussten. Ab März 1942 holte man auch alle kinderlosen deutschen Frauen von 18 bis 40 Jahren zu dieser Arbeiterarmee, unter ihnen meine Schwester Irma und ihre Nachbarin Marta – obwohl diese vier kleine Kinder hatte! Die verzweifelte junge Mutter brachte ihre Kinder zu uns. Noch ehe sie ihr Arbeitslager erreicht hatte, war sie aus Sorge um ihre Kinder verrückt geworden und gestorben."[6] Die Todesrate dieser *Sonderverbannten* war schon während der Transporte hoch. Nicht nur das menschenverachtende Verhalten des aufgehetzten Begleitpersonals, sondern auch die realen Möglichkeiten verhinderten oft eine ausreichende Wasser- und Nahrungsversorgung. Am Zielort galten Arbeitsnormen wie im *Gulag*. Die Sterblichkeitsrate überstieg dort während der Kriegsjahre die der restlichen Zivilbevölkerung um das Zehnfache.[7]

Schweigend starrt Olga auf ihre Hände, ehe sie flüstert: „Irma schrieb Nikolaj von Martas Tod, der Frau seines besten Freundes, mit dem er zusammen im Lager war. Nachdem er dem Vater der vier kleinen Kinder diese Hiobsbotschaft überbracht hatte, erhängte dieser sich kurz darauf ..."

Olga spult diese Kette tragischer Ereignisse monoton herunter. Gefühle zuzulassen, scheint ihre Kräfte zu übersteigen: „Mutter sorgte nun also nicht nur für das Waisenkind Maria, für Frieda und mich, sondern auch für die vier Waisenkinder Waldemar, Andrej, Klara und Arne. Dabei musste sie von früh bis spät in der Kolchose arbeiten. Erschwerend kam hinzu, dass Martas Kinder kein Russisch sprachen."

Die kleine Olga jätete gemeinsam mit den vier angenommenen Kindern das Unkraut im Garten und sie pflanzten die von der Wolga mitgebrachten Melonen- und Tomatensamen. Während des ganzen Krieges gab es für sie weder Brot noch Milch, weder Zucker, Fleisch noch Eier. „Wir haben von Kartoffeln und Gemüse gelebt", erklärt sie. „Als wir Kinder eines Tages wieder zur Schule gehen durften, erhielten wir jeden Tag ein Krüglein Milch. In der Schule war ich klug", sagt sie in dem ihr eigenen russlanddeutschen Dialekt. „Ich hatte ja von meinen älteren Geschwistern schon vieles gelernt. Deswegen stand ich oft im Korridor."

„Als Strafe für das unaufgeforderte Beantworten von Fragen?"

Sie nickt. „Wenn ein Mitschüler oder eine Mitschülerin an der Tafel stand und die Antwort nicht wusste, rief ich sie laut heraus." Leise ergänzt sie. „Unsere Lehrer waren super. Sie kamen zum größten Teil aus *Leningrad*. Während der Blockade der Stadt war es ihnen gelungen, sich und etliche Kinder zu retten. Diese Lehrer und Kinder weckten meine Neugier. Im Vergleich zu den sibirischen Kindern fand ich sie interessant und offen.

In materieller Hinsicht war das Leben der Kolchosarbeiter, nicht nur der Deportierten, sehr einfach. Schuhe wurden selbst geschustert, Kleider selber genäht. Im Winter trug man einen Filzmantel. Den Einheimischen müssen unsere Kleider prachtvoll erschienen sein. Auch die Schuluniformen der Leningrader Kinder stachen hervor. ‚Ist die sowjetische Macht hier zu Ende oder noch nicht angekommen?‘, rätselte Mutter immer wieder laut vor sich hin, während sie beim Schein einer Kerosinlampe unsere Kleider unserem Wachstum anpasste."

Bis 1953, zwölf Jahre lang, lebte Olga am Ob. Vom Ende des Krieges bekamen die Menschen im Osten der Sowjetunion nicht viel mit. „1945 bedeutete für uns gar nichts! Männer gab es nach wie vor so gut wie keine. Sie waren entweder tot oder weiterhin in Lagern. Für uns war der Krieg erst in den 1960er-Jahren wirklich vorbei."

Olgas ältere Schwester Frieda hatte das Glück, mit der Unterstützung des Schuldirektors einen Platz an der Lehrerfachschule zu erhalten, obwohl sie Deutsche war. 1947 legte sie ihre Staatsprüfung ab und zog in die rasant wachsende Industriestadt Tscheljabinsk. Im gleichen Jahr kamen die vier Waisenkinder Waldemar, Klara, Andrej und Arne in ein Kinderheim. Aufgrund des stalinistischen Terrors hatte sich die Zahl der elternlosen Kinder von 329.000 im Jahr 1935 auf 610.000 im Jahr 1941 erhöht. Die Waisenheime glichen Strafanstalten. Häufig wurden Geschwister gezielt getrennt, um ihre wahre Identität auszulöschen. Sie wurden zu treuen Sowjetbürgern geformt und zu Dankbarkeit gegenüber Stalin erzogen, ihrem Retter aus der Not.[8] Waren die Kinder noch sehr jung, erhielten sie sogar einen anderen Namen.

„Wir haben nie mehr etwas von diesen vier Kindern gehört", erklärt Olga.

Das 15-jährige Waisenmädchen Maria wurde 1948 von einer Tante in Novosibirsk aufgenommen. Olgas Bruder Nikolaj schickte man zur Waldarbeit nach Perm, wo er sich im Laufe der Jahre zum Bezirksdirektor für Waldwirtschaft emporarbeitete. Olga besuchte 1949, wie ihre Schwester vor ihr, mit Unterstützung des Schulleiters die Lehrerfachschule, obwohl das eigentlich nicht erlaubt war, und verliebte sich in ihren 13 Jahre älteren Geschichtslehrer, einen ehemaligen russischen Offizier. Als 1951 ein Kind unterwegs war, wollte das Paar heiraten. Ihr Aufgebot wurde jedoch abgelehnt. Eine Deutsche durfte keinen Russen heiraten. 1947 hatte Stalin Ehen mit Ausländern generell verbieten lassen.[9] Also lebte das Paar unverheiratet zusammen. Ihren Namen hätte Olga sowieso nicht ändern dürfen, um den Behörden die Kontrolle der *Sondersiedler* zu erleichtern. „Man wurde einfach *zusammengeschrieben*", erklärt sie. „Als unser Baby drei Monate alt war, verließ mich mein Freund. Mein Sohn hat seinen Vater nie kennen gelernt."

1953 holte Frieda ihre Mutter, ihre Schwester Olga und deren 2-jährigen Sohn nach Tscheljabinsk, wo Olgas Mutter bald eine Arbeit als Hausmeisterin in einer Schule fand. Auf meine Frage nach der Genehmigung für diesen Ortswechsel erklärt Olga: „Jeder Distrikt hatte einen Kommandanten, bei dem man sich als Deutscher einmal im Monat melden musste. Der für Frieda zuständige Kommandant war humaner als viele andere. Auf ihre Bitte hat er unseren Zuzug ermöglicht."
Als Olga ihr Lehrerstudium weiterführen wollte, fand sie sich stattdessen in einem Verhör wieder – Auge in Auge mit einem Mann der Geheimpolizei. „Du weißt, dass du als Deutsche nur die 7-jährige Schule besuchen darfst!", schnauzte der Staatssicherheitsdiener. „Wie ist es deiner Schwester gelungen, diese Vorschrift zu umgehen? Wie kannst du es wagen, eine Ausbildung zu machen, wo wir dringend Arbeitsvieh in den Kolchosen brauchen!"
Nach dem einigermaßen freundlichen Miteinander in Kamen wurde Olga rüde daran erinnert, dass Deutsche ihren Wohnsitz nicht verlassen durften, dass es ihnen verboten war, eine Hochschule zu besuchen oder ins Ausland zu reisen. Knapp 2 Millionen Russlanddeutsche waren von diesen Anordnungen betroffen. Erst 1956 entfiel die monatliche Meldepflicht.
Mit lange unterdrückter Wut fügt sie hinzu: „Das Zusammenleben von Familien wurde systematisch behindert. Wir Deutsche sollten unsere Sprache und Kultur möglichst schnell verlieren. Einer ganzen Generation von Russlanddeutschen wurde Bildung systematisch vorenthalten. Irinas Traum, Ärztin zu werden, zerbrach ebenso wie der Studienwunsch meiner anderen Geschwister am Stalinismus."
Irina arbeitete in der Bauindustrie. Ein heimliches Fernstudium bot auch

Olgas Bruder Nikolaj einen Ausweg. Olga gelang es, wenigstens ein Sportlehrerdiplom abzulegen. 1960, ihr Sohn war mittlerweile acht Jahre alt, heiratete sie einen russischen Bauarbeiter. Die Ehe mit einem Russen bot den immer noch oft als Volksfeinde und Faschisten beschimpften Deutschen ein gewisses Maß an Sicherheit. Als ihr Mann in das Raketenzentrum im militärischen Sperrgebiet von Miass versetzt wurde, folgte Olga ihm dorthin. Als sich nach Stalins Tod sachte ein freierer Geist im Sowjetreich ausbreitete, übernahm Olga die Leitung des Kulturhauses und arbeitete dort von 1973 bis 1977 als Rundfunkredakteurin.

„Mein Mann und ich bekamen einen Sohn", schließt die rüstige Wolgadeutsche ihre Erinnerungen. „Ich habe einen guten Mann, der auch meinem ersten Sohn ein guter Vater war. Und inzwischen haben wir sechs Enkelkinder."

In Gedanken versunken, versetzt mich ein Bahnübergang auf der Rückfahrt nach Tscheljabinsk dennoch in Erstaunen. Mit dem Heruntersinken der Schranke öffnet sich eine Metallsperre im Asphalt, klafft wie der offene Schlund eines breitmäuligen Krokodils aus der Straße. Auf mein Nachfragen hin erläutert die Deutschdozentin Olga, dass in Russland täglich viele Menschen ihr Leben an geschlossenen Bahnübergängen verlieren. Da nur die Straßenhälfte in Fahrtrichtung versperrt ist, versuche manch ein Ungeduldiger die Absperrung in einem halsbrecherischen Manöver zu umfahren. Nicht selten ist der heranfahrende Zug schneller …

4. Minachmet Achmetzyanow

Deportation einer Tatarenfamilie nach Magnitogorsk

Eigentlich ist dies nicht nur Minachmets Geschichte, sondern auch die seiner Nichte Nuria. Dass die freiberufliche Journalistin über Kant promoviert und ausgerechnet in meiner früheren Universitätsstadt Tübingen eine Zeit lang forschte, erfuhr ich erst im Laufe unserer Gespräche. Die junge *Tatarin* begeisterte sich sofort für mein Projekt und schlug mir eine gemeinsame Reise zu ihrem Onkel vor – eine Reise, die mir unvergesslich bleiben wird.

Unsere Busfahrt von dem gerade noch asiatischen *Tscheljabinsk* ins gerade noch europäische *Magnitogorsk* dauerte fünf Stunden. Nichts war für die junge Frau mit den mandelförmigen Augen und dem rötlich gefärbten Haar uninteressant. Zu allem hatte sie eine Geschichte – sogar zu ihrer rotrandigen Brille. „Sie können sich gar nicht vorstellen, wie schwierig es war, in Deutschland eine neue Brille zu finden, als meine zerbrach. Die deutschen Brillen rutschten von meiner tatarischen Stupsnase einfach alle ab.

Die meisten Russen, die nach Deutschland reisen, möchten am liebsten dort bleiben", erklärt sie, während das fahle Morgenlicht langsam die Winternacht verdrängt. Auf die tief verschneite Ebene östlich des Südurals deutend, die in scheinbarer Endlosigkeit an uns vorbeigleitet, bekräftigt sie: „Aber ich nicht. Schauen Sie doch nur, wie der Himmel hier mit der Erde verschmilzt, wie sie vollkommen eins werden. So etwas habe ich in Deutschland nie gesehen. Als ich zurückkam und das sah, wusste ich, dass ich hierher gehöre, dass hier meine Lebensaufgabe liegt. Ich liebe dieses schöne, unglückliche Land." Dass sie bei aller Vaterlandsliebe auch offen für dessen Schattenseiten ist, schafft eine ganz besondere Nähe zwischen uns.

„Wer lebt in diesen Dörfern, die Gott am Ende der Welt verloren zu haben scheint?", frage ich sie. „Hast du jemals einen solchen Ort besucht?"

„Nein, aber ich habe es mir schon oft vorgenommen. Junge Menschen leben in diesen Dörfern kaum mehr. Die zieht es in die Städte."

Die enorme Landflucht lässt sich auch an den rasant wachsenden Einwohnerzahlen von Tscheljabinsk und Magnitogorsk ablesen. Als die Regierung in den 1960er-Jahren die Vormundschaft über die *Kolchosen* gelockert sowie erhöhte Getreidepreise und ein reguläres Gehalt eingeführt hatte, bot das Dorf ein risikoarmes Leben. Der mit dem Untergang der Sowjetunion einhergehende Zerfall der Kolchosen und damit der Dörfer wird heute von den meisten Bauern beklagt.

„Magnitogorsk heißt *Magnetberg*", erklärt Nuria. Auch dass hier eines der größten Stahlwerke der Welt entstand, erfahre ich von ihr. Unser Zielort empfängt uns mit einer schier unüberschaubaren Vielfalt an Schornsteinen, die statt Türmen, Kirchturmspitzen oder Wolkenkratzern in die Höhe ragen. Rauch jeder Schattierung von Schwarz, Grau, Weiß, Gelb, Ocker und Orange schlängelt sich aus ihnen in den trüben Winterhimmel empor.

„Das sieht ziemlich giftig aus", bemerke ich, nur um Nurias Widerspruchsgeist zu wecken. „Ihr im Westen schließt eure Umweltdreckschleudern, verlegt sie in die Dritte Welt, eure Stahlproduktion auch nach Russland oder kauft Stahl direkt hier. Dabei ist bekannt, unter welchen Bedingungen er hergestellt wird. Ausbaden muss das die hiesige Bevölkerung, die dafür mit ihrer Gesundheit zahlt! Ich meine, Europa heuchelt. Jeder Europäer isst mit einer Gabel. Jedes europäische Land nutzt Spitzentechnologie. Dafür braucht man hochwertigen Stahl. Metallgewinnung ist und bleibt aber trotz aller modernen Filter umwelt- und gesundheitsschädlich."

Nurias Worte lassen mich verstummen. Am Busbahnhof werden wir von ihrer Cousine und ihrem Onkel mit großer Herzlichkeit empfangen. Durch die Stadt geht die Autofahrt auch an Nurias ehemaliger Schule vorbei und dem Haus, in dem sie einige Jahre ihrer Jugend verbrachte.

„Meine Familie lebte eine Zeit lang in *Usbekistan*, wo mein Vater als Journalist arbeitete. Es waren schöne Jahre in einer wunderbaren Gegend. Als das Land seine Unabhängigkeit von der ehemaligen UdSSR erklärt hatte, setzte eine wahre Hetzjagd auf Russen und andere Nicht-Usbeken ein: Tataren, Juden, Deutsche, Ukrainer. Die Atmosphäre war so vergiftet und die Gewaltbereitschaft so groß, dass wir voller Angst nach Magnitogorsk umsiedelten."

Dieses primär von Usbeken und Tadschiken bewohnte Land war Ende des 19. Jahrhunderts von Russland erobert worden. Die radikale Sowjetisierung und Modernisierung zerstörten die alten Traditionen und verhinderten eine eigenständige Entwicklung des Landes. Nach dem Zerfall der UdSSR fiel es der russischen Minderheit – häufig ausgebildete Fachkräfte – oft schwer, angemessen auf den ressentimentgeladenen Dekolonisierungsprozess in den neu entstandenen Staaten Mittelasiens zu reagieren. Die heutigen Machthaber sind mit den ehemaligen sowjetischen Statthaltern jedoch oft weitgehend identisch. Oppositionelle Eliten konnten sich bisher kaum herausbilden. Politische Zwänge, wirtschaftliche Krisen und die immense Umweltzerstörung stellen für Usbekistan und andere mittelasiatische Staaten eine große Herausforderung dar.

„Hier waren früher die Baracken des Lagergeländes", erklärt Nurias Onkel, als wir einen Stadtteil erreichen, dessen unbefestigte Seitenstraßen von kleinen Holzhäuschen gesäumt sind. Kurz darauf halten wir vor einem einstöckigen Doppelhaus an. Wie die Wohnblocks der Metropolen, so wird auch Minachmets Haus mit Fernwärme geheizt. Entlang den Innenwänden ziehen sich zwei dicke weiße Heizrohre um die gesamte Wohnfläche: die Küche, das geräumige Wohnzimmer und die beiden Schlafzimmer. Darüber hinaus bestimmen Teppiche das Ambiente. Sie zieren Wände, Fußboden und Sofa. Die in Deutschland üblichen Federbetten wären in diesen überheizten Räumen fehl am Platz. Während mein Gastgeber diesen preisgünstigen Kälteschutz offenbar genießt, überfällt mich der Drang, Fenster und Türen aufzureißen. Die undichten Fenster werden jedoch im Winter zugenagelt oder mit Klebeband abgedichtet. Die fürsorglich angebotene Mittagsruhe verbringe ich daher lieber an der frischen Luft und mache mich zum Erstaunen meines Gastgebers zu einem Erkundungsgang auf.

Nach dem riesigen grauen Fabrikgebäude direkt hinter Minachmets Haus, das mit Tausend dunklen Fensteraugen auf die kleine Siedlung herabzuschauen scheint, hatte ich mich schon erkundigt. Diese zentrale Bäckerei herrschte einst über Leben und Tod. In den Hungerjahren erhielten oft nur solche Brotfabriken Mehlzuteilungen, lange bevor Getreide auch in private Haushalte gelangte.
Bestimmt gibt es keine weniger attraktive Jahreszeit für einen Besuch in dieser Stadt. Die Märzsonne hat die ungeräumten Wege in Schneematschpisten verwandelt. Meine Füße sind schnell nass. Kein Wunder, dass trotz Sonnenschein niemand außer mir unterwegs ist. Nach ein paar Schritten

habe ich den Rand der Siedlung erreicht und stehe vor der riesigen schwarzen Pyramide einer ehemaligen Erzberghalde. Alles ist trist und totenstill. In der Nähe blasen hohe Schlote Rauch in Angst einflößenden Farben in den blauen Winterhimmel, der von unzähligen Hochspannungsleitungen zerschnitten wird.

Nach meiner Rückkehr und der gastfreundlich gereichten Tasse Tee beginnt Nurias Onkel seine Lebensgeschichte zu erzählen, die seine Nichte und mich fesselt und erschüttert. Auf dem Wohnzimmertisch stapeln sich Fotos und Papiere. Vieles hat er 1946, kurz nach seiner Rückkehr aus Deutschland, niedergeschrieben. Minachmet – seinen Namen kann man mit ‚Geboren mit einem Muttermal‘ übersetzen – wurde 1925 in *Tatarstan* geboren, einem Gebiet nördlich der ehemaligen Republik der Wolgadeutschen. Sein 1000-Häuser-Dorf grenzte auf der einen Seite an ein Sumpfgebiet und Wald, auf der anderen an Felder. Der einzige Russe im Ort war der Schmied.

„Bei uns gab es vier Kaufleute. Weil sie alle Angestellte hatten, galten sie nach der Revolution als reiche *Kulaken* und sind aus Angst vor Verfolgung 1929 geflohen." Insgesamt wurden zwischen 1929 und 1932 mindestens 10 Millionen so genannte Kulaken aus ihren Häusern und Dörfern vertrieben und ihres Eigentums beraubt.[1]

Der kleine Tatare wuchs in einem mit Holzschindeln gedeckten einstöckigen Holzhaus auf. In einem der zwei Räume schliefen die Kinder, in dem anderen, der tagsüber als Wohnküche diente, die Eltern. Der *Sunduk,* eine große Holzkiste, diente als Sitzplatz für bis zu zehn Personen. Der *Sake,* ebenfalls eine Holzkonstruktion, fungierte tagsüber als Tisch und nachts als Schlafstelle. Die Terrasse mit der Sommerküche hinter dem Haus war unterkellert. Hier wurden Kartoffeln, Rote Beete, Karotten, Kraut und Zwiebeln sowie getrocknete Pilze und Beeren für den Winter gelagert.

„Geboren wurde ich zuhause. Männer waren bei der Geburt selbstverständlich nicht anwesend." Mit leuchtenden Augen ergänzt Minachmet: „Zur Feier der Geburt eines Sohnes wurde ein großes Fest veranstaltet."

In Nurias und mein etwas betretenes Gesicht blickend, fügt er schnell hinzu: „Mädchen waren auch nicht schlecht. Die konnten ja den Haushalt führen." Als auch diese gut gemeinten Worte immer noch keine Begeisterung herbeizaubern, erklärt er: „Mein Onkel hatte mehr Söhne als Töchter, während mein Vater mehr Töchter als Söhne hatte. Gemeinsam bildeten wir eine Art privater Kolchose, in der die Arbeit wunderbar aufgeteilt werden konnte. Als ich auf die Welt kam, hatte ich bereits vier Schwestern und zwei Brüder. Wuchs die Familie, so wurde der Sake einfach vergrößert. Auf einem schliefen, abgetrennt hinter einem Vorhang, meine vier Schwestern, auf dem anderen wir Buben. Man nannte so einen Raum ein *Fünf-Wand-Zimmer*. Eine Wand war eben aus Stoff. Am liebsten war mir der Platz am Ofen", lächelt er. „Da duftete es wunderbar nach Essen. Wenn es im Winter sehr kalt war, lag manchmal auch das Kälbchen am Ofen. Das roch auch gut."

Als ich mich nach seiner großen Geschwisterzahl erkundige, erklärt er zögernd: „Meine älteren Geschwister sind Halbschwestern. Als Fatima, Vaters erste Frau und Mutter von Garissa, Minessa und Marcia, geboren 1916, 1920 und 1922, sehr krank wurde, nahm Vater Muhtarama, die Witwe seines Cousins als zweite Frau – meine Mutter. Sie brachte meine 1918 geborene Halbschwester Gulsin mit in die Ehe. Und so hatte ich eben schon vier Schwestern, als ich, das erste gemeinsame Kind meiner Eltern, das Licht der Welt erblickte. Da war Fatima aber bereits zwei Jahre tot. 1926 und 1928 wurden meine beiden Brüder Haris und Ismail geboren, 1934 und 1938 meine Schwestern Erkia und Nakia." Als die sowjetische Zentralregierung 1927 die Vielehe unter Strafe stellte, waren Minachmets Eltern davon nicht mehr betroffen.

„Im Sommer blieben nur die Mütter mit kleinen Kindern im Dorf", fährt er fort. „Alle anderen Dorfbewohner übernachteten in den Hütten bei den Feldern, die in unserem Fall etwa 3 Kilometer entfernt waren, und arbeiteten von Sonnenaufgang bis Sonnenuntergang. Mit fünf Jahren hütete ich schon unser Vieh. Auf den kleinen Äckern wurde eine reichliche Ernte erwirtschaftet. Mein Vater war wie seine Vorfahren Landwirt und außerdem der beste Holzschnitzer im Ort. Wie fast alle Tataren war er Anhänger des Islam. Als sehr religiöser Moslem war er z. B. gegen Musik. Dennoch zogen abends Musikanten durch unser Dorf. Auch Alkohol war verboten, was einige Jugendliche nicht daran hinderte, ihn in einem der Privathäuser heimlich trotzdem zu trinken.

Meine Eltern sprachen Tatarisch, Vater außerdem Tschuwaschisch. Wie alle anderen Dorfbewohner hatten sie in der Madras, der islamischen Religionsschule, Arabisch gelernt. Nach der Revolution wurde die lateinische Schrift eingeführt, die 1940 von den Bolschewiki jedoch wieder verboten wurde. Jeder Tatare musste fortan, wie alle anderen Sowjetbürger, Kyrillisch schreiben." Hatte die Latinisierung der Schriftsprache schon Zehntausende Lesekundige zu Analphabeten gemacht, so trennte die neue Sprachumstellung die Tataren noch weiter von ihrer Überlieferung und trug zur Zerstörung ihrer Traditionen bei. Für die Wolgatataren, die Mitte des 16. Jahrhunderts ihre Unabhängigkeit verloren hatten, blieb die Hoffnung auf einen unabhängigen Staat ein Wunschtraum, dies umso mehr, als die nach der Russischen Revolution gegründete Tatarische Sowjetrepublik die Waffenschmiede der Nation war, in der 40 Prozent der Industrieproduktion auf die Rüstung entfielen.[2]

„Wie überall in der Sowjetunion, so wurden auch in unserem Dorf in den 1920er-Jahren staatliche Grundschulen eingeführt. Bei uns misstraute man ihnen unter anderem, weil man sie als religionsfeindlich betrachtete. Sie müssen bedenken, dass es bis 1929 fünf Moscheen in unserem Dorf gab. Sie wurden alle zerstört oder als Lagerräume genutzt. Unter den ihrer Religion verbundenen Tataren fanden sich daher relativ wenige Befürworter des Bolschewismus. In den Augen vieler Dorfbewohner förderte die Sowjetisierung den Alkoholkonsum, der wiederum Armut und Obdachlosigkeit zur Folge hatte.
Als der Kollektivierungsdruck stetig zunahm, fragten sich mehr und mehr Dorfbewohner ‚Warum soll ich ein ganzes Jahr für wenig Lohn in der Kolchose schuften?' und übersiedelten in das *Donbass*-Gebiet. In den dortigen Bergwerken war mehr Geld zu verdienen. Andere zogen nach Turkistan, wo unsere Religion nicht verboten war. Wieder andere schlossen sich den Basmatschi an, die notfalls mit Waffen für ihre Religion kämpften.[3]
Natürlich gab es auch in unserem Dorf Leute, die für die Sowjets Propaganda machten. Diese Aktivisten tranken, rauchten, versprachen den Menschen Maschinen sowie andere staatliche Vergünstigungen und zeigten Propagandafilme, die Kolchosen als ein Paradies darstellten. Sie taten dies allerdings nicht für Gottes Lohn, sondern erhielten 25 Prozent des Besitzes derjenigen, die sie zum Kolchosbeitritt überreden konnten."
Minachmet bezieht sich vielleicht auf das Gesetz vom Januar 1928, das armen Bauern als Anreiz zur Denunziation ein Viertel der ‚Ernteüberschüsse' zusprach, die sie bei ‚Reichen' aufspürten.[4]

54

„Beitrittsunwilligen wurde bald das Doppelte an Steuern abverlangt", fährt er fort. „Konnten sie nicht zahlen, mussten sie ihr Mobiliar aushändigen oder wurden kurzerhand zu Kulaken erklärt und mit Gewalt enteignet, deportiert oder erschossen. Oft stand Vater gegen Sohn." Als Strafe für nicht fristgerechte Ablieferung der festgelegten Getreidemenge wurde diese bis um das Fünffache erhöht. Die Steuern für angebliche Kulaken stiegen von 1929 bis 1931 um das Zehnfache.[5] Ein Leben außerhalb der Kolchose wurde auf diese Weise so gut wie unmöglich gemacht.

„Ich gebe Ihnen ein Beispiel für die Tücke dieses Systems. Ibrahim, der Mann meiner ältesten Schwester hatte sechs Brüder. Der Älteste schloss sich als einziger der Kolchose an. Als die Kühe der Kolchose erkrankten, schob man ihm die Schuld zu. Er wurde nach Sibirien deportiert und ist dort verschollen.

Auch mein Vater weigerte sich, der Kolchose beizutreten. Wegen der schlechten Ernte konnte er 1930 die hohen Abgaben nicht bezahlen. Er erklärte der Parteiführung im Dorf, er werde nach Usbekistan reisen, um dort das Geld für die Steuern zu verdienen. Das war eine weite Reise mit Pferd und Zug. Er war kaum weg, es schneite bereits, da rückten die Parteileute mit Maschinen an und zerstörten unser Haus. Mutter und wir sechs Kinder standen plötzlich auf der Straße. Der Onkel meiner älteren Schwestern war Kommunist. Er nahm seine Nichten auf, um sie zu schützen. Mutter und wir drei kleinen Jungen, wir waren fünf, vier und zwei Jahre alt, wurden von armen Dorfbewohnern aufgenommen, von Invaliden, die selber keine Kinder hatten. Mit Schaudern erinnere ich mich an das Ungeziefer in ihrem Haus."

„Warum wurde Ihr Elternhaus zerstört, obwohl Ihr Vater bereit war, seine Steuern zu zahlen?"

„Da wurden alte Rechnungen beglichen. Das war nichts Ungewöhnliches."

„Wie bei den Nazis!", entfährt es mir. „Ein korruptes System korrumpiert eben zuerst die eigenen Anhänger und dann unzählige andere."

Minachmet nickt: „Als Vater drei Monate später zurückkehrte, beglich er seine Steuerschuld und errichtete an der gleichen Stelle ein kleines Blockhaus. Er erkundigte sich beim Rat des Kreises nach den Gründen für die Verwüstung seines Hauses. ‚Über diese Vorgänge sind wir nicht informiert', lautete deren Antwort. ‚Dabei handelt es sich um eine dorfinterne Angelegenheit.' Diese ist bis heute ungeklärt. Während Vater unser neues Häuschen baute, hockten Parteimitglieder auf einem Baumstamm und schauten ihm zu. Flugs wurde das Gerücht in die Welt gesetzt: ‚Der Kulak baut ein neues Haus! Er hat Geld!‘ Kurz darauf wurde es enteignet.“ Die von der Partei eingesetzten *Komitees der Dorfarmut* bestanden häufig aus landlosen, zugewanderten Arbeitern aus den Städten, manchmal auch einfach aus Kriminellen. Sie führten sich nicht selten auf wie kleine Despoten, schikanierten die Dorfbevölkerung und versorgten ihre eigenen Verwandten mit Pfründen.[6] Die Verfolgung der Kulaken diente Stalin nicht nur zur Beseitigung potenzieller Opposition. Damit ließen sich auch Exempel statuieren, um die restlichen Dorfbewohner zum Kolchosbeitritt zu bewegen. Nur wenige, vor allem die ärmeren Bauern, beugten sich der Kollektivierung freiwillig. Der Begriff *Kulak* wurde bald so allgemein gefasst, dass jeder entrechtet werden konnte. Die Mehrheit der Bauernschaft reagierte auf das Verschwinden ihrer Nachbarn mit stummer Furcht. Die Vernichtung der Bauern mit der größten Sachkenntnis und dem höchsten Arbeitswillen führte zum Niedergang des sowjetischen Agrarsektors und löste eine millionenfache Hungerkatastrophe aus.

„Nach der Enteignung zogen wir und fünf weitere Familien mit Pferdewagen in die Steppe, zu unserem 20 Kilometer entfernten Banja-Haus“, erzählt Minachmet weiter. „Wir nahmen genug Holz mit, um auf unserem dortigen Grundstück ein Häuschen zu bauen. Als wir Ende April das Land gerodet und Kartoffeln angebaut hatten, warfen uns nachts Parteileute aus den Betten. ‚Alles stehen und liegen lassen!‘, schnauzten sie. Mit Pferdefuhrwerken wurden alle sechs Familien nach Schanhala, zur Bahnstation von Kasan gebracht.[7] So wurde uns 1931 auch unser letztes Land genommen. Die ganze Kollektivierung war ein Riesenraub!!“ Zwischen 1930 und 1933 enteigneten die Bolschewiki mehr als 2 Millionen Bauern auf ähnliche Weise. Zahllose wurden deportiert, 30.000 erschossen.[8]
Mit funkelnden Augen und betont leise erklärt der alte Tatare: „Da es auch zehn Jahre nach der Revolution keinen spürbaren Fortschritt in der von Stalin angestrebten Industrialisierung gab, versuchte man durch Zwangskollektivierung Industriearbeiter, d. h. billige Arbeitskräfte, zu gewinnen.“
„Warum war Stalin die schnelle Industrialisierung, förmlich um jeden Preis, so wichtig?“
„Das Land war nach Krieg, Bürgerkrieg und Hungersnöten total erschöpft. In dieser Situation fühlte sich Stalin vor allem von Japan und Deutschland bedroht und bereitete sich auf einen Krieg vor. Für die Auf-

rüstung brauchte er Devisen. Das bis dahin einzig nennenswerte Exportgut war Weizen. Durch die Förderung von Bodenschätzen, wie zum Beispiel Eisenerz, wollte er das Land wirtschaftlich und militärisch stärken. Seine drei wichtigsten Projekte waren die Panzerproduktion in Tscheljabinsk sowie die Stahlproduktion in Magnitogorsk und Novokusniezk. Natürlich waren Parteiaktivisten an diesem Prozess beteiligt und Ingenieure arbeiteten oft freiwillig mit. Aber wirklich brutal waren diese Pläne für das eigene Volk!"

Am nächsten Tag zeigen mir Nuria und Minachmet einige der schmucken Häuser, in denen einst die Ingenieure und andere für den Aufbau von Magnitogorsk Verantwortliche lebten. Der Kontrast zu den Lebensbedingungen der hierher deportierten Zwangsarbeiter hätte größer kaum sein können.

„Von Schanhala wurden wir nach Bogulma gebracht", kehrt Minachmet zu den schicksalhaften Ereignissen von 1931 zurück. „Die Männer kamen ins Gefängnis. Die Frauen und Kinder mussten im Gefängnishof campieren. Diese Haftanstalt fungierte, wie unzählige andere, als eine Art Zwischenlager. Als nach einigen Tagen genügend Leidensgenossen zusammengetrieben waren, um einen Zug zu füllen, wurden je 50 Personen mit leichtem Gepäck in einen Viehwaggon verladen und in den dort vorhandenen Holzregalen untergebracht – auch Alte und Kranke wurden eingeschlossen wie Vieh …" *Menschenmaterial!* geht mir zum wiederholten Mal durch den Kopf, während der damals 6-Jährige berichtet: „Die einzige Öffnung bestand aus einem kleinen vergitterten Fenster weit oben. Für ihre Notdurft stand den 50 Menschen ein einziger Eimer zur Verfügung. In den nächsten zehn Tagen legten wir 1.000 Kilometer zurück. Es war Juni und in den Waggons unerträglich heiß. Bei jeder Haltestelle durfte man an einer einzigen Pumpe Wasser holen. Die Schlangen waren unbeschreiblich lang. Zu essen erhielt man nichts, konnte aber Lebensmittel kaufen, wenn der Zug hielt. Bei dieser Gelegenheit wurden auch die Toten ausgeladen und notdürftig begraben. Meiner Schätzung nach sind in jedem Waggon während der Fahrt etwa 15 Menschen gestorben." Knapp ein Drittel, denke ich. Das stimmt in etwa mit den Zeitzeugenberichten und Geschichtsbüchern überein, die ich mittlerweile kenne. Diese enorme Zahl an Toten wurde nirgends offiziell notiert.

„Wir wussten nicht, wohin die Reise ging, bis wir Ende Juni Magnitogorsk erreichten. Vom Bahnhof brachten uns LKW in eine Ebene, in der

es außer riesigen Zelten nichts gab. Absolut nichts! Nicht einmal Wasser!"
Verbittert zieht er aus dem Stapel seiner Dokumente eine Fotografie heraus – große, weiße Zelte, eines am anderen, soweit das Auge reicht!

„Etwa 15 Personen, durchschnittlich zwei Familien, wurden in jedem Zelt untergebracht. Das Gesicht des alten Mannes, der das Zelt mit uns teilte, steht noch deutlich vor mir. Innerhalb von zwei Tagen war er tot. Kurz darauf brachte man auf Pferdewagen Wasserfässer herbei. Manche Familien besaßen keine Gefäße! Die meisten hatten jedoch, wie meine Eltern, wenigstens ihren Samowar mitgebracht. Tataren hängen an ihrem Teekocher. Feuer durfte in der Nähe der Zelte nicht gemacht werden, nur weit entfernt unter Aufsicht eines Wächters. Nachts waren überhaupt keine Feuer erlaubt.

Nach ein paar Tagen erhielt jede Familie etwas Mehl und Zucker. Da wir, wie die meisten anderen, weder Töpfe noch Geschirr besaßen, kochte Mutter Brei im Samowar. Das Wasser reichte in der großen Hitze nicht einmal zum Trinken, an Waschen war anfangs nicht zu denken. Später stand uns alle zwei Wochen eine Banja-Hütte auf Rädern zur Verfügung, vor der immer eine riesige Menschenschlange wartete. Irgendwann entdeckten wir 2 Kilometer entfernt einen Bach, aus dem wir Wasser holen und in dem wir uns waschen konnten."

„Beschreiben Sie mir doch bitte, wie die Zelte innen aussahen? Gab es Betten oder Tische?"

Er schaut mich mit großen Augen an: „Was es in den Zelten gab? Nichts! Absolut nichts!"

„Gab es wenigstens einen Zeltboden, der gegen Regen oder Insekten schützte?"

„Auch den gab es nicht."

„Wo schliefen Sie denn dann?"

„Mutter hatte ein paar Bettlaken mitgebracht, die sie auf die Erde legte. Wenn es regnete, verwandelte sich der Boden in Schlamm, und uns blieb nichts anderes übrig, als in dem Matsch zu schlafen."

„Wie lange mussten Sie das ertragen?"

„Wir waren nicht die ersten in dieser tödlichen Zeltsiedlung. Ein paar Monate vor uns waren bereits andere hierher verschleppt worden, die sich inzwischen Baracken gebaut hatten. Zwei oder drei Tage nach unserer Ankunft wurden alle über 18-Jährigen zur Arbeit eingeteilt. Wer nicht am Barackenbau beteiligt war, hob Gruben für die Erzgewinnung aus. Wieder andere trugen den 610 Meter hohen Magnetberg stufenweise ab. Nach etwa vier Monaten, ab Anfang November, konnte man in die neugebauten Holzunterkünfte umziehen. Da Mutter hochschwanger war, gehörten wir zu den Ersten, die einen Barackenplatz erhielten. Trotzdem starb meine kleine Schwester wenige Wochen nach ihrer Geburt."

Nach einigen Augenblicken des Schweigens fährt er fort: „In diesen Holzhütten standen entlang der ganzen Barackenwand zweistöckige Pritschen wie Holzregale. In einer solchen 50 Meter langen und 15 Meter breiten Behausung wurden 300 Menschen untergebracht. Jedem standen weniger als 50 Zentimeter Liegefläche zu. Um ein Minimum an Privatsphäre bemüht, teilten die Familien ihr kleines Plätzchen notdürftig mit einem Brett, einem Vorhang oder einem Stück Pappkarton ab." Minachmet hat jede Einzelheit des damals Erlittenen vor Jahrzehnten niedergeschrieben. Immer wieder nimmt er eines der vielen Blätter zur Hand und liest Abschnitte daraus vor.

Um Fassung ringend, presst er die nächsten Worte zwischen seinen silbernen Zähnen hervor: „So glühend heiß wie der Sommer, so klirrend kalt war bald der erste Winter. Viele Kinder überlebten ihn nicht. Sie schliefen abends ein und wachten am nächsten Morgen einfach nicht mehr auf." Heute ist bekannt, dass von den Kindern der Verbannten bereits im ersten Jahr bis zu zehn Prozent starben.[9]

„Stalin muss unter den Lagerhäftlingen verhasst gewesen sein."

„Stalin? Nein! Aller Hass richtete sich gegen *Jeschow*, den Chef der Geheimpolizei!"

„Aber er und andere *NKWD*-Chefs vor und nach ihm taten doch nur, was Stalin ihnen befahl!"

„Aber nicht nach unserem damaligen Verständnis!"

Jeschow leitete den Geheimdienst erst seit 1936. Für die Kollektivierung war im Wesentlichen *Jagoda* verantwortlich. Vermutlich hassten Minachmets Eltern Jeschow, weil er in den 1920er-Jahren in *Tatarstan* für sowjetische Propaganda verantwortlich gewesen war. Für Minachmet war er wohl der Feind Nummer eins, weil er nach 1936 die schrecklichste aller *stalinschen Säuberungen* durchführte. Wie oft habe ich von deutschen Zeitgenossen gehört, dass sie, wenn ihnen Unrecht begegnete, dachten: ‚Wenn das Hitler wüsste!' Und nun begegnet mir hier etwas ganz Ähnliches! Offenbar gelang es beiden Diktatoren mit Hilfe von Propaganda, allein ihre Handlanger für alles Böse verantwortlich zu machen.

„Jeder lebte in ständiger Angst", erinnert sich Minachmet. „Ein falsches

Wort konnte den Tod bedeuten. Sogar in der Verbannung kam es immer wieder zu Massenverhaftungen. Auch durch unser Lager fuhren die schwarzen Autos nachts regelmäßig. Heute weiß ich, dass in erster Linie Stalin für diese enorme Brutalität verantwortlich war, gegenüber Russen und besonders gegenüber nationalen Minderheiten, wie z. B. den Tataren und den Russlanddeutschen. Auch russische Kriegsgefangene fanden später vor ihm keine Gnade. Aber damals wusste ich das alles nicht." In einem Nebengedanken fügt er hinzu: „Unter Gorbatschow und Jelzin fühlte ich mich an Stalin erinnert. Auch da wurde man wieder enteignet, allerdings subtiler, nämlich durch Geldentwertung. Auch zu deren Zeit wurden Lebensmittelkarten eingeführt."

Die Geringschätzung Gorbatschows und Jelzins begegnete mir in Russland immer wieder. Warum? (Bei der Korrektur dieses Textes fügt Nuria hinzu: ‚Viele, aber nicht alle Russen lehnen diese beiden Politiker ab. Offiziell gelten sie sogar als Helden. Der Groll der Menschen resultiert aus ihrer Erfahrung, ihrem Leid. Opfer von Propaganda sind dagegen einige Europäer, die von Gorbatschow und Jelzin profitierten und dabei unsere Realität ignorierten. Ich spüre diese Verbitterung noch heute.')
„Hat die Ablehnung Gorbatschows nicht auch etwas mit der Presse zu tun?", frage ich Nuria. „Wenn sich Journalisten korrumpieren lassen, ist jede Freiheit im Keim erstickt."
„Journalisten spielen eine große Rolle", stimmt sie leidenschaftlich zu, „aber noch mächtiger sind die Historiker, die unsere Geschichtsbücher schreiben. Die respektiere ich nicht!"
„Du meinst die Bücher, die jedes Kind in der Schule bzw. jeder Student an der Universität lesen muss?"
Sie nickt. Plötzlich steht ihre Tante, Minachmets jüngere Schwester, lächelnd im Türrahmen. Sie begrüßt uns herzlich und lädt alle zum Abendessen ein. Auf eisglattem Pfad balancieren wir im Dunkeln vorsichtig von Hintertür zu Hintertür, von einer Doppelhaushälfte zur anderen. Da jeder, der ein tatarisches Haus betritt, seine Straßenschuhe am Eingang stehen lässt und Hauspantoffeln erhält, bleibt der Linoleum-Fußboden sauber. In der langen, schmalen Küche hat unsere Gastgeberin ein duftendes Mahl aus Fisch, Zwiebeln und Tomaten vorbereitet.
Auch in diesem Haus wird der Gastfreundlichkeit, der Herzlichkeit und der Üppigkeit des Essens mehr Bedeutung beigemessen als Dingen wie Geschirr, Besteck, Tischtuch, Blumen und Servietten. Eines unterscheidet

die muslimischen Tataren, die heute zunehmend ihren lange verbotenen Glauben wieder praktizieren, aber offenkundig von Russen: sie trinken so gut wie keinen Alkohol. Das kleine Esszimmer pulsiert von Worten und Lachen. Ehe wir uns spät und todmüde verabschieden, bietet mir Nurias Tante ihr neu eingebautes Badezimmer an: fließend warmes Wasser und eine Badewanne! Diesem liebenswürdig angebotenen Luxus kann ich trotz aller Müdigkeit nicht widerstehen. Als wir uns schließlich schlafen legen, deckt Minachmet seinen mit Papieren beladenen Tisch sorgfältig mit einem Teppich zu, als ob er die bedrückenden Erinnerungen daran hindern will, meine Träume zu stören.

Am nächsten Morgen werde ich von leiser tatarischer Radiomusik geweckt. Der ballgroße Wasserbehälter neben dem kalten Wasserhahn in der kleinen Küche ist für die Morgentoilette bereits mit warmem Wasser vom Gasherd gefüllt. Als der Hausherr nach dem Frühstück den Teppich vom Wohnzimmertisch nimmt, legt er damit eine Zeit des Leidens und Sterbens wieder offen.

Seine große Brille zurechtrückend sagt er: „Jeder der geschwächten Menschen litt unter der einen oder anderen Krankheit. In meiner Erinnerung trug man jeden Tag einen Toten aus unserer Baracke. An dem Typhus, der grassierte, erkrankten bald auch mein Bruder und ich. Ich wurde in das 4 Kilometer entfernte Krankenhaus eingeliefert, aus dem selten jemand zurückkehrte. Die meisten Patienten waren apathisch, wollten nichts essen, starben und wurden in Massengräber geworfen. Von den rund 30.000 Deportierten in diesem Lager starben zwischen 1931 und 1933 etwa 8.000." Mit bitterer Resignation fügt Minachmet hinzu: „Über ihren Gräbern wurde später eine Plattenbausiedlung errichtet." Insgesamt kamen zwischen 1930 und 1940 fast 1,3 Millionen Mitglieder von Kulakenfamilien ums Leben. Darüber hinaus überlebte etwa eine halbe Million schon allein den Transport nicht. Zusätzlich starben bis 1946 fast 600.000 Kulaken an Sonderverbannungsorten.[10]

„Gibt es ein Denkmal, das an diese Toten erinnert?"

„Ein Denkmal? Wo denken Sie hin! Vor etwa 20 Jahren wurden ein paar Leichen exhumiert und auf einem Friedhof beigesetzt, als symbolischer Akt zur Besänftigung der aufgebrachten Bevölkerung."

Während mir bewusst wird, dass nicht nur deutsche Kriegsgefangene, Zivildeportierte und Russlanddeutsche auf Müllhalden, unter Fabrikgebäuden oder Plattenbauten liegen, sagt Minachmet: „Im Gegensatz zu den meisten anderen im Krankenhaus hatte ich Hunger! Ich wollte essen! Ich wollte leben! Kurz nach meiner Entlassung erkannten die Verantwortlichen, dass das Leben in diesen Baracken ohne festen Fußboden besonders im Winter tödlich war. Während sie renoviert wurden, zogen wir vorübergehend in selbstgebaute *Semljankas*. Manche Familien lebten drei Jahre lang in diesen Erdhütten!"

1932 lebten in Magnitogorsk über 40.000 Deportierte – zwei Drittel der Stadtbevölkerung.[11] Während ein Viertel der Bevölkerung in Erdhöhlen hauste, standen auch den freien Arbeitern 1935 pro Familienmitglied ganze 3,5 Quadratmeter Wohnfläche zur Verfügung. Unter diesen Umständen kam es – wie überall im Stalinreich – nicht selten vor, dass Nachbarn einander denunzierten, nur um etwas mehr Wohnraum zu erhalten.[12] Daher zogen manche die primitiven Semljankas der alltäglichen, vom Geheimdienst gesteuerten Denunziation in den Baracken vor.

„In den renovierten Baracken erhielt jede Familie ein 15 Quadratmeter großes Zimmer mit einem Ofen. Auch Banjas, im Volksmund Läuse-Bekämpfungs-Stellen genannt, gab es nun. Ihr Besuch war obligatorisch. Bei dieser Gelegenheit musste man seine Kleider desinfizieren lassen. Mittlerweile standen den Gefangenen auch zwei Krankenbaracken zur Verfügung."

„Sie betonen immer wieder den Begriff Gefangene."

„Wir durften weder das Lagergelände noch unseren Arbeitsort verlassen. Was waren wir also anderes als Gefangene? Nachts glückte zwar manchem Kinderlosen die Flucht, wenn man ihn aber fasste, kam er ins Gefängnis oder musste zur Strafe unentgeltlich arbeiten. Manch einem gelang es dennoch, sich in den umliegenden Dörfern zu verstecken. Allmählich etablierte sich eine Art von Organisation. Außer Müttern mit Kleinkindern musste jeder arbeiten. Die Arbeiter wurden zu Brigaden zusammengefasst und jeden Morgen unter Bewachung zu einem anderen Arbeitsort gebracht. Man wusste also im Voraus nie, wo man am nächsten Tag arbeiten würde. Unsere Brigade wurde von einem Juden bewacht. Gute Arbeiter machte man zu Brigadeleitern. Jeder erhielt etwas Geld und ein Lebensmittelkarten-Büchlein. Wer nicht arbeiten konnte, bekam sehr wenig. In der Kantine oder beim Kauf rationierter Lebensmittel wie Brot, Fleisch, Zucker und Milch musste man also nicht nur mit Geld bezahlen, sondern zusätzlich mit einer entsprechenden Lebensmittelkarte.

Gemüse war dagegen frei verkäuflich und billig. Man musste dafür allerdings lange Warteschlangen in Kauf nehmen.

1932 kam ich in eine tatarische Schule. Obwohl ich schon lesen konnte, wurde ich nachhause geschickt, weil ich zu jung war. Als mein Vater sich beschwerte und erklärte: ‚Mein Sohn kann lesen und kennt alle Zahlen bis Hundert‘, wurde ich doch aufgenommen. Die Unterrichtssprache war Tatarisch, wir lernten aber ab der ersten Klasse Russisch und ab der dritten Deutsch."

„Deutsch?"

„Ja", bestätigt er. „Leider habe ich das meiste wieder vergessen, obwohl ich nach dem Krieg eine Zeit lang in Deutschland stationiert war. Ich hatte gehofft, wir könnten unser Gespräch zum Teil auf Deutsch führen, aber ich sehe, dass meine Kenntnisse dafür nicht mehr ausreichen.

1933 entstanden tatarische, ukrainische und russische Kulturclubs. Es wurde eine große Schule gebaut, ein Park und sogar ein Tanzplatz angelegt. 1934 wurden die Lebensmittelkarten abgeschafft und man spürte einen Hauch von Freiheit. Wir durften in die Stadt gehen, der Aufenthalt außerhalb des Stadtgebietes war uns Deportierten jedoch nach wie vor nicht gestattet. Bei ihrem Barackenfenster durfte jetzt jede Familie einen kleinen Stall errichten und Tiere halten: Schweine, Hühner, Kaninchen und dergleichen. Ab 1936 hatten viele Leute auch Kühe und Schafe, die auf dem Gemeinschaftsgelände weiden durften. Dafür musste man allerdings einmal im Jahr eine bestimmte Menge an Butter oder Milch abliefern."

„Sie waren ja noch ein Kind. Womit vertrieben Sie sich ihre Zeit?"

„Wir kegelten oder spielten Fußball. Irgendwann gab es auch ein Reck und eine Schaukel."

„In welcher Sprache verständigten sich die Kinder?"

„In jeder Baracke lebten etwa 80 Prozent Russen. Sie nahmen in der Lagerhierarchie, wie in der Sowjetunion überhaupt, den ersten Platz ein. An zweiter Stelle rangierten wir Tataren. Wir Kinder lernten also quasi spielend Russisch. Ab 1940 gab es dann nur noch russische Schulen. In allen über die Grundschule hinausgehenden Schulen war die Unterrichtssprache von Anfang an ausschließlich Russisch."

„Die Deportationen hatten also auch die Russifizierung des sowjetischen Vielvölkerstaates zur Folge?"[13]

„Selbstverständlich. Stalin strebte zwar eine Völkervermischung an, der neue Sowjetmensch sollte aber im Grunde russisch sein. Zu seinen inoffiziellen Zielen gehörte die kulturelle Kolonisierung der vielen kleinen Nationen in seinem Riesenreich. Ein einheitliches Volk lässt sich eben viel leichter kontrollieren als ein Vielvölkerstaat." Diese Kontrolle setzte Stalin mit brutaler Gewalt durch. Immerhin waren von den 140 Millionen Sowjetbürgern 65 Millionen keine Russen, sondern Ukrainer, Weißrussen, oder, wie Minachmet, nicht einmal Slawen.[14]

„Nehmen Sie Tatarstan als Beispiel", fährt er fort. „Bis zum Krieg hielten die dort lebenden Tataren an ihren Traditionen fest. Heute leben in Tatarstan 40 Prozent Nicht-Tataren, meist Russen. Im *Haus der Kulturen* gibt es jetzt zwar in zahlreichen Städten kümmerliche Versuche, etwas von dem verschwindenden Brauchtum zu bewahren, aber das ist nichts als eine Farce zur Beruhigung der Gemüter!"

„Könnte man diesen Umgang mit Minderheiten Ihrer Meinung nach als Ethnozid betrachten? So jedenfalls sieht die UNO Zwangsassimilierung."

„Dass der jahrzehntelange Prozess der Russifizierung zum Aussterben anderer Kulturen beitrug – und beiträgt – entspricht bestimmt der Realität. Dennoch sind die bescheidenen Kulturzentren besser als gar nichts. So gibt es wenigstens einen kleinen Ort, an dem wir uns treffen können."

Als ob er seiner Nichte demonstrieren will, dass es einst eine lebendige tatarische Kultur gab, zieht er aus seinem Stapel von Papieren ein Photoalbum hervor. „Das ist dein Großvater, als er den Orden *Held der Arbeit* erhielt. Den Stalinisten ist es gelungen, ein neues System von Hierarchie und Anerkennung zu etablieren." Während ich denke: ein neues System von Zuckerbrot und Peitsche, fährt Minachmet fort: „Auf diese Weise wurden die alten Eliten entmachtet und neue, stalintreue installiert." Zu mir gewandt sagt er: „Wie Sie sehen, haben sich die Menschen nach und nach mit ihrem Sklaventum identifiziert und nahmen die neuen Orden stolz an."

„Und Sie? Wurden Sie während Ihrer Schulzeit Pionier?"

„Wir Deportierten durften nur Pioniere werden, wenn wir gute Noten hatten!" Freudestrahlend sagt er: „1937 oder 1938 wurde auch ich Pionier und war, wie alle anderen, stolz darauf. Wir waren glühende Patrioten!" Fast beschämt ergänzt er: „Nur zum Militär durften wir noch nicht!"

„Sie wollten Pionier sein, trotz Stalins Politik, die Ihrer Familie so viel Leid zugefügt hatte?"

„Für Politik interessierte ich mich nicht. Ich wollte einfach dazugehören. Sie müssen bedenken, dass wir Kinder der Deportierten bei unseren ersten Besuchen in der Stadt noch als Verbrecher beschimpft und mit Steinen beworfen wurden."

„Patriotismus hatte für Sie nichts mit Politik zu tun?"

„Nein. Das war für mich etwas vollkommen anderes."

Wie viele Hitlerjungen und BDM-Mädchen haben mir Ähnliches gesagt, denke ich, während Minachmet erklärt: „Eigentlich waren wir seit 1938 offiziell frei. Wir hätten also theoretisch nachhause zurückkehren können. Erfahren haben wir von dem Gesetz unserer *Befreiung* aber erst 1994! 56 Jahre später! Aber Freiheit hin oder her, woanders wäre das Leben für uns damals unerschwinglich gewesen."

Es wäre auch voller Probleme gewesen, wie für Hunderttausende der über 3,5 Millionen Deportierten, die zur Besänftigung des Volkszorns 1938 aus den Lagern und der Verbannung zurückkehrten.[15] Anna Achmatova schrieb dazu: ‚Nun werden … zwei Russlands … einander in die Augen sehen: das eine, das diese Menschen in die Lager geschickt hat und das andere, das zurückgekommen ist.'[16]

Zu Minachmets Schulzeit zurückkehrend frage ich ihn, wo er in dem 15 Quadratmeter-Familien-Barackenzimmer seine Schulaufgaben erledigte.

„Wir hatten einen kleinen Tisch und hin und wieder gab es ja auch ruhige Zeiten. Allerdings hatten wir nur eine einzige Glühbirne. Ich vermute, das schlechte Licht hat meine Sehkraft geschwächt. Manchmal erledigte ich die Hausaufgaben auch in der Schule. Das Lernen fiel mir leicht. Ab meinem 13. oder 14. Lebensjahr verdiente ich mir nach dem Unterricht und in den Ferien etwas Geld in der Kolchose. Dafür kaufte ich mir Schulhefte und Bleistifte und ab zu auch Süßigkeiten oder ein Eis. Manchmal leistete ich mir sogar einen Kinobesuch. Ich war furchtbar stolz, als Vater lobend sagte: ‚Ich freue mich, dass du schon etwas dazu verdienst und mir dadurch ein wenig hilfst!'

Nach der Mittelschule ging ich ab 1940 auf die Industrieschule für Metallarbeiter. Als ich während der Ferien auf der Baustelle 280 Rubel verdient hatte, ging Vater mit mir einkaufen. Von Socken und Schuhen bis zur Mütze kaufte ich alles neu! Ich war so stolz darauf, auf diese Schule zu gehen und wurde Mitglied des *Komsomol*."

„Warum?"

„Ich wollte etwas werden. Dazu war es im Grunde notwendig, *Komsomolze* zu sein."

„Aber der Stalinismus hat Ihre Familie zu Gefangenen und Zwangsarbeitern gemacht und war letztlich auch verantwortlich für den Tod Ihrer kleinen Schwester!"

„Dafür gaben wir doch nicht Stalin die Schuld, sondern in erster Linie einigen Leuten aus unserem Dorf! Als meine Eltern 1937 wählen durften, stimmten sie für Stalin! Überall sah man ihn von großen Bildern lächeln, während die schlimmste aller Verhaftungswellen auch durch unser Lager tobte. Wieder holten schwarze Autos nachts scharenweise Menschen ab. Erst im Laufe der Jahre begannen meine Eltern langsam die Wahrheit zu begreifen. Mit dieser Erkenntnis nahmen jedoch Angst und Flüstern zu." Es lebt sich in einer Diktatur eben leichter, solange man an das Wohlwollen des Diktators glaubt.

Wieder erinnert mich unser Gespräch an Deutschland. Während Hitler viele Menschen in Radioansprachen oder bei Aufmärschen in den Bann zog, lächelte Stalin von Plakaten, auf denen jubelnde Menschen Banner mit der Aufschrift trugen: ‚Der geliebte Stalin – das Glück des Volkes'. Oder man sah den Diktator in Großformat am Schreibtisch arbeiten, begleitet von den Worten: ‚Um jeden von uns sorgt sich Stalin im Kreml'. Andere Poster präsentierten ihn von kräftigen Zweigen umrahmt, unter denen zu lesen war: ‚Du bist der Baum des Lebens, teurer Vater'.[17] Diese Propaganda blieb nicht ohne Wirkung.

„Damals habe ich den Widerspruch nicht gesehen, aber heute verstehe ich den Zwiespalt, in dem meine Eltern lebten. Ich erinnere mich, dass sie sagten: ‚Wir wurden aus der Gesellschaft ausgegrenzt, ihr sollt dazu gehören. Heult mit den Wölfen!'" Die Mitgliedschaft im Komsomol hatte – wie bei der HJ und der FDJ – als freiwillig zu gelten.

„In der Schule wurde täglich bekannt gegeben: ‚Gestern wurden soundso viele Volksfeinde verhaftet'! Viele glaubten an die Rechtmäßigkeit und Notwendigkeit dieser Maßnahmen. Eine Freundin sagte zu mir: ‚Diese Hunde haben es verdient!' Kurz darauf wurde auch ihr Vater abgeholt und erschossen. Da wurde sie ganz still und litt den Rest ihres Lebens unter Schuldgefühlen."

Auch hier erwies sich Stalin als ebenso geschickter wie skrupelloser Manipulator, der Unschuldige stigmatisierte, um den Zorn seiner Untertanen von den Mächtigen auf die Ohnmächtigen zu lenken. In ihrer ständigen Furcht wandten sich die Menschen gegeneinander und lieferten sich diesem System des Grauens so noch weiter aus. Verunsicherung und Angst erstickten jede Opposition, jedes Vertrauen und jedes Gespräch. Die Kraft und den Mut, die Legitimität des Terrors offen anzuzweifeln, brachten sowohl in Stalins wie auch in Hitlers Reich nur wenige auf. „Die Menschen hatten damals nur wenige Handlungsalternativen", bringt Nuria sich ins Gespräch ein. „Sie hatten gelernt, dass es sicherer war, zu schweigen. Nehmen Sie die Mutter meines Vaters. Sie war wohlhabend und wurde ebenfalls deportiert. Verbittert wünschte sie sich heimlich die Befreiung von Stalin. Erzählt hat sie mir das aber erst vor wenigen Jahren." Wie oft ist mir inzwischen Ähnliches begegnet! Auch in Russland über 60, 70, 80 Jahre Schweigen! Wie viele Menschen wissen daher nur das, was in den Schulbüchern steht – und sind diesem Wissen ausgeliefert.

Für Minachmet folgte drei Jahre nach dem *Großen Terror* der *Große Vaterländische Krieg*. Er schweißte, wie Kriege allgemein, das Volk zusammen und ließ den Herrscher über den zerrissenen und geschundenen Vielvölkerstaat übergroß werden. ‚Wir haben mit Stalins Hilfe gesiegt!' wurde zum Kern sowjetischer Identität. Da Minachmet zu Kriegsbeginn für die Armee noch zu jung war, leistete er stattdessen Feldarbeit in einer Kolchose.

„Können Sie sich an den ersten Kriegstag erinnern?"

„Ganz genau sogar! Der 21. Juni war unser erster Ferientag. Ich verbrachte ihn mit Freunden auf der *Reichen Insel*, einem beliebten Ausflugsziel mitten im Fluss Ural, etwa 30 Minuten vom Lager entfernt. Wir schwammen, spielten Schach und Volleyball und verbrachten die Nacht dort. Am nächsten Morgen kam ein Junge aus dem Lager angeritten. Er war vollkommen verschwitzt. Das Pferd sah aus, als hätte es Seifenschaum ums Maul. ‚Was macht ihr noch hier?', rief er. ‚Der Krieg ist ausgebrochen!' – ‚Krieg gegen wen?', fragten wir verblüfft zurück. ‚Gegen Hitler!' – ‚Das kann nicht sein! Er hat uns doch geholfen, unsere Grenze nach Westen zu verlegen!'

Vor dem Hitler-Stalin-Pakt hatte die Propaganda davor gewarnt, dass Hitler seine Grenzen nach Osten verschieben wollte. Dann kam zu aller Überraschung dieser Freundschaftspakt. Und nun sollte Krieg sein? Es herrschte große Verwirrung. Als wir ins Lager zurückkehrten, sangen die Leute bereits das alte Volkslied: ‚Keine Feinde auf unserem Land!' Etwas später verkündete die Regierung: ‚In zwei bis drei Monaten ist Hitler geschlagen! Wir haben dreimal so viele Soldaten wie die Faschisten. Bald wird der Himmel voller russischer Flugzeuge sein!'" Goebbels wollte zur gleichen Zeit deutsche Soldaten ebenfalls glauben machen, der Krieg sei in wenigen Monaten siegreich beendet. Die Kriegspropaganda sollte den zukünftigen Kriegshelden hier wie dort Mut machen und sie mit Siegeslorbeeren locken.

„Wir dachten, Hitler ist ein Dummkopf", erinnert sich Minachmet. „Den haben wir sofort geschlagen, glaubten wir. Dass uns Stalin auch damit belogen hat, haben wir erst viel später begriffen. Als der Winter Einzug hielt, standen die Deutschen bereits vor Moskau. Unsere Clubs wurden in Lazarette umfunktioniert und die ersten beklemmenden Briefe von der Front erreichten uns. Mutters Bruder galt als vermisst. Die Stimmung wurde täglich düsterer.

Im November 1942 teilte man uns ungeduldig Wartenden endlich mit: ‚Haltet Euch bereit!' Als wir dann am 31. Dezember eingezogen wurden, war die Freude groß. Weil sich unsere Abreise um drei Stunden verzögerte, ging ich mit meinen Freunden noch einmal zum Skifahren, statt bei meiner Mutter zu bleiben, die mir traurig nachschaute. Wie gedankenlos man als junger Mensch doch sein kann!

In der Sylvesternacht ging es endlich los. Jede Gruppe von etwa 15 Studenten wurde von einem Offizier begleitet. Man erklärte uns, wir würden nach unserer Ausbildung Infanteristen anführen. Die meisten einfachen Soldaten hatten ja nicht mehr als vier Jahre Schulbildung. Wir fühlten uns als Elite und lauschten begeistert den ersten Siegesmeldungen. Obwohl wir keine Ahnung hatten, wohin die Reise ging, wurde unsere Stimmung zunehmend hoffnungsvoller. In der ersten Nacht erreichten wir Miass im Ural, wo wir ein Jahr lang unsere Grundausbildung erhielten.

Im Dezember 1943 brachten uns alte Passagierflugzeuge an die *Wolchow-Front* bei *Leningrad*. Bis zu unseren Schützengräben mussten wir noch 40 Kilometer marschieren. Wir trugen weiße Wintermäntel aus Schafspelz, so genannte *Dublenkas*, Filzstiefel und Pelzmützen. Der Spähtrupp, dem ich zugeteilt wurde, erhielt zudem weiße Baumwoll-Überhemden. Wir, etwa 20 Gruppen zu je vier oder fünf Mann, jeder mit einem Gewehr ausgerüstet, hatten die Aufgabe, nachts einen Angriff vorzutäuschen. Wenn deutsche Lichtkegel die Nacht in hellem Licht erstrahlen ließen, warfen wir uns ausgestreckt auf den Schnee und waren unsichtbar. Wir konnten ohne Angst liegen bleiben und anschließend die Deutschen weiter ablenken, während an einer anderen Stelle tatsächlich angegriffen wurde. Einer Gruppe gelang es, einen deutschen Leutnant zu fangen. Man nannte das ‚eine Zunge finden.' Der musste reden."

„Er wurde gefoltert?"

Welche Bilder die Erinnerung wohl in ihm lebendig werden lässt, während er mit geballten Fäusten erklärt: „Natürlich. Bis sie redeten, wurden die Gefangenen am Leben erhalten. Man warnte sie, dass man sie sofort erschießen würde, falls sie lügen."

„Woher wussten Sie von der Folter?"

„Das wurde mir berichtet."

„Wie konnte man sicher sein, ob ein Gefangener log oder die Wahrheit sagte?"

„Es wurden ja mehrere Gefangene verhört, deren Aussagen man verglich. Im Januar 1944 erhielt mein Trupp die Aufgabe, beim Aufbrechen der *Leningrader Blockade* mitzuwirken. Nun standen wir deutschen Infanteristen direkt gegenüber. Innerhalb von drei Tagen kämpften wir uns nur 2 Kilometer vorwärts. Unsere ganze Verpflegung bestand aus englischen Konserven."

„Können es amerikanische gewesen sein?", frage ich ihn, das gewaltige amerikanische Leih- und Pachtgesetz vor Augen, das wesentlich zum Sieg der Roten Armee beitrug.

„Die Beschriftung war englisch. Am 20. Januar sollten wir ein Dorf befreien, in das Deutsche eingerückt waren. Wir brachten unsere Artillerie in Stellung und im Wald standen die Panzer bereit. Da es nebelig war, konnten wir jedoch von unseren Flugzeugen keine Unterstützung erwarten. In der nun folgenden, verlustreichen Schlacht bei minus 20 Grad brauchten wir zwei Stunden, um ganze 100 Meter voranzukommen. Mein Freund Saschka wurde neben mir tödlich getroffen, während unser Kommandeur in einem fort schrie: ‚Attac! Attac!!' Plötzlich sagte ein Kamerad zu mir: ‚Du bist verletzt!' Da erst merkte ich, dass mir das Blut aus dem Mantelärmel lief. ‚Bleib im Graben!' hörte ich ihn noch sagen, dann verlor ich das Bewusstsein. Als ich wieder zu mir kam, verbanden und schienten zwei Sanitäter in der Dunkelheit meinen Arm und brachten mich 7 Kilometer hinter der Front in ein Lazarett, wo auch mein erfrorener Fuß behandelt wurde."

„Waren Sie damals ein Held oder Kanonenfutter?"

Meine Frage ist ihm unangenehm: „Ein Infanterist ist immer auch, allerdings unverzichtbares Kanonenfutter. Nein, Kanonenfutter kann man nicht sagen. Wir haben die Deutschen besiegt, also darf ich an der sowjetischen Strategie keine Kritik üben!"

Während deutsche Veteranen, die Besiegten, häufig über die Sinnlosigkeit von Kriegen sprechen, begegnen mir diese Gedanken auf der Siegerseite selten. Ob Sieger wohl leichter für neue Kriege zu gewinnen sind?

Aus Minachmets Arm wurden im Lazarett drei Splitter entfernt. „Schauen Sie!" Schnell hat er das damalige Röntgenbild zur Hand und hält es gegen das Licht. „Der vierte Splitter wurde nicht gefunden!" Er krempelt seinen Ärmel hoch und zeigt uns einen Knoten an seinem Arm. Dann flüsterte er kaum hörbar: „Und trotzdem wollte ich diese Zeit nicht missen. Es war die intensivste Zeit meines Lebens."

Ein einziger deutscher Soldat hat mir einmal flüsternd Ähnliches anvertraut. Damals begann ich neu über die Faszination von Krieg und Sieg nachzudenken und zu begreifen, dass das Leben im Angesicht des Todes eine Intensität haben muss, die alles andere in den Schatten stellt. Ist es diese Grenzerfahrung, die junge Männer in Friedenszeiten Bungeejumping, Autorennen und andere Extremsportarten ausüben lässt?

Nach vier Monaten Lazarettaufenthalt wollte Minachmet vor allem eines: wieder an die Front! Da viele Offiziere bereits gefallen waren, schickte man ihn für dreieinhalb Monate auf einen Offizierslehrgang. Anschließend kam er als 2. Leutnant der 265. Infanterie-Division nach Bialystok, an die 1. Weißrussische Front. Anfang Januar 1945 marschierte er durch das zerstörte Warschau. Ende Januar erreichte er, über Bromberg und Schneidemühl, *Küstrin*. Ohne Nurias Drängen hätte ich auch von ihm keine Einzelheiten über deutsche Flüchtlingstrecks und Vergewaltigungen erfahren, hätte auch er sich in Gedächtnislücken versteckt.

Aber Nuria lässt ihren Onkel nicht ausweichen. Wie von tiefem Schmerz gequält, fordert sie immer energischer: „Prawda!! Prawda!! – Die Wahrheit, Onkel! Die Wahrheit!" Wie gut kann ich ihren Schmerz verstehen! Und dennoch empfinde ich auch Mitleid mit ihrem Onkel, den sie Schritt für Schritt dazu bewegt, fest verschlossene Räume seiner Erinnerungswelt zu öffnen. Er habe auf Nebenstraßen kleine Gruppen von Flüchtlingen gesehen, die Fahrräder schoben oder Holzwägelchen hinter sich herzogen, gibt er zögernd preis, jeweils ungefähr 30 bis 40 Menschen in etwa 200 bis 500 Metern Entfernung. „Auf die Hauptstraßen wagten sich die Flüchtlinge nicht. Da hätten wir sie zur Seite gefegt."

„Was ging Ihnen angesichts dieses Flüchtlingselends durch den Kopf? Es handelte sich ja fast ausschließlich um Frauen und Kinder?"

„Wie die meisten russischen Soldaten dachte ich voller Genugtuung: ‚Jetzt leiden sie auch!' Ich erkannte natürlich, wie schwach und hilflos sie waren, aber das erfüllte mich mit Schadenfreude. ‚Sie sind selber schuld‘, sagte ich mir." Scham oder Mitgefühl gegenüber deutschen Opfern sind mir in Russland kein einziges Mal begegnet."

Nurias Druck weiter nachgebend flüstert Minachmet: „Unter uns kursierten Gerüchte, dass sich deutsche Soldaten in Frauenkleidern unter die Flüchtlinge gemischt hätten."

„Hast Du das selber gesehen?", bedrängt ihn Nuria.

„Nein. Ich habe nur Frauen, Kinder und alte Leute gesehen."

„Aber nicht aus 200 bis 500 Meter Entfernung, sondern weil Sie nachts in den gleichen Dörfern kampierten wie die Flüchtlinge?"

„Ja", antwortet er. „Meist kamen die Spähtrupps, die man in diese Ortschaften geschickt hatte, mit der Nachricht zurück: ‚Im Dorf gibt es keine Soldaten, nur Flüchtlinge.‘ Daraufhin bezogen wir in diesen Dörfern Quartier und befahlen den Deutschen, die Häuser zu räumen."

Wieder frage ich ihn nach dem Schicksal der Frauen. Wieder versucht er auszuweichen. Wieder beschwört ihn Nuria, endlich die Wahrheit zu sagen.

„Beim Morgenappell fehlte hin und wieder ein Iwan oder ein Pawel", sagt er schließlich. „Die seien bei den Zivilisten, hieß es dann, obwohl das eigentlich verboten war."

„Aber Stalin ließ doch Millionen Handzettel seines Propagandachefs *Ilja Ehrenburg* an die Soldaten verteilen, in denen zur Rache an Deutschen aufgerufen wurde! Haben Sie solche Flugblätter nicht gesehen?"

„Nein."

Als Nuria erneut auf ihn einredet, haucht er schließlich: „Nach Gefechten benahmen sich die Soldaten besonders zügellos. Wer sich nicht an den Frauen verging, beraubte sie zumindest."

„Und Sie?"

„Ich bin in dieser Hinsicht anders geartet. Das hatte sicherlich mit meinem Alter und meiner streng religiösen Erziehung zu tun. Ich war ja erst 20 Jahre alt. Außerdem trug ich als Leutnant viel Verantwortung. Ich hieß das Verhalten meiner Kameraden aber nicht gut, die bald wegen Geschlechtskrankheiten scharenweise die Lazarette bevölkerten. Um mich herum prahlten sie mit ihren Vergewaltigungen. ‚Wir müssen die Deutschen töten‘, riefen sie." In einem kraftlosen Rechtfertigungsversuch murmelt der alte Tatare: „In jedem Krieg kommt es zu Vergewaltigungen. Das ist normal. Ich habe 1948, mit 23 Jahren, geheiratet. Bis dahin war ich unschuldig. Ich wollte, dass mein Vater auf mich stolz sein konnte."

Ende April erreichte Minachmet Berlin. „Während der Straßenschlachten bestand meine Aufgabe darin, bei Dunkelheit Soldaten vom Stab zur Frontlinie zu bringen. Eine Woche nach Kriegsende wurde ich nach Eberswalde versetzt. Wir vertrieben die Bewohner aus ihren Häusern und bezogen dort Quartier."

„Wie erging es den dortigen Frauen? Deutsche Männer wird es ja kaum gegeben haben?"

„Kontakt mit Zivilisten war uns verboten."

„Dieses Verbot wurde aber erst irgendwann nach Kriegsende eingehalten."

„Mag sein. 1946 lebte ich bei der alten Frau Kötten, mit der ich einen freundlichen Umgang pflegte. Sie lud mich und zwei weitere russische Soldaten sogar zu einer Hochzeit ein! Ich war überrascht, wie wenig die Deutschen, im Vergleich zu den Russen, tranken."

„Sahen Sie sich als Befreier oder als Besatzer?"

„Mir war bewusst, dass uns die Deutschen als Feinde betrachteten. Ein Mann sagte einmal zu mir: ‚Mein Sohn ist in Russland gefallen. Ihr Russen seit schrecklich.' Ich erwiderte ihm: ‚Mein Cousin wurde von Deutschen erschossen. Er ist auch ein Opfer.'" Nachdenklich ergänzt er: „Die deutschen Kriegsgefangenen wurden wie wir Deportierten behandelt. Beides war Unrecht." Dass auch das Massensterben von über 3 Millionen sowjetischen Kriegsgefangenen in deutscher Hand ein ungeheures Verbrechen war, erwähnt er nicht.

Auf meine Frage, wie es unterdessen seiner Familie erging, antwortet er: „Da ich Soldat war, erhielt mein Vater die Erlaubnis, ein Stück Land zu kaufen. Mit meiner finanziellen Unterstützung baute er darauf ein Haus. 1946 schrieb er: ‚Komm nachhause und schau Dir unser neues Haus an!' Es ist das Haus, in dem meine Schwester und ich heute noch leben!"

Zum Abschied zeigen mir Minachmet, Nuria, ihre Cousine und deren Mann, ein Arbeiter im Stahlkombinat, noch etwas von der Stadt. Die Größe des Stahlkombinats ist überwältigend. Kilometerlang passieren wir ein Werkstor nach dem anderen. Kilometerweit nichts als Schornsteine, Metallrohre und Fabrikgebäude. Nuria ist es zu verdanken, dass ich die grollenden Worte des Stahlarbeiters erfahre: „Die Oberen verdienen prächtig, während wir Arbeiter von einem Hungerlohn leben müssen!"

„Beschwer Dich nicht!", warnt seine Frau besorgt. Aber er lässt sich nicht beirren: „Und mit der furchtbaren Luftverschmutzung, die viele krank macht, müssen wir auch leben!"

Dann halten wir bei einem Wohnviertel mit zweistöckigen, ockerfarbenen Gebäuden, die rechteckige Parkanlagen säumen. Einige dieser hübschen Häuser sind restauriert.

„Dies sind heute begehrte Wohnungen", erklärt Nuria. Daran, dass sie einst von deutschen Kriegsgefangenen erbaut wurden, erinnert nichts. Aber ich freue mich, dass diese historischen Bauten restauriert werden und nicht abgerissen, wie in Teilen von Tscheljabinsk. Als Nuria und ich die Rückreise antreten, ist mir, als ob Minachmets Offenheit und Nurias Wahrheitssuche eine Brücke zwischen uns geschlagen haben.

Während ich meinen Gedanken und Gefühlen nachhänge, hält der überfüllte Bus plötzlich auf freier Strecke an, um weitere Fahrgäste aufzunehmen. „Das Geld, das der Fahrer auf diese Weise einnimmt, steckt er in die eigene Tasche", klärt Nuria mich auf. „Die Passagiere kennen das System. Sie warten in gewisser Entfernung vom Busbahnhof und zahlen weniger Fahrgeld. Dafür müssen sie manchmal stehen. Korruption im Großen oder Kleinen existiert in meinem Land vielerorts." Sie lächelt traurig, als ihr die jugendlichen Sportler hinter uns erklären, dass sie uns nicht verstehen würden, obwohl sie in der Schule Deutsch lernen. Als ich mich erkundige, was ihnen zu Deutschland spontan einfällt, schallt es zurück: „Deutschland hat Russland angegriffen, aber wir haben gesiegt!" „Das waren die Faschisten!", versuchen andere ihre Kameraden zu bremsen. „Die Deutschen sind nicht schuld!" Die Geschichte hindert diese 12- bis 16-Jährigen jedoch nicht daran, großzügig und freundlich lächelnd ihre mitgebrachte Wegzehrung mit uns zu teilen und uns neugierig in ein Gespräch über Sport und Autos in Deutschland zu verwickeln.

Während die Abendsonne die endlose Weite sachte in ihr blasses Rosa hüllt, sagt Nuria: „Stalin hat viele Fehler gemacht, aber Lenin ist in meinen Augen ein Held." Als ich sie frage, ob sie sich als Kommunistin bezeichnen würde, widerspricht sie emphatisch. „Ich bin links. Ich stehe auf der Seite der Menschen und versuche, mich gegen politische Spiele zu wehren!"
In diesem Moment wusste ich noch nicht, dass Lenin schon 1918 *unzuverlässige Elemente* in KZ einweisen ließ, deren Zahl 1921 bereits 70.000 betrug.[18] Von ihnen starben im Herbst 1921 in einem Monat (!) 15 bis 20 Prozent.[19] Bis zu Lenins Tod brachte die *Tscheka* 200.000 Menschen um – gegenüber *nur* 14.000 Hinrichtungen während der letzten 50 Jahre

Zarenherrschaft.[20] Dass der Massenterror von Anfang an zur Revolution gehörte, belegt auch der Artikel in der *Krassnaja Gaseta*, dem Organ der Roten Armee, vom September 1918, in dem Lenin seinen Polizeichef Dscherschinski veröffentlichen ließ: ‚Wir werden unsere Gegner zu Hunderten töten, ohne Gnade und ohne Erbarmen. Mögen es Tausende sein, mögen sie in ihrem eigenen Blut ersaufen.'[21] Wüsste Nuria all das, könnte sie vielleicht mit mir und anderen darin übereinstimmen, dass ‚Lenin ein bösartiger Schreibtischtäter (war), der menschliche Tragödien, Leid und Elend ignorierte.'[22]

Als wir Tscheljabinsk spät am Abend erreichen und in den hinteren Wagen einer Straßenbahn einsteigen, klemmen die automatisch schließenden Tramtüren eine alte Frau zwischen sich ein. Sie hat die hohen Stufen nicht schnell genug erklimmen können, nachdem sie zuerst ihre großen Plastiktüten ins Innere bugsiert hatte. Auf ihr Schreien hin öffnet sich die Türe zwar wieder, aber es gelingt ihr nicht, das Einsteigen ohne Hilfe zu meistern. Während die zahlreichen jungen Männer im Abteil teilnahmslos wegschauen, erklärt Nuria: „Nun sehen Sie auch eine russische Obdachlose."
Als sich immer noch kein Fahrgast rührt, stehe ich auf, reiche der hilflos zwischen Straße und ihren Tüten Hängenden meine Hand und versuche sie in das Abteil zu ziehen. Als von außen noch ein paar kräftige Arme schieben, kommt die Frau schließlich neben ihrem Gepäck zum Stehen. Betreten sagt Nuria: „Wir reden viel über Mitmenschlichkeit und Solidarität. Aber die einzige im ganzen Waggon, die aufstand um zu helfen, waren Sie, aus dem Land der kaltherzigen Individualisten."

5. Helga Rex

Als Jugendliche von der Oder nach Sibirien deportiert

‚Liebe Frau Adler, es war nicht so einfach … eine Zeitzeugin zu finden, die zu einem Gespräch zum Zwecke einer Buchveröffentlichung bereit ist. Die damaligen Ereignisse waren für alle Frauen traumatisch, und die Erinnerung daran lässt manche vergessen geglaubte Wunde wieder aufbrechen. Zudem sind viele Frauen auch verbittert über ihre Nichtbeachtung in all den Jahren nach dem Krieg. Frau Helga … ist jedoch gern bereit, Ihnen von ihren damaligen Erlebnissen zu berichten … Mit freundlichen Grüßen, Theodor Mittrup … ' So der Wortlaut des Briefes, den ich von der Union der Opferverbände Kommunistischer Gewaltherrschaft UOKG e.V. erhielt.

Als ich Helga Rex (sie wünschte sich für die Veröffentlichung die Verwendung ihres Mädchennamens) schließlich anrief, reagierte sie zurückhaltend. Eine endgültige Zusage für ein persönliches Kennenlernen wollte sie von unserem Telefonat abhängig machen. Ob sie nach einem persönlichen Gespräch einer Veröffentlichung zustimmen würde, hinge vom Verlauf dieses Gesprächs ab. Unter diesen Voraussetzungen lud sie mich in ihr winziges Dorf Neulietzegöricke im Oderbruch östlich von Berlin ein.[1]

Als sie mich dann mit ihrem Sohn am kleinen Bahnhof in Wriezen abholt, überschlägt sie sich vor Aufregung und Gastfreundschaft. Unterwegs halten wir an der Oder. „Auf der anderen Uferseite liegt mein Heimatdorf Altlietzegöricke." Wortlos und wehmütig schaut sie dem Lauf des Wassers nach, der ihre alte Heimat von der neuen trennt. Auch in ihrem langgezogenen Straßendorf mit seinen malerischen Fachwerkhäuschen und ihren bunten Fensterläden sind die Erinnerungen an Trauer und Schmerz noch lebendig.

Als wir uns schließlich in ihrem kleinen Wohnzimmer gegenübersitzen, ist Helgas Zögern wie weggewischt. Unterlagen, um ihre Geschichte zu belegen, liegen auf dem Tisch bereit. Diese drückt sie mir mit den Worten in die Hände: „Sie können daraus alles benutzen, was Sie möchten." Auszüge aus den vier handgeschriebenen Seiten, auf denen sie ihre Erinnerungen festhielt, werde ich im Folgenden einflechten.

„Meine Familie besaß drei Gehöfte", beginnt sie. „Links von meinem Elternhaus lebten die Eltern meiner Mutter, rechts war mein Vater aufgewachsen. Seit sechs Jahrzehnten sind unsere drei Höfe nun für mich zum Greifen nah – und doch unerreichbar weit entfernt. Ich besuchte die andere Oderseite schon vor der Wende regelmäßig und nahm den neuen Bewohnern jedes Mal Geschenke mit."

„Erhielten Sie auch Geschenke, oder das eine oder andere Erbstück Ihrer Familie?"

Erstaunt erwidert sie: „Nein. Aber die neuen Dorfbewohner gestatteten mir, gegenüber meinem Elternhaus einen kleinen Gedenkstein aufzustellen, auf dem steht: ‚Unvergessene Heimat Altlietzegöricke.'" Sie zeigt mir das Bild eines kleinen Findlings, der von Pflanzen so zugewachsen ist, dass die Schrift nicht zu sehen ist. „Ich muss wieder darum bitten, die großen Blätter zu schneiden", erklärt sie leise.

„Wurde dieser Stein von den neuen Bewohnern Ihres Dorfes mitfinanziert?"

Aufs Neue überrascht antwortet sie: „Nein. Aber es ist doch großzügig, dass ich ihn aufstellen darf. Hauptsache ist doch, dass er seit 2001 überhaupt dort steht."

„Und Sie müssen für diese Genehmigung nichts bezahlen?"

„Doch. 50 Euro jährlich. Aber das ist doch großzügig."

Ihr Blick schweift in die Ferne: „Ich hatte eine wunderbare Kindheit. In meiner neumärkischen Idylle bekam ich vom Krieg nur wenig mit. Hatte Mutter einmal keine Zeit, gingen wir Kinder zur Großmutter. Dort konnte man immer auf eine bei uns so beliebte Jungfernstulle zählen, eine Scheibe Brot mit Sahne und Zucker. Hatten wir Lust auf Weintrauben, gingen wir zur anderen Großmutter. Wir lebten in einem Paradies. Wir zwei Schwestern sollten die Höfe unserer Großeltern und Eltern eines Tages erben. Das Leben lag mit seinen bunten Versprechungen vor uns, als uns stattdessen der Krieg mit all seinen Schrecken überfiel. Gegen Kriegsende drang er in Gestalt der Roten Armee und ihrer Panzer in unser Leben ein."

Auf meine Frage, warum ihre Familie nicht wie Millionen andere die Flucht ergriff, erwidert sie: „Vater hatte zwar am Polenfeldzug teilgenommen, aber er hat Hitler immer abgelehnt und war nie Parteimitglied.

Keiner von uns hatte etwas Böses getan. Wir fühlten uns deshalb vor der Rache der Russen sicher." Dieser Irrtum sollte Helga und ihre Familie sowie Millionen andere, die östlich von Oder und Neiße lebten, teuer zu stehen kommen.

„Als die Rote Armee bei Dunkelheit in unser Dorf einrückte, war Großvater zufällig unterwegs und wurde angeschossen. Die Russen waren nervös. Offenbar erwarteten sie Widerstand. Nun lag der alte Mann mit durchschossenem Arm im Bett und alles war voller Blut. Meine Schwester und ich führten ihm seit Großmutters Tod den Haushalt. Jetzt war die ganze Familie um den Verletzten herum versammelt. Alle standen unter Schock.

Die zurückgebliebenen Dorfbewohner versteckten sofort alle Frauen und Mädchen. Als die Russen kein weibliches Wesen fanden, nahmen sie den Männern sämtliche Uhren und Wertgegenstände ab. Nachts schlichen sie sich jedoch aus dem Wald, in dem sie campierten, zum Plündern zurück ins Dorf. Näherten sich Russen, so verschwanden wir Mädchen schnell im Keller oder auf dem Heuboden. Einen Monat lang ging das gut. Leider waren wir so dumm, die Kühe im Stall zu füttern! Dabei wurde meine Schwester eines Tages von Russen überrascht und vergewaltigt."

„Nur Ihre Schwester?"

„Sie sah viel besser aus als ich und war etwas älter", lautet die knappe Antwort. „Nachdem man uns entdeckt hatte, mussten wir im 8 Kilometer entfernten Schwanenhof Zwangsarbeit leisten. Den dortigen Flugplatz nahmen nun die Russen in Betrieb. Über Hundert Zwangsarbeiter, vor allem Frauen und alte Männer, unter ihnen meine Schwester, meine Mutter und ich, wurden in den verlassenen Häusern des Nachbarortes Mohrin einquartiert. Zu diesem Zeitpunkt war unser Dorf bereits vollkommen verlassen.

Jeden Morgen trieb man uns zusammen. Anfangs sollten wir Reisigbündel auftürmen, später abgeerntete Weizengarben, hinter denen die russischen Flugzeuge verborgen wurden. Anschließend mussten wir in Selchow 14 Tage lang Schützengräben ausheben. Die Russen erwarteten offenbar einen Gegenangriff. Danach ging's zu Fuß ins 40 Kilometer entfernte Neudamm. Die Älteren, die nicht mehr weiter konnten, blieben einfach am Straßenrand sitzen. Was mit ihnen geschehen ist, weiß ich nicht."

„Und Ihr Vater?"

„Er befand sich mit allen anderen arbeitsfähigen Männern unter den ersten Zivilisten, die in die Sowjetunion kamen. Er war 50 Jahre alt, als er in einem Arbeitslager bei *Dnjepropetrowsk* verhungerte. Ein mit ihm befreundeter Pole schickte meiner Mutter eines Tages einen Brief, in dem er ihr Vaters Tod schilderte."

Helgas Vater war einer von 100.000 bis 200.000 deutschen Zivilisten, die zwischen 1945 und 1947 als Reparationsverschleppte in die Sowjetunion deportiert wurden. Man schätzt, dass etwa die Hälfte von ihnen umkam.[2] Als die Überlebenden einige Jahre später nach Deutschland zurückkehrten, waren im Rahmen der Nürnberger Prozesse inzwischen einige Deutsche zum Tode verurteilt worden, die man für Deportation und Zwangsarbeit während des Dritten Reiches zur Verantwortung gezogen hatte. Bei diesen Prozessen trat auch Stalins Generalstaatsanwalt Wyschinski als Ankläger auf.[3] In der UdSSR wurde unterdessen niemand je für ähnliche Verbrechen zur Rechenschaft gezogen.

Auf meine Frage, wie und wann sie selber nach Russland kam, antwortet Helga: „Eines Tages holte ein Offizier meine Schwester und mich von der Arbeit weg und verfrachtete uns auf einen LKW. Als wir an einem Feld vorbeifuhren, sah ich Mutter auf einer Fuhre Heu sitzen und Strohgarben stapeln. Wir haben einander angesehen. Das war unser ganzer Abschied."

‚Eine Fahrt ins Ungewisse begann', lese ich dazu in ihren Erinnerungen. ‚Als wir das Fahrzeug verlassen durften, sperrte man uns in Ringenwalde bei Landsberg in einen Keller, wo wir zahlreiche Verhöre durch russische Geheimpolizei über uns ergehen lassen mussten.'

„Immer wieder stellte man mir die gleichen Fragen", erzählt sie: „‚Wer sind deine Eltern?', ‚Warst du Mitglied des BDM?', ‚War dein Vater in der Partei?', ‚Habt ihr russische Gefangene beschäftigt?' Misshandelt wurde ich aber nicht! Nach einigen Tagen kamen wir in ein großes Sammellager in Schwiebus, wo schon viele Frauen festgehalten wurden. Es gab kaum etwas zu essen. Dass wir von nun an jahrelang hungern würden, ahnten wir damals noch nicht. Ich hatte keine warme Kleidung an. Meine Schwester war aber geistesgegenwärtig genug, eine der Jacken, die an den Haken im Flur des Lagergebäudes hingen, mitzunehmen." Flüsternd fährt sie fort: „Auch hier wurden die Mädchen regelmäßig nachts geholt und vergewaltigt." Dass ihre hübsche Schwester zu den Geholten gehörte, darüber möchte sie nicht reden, auch mit ihrer Schwester hat sie nie darüber gesprochen.

„Entlang dem Lager verliefen Bahngleise. Bald wurden Transporte zusammengestellt. Die Jüngsten unter uns waren erst 15 oder 16 Jahre alt."

In ihren handgeschriebenen Blättern lese ich: ‚Bevor man immer 40 Frauen in einen Waggon trieb, stimmte Frau Friedrich das Lied an: *Ein feste Burg ist unser Gott*. Das werde ich nie vergessen. Ohne Proviant setzte sich der Zug … in Bewegung.‘

„Wir wurden in zweistöckigen Bretterregalen gelagert“, erzählt sie weiter. „Ich hatte das Glück oben zu liegen, in der Nähe der etwa 40 mal 40 Zentimeter großen Fensterluke.“

„Erzählen Sie von Ihrer Fahrt und der Ankunft im Lager.“

„Das war gar nicht so dramatisch. Wir erwarteten, wie die Russen in Deutschland, eine Zeit lang auf Bauernhöfen zu arbeiten. Manchmal klopften Soldaten mit ihren Gewehren auf unser Waggondach, um uns Angst einzuflößen, aber es herrschte keine Panik. Unser größtes Problem war der Wassermangel.“ Sie schaut mich kopfschüttelnd an: „Durst ist viel schlimmer als Hunger. Ich möchte festhalten, dass in meinem Waggon unterwegs niemand gestorben ist. Ich weiß aber, dass das nicht für alle zutraf.“

In ihrem Text steht: ‚Der Platz zum Liegen war so schmal, dass wir … seitlich liegen mussten. Wollte eine Frau ihre Lage verändern, mussten es alle tun. Einmal am Tag wurde die Waggontür aufgeschlossen und trockenes Brot reingeworfen. Das war unsere ganze Verpflegung. Nach einigen Tagen stellte sich bei den meisten Durchfall ein. Mit Läusen jeder Art machten wir die erste Bekanntschaft. Solange wir in Russland waren, blieben sie unsere steten Begleiter. 18 Tage lang fuhr der Zug … in eine fremde Welt und ungewisse Zukunft … es wurde kälter und kälter. Wer krank wurde, kam in einen separaten Waggon. Nach unserer Ankunft erfuhren wir, dass die Frauen, die diese unmenschliche Behandlung nicht überlebt hatten, in die Flüsse geworfen worden waren, die wir unterwegs überquert hatten … Keiner musste das, was damals mit uns geschah, jemals verantworten.‘

Zu ihrem Glück wusste Helga damals wohl nicht, dass sie nie mehr heimkehren würde. Die Gebiete östlich von Oder und Neiße waren bereits in einem Geheimabkommen vom Juli 1944 zwischen Stalin und dem polnischen Lubliner Komitee Polen zugesprochen worden, lange bevor Stalin in Jalta die Zustimmung der Alliierten für die bereits begonnene Deportation der Deutschen einholte.[4] Allein in Helgas Heimat Ostbrandenburg fielen Deportation, Vertreibung und anderen Formen von Gewalt nach Kriegsende über 200.000 Menschen zum Opfer.[5]

„Was mich besonders erstaunte, war, von der Fensterluke aus zu beobachten, wie sich russische Frauen gegenseitig entlausten", erinnert sie sich. Schriftlich hat sie festgehalten:
‚Als wir unsere Heimat im April verlassen mussten, zeigte der Frühling schon sein erstes Grün. Doch als wir … in Sibirien ankamen, an der … Bahnlinie zwischen Kotlas und Archangelsk, lag noch so viel Schnee, dass wir fast bis zu den Knien darin versanken.‘

„Ehe wir unseren ersten Bestimmungsort, das Lager Nummer 17, erreichten", sagt sie, „mussten wir uns noch 3 Kilometer durch tiefen Schnee quälen. Bei unserer Ankunft waren wir vollkommen entkräftet, hatten aber erst die Baracken zu fegen, ehe wir zu je 40 bis 60 Frauen in einer Baracke untergebracht wurden. Die Regale, die Enge, alles war fast genauso wie im Zug. Zunächst aber wurde uns das Wenige, das wir noch besaßen, abgenommen, sogar mein Essgeschirr. Wenigstens konnten wir uns endlich einmal notdürftig säubern. Die russische Banja war für uns alle eine komplett neue Erfahrung."
In ihrem Text lese ich: ‚Unsere tägliche, warme Mahlzeit – Kohlsuppe, Grütze oder Hirse – aßen wir anfangs aus einer Blechschüssel … Die einseitige Ernährung ließ bald einen Teil der Lagerinsassen an Skorbut erkranken. Ich war besonders schlimm davon betroffen. Große Eiterbeulen bedeckten meinen ganzen Körper. Durch Läuse, Flöhe und Unsauberkeit verschlimmerten sich die Eiterstellen … Fichtennadeltee sollte Abhilfe schaffen. Vor der Mahlzeit musste man einen Becher davon trinken … Der Sommer war noch erträglich. Doch im September fiel schon der erste Schnee und die sibirische Kälte machte uns zu schaffen.‘
„Es dauerte nicht lange", erzählt sie leise, „und wegen des andauernden Hungers blieb meine Periode weg. In gewisser Weise war das ein Segen. Jeden Morgen musste man zum Appell antreten. Ich war bald so schlapp, dass ich während des Appells einmal umfiel. Trotzdem wurde ich in die höchste Arbeitsgruppe eingeteilt. Das bedeutete, dass ich im Wald Holz schlagen musste. Fünf Festmeter pro Tag war die Norm. Morgens holte man sein Werkzeug ab, marschierte in Gruppen, begleitet von einem bewaffneten Posten, zur Arbeit und abends brachte man die Säge, mit der man den ganzen Tag lang Birken abgesägt hatte, wieder zurück. Brot wurde entsprechend der Normerfüllung ausgegeben.
Solange wir noch keine warme Kleidung hatten, fror ich entsetzlich. Als der Winter dann mit aller Macht hereinbrach, erhielten wir eine Watte-

jacke, genannt Buschlat, eine Wattehose und eine Schapka, eine Watte-
mütze mit Ohrenklappen. Ideal war diese Bekleidung nicht. Morgens, als
es noch sehr kalt war, steckte man bald in einem steif gefroren Wattean-
zug. Sobald mittags die Sonne schien, taute er. Er war also entweder kno-
chenhart oder nass."

In ihren schriftlichen Erinnerungen hat sie festgehalten: ‚Bei bis zu 30 Grad
minus wurden wir zur Arbeit getrieben. Wattestrümpfe, ... die unterm
Knie mit einem Band festgebunden wurden, sollten die größte Kälte ab-
halten. Darüber trug man schuhähnlich geformte Gummigaloschen aus
alten Autoreifen. Nach der Arbeit waren die strumpfähnlichen Gebilde
oftmals an den Füßen festgefroren.'

„Abends konnte man die nassen Strümpfe in einem Trockenraum aufhängen", schildert sie. „Ob man sie am nächsten Morgen dort allerdings wieder fand, war eine andere Frage. Wenn man Glück hatte, waren die schweren Wattestrümpfe über Nacht etwas getrocknet. Eine der Frauen, meist
eine Kranke, hatte täglich Barackendienst. Sie sorgte für Sauberkeit und
dafür, dass der Lehmofen in der Mitte des Raumes geheizt war. Abends
war es in den Baracken also meist warm."

„Hatten Sie Kontakt zu Ihrer Mutter?"

„Zwölf Monate nachdem ich sie zuletzt auf dem Heuwagen gesehen hatte,
gelang es mir, Elvira, einer Mitgefangenen, eine Nachricht an meine Mutter mitzugeben. Elvira war krank geworden und wurde wie etliche andere
Arbeitsunfähige nachhause geschickt." In manchen Lagern war es üblich,
todgeweihte Häftlinge zu entlassen, weil sie dann in der Lagerstatistik
nicht als Verstorbene auftauchten. Die große Zahl der Transporttoten,
egal ob Russen oder Deutsche, wurde nie gezählt.

„Nach einigen Monaten wurde ich zu Erdarbeiten entlang der Bahnlinie
herangezogen", berichtet Helga weiter. „Irgendwann war ich so schwach,
dass ich in die Arbeitskategorie zwei zurückgestuft wurde. Das bedeutete, im Wald Äste anzuhäufen und zu verbrennen. Das größte Problem
bestand darin, das frische Holz überhaupt zum Brennen zu bringen!
Streichhölzer gab es ja nicht. Also brachten wir Glut aus der Baracke
mit – über eine kilometerlange Entfernung. Auch hier galt es eine Norm
zu erfüllen. Sie wurde an der in Körben gesammelten Asche gemessen.
Diese benützte man vor allem zum Düngen der Kartoffelfelder. Beim
Kartoffelsetzen kam zuerst die Asche in das Loch und dann die Knollen.
Wenn es die Umstände erlaubten, grub man die Kartoffeln heimlich wie-

der aus und aß sie roh. Dabei wurde darauf geachtet, wenigstens ein Auge wieder einzugraben. Lag das Kraut später als Folge dieses Mundraubs flach, so hieß es: ‚Die Brigade darf hier nicht mehr arbeiten!' Da war es vorbei mit dem Kartoffelessen."

Einem Szenenwechsel in ihrem Erinnerungsfilm nachgebend, erzählt sie: „In unserem Lager gab es auch Baracken für Kriegsgefangene. So geschwächt wie wir Frauen waren sie nicht. Sie hatten gelernt, aus Nägeln Messer zu machen. Dazu legten sie Nägel auf die Bahngleise. Fuhr ein Zug darüber, so wurden sie platt und dann zu Messern gefeilt."

Da die Zivildeportierten nicht der Hauptverwaltung für Kriegsgefangene (GUPVI) unterstanden, stellte sich ihre Situation tatsächlich bedeutend schlechter dar. Sie wurden als ‚verheizbare' Arbeitskräfte betrachtet, um deren Versorgung man sich kaum kümmerte. Diese Lager hatten im Grunde dieselbe Funktion wie die KZ im Dritten Reich.[6]

„Wie kamen die Frauen in Ihrem Lager miteinander aus?"

„Recht gut. Eine meiner Leidensgenossinnen, Lottchen, arbeitete im Kuhstall. Abends erzählte sie, wie der russische Tierarzt ihrer Cousine, einem bildhübschen Mädchen, nachstellte. Als sie sich weigerte, seinem Drängen nachzugeben, erstach er sie eines Tages und sich anschließend auch. Auf dem Lagerfriedhof liegen beide nebeneinander." Mit belegter Stimme fährt die bis hierher eher unsentimentale Erzählerin fort: „Als wir ein Jahr später von diesem Lager abtransportiert wurden, nahm Lottchen weinend den letzten Abschied von ihrer Cousine Irmchen Matz." Weinend fügt die alte Frau hinzu: „Sie musste sie in Russland zurücklassen."

‚Den zweiten Sommer verbrachten wir auf der Welsker *Kolchose*, etwa 100 Kilometer von unserem ersten Lager entfernt', schrieb sie. ‚Dort gab es … sogar Strom … eine große Errungenschaft in dieser gottverlassenen Gegend.'

„Meine Schwester Ilse und ich sollten mit etwa 30 anderen Mädels bei der Heuernte helfen", erzählt sie. „Ilse hatte außerdem die Aufgabe, die Schweine zu füttern. Als sie einmal mit dem Eimer voller Schweinefutter unterwegs zum Stall war, stürzte sich einer der vielen dort ebenfalls gefangen gehaltenen Russen auf diesen Kübel. So einen Hunger hatte er! Allen Gefangenen ging es schlecht, unabhängig ihrer Nationalität!

Die Arbeit auf dieser Kolchose war vergleichsweise angenehm. Der Kolchoseleiter, Bieli, war anständig. Ich habe nie ein böses Wort von ihm gehört. Er ließ uns auch außerhalb des eingezäunten Lagergeländes Pilze suchen sowie Blaubeeren und Preiselbeeren sammeln. Im Winter haben wir die getrockneten, gefrorenen Beeren als Eisbeeren gegessen oder ein herrliches Kompott daraus zubereitet. Im Sommer 1946 gelang es uns sogar, Marmelade zu kochen. Wenn abends unsere Lieder durch die Kolchose schallten, war die Stimmung manchmal richtig ergreifend. Eines Tages durften wir im 1 Kilometer entfernten Russenlager die Banja besuchen. Ich hatte die Aufgabe, Holz zu sammeln und die Banja anzuheizen. Während dieser Arbeit fragte mich ein dort Gefangener auf Deutsch: ‚Woher kommt ihr?‘ – ‚Aus Deutschland. Und Du?‘ – ‚Ich bin deutscher Kriegsgefangener. Es gelang mir, aus einem Gefangenenlager in Litauen abzuhauen. Leider wurde ich aufgegriffen und gab mich als Litauer aus. Hätte ich mich als Deutscher zu erkennen gegeben, wäre ich sofort erschossen worden.‘

Als uns dieser junge Mann am Abend besuchte, lief er direkt auf eine meiner Leidensgenossinnen zu und rief: ‚Du bist Edith Koop!‘ – Ehe diese etwas sagen konnte, erklärte er ihr, dass er im gleichen Lager wie ihr Verlobter gewesen sei. Der hatte ihm ihr Bild gezeigt. Ediths Verlobter lebte also offenbar noch! Vor Ergriffenheit haben wir alle geweint. Kurz darauf wurde Edith krank und mit dem nächsten Transport nachhause geschickt. Was aus ihr oder ihrem Verlobten geworden ist, weiß ich leider nicht, aber dieser Abend ist einer der unvergesslichsten während meiner Jahre in Russland.

Am Heiligen Abend 1946 wurde unser Lager bei großer Kälte und mit unbekanntem Ziel verladen. Im Sowjetreich wurde Weihnachten ja nicht gefeiert. Wir waren so entkräftet, dass wir glaubten, man würde uns nachhause schicken. Auf dieser Fahrt starben zahlreiche Gefangene. Ich hatte im Gewächshaus Streichhölzer eingesteckt, die ein alter Russe fallen gelassen hatte. Streichhölzer waren ein großer Schatz! Mit ihnen konnten wir nun den Ofen in unserem Waggon heizen. Als die russischen Wachen unseren Waggon kontrollierten, waren sie über das Feuer im Ofen total überrascht.

Nach acht Tagen erreichten wir aber nicht die Heimat, sondern *Stalino* im Gebiet *Donbass*. Unsere erste Aufgabe bestand darin, die während der Fahrt Gestorbenen in Decken zu wickeln, zu einem Massengrab zu tragen und hineinzurollen. Ohne Decke natürlich! Erst dann durften wir uns etwas zu essen holen. In dem neuen Lager gab es auch Ungarn und Rumänen, vor allem Frauen. Da wir in den Baracken gemischt waren, gestaltete sich die Verständigung schwierig. Abends herrschte ein fürchterliches Kauderwelsch. Angenehm war das nicht.

Ich schleppte in einer der Kohlegruben Steine für den Schachtbau und belud Loren. Zu essen bekamen wir erst abends etwas. Der russischen Zivilbevölkerung, die dort arbeitete, ging es nicht wesentlich besser. Manche Gefangene verrichteten nebenbei Arbeiten für die Russen und verdienten sich so ein wenig zusätzliches Geld. Die Lagersuppe war billig, aber auf den umliegenden Märkten war alles teuer!" ,Die Überlebensmöglichkeiten waren hier noch düsterer als in Sibirien', schrieb sie über diese Zeit. ,Dort mussten wir noch mehr hungern. Viele junge Mädels starben.'
„Als der Hunger unerträglich wurde, versuchten wir, wie die Einheimischen, Melde zu kochen. Auf dem Rückweg ins Lager pflückte ich dieses Kraut heimlich und versteckte es zu Bündeln zusammengedrückt in dem Beutel, der in meiner Wattehose befestigt war. So gelang es mir, mein Sammelgut an den Wachen vorbei zu schmuggeln. Hat diese Suppe am Abend geschmeckt! Die darin enthaltenen Vitamine haben sehr geholfen. Trotzdem erkrankte ich im Sommer 1947 an Malaria. Von Fieber geschüttelt und teilnahmslos blieb ich in der Baracke liegen. Als der nächste Heimtransport zusammengestellt wurde, stand auch ich nackt und krank vor der Untersuchungskommission. Wäre ich in einem noch schlechteren Zustand gewesen, hätte man mich nicht mehr heimgeschickt. Die ganz hoffnungslosen Fälle ließ man im Lager sterben. Zu den gerade noch Überlebensfähigen gehörten im Frühherbst 1947 meine Schwester und ich."
Auf dem Papier, welches ihr das Ministerium der Streitkräfte der UdSSR mit auf den Heimweg gab, steht: ,Ehemalige Kriegsgefangene Rex, Helga Wilhelm' – wie in Russland üblich, wurde auch der Vorname des Vaters eingefügt – ,geboren 1926, ist aus dem Kriegsgefangenenlager entlassen worden und befindet sich auf der Heimreise nach *Heimatlos*.' Ein späterer Beamter fügte irgendwann ,Neu-Lietzegöricke' ein.

„Während der Rückfahrt gab es in den Waggons nicht einmal Stroh und wir trugen lediglich dünne Kleider, denn in Stalino war der Sommer extrem heiß. Ich dämmerte während der achttägigen Fahrt meist bewusstlos und am Rande des Todes vor mich hin. Als wir Frankfurt an der Oder erreichten, kamen die meisten Rückkehrer, hauptsächlich Kriegsgefangene, in ein Quarantänelager. Ich wurde auf einer Bahre abtransportiert. Dort am Bahnhof erfuhr ich, dass meine Heimat nun polnisches Gebiet war. Meine Schwester meldete sich als Rot-Kreuz-Schwester, um bei mir im Lazarett sein zu können. Sie schrieb an Freunde und Verwandte und erfuhr, dass unsere Mutter bei Bekannten in Neulietzegöricke untergekom-

men war, wo wir auch etwas Land besaßen. Vor dem Krieg hatten wir die Oder regelmäßig überquert, um auf unseren hiesigen Feldern zu arbeiten. Acht Gespanne passten auf eine Fähre. Mutter arbeitete gerade auf dem Feld, als die Bekannten ihr den Brief meiner Schwester brachten und ihr sagten: ‚Deine Mädels sind zurück.' Weinend fährt Helga fort: „Mutter ging es gesundheitlich so schlecht, dass sie nicht in der Lage war, uns in Frankfurt zu besuchen. Als man mich aus dem Krankenhaus entließ, wurde mir dieses Papier ausgehändigt." Sie reicht mir ein Blatt, auf dem steht: ‚Nach Ablauf der Malariabehandlung ist die Heimkehrerin Helga Rex … frei von ansteckenden u. übertragbaren Krankheiten.'
„Meine Schwester und ich fuhren mit der Bahn bis Wriezen. An dem Bahnhof, an dem Sie heute angekommen sind, holte uns unser Onkel mit dem Pferdewagen ab. Als wir Mutter ein paar Tage später in einem Zimmer bei fremden Menschen wiedersahen, kochte sie gerade Rübensirup." Unter Tränen sagt sie: „Wir lebten von nun an zu dritt in diesem einen Zimmer, arm wie die Kirchenmäuse."
Für diesen Tag beenden wir ihre lange Reise in die Vergangenheit. Wir essen und trinken zusammen und kehren langsam in die Gegenwart zurück. Als ich mich spät Abends auf ihr Fahrrad schwinge und auf den Weg zu meiner Unterkunft am anderen Ende des Dorfes mache, winkt sie mir lächelnd nach und ermahnt mich, vorsichtig zu fahren, genauso wie es meine Mutter getan hätte.

Am nächsten Morgen zeigt sie mir ihren Garten und die Pferde auf der Koppel hinter dem Haus ihres Sohnes, direkt nebenan. Sie erzählt von ihrem Schwager, der 1948 aus der Gefangenschaft zurückkehrte und davon, wie sie alle jahrzehntelang für die LPG (Landwirtschaftliche Produktionsgenossenschaft) arbeiteten. Zunächst war sie jedoch vom Arbeitseinsatz befreit. Dr. med. Seyfart in Altreetz bescheinigte ihr: ‚Fräulein Helga Rex … ist wegen Ödemkrankheit und Herzmuskelschadens weiterhin krank und arbeitsunfähig.'
Die Vertriebenen, die Flüchtlinge und die Rückkehrer lernten, sich mit ihrem Leben in der DDR zu arrangieren und gewöhnten sich an die geringe, aber verlässliche materielle Sicherheit. Die Umstellung auf ein Leben mit größerer Freiheit – und Arbeitslosigkeit – nach der Wende fiel vielen schwer. Die vor 20 Jahren versprochenen blühenden Landschaften lassen hier am Oderbruch noch immer auf sich warten. Andererseits hat in dieser weiten melancholischen Flussebene die Stille bis heute überlebt.

„Ich war eine der ersten, die mit den neuen Bewohnern meines Heimatdorfes Kontakt aufnahm", erklärt Helga, als wir wieder in ihrem Wohnzimmer sitzen. Dass es das Heimweh und die Erinnerungen an die heile Welt ihrer Kindheit und Jugend waren, die sie dazu trieben, sagt sie nicht. Auch nicht, dass nach dem Görlitzer Vertrag von 1950 alle Vertriebenen in der DDR, die an der neuen Grenze Anstoß nahmen, als Revanchisten galten.

„Vor der Wende benötigte man für das Überqueren der Oder eine Einladung. Als die Gräber unserer Familie noch existierten, begleitete Mutter mich einmal. Heute sind sie alle vernichtet. Russen und Polen haben die Grabstätten der wohlhabenden Familien aufgeschlagen, die Särge aufgebrochen, die Gebeine der Toten rausgeworfen und nach Goldmünzen, Goldzähnen und anderen vermeintlichen Schätzen gesucht. Bei unserem ersten Besuch in Altlietzegöricke haben meine Schwester, mein Schwager und ich eine Grube gegraben und die herumliegenden Gebeine der Toten noch einmal bestattet. Auch unsere Kirche wurde vollkommen zerstört", betont sie mit bitterer Trauer. „Wir haben an der Stelle unseres einstigen Familiengrabes einen kleinen Grabhügel angelegt, den ich pflege. Wie schade, dass Sie nicht länger bleiben. Ich würde Ihnen das alles gern zeigen. Heute ist das Überqueren der Oder ja Gott sei Dank unkompliziert." Dann zeigt sie mir voller Begeisterung alte Postkarten. „In unser Dorf kamen viele Urlauber aus Berlin." Auf einem Bild ist eine alte Fachwerkmühle zu sehen, idyllisch an einem Bachlauf gelegen und von Birken gesäumt. „Das Dianental und der Röthesee waren beliebte Ausflugsziele!"

„Gibt es etwas, das Sie bedauern?", frage ich sie zum Abschluss.

„Ich habe mein Leben hingenommen, wie es eben war. Wäre ich in Russland gestorben, wäre mir manch späterer Nackenschlag des Schicksals erspart geblieben. Meine Schwiegereltern waren über ein besitzloses Flüchtlingsmädel als Schwiegertochter gar nicht erfreut. Dafür war mein Mann seelengut zu mir." Dass sie nie ein Flüchtling war, sondern aus ihrer Heimat zur Zwangsarbeit deportiert und anschließend todkrank an der Rückkehr in ihr Dorf gehindert wurde, sagt sie nicht. Die in der DDR verordnete Sprach- und Denkregelung hat sich in ihrem Bewusstsein und in dem vieler anderer Opfer tief verankert.

„Zwei Tage sind viel zu kurz!", wiederholt sie zum Abschied. „Sie müssen mit Ihren Kindern wiederkommen, damit ich Ihnen auch alles, wirklich alles, zeigen kann!"

6. Alfons Fraas

Ein Wolgadeutscher in der Trudarmee

Die Deutschstudentin Galina, die mir einen Tag lang als Dolmetscherin zur Verfügung steht, und ich werden am Busbahnhof von Kopeysk, in der Nähe von *Tscheljabinsk*, bereits erwartet. Alma und Rose, zwei Russlanddeutsche, die ich zwei Tage vorher im Deutschen Zentrum von Tscheljabinsk kennen gelernt hatte, führen uns zu Alfons Fraas, einem wolgadeutschen Mitglied ihrer katholischen deutschen Kirchengemeinde. Seine Wohnung in einem der zahlreichen Labyrinthe identisch aussehender Wohnblocks zu finden, erweist sich als Herausforderung.

Der hellwache, kerzengerade 88-Jährige mustert mich mit seinen hellblauen Augen eindringlich. Während sich seine Frau schweigend auf dem Sofa niederlässt, nehmen Alma, Rosa, Galina und ich dem alten Herrn gegenüber am Esstisch im Wohnzimmer Platz. „Mein Deutsch ist eingerostet", erklärt er. „Außerdem würden Sie meinen wolgadeutschen Dialekt wohl ohnehin kaum verstehen." Unbeeindruckt von meiner Bitte, unser Gespräch vielleicht doch auf Deutsch zu versuchen, fragt er auf Russisch: „Kennen Sie das Buch *Geiseln* von Alexander Prieb[1]? Der hat die Geschichte von uns Deutschen in Russland treffend geschildert." Dann beginnt er zu erzählen. Lange unterdrückter Schmerz, Wut und Resignation schwingen in all seinen Worten mit.

Alfons Fraas wurde am 18. Februar 1919 in Widmann bei *Saratow* am rechten Wolga-Ufer geboren, fast genau ein Jahr, nachdem der Frieden von Brest-Litowsk den I. Weltkrieg beendet hatte und neun Monate nach der Gründung der Autonomen Sozialistischen Sowjetrepublik der Wolgadeutschen. Er wurde in den *Bürgerkrieg* hineingeboren, in die gewaltigen politischen, sozialen und wirtschaftlichen Umwälzungen, die Russland im Anschluss an die Oktoberrevolution erschütterten.

Nachdem sie in den Novemberwahlen von 1917, den letzten freien Wahlen für die nächsten 75 Jahre, eine verheerende Niederlage erlitten hatten,

rissen die Bolschewiki die Macht mit Gewalt an sich. Als sie mit dem *Dekret über den Frieden und den Grund und Boden* die entschädigungslose Enteignung aller größeren Ländereien verfügt hatten, wurden Tausende herrschaftliche Güter niedergebrannt und Gutsbesitzer massakriert. Die Bolschewiki versuchten, gestützt auf die revolutionäre Stimmung der Bauern, einen Klassenkampf zu entfachen und entfesselten stattdessen einen blutigen Bürgerkrieg. Ausgelöst wurde er vor allem durch den *Kriegskommunismus*, der die Bauern zwang, ihre Ernte zu festen Preisen oder ganz entschädigungslos an den Staat abzuliefern.[2]
Als der kleine Alfons das Licht der Welt erblickte, hatten aufgebrachte Bauern bereits mehr als 20.000 Mitglieder der staatlichen Beschaffungsbrigaden gekreuzigt, lebendig begraben oder in Stücke gerissen. Als Rache wurden für jeden getöteten Kommunisten Dutzende Bauern von der *Tscheka* erschossen.[3] 1,5 bis 2 Millionen Menschen, darunter ein bedeutender Teil der deutschen Ober- und Mittelschicht, emigrierten. Das von Krieg und Revolution zerrüttete Land musste sich 1920, im Polnisch-Sowjetischen Krieg, auch noch gegen Polens Expansionsgelüste verteidigen. Als die Polen die Bolschewiki 1922 besiegt hatten, waren diesem Krieg, Revolution, Kriegskommunismus, Bürgerkrieg und der darauf folgenden Hungersnot 13 bis 16 Millionen Menschen zum Opfer gefallen – achtmal soviel wie während des gesamten I. Weltkriegs.[4]

Alfons wurde in eine Zeit hineingeboren, in der Brutalität und das Abbrennen ganzer Dörfer zum Alltag gehörten. Er hatte Glück, dass er überlebte. Trotzdem hat er sich seine Kindheit als die schönste Zeit seines Lebens in der Erinnerung bewahrt. Er liebte die nach Wermut und Thymian duftende Steppe, die sein Heimatdorf umgibt und erinnert sich mit freudiger Wehmut an die Überschwemmungen, die im Frühjahr bis zum Dorf reichten.
„Unser Dorf bestand aus fünf oder sechs von einstöckigen Holzhäusern gesäumten Straßen, die jeden Samstag gekehrt wurden", schwärmt er. „Mit einer Wohnküche, einem Wohnzimmer und zwei Schlafzimmern lebten wir komfortabel."
Dass die Straßen bei Regen zu Matschpisten wurden, gehörte ebenso zur Normalität wie die Tatsache, dass es im Dorf keinen Arzt gab. Alfons' Vater war nicht nur Hausmeister der Schule, sondern auch Organist und Chorleiter. Er brachte seinen Söhnen und Töchtern anhand des katholischen Katechismus das Lesen und Schreiben bei. Fünf seiner zehn Kinder

fielen Diphtherie und Tuberkulose zum Opfer, vor allem aber den großen Hungersnöten. 1921/22 ließen die Bolschewiki allein im Wolgagebiet ein Zehntel der Bevölkerung verhungern.[5] Während die Bauern und ihre Kinder starben, verlautete Lenin 1922: „... nur die Verzweiflung durch den Hunger kann bei den Massen eine wohlwollende oder zumindest neutrale Haltung uns gegenüber bewirken."[6] Wäre die Hilfe aus dem Ausland nicht achtmal so groß gewesen wie die der eigenen Regierung, wäre vielleicht die gesamte wolgadeutsche Bevölkerung verhungert. Durch Tod, Auswanderung und Flucht in andere Landesteile verlor die Wolgarepublik damals mehr als 100.000 Menschen bzw. ein Viertel seiner Bevölkerung.[7]

Alfons' Eltern blieben trotz des Todes von fünf ihrer Kinder in Widmann. Alfons verbrachte seine Kinderzeit mit Spielen wie *Laptu*, „einem Spiel wie Baseball, außerdem mit Steine- oder Knöpfle-Werfen und im Winter mit Schlittenfahren." Auch zur Mithilfe wurden die Kinder schon frühzeitig herangezogen. Der Großvater nahm den kleinen Enkelsohn mit aufs Feld, lehrte ihn, die zwei oder drei Kühe der Familie zu hüten und sich bei Kartoffeln, Gemüse und Melonen nützlich zu machen.

„Da die Äcker oft weit entfernt lagen, verbrachten viele Dorfbewohner den Sommer in einer Hütte am Rand ihrer Felder. Am Wochenende kehrten die meist gläubigen Menschen nachhause zurück und besuchten am Sonntag den Gottesdienst."

Kindheit und Normalität währten für Alfons Fraas indes nicht lange. 1929 rollte mit der verschärften Kollektivierung und der Verfolgung von Kirchenleuten, *Kulaken* und anderen politisch Unliebsamen die nächste Terrorwelle über das Land.

„Die meisten Bauern in Widmann wurden zu Kulaken erklärt. Nachdem man ihnen Häuser und Besitz genommen hatte, wurden sie zur Waldarbeit in die weiten Wälder des Riesenreiches verschleppt", presst der alte Herr bitter hervor. „Die Zurückgebliebenen mussten ihren Besitz an den *Kolchos* abgeben."

Etwa 300 Arbeiter aus Leningrad übernahmen die Führung der Agrarkommunen der Wolgadeutschen. Als 1930 die Schulpflicht für Kinder von acht bis elf Jahren eingeführt wurde, ging Alfons mit zehn Jahren das erste Mal zur Schule. Wegen Lehrermangels konnte nur die Hälfte der schulpflichtigen deutschen Kinder den Unterricht besuchen. Viele Pädagogen waren politischen *Säuberungen* zum Opfer gefallen, in die Rote

Armee mobilisiert worden oder hatten Verwaltungsaufgaben übertragen bekommen.

1928 lag die Wolgarepublik mit einer Alphabetisierungsquote von über 50 Prozent an zweiter Stelle in der Sowjetunion hinter *Leningrad*.[8] 1929 nahmen die Deutsche Pädagogische Hochschule und die Deutsche Kommunistische Universität in der Wolgahauptstadt Engels ihren Lehrbetrieb auf. Ein bis zwei Jahre später wurden die bekanntesten Professoren bereits von ihren Lehrstühlen entfernt.[9] Als Alfons' Vater, wie unzählige andere, im Sommer 1931 abgeholt wurde, hatte man die letzten Reste eigenständigen Denkens und Handelns im Sowjetreich beseitigt.

Die meisten Dorfbewohner lebten fortan in ständiger Angst. Alfons' Mutter versteckte sich mit ihren Kindern ebenso wie der Bruder seines Vaters mit seiner Familie. Ein großer Teil der Bewohner floh in den Kaukasus. Dort, im weit verzweigten Netz der Mennoniten, fanden auch Alfons und seine Verwandten in einer *Sowchose* in Mosdok ein paar Monate lang Zuflucht.[10] Als man Menschen für Arbeit in Dagestan[11] anwarb, folgte seine Großfamilie diesem Aufruf und nahm die beschwerliche Bahnreise auf sich.

„In Dagestan starben innerhalb kurzer Zeit viele Menschen an Malaria und Gelbsucht", flüstert der damals 12-Jährige. „Als auch wir alle krank daniederlagen, machte sich mein Onkel mit uns auf den Weg nach *Baku*. Dort starben meine Schwestern Klara und Monika. Von der achtköpfigen Familie meines Onkels hatten nur drei überlebt. 1932 kehrten wir Überlebenden in den ukrainischen Teil des Kaukasus zurück. In diesem und dem darauf folgenden Jahr, den Jahren erneuter schwerster Hungersnot, erschienen Gruppen von *Komsomolzen* und nahmen alle Lebensmittel, die sie finden konnten, auch das Saatgetreide, mit nach Moskau und in das Pensa-Industriegebiet. Ganze Dörfer wurden so ausgerottet. Ich habe das alles miterlebt …" Er verstummt.

Während dieser zweiten Hungersnot in Alfons' Leben verhungerten in der Wolgarepublik allein von Januar bis Juli 1933 50.000 Menschen.[12] Obwohl Ökonomen diese Krise vorausgesagt hatten, veranlasste Stalin Maßnahmen, welche die Katastrophe noch verschärften.[13] Denn durch die Hungersnot wollte er die vollkommene Unterwerfung der rebellischen ukrainischen Bauern erzwingen. Stalin wusste, dass sich die Menschen in der Ukraine 1932/33 von Gras ernährten, von Baumrinde und Pferde-

90

mist, weil es darin noch ganze Getreidekörner gab. Dass sie Hunde, Katzen und selbst Menschenfleisch aßen. Er ließ sogar Plakate aufhängen, auf denen stand: ‚Sein Kind zu verspeisen ist ein Akt der Barbarei.'[14] Gleichzeitig ordnete er jedoch im Februar 1933 an, dass nach Erfüllung des Ablieferungssolls ‚höchstens 10 Prozent ... des ... Getreides zum Verbrauch in den Kolchosen verbleiben darf.'[15] Nichterfüllung wurde mit bis zu zehn Jahren *Gulag* bestraft.

Während die Bauern verhungerten, genehmigten sich Partei- und Staatsfunktionäre dreimal so hohe Brotrationen wie der Mehrheit der Bevölkerung.[16] Sie erhielten darüber hinaus monatlich 4 Kilogramm Fleisch, 4 Kilogramm Wurst, 1,5 Kilogramm Butter, 2 Liter Öl, 6 Kilogramm Frischfisch, 2 Kilogramm Hering, 3 Kilogramm Zucker, 3 Kilogramm Mehl, 3 Kilogramm Getreideerzeugnisse, 8 Konservendosen, 2 Kilogramm Käse und mehr.[17]

Was der 13-jährige Alfons erlebte, ließ Stalin verheimlichen. Als das Massensterben im grimmigen Winter 1932/33 an seinem Höhepunkt angelangt war, verkündete er stattdessen: ‚Wir haben zweifellos erreicht, dass sich die materielle Lage der Arbeiter und Bauern bei uns von Jahr zu Jahr verbessert. Bezweifeln können das höchstens ... geschworene Feinde des Systems.'[18] Die Zweifler, die nicht verhungerten, landeten im Gulag.

Im Jahr des Massensterbens lag die Ernte in der Sowjetunion nur 12 Prozent unter dem Durchschnitt der Jahre 1926 bis 1930.[19] Die Hungersnot resultierte also nicht aus einer Missernte, wie als scheinheilige Verklärung zu lesen war – oder ist – sondern sie wurde herbeigeführt, um den Widerstand in der Ukraine und im Kaukasus zu brechen. Hunger als Waffe begegnet uns auch im Gulag, in den *Sondersiedlungen* und Gefangenenlagern – den nationalsozialistischen, den sowjetischen und vielen anderen. Hätten Alfons und der Rest seiner Familie wie zahllose andere versucht, dem Tod zu entfliehen, wären sie von Polizei und Militär gewaltsam in die sterbenden Dörfer zurückgetrieben worden. Während Stalin Getreide exportierte, verhungerten in zwei Jahren etwa 9 Millionen Menschen, bis zu 7 Millionen davon allein in der fruchtbaren Ukraine.[20]

Die vielen kleinen Mittäter waren meist keine Monster, sondern ganz normale Menschen, die wie Lew Kopelew, durch ihre Hingabe an eine Ideologie für das Elend und das Sterben, zu dem sie beitrugen, blind geworden waren. Der Geläuterte musste eine tiefe Sinnkrise durchleiden, ehe er sagen konnte: ‚... ich wagte nicht, schwach zu werden und Mitleid zu empfinden. Wir vollbrachten doch eine historische Tat ... Meine Zweifel, mein nagendes Gewissen, Mitleid und Scham wurden von rationalistischem Fanatismus unterdrückt.‘[21] Damals, in der Ukraine, hätte Alfons dem sieben Jahre älteren Aktivisten Kopelew, dem Mitglied einer Requirierungsbrigade, begegnen können.

Als der 16-Jährige drei Jahre später erfuhr, dass man seinen Vater frei gelassen hatte, lebten er und seine Restfamilie in Stalingrad. „Nach dieser freudigen Nachricht kehrten wir 1935 in unser Heimatdorf zurück. Da man unseren gesamten Besitz konfisziert hatte, mieteten wir eine Wohnung. Vater schlug sich als Lehrer durch, und ich besuchte wieder die Schule. 1937, mit 18 Jahren, hatte ich schließlich die sieben Pflichtschuljahre absolviert. Nach drei Jahren Ausbildung in einer Pharmazie-Schule und einem Jahr Arbeit begann der II. Weltkrieg.“ Der alte Herr blickt mich tieftraurig an und sagt: „Kurz vor Kriegsbeginn wurde mein Vater erschossen. Grundlos wie unzählige andere wurde er anti-sowjetischer Propaganda beschuldigt sowie ein Konterrevolutionär und Spion für Deutschland zu sein.
Kurz darauf wurden alle Deutschen der Bezirke Zoritzen und Stalingrad nach Astrachan am Kaspischen Meer deportiert. Am 1. September 1941 steckte man uns in einen Zug nach Stalingrad. Von dort erreichten wir nach zwei Tagen auf einem Kahn das Kaspische Meer. Mit einem großen Schiff ging es weiter nach Gurjew in *Kasachstan*. Da Toiletten während der dreitägigen Fahrt in Viehwaggons nicht vorgesehen waren, verrichteten die Frauen, wenn der Zug hielt, ihre Notdurft auf der einen Seite des Waggons, die Männer auf der andern.
Nach dreimonatiger Odyssee wurden wir in Schemonaicha in Ostkasachstan auf verschiedene Ortschaften verteilt. Von meiner einst zwölfköpfigen Familie lebten außer meiner Mutter und mir nur noch mein 20-jähriger Bruder Florian und meine 6-jährige Schwester Monika, die man nach ihrer vier Jahre vor ihrer Geburt verstorbenen Schwester benannt hatte. Wir wurden in einem kleinen Holzhaus mit einer Stube und einem Schlafzimmer untergebracht. Meine Aufgabe bestand darin, mit einem Pferdeschlitten Heu für die Kolchose heranzuschaffen. Im Januar lag hoher Schnee. Es herrschte klirrende Kälte. Die Pferde waren schwach und das Gelände hügelig. Sie können sich vielleicht vorstellen, was das für meine Heutransporte bedeutete. Es war einfach furchtbar. Dazu der ständige Hunger! Wir ernährten uns von den Kartoffeln und dem Kraut, die

ich als Lohn für meine Arbeit erhielt. Anfangs hatten wir noch mitgebrachte Konserven. Wir überlebten, mehr nicht.

Am 9. Januar 1942 wurden alle deutschen Männer zur so genannten *Trudarmee* eingezogen. In Viehwaggons mit doppelstöckigen Holzliegen ging es nach *Swerdlowsk*. Zum Glück gab es in der Mitte des Wagens wenigsten einen Ofen. Nach einem Tag Arbeit in einem der unzähligen Holzfällerlager erreichten wir am 15. Februar Kopeysk." Schicksalsergeben fügt er hinzu: „Seit diesem Tag lebe ich nun hier – seit 65 Jahren. Bis Ende 1942 mussten wir Erdarbeiten an den Bahngleisen verrichten, die hier verlegt wurden. Wir schliefen am Ende der Gleise in den Viehwaggons, die uns hierher gebracht hatten, auf den nackten Holzbrettern."

Alfons und die anderen Trudarmisten ernährten sich von Wasser und Mehl, kochten daraus Mehlsuppe, manchmal angereichert mit Brennnesseln. „Wir hatten immer, immer Hunger", haucht er. „Im November 1942 bezogen wir Erdhäuser und Baracken in der Nähe der Kohlegrube. Nach täglich mindesten zwölf Stunden Arbeit im Bergbau hatte jeder von uns gerade mal 40 Zentimeter Platz zum Liegen. Zu essen gab es täglich 1 Kilogramm nasses Sojabrot. Ich habe zum Frühstück einen Teil meines Brotes verzehrt und den Rest in meiner Jackentasche mit mir herumgetragen. Ich konnte an nichts anderes denken als an dieses Brot. Länger als zwei Stunden konnte ich meinem Hunger nicht widerstehen, dann verschlang ich den Rest. Der einzige Lichtblick während dieser elenden Jahre war der Briefwechsel mit meiner Mutter und meinen Geschwistern. Ohne den guten menschlichen Kontakt unter uns Leidensgenossen hätten bestimmt noch viel weniger überlebt."

„Arbeiteten in dem Kohlebergwerk auch Russen?"

„Ja. Die Arbeiter, egal welcher Nationalität, kamen meist miteinander aus. Das Problem waren und sind die Politiker. Sie sähen Zwist und zetteln Kriege an, und das einfache Volk muss für deren Größenwahn und die revolutionären Phantasien von Fanatikern sterben."

Später lerne ich, dass sich der Zynismus auf den Spruchbändern in den Lagern der Nationalsozialisten und der Bolschewiki auf beklemmende Weise ähnelte. Während die Häftlinge des KZ Auschwitz von der menschenverachtenden Inschrift ‚Arbeit macht frei' über dem Eingang des Lagers empfangen wurden, konnten Stalins Sträflinge lesen: ‚Durch Arbeit zur Befreiung!', ‚Durch aufopfernde Arbeit werden wir in die Familie der Werktätigen zurückkehren!', oder ‚Wer nicht arbeitet, soll nicht essen!'[22]

„Ab 1946 arbeiteten auch junge deutsche Frauen in unserer Grube", erinnert sich der alte Wolgadeutsche, „Zwangsarbeiterinnen aus Schlesien, Ostpreußen und anderen deutschen Gebieten in Stalins neuem Machtbereich. Die Männer schlugen das Gestein mit dem Hammer los, und die Mädchen schaufelten es auf das Transportband. In diesem Jahr regnete es unentwegt. Die Ernte fiel schlecht aus."

Die nach dem Krieg heimgekehrten Soldaten hatten von einer neuen Freiheit geträumt. Stattdessen verschärfte Stalin die Kollektivierung, was eine neue Hungersnot auslöste. Auch diesmal verzichteten die Bolschewiki nicht auf den Export von Millionen Tonnen Getreide. Dieser dritten Hungersnot in Alfons' Leben fielen weitere 2 bis 3 Millionen Menschen zum Opfer, wieder in erster Linie in der Ukraine.[23] Der in Kauf genommene Hungertod der Lagerhäftlinge diente der Stabilisierung der Lebensmittelversorgung der Freien, wenn auch auf niedrigem Niveau. Wiederum erfuhr die Öffentlichkeit nichts vom Ausmaß der Katastrophe und wieder bestand Stalin auf der Isolierung seines Landes von der Außenwelt.

Unwissend blieb aber vor allem das sowjetische Volk. Das Ausland war dagegen über Hungersnöte und Arbeitslager durchaus informiert. Hitler schlachtete dies sogar propagandawirksam aus. Die Mehrheit der westeuropäischen Intellektuellen zog es jedoch vor, diesen Informationen keinen Glauben zu schenken oder mit historischer Notwendigkeit zu rechtfertigen. *Dienstschriftsteller* wie Gorkij und Simonow ließen sich von einer Staatstour durch das sozialistische Disneyland verblenden – und reichlich entlohnen. Stalinverehrer wie Lion Feuchtwanger genossen die Ehre, die der Diktator ihnen angedeihen ließ. Seine Romane wurden in der Sowjetunion mit einer Auflage von jeweils 200.000 Exemplaren veröffentlich. Ernst Bloch und Berthold Brecht lobten Feuchtwangers Werk *Moskau 1937*, in dem er der ,gescheiten und überlegenen Persönlichkeit' Stalin Bewunderung zollt. Romain Rollands Schriften erreichten im Stalinreich eine Gesamtauflage von 1,7 Millionen, Heinrich Manns 2 Millionen. Upton Sinclairs Werk wurde gar in 3 Millionen Exemplaren verbreitet. Bei vielen dieser Literaturschaffenden dauerte es lange, bevor sie bereit waren, hinter die Maske des Terrors zu blicken. Sartres Bruch mit dem bolschewistischen Diktator ließ bis 1968 auf sich warten.[24] Während westliche Intellektuelle Stalin priesen, forderte das Sterben, das Alfons umgab, täglich neue Opfer.

„Bis 1956 lebten wir Deutschen unter der Aufsicht eines Kommandanten, bei dem wir uns einmal im Monat melden mussten. Wir durften Kopeysk nicht verlassen." Seine Selbstkontrolle vergessend, stöhnt der alte Mann: „Wir hatten keinerlei Dokumente und waren vollkommen rechtlos. Zwischen uns und den russischen Arbeitskollegen kam es aber nur selten zu Konflikten. Ab und zu wurde ein Deutscher als Faschist beschimpft." Mit einem Blick auf seine Frau fährt er fort: „Am 12. Oktober 1947 wurde unsere älteste Tochter geboren. Unsere Kinder sind alle mit Russen verheiratet und sprechen kein Deutsch. Deswegen wandern sie auch nicht nach Deutschland aus. Auch mir war es praktisch unmöglich, meine Muttersprache zu pflegen. Also bleiben meine Frau und ich hier, in der Nähe unserer Kinder."

„Sie leben nun seit 65 Jahren in Kopeysk", frage ich ihn zu Abschluss. „Wo ist Ihre Heimat?"

Überrascht, fast etwas verletzt, erwidert er ohne jegliches Zögern: „Meine Heimat ist in Widmann an der Wolga. Hier bin ich nur Gast."

„Sind Sie heute Russe oder Deutscher?"

Ohne auch nur eine Sekunde zu überlegen, schießt mir seine Antwort entgegen: „Ich bin Deutscher! Mein Bruder wohnt heute in Hamburg. Seine Enkel sind richtige Deutsche. Das macht mich glücklich."

Wie um seine letzten Worte zu unterstreichen, übergibt er mir zum Abschied die Adresse und Telefonnummer seines Bruders und seines Schwagers, Monikas Mann, in Hamburg.

7. Adam

Partisanenkrieg in Weißrussland und russische
Gefangenschaft

‚1952' lese ich auf dem Holzbalken über der Eingangstür des Bauern-
hauses am Rande eines Allgäu-Dorfes. Eigentlich habe er nur bei schlechtem Wetter Zeit zu plaudern, hatte Adam mir am Telefon erklärt, aber
Regentage wollten sich in dem frühlingshaften Januar 2007 einfach nicht
einstellen. Also saßen wir schließlich an einem Sonnentag in seiner Bau-
ernstube beisammen. Viel habe er nicht zu erzählen, hatte er mich vorge-
warnt. Aber dann sprudelten die Erinnerungen zu seinem eigenen Erstaunen unaufhaltsam hervor.

Adam wurde 1925 als ältestes von sechs Kindern an einem kleinen See
nördlich der Stadt Lindau geboren, im hügeligen, von Obstanbau gepräg-
ten Hinterland des Bodensees. Das Verhältnis zu seinem Vater, einem
Zimmermann, war für den Heranwachsenden schwierig. Er bezog nicht
selten Prügel, die er im geeigneten Moment an seine Schwester weitergab.
Im Herbst musste er seinem Vater helfen, Holzböden zu legen – eine
Arbeit, die er hasste. Als mit dem Ende der Schulzeit die Berufswahl an-
stand, wusste er eines mit Sicherheit: Zimmermann nicht! Maler hätte er
werden wollen, Kulissenmaler. Als der Lehrer dem Jungen empfahl,
technischer Zeichner zu werden, bewarb er sich bei einem Rüstungsbe-
trieb in Friedrichshafen um eine Lehrstelle. Der Berufsberater trug jedoch
Mechaniker als Berufswunsch ein und so erlernte er den Beruf des Werk-
zeugmachers.
„Waren Sie während Ihrer Lehrzeit in der HJ?"
„Natürlich. Das war eine schöne Zeit."
Erschüttert war er jedoch, als ihm sein ehemaliger Jungvolkführer 1942 eines
Tages völlig verstört berichtete, er habe in Polen an Judenerschießungen
teilgenommen. „Frau Adler, auch wenn es schwer zu glauben ist, das machte
mir solche Angst, dass ich mit keiner Menschenseele darüber sprach. Ab
diesem Zeitpunkt war mir klar: Wir dürfen diesen Krieg nicht verlieren!

Heute weiß ich zwar auch, dass zahlreiche polnische Kollaborateure ihre jüdischen Landsleute den Messern der SS auslieferten, aber das ändert wenig. Als die SS im Jahr darauf beim Berufswettkampf Rekruten anwarb, hielt sich meine Begeisterung in Grenzen – und nicht nur meine."

Der Massenmord an den europäischen Juden, von dem Adam 1942 erfuhr, lag bis 1938 noch außerhalb der Vorstellung selbst des daran vor allem beteiligten Sicherheitsdienstes. Als Hitler 1934 als Ziel seiner Judenpolitik deren restlose Vertreibung genannt hatte, wanderten viele deutsche Juden vor allem nach Palästina aus. Die zionistische Bewegung wurde daher von den Nationalsozialisten gefördert.[1] Auch 1938 lautete Hitlers Weisung noch, die Juden so rasch wie möglich ins Ausland abzuschieben. Gewaltbereiter Antisemitismus existierte vor allem im rechtsradikalen Milieu. In der breiten deutschen Öffentlichkeit fand er wenig Unterstützung. Um den steigenden Repressalien zu entfliehen, hatte bei Kriegsbeginn etwa die Hälfte der knapp 500.000 deutschen Juden ihre Heimat verlassen. Auch nach dem Einmarsch der deutschen Wehrmacht in der Sowjetunion kann man noch nicht von einem Gesamtplan zur Ermordung der europäischen Juden ausgehen.[2] Die Erschießungen, von denen Adam 1942 hörte, waren vor allem das Werk korrupter, rassenideologischer Kreisleiter, die sich am Eigentum der Juden bereicherten und so die spätere *Endlösung* vorantrieben.

Von den 3,3 Millionen polnischen Juden gerieten 1939, nach dem Einmarsch der Wehrmacht und der Roten Armee in Polen, 2 Millionen unter deutsche Herrschaft. Von den etwa 3 Millionen ermordeter polnischer Juden gehen etwa 2,5 Millionen auf das Konto der Nationalsozialisten und ihrer Helfer, während 500.000 in sowjetischen Lagern umkamen.[3] Zu Pogromen kam es 1941 in Ostpolen nach Abzug der Sowjets aber auch ohne deutsches Zutun. Stalin hatte zwar neben zahllosen Polen auch Hunderttausende polnische Juden deportiert. Andererseits hatten die sowjetischen Institutionen in dem besetzten Ostpolen – bzw. in der Westukraine und in Westweißrussland – scharenweise Juden eingestellt, die den Zusammenbruch des polnischen Staates begrüßt hatten, in dem die jüdische Minderheit ebenfalls benachteiligt worden war.[4] Manche dieser Juden hatten sich an den Massakern an der polnischen Bevölkerung beteiligt, die mit dem Rückzug der Roten Armee einhergingen. Der dadurch weiter angestachelte polnische Antisemitismus löste wiederum 1941 in über 30 polnischen Gemeinden Pogrome aus.[5]

Der Plan, alle europäischen Juden zu ermorden, war jedoch selbst im Frühjahr 1942 noch nicht absehbar.[6] Himmlers Sicherheitsdienst radikalisierte ‚die Lösung der Judenfrage‘, als nach dem verheerenden Winterfeldzug 1941/42 kein Territorium im Osten mehr in Sicht war, in das man die Juden hätte vertreiben können. Diese Zusammenhänge waren damals jedoch weder Adam noch der deutschen, polnischen, weißrussischen oder jüdischen Zivilbevölkerung zugänglich.

Auf meine Frage nach dem von ihm erwähnten Berufswettkampf erklärt er: „Man kann es als einwöchige Leistungsschau beschreiben. Auch dort rekrutierten SS und Marine Freiwillige. Als mich ein Marine-Major – (vermutlich ein Korvettenkapitän) – einem psychologischen Test unterziehen wollte, erwiderte ich: ‚Da geh‘ ich lieber zur Infanterie, als in einem U-Boot abzusaufen.‘ Das war ganz schön frech von mir, aber ich war zu dem Zeitpunkt bereits mit den hohen Verlustzahlen der U-Boot-Besatzungen vertraut.“

„Galt die Mitgliedschaft in der SS nicht als Ehre?“

„1943 bestimmt nicht mehr. Da war bekannt, dass die SS vor allem in mehr oder weniger aussichtslosen Situationen eingesetzt oder verheizt wurde. Da nützten auch die geschickten Vorträge über die Germanisierung des Ostens nichts mehr. Sie kennen sicherlich nicht das Lied: *In den Ostwind hebt die Fahnen …*“ Auf mein Kopfschütteln fährt er fort: „Es gab noch viel hässlichere Texte, etwa: *HJ-Kameraden hängt die Juden, stellt die Schwarzen an die Wand.*

Man erklärte uns, dass die germanischen Westgoten Spanien, die Ostgoten die *Ukraine* und die Langobarden Norditalien kultiviert hätten. Weil es ihnen aber an einer straffen Organisation gefehlt habe, sei es ihnen nicht gelungen, das Land zu halten. Die Anwerber erklärten uns weiter, dass die Kirche dem Deutschtum schon damals in den Rücken gefallen sei. Stellen Sie sich vor, ich habe mich damals weder gefragt wann, noch wo die Kirche den Deutschen in den Rücken gefallen ist. Man hatte einfach nicht gelernt, irgendetwas zu hinterfragen! Die Militärvertreter beklagten die mangelnde Bereitschaft der Jugend, sich vorbehaltlos für die Sache des deutschen Volkes bzw. seines Führers einzusetzen. Heute sehe ich natürlich, dass dies alles nur eine fadenscheinige Legitimation für die *germanischen* Eroberungen war!“

Auf den Krieg angesprochen, blitzt der Veteran mich an: „Viele Offiziere waren für ihren persönlichen Ruhm bereit, die ihnen anvertrauten Soldaten zu verheizen! Nicht nur die Russen sind schuld am Tod von Millionen in Russland umgekommener deutscher Soldaten, sondern auch, und vielleicht in erster Linie, deutsche Offiziere! Das ist mir nach *Stalingrad* und besonders in der Gefangenschaft klar geworden! Von den 100.000 deutschen Soldaten, die bei der *Schlacht um Stalingrad* in Gefangenschaft gerieten, kamen etwa 6.000 zurück. Bei den Offizieren lag die Rückkehrquote viel höher. Von den Generälen kehrten alle in die Heimat zurück! Paulus ging gut genährt in die Gefangenschaft und hat als Mitglied des *Nationalkomitees Freies Deutschland* überlebt! Mir ist während des II. Weltkrieges ein einziger Offizier begegnet, von dem ich eine hohe Meinung hatte, unser Hauptmann Müller. Er muss leider gefallen sein." Herausfordernd blickt er mich an: „Wollen Sie mich nicht fragen, wie man meiner Meinung nach einen Krieg verhindern kann?"

„Doch: Wie kann man Ihrer Meinung nach einen Krieg verhindern?"

Mit kalter Wut schlägt mir entgegen: „Um einen Krieg zu verhindern, muss man nur die Offiziere erschießen! Sie haben ihrem Ruhm-Ehreund-Pflicht-Wahn Millionen Männer geopfert! Nur die Jagdflieger und Panzerkommandanten möchte ich ausschließen. Die starben oft mit ihren Soldaten an vorderster Front."

Als er sich wieder etwas beruhigt hat, gelingt es mir, noch einmal zu seiner Ausbildung zurückzukehren, die er im Frühjahr 1943 als Jahrgangsbester abschloss. Beim Reichsberufswettkampf in Markelfingen erwarb er die Befähigung zur Ingenieurausbildung. Statt der erhofften Ausbildung erhielt er am 1. November 1943 seinen Einberufungsbefehl und musste an einer Infanterie-Grundausbildung in Heilbronn teilnehmen.

„Mein Bataillonskommandeur ließ uns als Partisanenkämpfer ausbilden und der am weitesten im Osten gelegenen Division zuteilen, der 78. Sturmdivision. Beim Abschied von Heilbronn war der Zug von heulenden Frauen gesäumt. Das konnte ich damals absolut nicht verstehen.

Wir waren eine Woche lang unterwegs und hatten keine Ahnung, wo wir uns jeweils befanden. In Drissa an der Düna, nahe der lettischen Grenze, gelangten wir schließlich zu dem von mir so geschätzten Hauptmann Müller. Unser direkter Ausbilder war jedoch der verhasste Unteroffizier Bühler, der uns tagelang durch Wasserpfützen jagte. Wir bewachten die Brücke über die Düna. Später konnte der gefrorene Fluss von Partisanen leicht überquert werden. Meine Kameraden und ich hatten ungeheure Wut auf Bühler: ‚Wir legen ihn um', schworen wir uns eines Tages.

Partisanenübergriffe waren an der Tagesordnung. In den Ortschaften, in denen man Partisanen vermutete, wurden Handgranaten in die Schornsteine der Häuser geworfen und der Ort – auch bei minus 10 Grad – in Brand gelegt. Einmal habe ich das selber miterlebt. Meine Kompanie schoss auf die fliehenden Dorfbewohner."

Der 18-Jährige konnte damals nicht wissen, dass in *Weißrussland* über die Hälfte der von den Bolschewiki insgesamt kontrollierten fast 200.000 Partisanen tätig waren. Sie töteten nach Angaben der weißrussischen KP fast 400.000 Wehrmachtsangehörige, einschließlich Soldaten und Polizisten der mit den Deutschen verbündeten Armeen (bei eigenen Verlusten von knapp 10.000 Gefallenen und Vermissten).[7] Aber nicht nur kommunistische Partisanengruppen waren in Weißrussland aktiv, sondern auch jüdische, litauische und polnische, die teils mit-, teils gegeneinander kämpften. Darüber hinaus gab es kriminelle Banden, die sich als Partisanen ausgaben, um ihre Raubüberfälle zu legitimieren. Keine dieser Gruppen hatte Erbarmen mit der Zivilbevölkerung. Sie überfielen Höfe, brannten Gebäude nieder und vernichteten die Ernte. Alle hatten Anteil daran, dass eine ganze Region verwüstet und entvölkert wurde.[8] Diese Einzelheiten kannte Adam damals nicht. Er erfuhr aber, als er von einer weiteren Ausbildung in die Nähe von Orscha zu seiner Einheit zurückkehrte, dass man während seiner Abwesenheit die Stallwache eines Morgens mit einem Messer im Rücken tot aufgefunden hatte.

„Die Bevölkerung des Dorfes, in dem wir uns aufhielten – fast nur Frauen und Kinder – wurde daraufhin zusammengetrieben. Laut Hitlers Anweisung waren für einen von Partisanen getöteten deutschen Soldaten zehn Geiseln zu erschießen, für einen Offizier sogar 50. Daran hielt sich unser Hauptmann Müller aber nicht. Er ließ alle Geiseln frei. Ihm verdanke ich, dass ich persönlich nie erlebt habe, dass dieser Anweisung Folge geleistet wurde."

Von den schätzungsweise 9 Millionen Menschen, die im Sommer 1941 auf dem Gebiet des heutigen Weißrussland lebten, kam fast 1 Million Zivilisten durch deutsche Gewalt ums Leben, davon etwa 500.000 Juden. 345.000 Menschen wurden Opfer der verschiedenen Partisanengruppen.[9] Den Dörfern bis zu 60 Kilometer hinter und 40 Kilometer seitlich der deutschen Angriffswege erging es am schlimmsten. Stalin befahl, sie alle von Partisanen in erbeuteten SS- und Wehrmachts-Uniformen niederbrennen zu lassen. Dabei sollten einige Dorfbewohner überleben, damit diese von den ‚deutschen Gräueltaten' berichten könnten.[10] Stalin interessierte das Schicksal dieser Menschen so wenig wie Hitler, aber er brauchte ihren Hass auf die Deutschen, um sich ihre Unterstützung zu sichern und sich selbst als ihr Retter darstellen zu können.

In diesem undurchschaubaren historischen Dickicht kam Adam zu einem Unteroffizierslehrgang östlich von Orscha. „Ich war ein guter Schütze, aber schlecht zu Fuß. Bei dem verhassten Bühler zählten aber meine Stärken nicht. Da gab es nur Drill, bis du vollkommen stumpf warst." Seine Feuertaufe ereilte den jungen Soldaten während dieses Lehrgangs, am 5. März 1944, seinem 19. Geburtstag. Eingegraben in einem Fuchsloch gab es statt des erträumten Puddings Trommelfeuer.

„Hatten Sie Angst?"

„Mehr Angst vor dem Ausbilder als vor dem Feind! Nichts als Schikanen! Ich gebe Ihnen ein Beispiel. Im November lag auf den Hügeln Schnee. In den Senken stand unter dem Schnee das Wasser. ‚Hinlegen! Auf! Marsch, marsch!' brüllte Bühler. Er wollte unbedingt, dass ich im Wasser liege, aber ich habe den Sprung zum Hügel immer wieder geschafft. Zwei Stunden ging das so. Daraufhin wollte er mich zu seinem Putzer machen. Aber ich habe abgelehnt: ‚Lieber geh' ich in den vordersten Graben.'

Dieser Bühler war angeblich mit einer ehemaligen Tänzerin verheiratet. Er erzählte, dass er immer drei Patronen mit nachhause auf Urlaub nahm. Sollte er nämlich herausfinden, dass seine Frau fremdgegangen sei, würde er zuerst sein Kind erschießen, weil das der Frau am meisten wehtäte, dann seine Frau und dann sich selbst. Ich erinnere mich, wie wir einmal in einem Graben knöcheltief im Wasser standen. Da er einzubrechen drohte, mussten wir ihn befestigen. Als Bühler einen der Pfähle hielt, den ich mit dem Holzschlegel einschlug, sagte er: ‚Der würde mir den Hammer lieber auf den Kopf schlagen.' Da stand ich stramm und erwiderte: ‚Am liebsten würde ich eine gewisse Tänzerin als Witwe sehen.'" Wütend fügt er hinzu: „Für unsere Vorgesetzten waren wir nichts als Menschenmaterial!"

Als sich sein Zorn etwas gelegt hat, fährt er fort: „Nach diesem Lehrgang wurde ich von April bis Juni 1944 zur Fliegerwache eingeteilt. Weit und breit war kein Flugzeug in Sicht, also verbrachte ich die meiste Zeit mit Postenstehen. Da ich auch mal schießen wollte, zielte ich einmal auf ein feindliches Flugzeug, das viel zu hoch über uns flog und wurde dafür von Bühler angeschrien. Also schoss ich etwas später auf ein tief fliegendes Flugzeug, das aber schon viel zu weit entfernt war."

„Sie wollten Bühler ärgern?"

„Ja. Als die Russen Orscha bombardiert hatten, löste sich ab dem 22. Juni

1944 die Befehlsstruktur auf.[11] Ich lag zum Glück etwa 10 Kilometer hinter der Front. Bei einem Bombenangriff befahl mein Vorgesetzter: ‚Ins Loch!' Er meinte damit eine 4 mal 4 Meter große Vertiefung. Das behagte mir gar nicht. Stattdessen legte ich mich in ein halb eingefallenes Panzerdeckungsloch. Von dem Druck einer Bombe hatte ich bald 10 Zentimeter Sand auf dem Buckel. Als ich nach dem Angriff in das Loch schaute, in das ich rein sollte, blutete der Leutnant aus dem Kopf und seinem Fahrer hatte es den Arsch weggerissen. Entsetzt lief ich weg. Als der nächste russische Angriff geflogen wurde, legte ich mich neben einen verlassenen deutschen Panzer. Nach der Detonation der Sprengbomben hörte ich ein Zwitschern. Sie werden es nicht glauben, aber ich fand das von herumschwirrenden Splittern erzeugte Geräusch aus einem unerklärlichen Grund schön.

Bald herrschte absolutes Chaos. Manche Kampfeinheiten zogen sich in die Wälder zurück. Wir, eine Gruppe von sechs Mann, marschierten, um Nahkämpfen aus dem Weg zu gehen, vor allem nachts Richtung Westen. Zu meinen schlimmsten Erinnerungen gehört, dass mir in einem Loch eines Tages der Kopf eines Kameraden vor die Füße rollte. Bald war ich der einzige, der noch eine Pistole hatte. Trotz dieser Erschütterungen, trotz aller Schikanen und aller Härte, wagte selbst zu diesem Zeitpunkt so gut wie kein Soldat defätistische Äußerungen zu machen. Nach etwa 14 Tagen traf ich auf meinen General, der mit dem Ritterkreuz mit Eichenlaub dekoriert war, und habe ihn nicht gegrüßt. Etwa sechs Jahre später erfuhr ich, dass dieser General Traut kurz darauf kapitulierte und sich von den Russen für das Nationalkomitee Freies Deutschland anwerben ließ. Mir gelang es, mich aus dem Kessel, in den wir geraten waren, abzusetzen und mich mit ein paar anderen bis zu den Pripjet-Sümpfen durchzuschlagen – 300 Kilometer zu Fuß! Da meine Stiefel zu groß waren, hatte ich bald schlimme Blasen. Zu der Zeit wurde in Wehrmachtsberichten immer noch von heroischen Abwehrkämpfen im Osten gefaselt. Die Luftwaffe greife pausenlos in die Kämpfe ein, verkündete die Propaganda. Aber seit der Invasion der Alliierten im Westen wurde im Osten gar nichts mehr abgewehrt. Ich habe in dreieinhalb Wochen kein einziges deutsches Flugzeug gesehen!"

„Welche Spuren haben diese Erlebnisse in Ihrem Leben hinterlassen?"

„Wäre ich heute noch einmal in dieser Situation, würde ich als erstes den Kompaniechef umlegen!" Wie Pistolenschüsse knallen diese Worte hervor. „Die meisten waren bereit, uns Soldaten bis auf den letzten Mann sinnlos zu opfern! Wir sechs einander vollkommen fremde Soldaten hatten auf dem Rückmarsch entsetzlichen Hunger. Die Brücke, die wir überqueren mussten, lag am Ende eines Dorfes. Ich schlich, mein Gewehr auf dem Buckel, den anderen Soldaten nach, bis ich an einer Hausecke plötzlich einem Russen gegenüberstand, der sein Gewehr auf mich angelegt hatte! Da zögerte ich nicht lange und nahm meine Hände hoch. So geriet ich am 12. Juli 1944 in Gefangenschaft."

„Und die anderen fünf?"

„Was aus ihnen geworden ist, weiß ich nicht. In diesem Dorf befand sich eine russische Lazarettkompanie, die fast ausschließlich von Frauen betreut wurde. Ich war zunächst der einzige Gefangene und wurde in einem der Häuser gefangen gehalten. Die Verpflegung bestand in erster Linie aus Hirsebrei. Eine alte Frau brachte mir noch jeden Tag ein Ei und etwas harten Käse. Allmählich trafen immer mehr Deutsche ein.

Als ein russischer Offizier mit seiner Einheit von lauter Mongolen – (wahrscheinlich *Tataren*) – eine ganze Gruppe Gefangener herbeigebracht hatte, zogen wir 15 Mann gemeinsam eine Woche lang Richtung Front. Wir kamen durch Ortschaften, in denen nur noch die Kamine standen. Auf die verbrannten Dörfer zeigend, brüllten unsere Bewacher immer wieder: ‚Bo smotri! – Schaut her!' Dass die Russen uns damals kein Haar krümmten, rechne ich ihnen hoch an." Adam hatte tatsächlich Glück. Viele deutsche Gefangene wurden auf offenem Gelände ohne jede Verpflegung festgehalten oder sofort erschossen. In den ersten Monaten des Jahres 1943 lag die Sterberate deutscher Kriegsgefangener bei knapp 60 Prozent.

„Als nach acht Tagen etwa 800 Gefangene beisammen waren, wurden wir nach einem Fünf-Tage-Marsch in ein großes Lager bei Stolpce überführt, wo es kaum etwas zu essen gab. ‚Lange halte ich das nicht durch', sagte ich mir. Als man Arbeitskräfte zum Brotabladen suchte, habe ich mich sofort gemeldet. Leider wurde ich stattdessen zum Schleppen von Wasserleitungsrohren abkommandiert.

Eines Tages hielt ich mich in der Nähe des Bahnhofs auf. Da gelang es mir, mich unbemerkt in die Gruppe der Gefangenen einzureihen, die Richtung Osten verladen wurden. Als wir über die Wolga fuhren, war uns allen klar, dass wir sie nicht so bald wieder in entgegengesetzter Richtung überqueren würden. In Kuibyschew[12] wurde die Viehwaggontür aufgerissen und der erstbeste Häftling von einem Russen, der an Krücken ging, verprügelt. Dieser Invalide, der im Krieg offenbar einen Fuß verloren hatte, wurde zwar sofort abgeführt, dennoch blieben wir mit Angst und Schrecken zurück.

Anfang August erreichten wir schließlich *Tscheljabinsk* und schleppten uns vom Bahnhof zum Lager Nummer 2, dem Quarantäne-Lager. Unsere Wangen waren eingefallen. Der Hunger lähmte jede Bewegung. Jeder stand reglos da. Nur wenn ein Russe erschien, wurden die Häftlinge plötzlich von einer Bewegungswelle gepackt. Warf ein Wächter seine Zigarettenkippe weg, wurde sie blitzschnell von einem Häftling aufgehoben. Hunger und Strapazen ließen uns ständig am Rande des Todes vegetieren.

Wir billiges Arbeitspotential hatten uns im Laufe der nächsten Jahre alle vier Wochen einer *Arschparade* zu unterziehen. Abgemagert wie wir waren mussten wir nackt antreten. Dann zogen uns russische Ärzte die Hautfalten von den knochigen Hintern. Diese Untersuchung entschied über die Arbeitsgruppenkategorie, der wir zugeteilt wurden. Wenn ich mich recht erinnere, musste die Arbeitsgruppe 1 acht Stunden bei bis zu minus 30 Grad im Freien arbeiten. Die Arbeitsgruppe 2 wurde bis zu acht Stunden bei bis minus 20 Grad eingesetzt. Die Gruppe 3 sechs und die Gruppe 4 vier Stunden."

Diese als gesundheitliche Untersuchung deklarierte Aktion galt in der Tat vor allem dazu, das Arbeitsvermögen der Gefangenen einzuschätzen. Wie in den *NKWD*-Lagern gab es aber im Grunde nur zwei Häftlingskategorien: die mit und die ohne Überlebenschancen. 1945 war Adam einer von mehr als 2 Millionen deutschen und österreichischen Kriegsgefangenen, die in den Betrieben der Sowjetunion arbeiteten.[13] Nach Kriegsende kamen immer neue Zugladungen Gefangener hinzu. Offenbar wurde in Jalta ein Zusatzabkommen getroffen, in dem sich die Alliierten verpflichteten, deutsche Kriegsgefangene an diejenigen Bündnispartner auszuliefern, gegen deren Truppen sie im Krieg zuletzt gekämpft hatten – eine Abmachung, die nicht nur dem Jalta-Abkommen selbst, sondern auch internationalen Rechtsnormen widersprach.[14]

Wie seine Leidensgenossen, so landete auch Adam in einem Lager des 1939 gegründeten, 4.000 Orte umfassenden und wenig bekannten *Archipel GUPWI*.[15] Diese neben dem *Gulag* zweite Lagerhauptverwaltung des NKWD war für Kriegsgefangene zuständig. Von den insgesamt 3 bis 3,5 Millionen deutschen Wehrmachtsoldaten in diesen Lagern kamen bis 1953 über 1 Million um.[16] 1946 lag die Gesamtzahl der Gefangenen dort mit fast 4 Millionen weit über der Anzahl der 1,7 Millionen Gulag-Häftlinge.[17]

Adam landete im GUPWI-Lager Nummer 7.623 und war nach einem Monat kaum mehr in der Lage zu stehen. „Unfähig, die Sperrzone am Stacheldraht weiter umzugraben, schob ich den Spaten nur noch hin und her. Meine Kameraden hackten ständig auf mir `rum, weil wir ja ein Kollektivsoll zu erfüllen hatten. Das Leben wurde täglich unerträglicher. Wir erhielten regelmäßig Besuch von russischen Offizieren, die versuchten, uns als so genannte Politkommissare anzuwerben. Wer sich bereit erklärte, dem Nationalkomitee Freies Deutschland beizutreten, also mit den Sowjets zu kooperieren und unter deutschen Gefangenen kommunistische Schulungen durchzuführen, der hatte schlagartig erheblich bessere Überlebenschancen. Die Mehrzahl derjenigen, die sich dazu bereit erklärten, waren deutsche Kommunisten. Von den meisten Gefangenen wurden sie als Kollaborateure verachtet und ausgegrenzt. Meine Gruppe wurde von dem Franken Tom Zahn geschult. Wir mussten stundenlange Predigten über Marx und Lenin über uns ergehen lassen. In der ersten obligatorischen Versammlung erklärte uns der zuständige Politmajor Apel, der eine russische Majorsuniform trug, dass ein Arbeiter mit 20 Mark für eine Arbeit entlohnt würde, die seinem Arbeitgeber – einem Kapitalisten und Ausbeuter wie Krupp oder Thyssen – 400 Mark einbrachte. Dieser Herr wurde später, soviel ich weiß, Bürgermeister in Bautzen. Politik interessierte mich am Rande des Verhungerns jedoch wenig.

Als bei der nächsten *Arschparade* nur noch Hautlappen von meinem Hintern hingen und eine unbehandelte Wunde an meinem Fuß blau angeschwollen war, schickte mich die jüdische Ärztin, der wir den Spitznamen *Mutti* gaben, schließlich in ein Lazarett neben einem Steinbruch. Das war eine prima Frau. Ihr Mann, ebenfalls ein Jude, war Arbeitsinspektor. Auch er war kein Tyrann, sondern eher ein Professorentyp. In ihrer Stube hielt dieses Ehepaar ein *Kälble*.

Im Lazarett war das Essen etwas besser. Es gab Weißbrot und manchmal sogar ein wenig Butter. Als sich mein Hintern wieder etwas gerundet hatte, musste ich mit einer Glasscherbe oder einem Stück Blech täglich vier Stunden lang – quietsch, quietsch – den Dreck von den fast weißen Holzbrettern abkratzen, die im Winter gefroren waren. Warten Sie!" Er steht aufgeregt auf. „Ich zeige Ihnen ein Foto des Lagers!"

Nach wenigen Augenblicken ist er mit einem abgegriffenen Kuvert zurück und legt ein altes Bild auf den Tisch. Es zeigt eine breite, gerade Straße, die vor dem gemauerten Küchengebäude endet, und auf beiden Seiten von

Gebäuden mit Giebelwänden aus weißem Holz gesäumt ist, deren Gras-narben-Dächer bis auf den Boden reichen. „Dieses Lager wurde, wie un-zählige andere, von Gefangenen errichtet", erklärt er.

So sauber und ordentlich hatte ich mir ein Lager nicht vorgestellt. Ohne mein Erstaunen zu registrieren, fährt Adam fort: „Als mein Fuß geheilt war, wurde ich zur Küchenarbeit eingeteilt. Der Lagerkommandant, eben-falls ein Jude, hatte die Küche vor allem mit Rumänen bevölkert, die vor Stalingrad gefangen genommen worden waren. Überhaupt waren die be-sten Posten in diesem Lager von Rumänen besetzt. Das bessere Leben in der Küche hatte aber auch Nachteile. Solange ich nur noch Haut und Knochen war, hatten die Wanzen wenig Interesse an mir gezeigt. Das än-derte sich nun leider …"

Auf seine Hände blickend flüstert er: „Wenn es einem selbst besser geht, lernt man sehr, sehr schnell, nicht mehr an die zu denken, die Hunger leiden. Aber mein privilegierter Zustand war nicht von Dauer. Ich hatte unter anderem die Aufgabe, das Haus des Lagerkommandanten zu hei-zen. Trotzdem entfernte er eines Tages selber die Asche aus dem Ofen. Da ich dies als meine Aufgabe betrachtete, schob ich ihn zur Seite. Ich wollte mir ja nicht sagen lassen müssen, ich täte meine Arbeit nicht. Er sorgte daraufhin dafür, dass ich in die Arbeitsgruppe 2 im Steinbruch kam.

Meine Brigade musste bei minus 20 Grad Steine in Waggons verladen. Mein Brigadier, von Beruf angeblich Zuhälter, sagte hin und wieder zu mir: ‚Ruh dich mal eine Stunde aus, sonst kommst du nicht mehr heim'. Als ich in der Küche gearbeitet hatte, war es meine Aufgabe gewesen, die hungernden Häftlinge mit dem Besen zu verjagen. Nun war ich selber wieder einer der Verjagten.

Nach einer Weile kam meine Arbeitsgruppe ins Hauptlager mit etwa 2.000 Gefangenen zurück. Auch dort stand der Lagerälteste an der Spitze der Hierarchie der Häftlings-Selbstverwaltung. Unter ihm herrschten die Barackenältesten. Denen unterstanden wiederum die Brigadiere, die für jeweils etwa 15 Mann verantwortlich waren. Meine Brigade arbeitete beim Bau eines Fabrikgebäudes mit. Drei oder vier Tage lang schleppte ich Mörtel schräge Gerüstbretter hinauf. Als ich nicht mehr konnte, er-klärte ich dem Politmajor, ich sei Werkzeugmacher und könne in der me-chanischen Zeche bestimmt einen wichtigeren Beitrag leisten. Es war bekannt, dass man dort etwas mehr Brot bekam. Acht Tage später wurde ich dorthin versetzt. Nun lud ich abwechselnd eine halbe Stunde bei bis zu minus 30 Grad Metallspäne auf offene Waggons und wärmte mich anschließend eine halbe Stunde lang drinnen bei den offenen Kohleöfen. Meine gefrorenen Kleider tauten auf und wurden nass, nur um draußen erneut zu gefrieren.

Mein Meister, ein Russe, setzte mich nach kurzer Zeit zum Maschinenölen ein. Ich schmierte eine interessante Kollektion unterschiedlicher Maschinen, amerikanische, deutsche und russische. So gut wie alle Lebensmittel und zwei Drittel der LKW, die ich sah, waren amerikanisch. Russisch waren nur der salzige Fisch und das Brot. Während die amerikanischen Maschinen bei einer Hallentemperatur von minus 10 Grad nicht mehr funktionierten, liefen die russischen munter weiter.

Hier blühte, wie überall im Lager, der Schwarzhandel, in diesem Fall mit Metallspänen. Wer erwischt wurde, sah sich dem Vorwurf der Sabotage ausgesetzt. In meiner Funktion als Putzlappenverwalter gelang es mir trotz aller Vorschriften und Kontrollen, eine zusätzliche Erwerbsquelle zu erschließen. Obwohl ich Lappen und dergleichen nur gegen ein Formular aushändigen durfte, das die Unterschrift des Meisters trug, gelang es mir, mich mit ein paar schönen Handtüchern einzudecken." Während ein Lächeln seine Züge weicher werden lässt, fährt er fort: „Ab und zu kam Sonja vorbei, eine kleine, stupsnasige Tatarin. Aus Sympathie schenkte ich ihr jedes Mal einen meiner Putzlappen, oder ein halbes Handtuch. Als sie das dritte Mal erschien, brachte sie mir ein Stück Brot mit." Leise, fast zärtlich, fügt Adam hinzu: „Dabei hatte sie bestimmt genau so großen Hunger wie ich.

Im Februar 1945 überraschte uns ein ehemaliger Bannführer mit den Worten: ‚Es gibt auch deutsche Frauen aus Ostpreußen und dem Rheinland in Tscheljabinsk. Sie tragen Filzstiefel, sind kurz geschoren und vermummt!‘ Dieser Hesse, ein Mitglied des Komitees Freies Deutschland, war Kommunist. Trotzdem hat er nie jemanden verpfiffen. Man muss eben immer den einzelnen Menschen sehen.

Hoch gestuft in die Arbeitsgruppe 2, hieß es für mich bald in das Lager Nummer 4 zu wechseln. In diesem Sägewerk musste ich fortan Balken schleppen. Hier bestand das Lageressen aus täglich 600 Gramm nassem Brot, in das auch Kartoffeln oder Rüben gemengt wurden. Zusätzlich gab es etwas Suppe und Kascha. Bei der selten erfüllten Norm erhielt man 800 Gramm Brot. Diese Zeit war der Tiefpunkt meiner Lagerjahre. Als ich im Winter 1945 für diese Arbeit zu schwach geworden war, musste ich Schindeln sortieren, die aus der heißen Spaltmaschine kamen. Diese Tätigkeit verrichtete ich zwar sitzend, aber vor mir war es etwa 30 Grad heiß und hinter mir bis minus 20 Grad kalt. Es dauerte nicht lang, und ich wurde mit Fieber in die Arbeitsgruppe 3 zurückgestuft. Das bedeutete, dass ich nun sechs Stunden am Tag Eisenbahnschwellen schleppte. Diese Arbeit verrichteten deutsche Gefangene zusammen mit einer Gruppe ungarischer Juden. Wir waren im wahrsten Sinne des Wortes dazu gezwungen, an einem Strang bzw. einer Eisenbahnschwelle zu ziehen. Aber das gelang nicht. Als der Vorarbeiter rief: ‚Hussmeh! – Ziehen!' zogen die ungarischen Juden einfach nicht. Stattdessen beschimpften sie uns als *Hitlerfaschisten* und wir konterten mit *Horthyfaschisten*![18] Die Spannungen gipfelten in einer Ziegelsteinschlacht, bis die Russen dazwischen fuhren. Die halben Ziegel, mit denen wir uns bewarfen, richteten aber nicht viel Unheil an. Dafür waren wir viel zu geschwächt.

Bei minus 40 Grad litten immer mehr Gefangene an erfrorenen Füßen. Einmal sah ich, wie einem nur noch Hautfetzen von den Füßen hingen. Wenn das die Aufseher sahen, schrien sie nur: ‚Sabotage!' Ich erkrankte an Ruhr und landete wieder im Lazarett. Halbwegs wieder hergestellt, wurde ich in die Arbeitsgruppe 3 eingestuft und zum Drechseln in die Tischlerei geschickt. Die Kommunikation unter uns hungrigen und vollkommen geschwächten Häftlingen war auf ein Minimum geschrumpft und kreiste bald ausschließlich um Kuchen und Backrezepte. Dennoch lernte ich schnell zu drechseln, denn durch Überproduktion konnte man etwas hinzu verdienen. Unser Barackenältester, Knut, ein perfekt Russisch sprechender Ostpreuße, leitete diese halblegale Schreinerei.

1946 durften wir die ersten 25 Worte nachhause schreiben. Knut hatte eine Karte an das Rote Kreuz geschrieben, um herauszufinden, wohin es seine Familie verschlagen hatte. Ein viertel oder halbes Jahr später erhielt er Antwort aus einem Dorf in der Nähe meines Heimatortes! Nun überlegten wir gemeinsam, wie wir unsere Familien zusammenführen konnten. Wegen der Zensur musste man sehr vorsichtig vorgehen. Ich schrieb in meiner nächsten Karte an meine Eltern: ‚Einen Gruß an die Familie von Knut in H!' Ein paar Monate später schrieb Knut an seine Familie: ‚Einen Gruß an die Familie von Adam in X.'"

Mit vor Begeisterung leuchtenden Augen fährt er fort: „Ein paar Monate später erhielt ich eine Karte, die von Knuts Familie unterschrieben war und er eine, die den Namen meiner Eltern trug. Nun wussten wir, dass sich unsere Familien tatsächlich gefunden hatten! Stellen Sie sich doch einmal diese aus der Ferne Russlands gesteuerte Familienzusammenführung vor!"

Ohne Übergang springt er zu seiner nächsten Erinnerung: „Als nach Kriegsende auch in Russland eine Nähnadel plötzlich kostbarer war als ein Panzer, gelang es mir, aus Draht eine Nadel herzustellen. Ich glättete die Spitze einen ganzen Sonntag lang auf einem Ziegelstein und schärfte sie anschließend an einer Schleifscheibe. Das Etui für mein Nähzeug fertigte ich aus Uralbirke an."

Bei meinem nächsten Besuch legt er diese Kostbarkeit vor mich hin und lässt mich die historische Nadel aus seinem kleinen Birkenholzbehälter nehmen. In diesem Augenblick ist mir, als halte ich alles Kriegsleid und alle Friedenshoffnung der Menschen in meinen Händen.

„Als das Sägewerk Anfang 1947 aufgelöst wurde", sprudelt Adam weiter, „war ich ein ausgebildeter Drechsler und stellte im Lager Nummer 2 Kugeln für Rechenmaschinen her. Nebenbei verdiente ich etwas Geld mit dem Drechseln von Schachfiguren." Schmunzelnd ergänzt er: „Ich habe zwar unzählige Schachfiguren produziert, aber während meiner ersten zwei Lagerjahre jedes Schachspiel verloren."

Mehr und mehr zerfällt sein Erinnerungsfilm in einzelne Bilder. Als ob er mir ein virtuelles Photoalbum zeigt, sagt er: „Nach der Nachtschicht, die von 16 bis 24 Uhr dauerte, war ich todmüde und wollte nur ins Bett. Als sich einmal ein paar Männer auf meinem Platz breit gemacht hatten, fuhr ich sie an: ‚Weg da!' Otto D. aus Friedrichshafen entgegnete auf meinen barschen Ton: ‚Leck' mich am Arsch! Etwas versöhnlicher sagte er: ‚Mensch, ich verreck` in der Arbeitsgruppe 1 noch.'

Da er sich ein Schachspiel wünschte, habe ich eines für ihn abgezweigt. ‚Aber nicht für Zigaretten verkaufen!', sagte ich, als ich es ihm überreichte." Gerührt flüstert Adam: „Fünf Jahre nach unserer Gefangenschaft besuchte er mich eines Tages und brachte es mir zurück. Das Schachspiel, das ich für mich selber gemacht hatte, nahmen mir russische Posten ab, bevor ich im Juni 1948 heimfuhr.

Ein anderer Mithäftling tat in seiner Freizeit vor lauter Hunger nichts anderes, als sein Kochgeschirr blank zu polieren. Nur beim Schachspiel konnte er seinen knurrenden Magen für Augenblicke vergessen. Neben dem relativ offenen Lager für Kriegsgefangene gab es einen geschlossenen Lagerkomplex, der Teil des Gulags war. Und so unglaublich es klingen mag, aber den Männern in diesen Straflagern ging es noch erheblich schlechter als uns. Ein anderer Häftling drechselte hin und wieder Spielzeug für das Kind unserer Lagerärztin Lydia. Und sie gab ihm Brot dafür.

Ungefährlich war dieser illegale Handel allerdings nicht, denn nachts wurden die Baracken immer wieder gefilzt. Einmal gelang es mir gerade noch rechtzeitig, ein kleines Schachspiel zu vergraben. Als ich es mir wieder holen wollte, war es weg. Der Wachtposten hatte mich beobachtet. Wann immer ich konnte, drückte ich mich vor den antifaschistischen Sonntags-Schulungen. Ich traute mich unter anderem nicht hin, weil dort nicht nur *Bestarbeiter* geehrt, sondern auch gesucht wurden. Einmal jedoch forderte mich der Barackenälteste direkt auf, im so genannten Club zu erscheinen. Und siehe da! Es dauerte nicht lange und ich hörte meinen Namen! Diese Ehrung war eine zweifelhafte Angelegenheit. Ich bekam mein Portrait gemalt und wurde zur Kartoffelernte in die *Kolchose* geschickt. Später erfuhr ich, dass der Barackenälteste jemanden beauftragt hatte, mich vorzuschlagen."

Das menschenverachtende System der Bestarbeiter, der wichtigste Hebel zur Ausbeutung der Häftlinge, geht auf Naftali Frenkel zurück.[19] Den Schwächeren brachte es oft in wenigen Wochen den Tod. Die den Bestarbeitern gewährten Privilegien, wie Zusatzverpflegung und Bettwäsche, förderten Missgunst und damit die Zersplitterung der Häftlingsgemeinschaft.

„Ich empfand das Verhalten des Barackenältesten als Verrat. ‚Warum spielst du den Russen in die Hände?‘, stellte ich ihn zur Rede. Kurz darauf erhielt ich durch Zufall meine Antwort. Auf dem Rückweg von der Kolchose wurden wir eines Tages von einem Gewitter überrascht. Ich suchte unter einem Busch Schutz vor dem starken Regen und beobachtete zufällig, wie der Barackenälteste mit dem wolgadeutschen Politoffizier mauschelte. Ich verpfiff ihn beim Brigadier, woraufhin es zu einem offenen Streit zwischen uns kam."

Adam unterbricht sich: „Jetzt muss ich Ihnen noch etwas über die sowjetische Planwirtschaft erzählen. Ich hatte ja genügend Zeit, diese katastrophale Ineffizienz näher kennen zu lernen. Später habe ich mich auch in Büchern über die Grundübel der Planwirtschaft informiert. Um ein Minimum an Organisation zu gewähren, sollten zum Beispiel einmal bestimmte Werkzeugmaschinen mit roter Farbe markiert werden. Mit dieser Anordnung gab es bald keine rote Farbe mehr, denn sie wurde jetzt überall verlangt. Keiner wagte jedoch eine andere Farbe zu benutzen. Als die Planwirtschaft endlich rote Farbe in Mengen produziert hatte, kam es zu Konstruktionsänderungen und die ursprüngliche Anordnung war wertlos.

Kontraproduktiv waren auch die Prämien für die *Menge* hergestellter Waren, auch wenn nur eine Unmenge an Schrott produziert worden war. Noch ein Beispiel für die Sinnlosigkeit zentralistischer Verfügungen: Nach dem Krieg erging die Anordnung tief zu ackern. Bei manchen Böden mag das durchaus sinnvoll sein, bei anderen von erheblichem Nachteil. Bauern, die diese Richtlinie missachteten, wurden kurzerhand erschossen. Als die Ernte als Folge dieses Planungsbefehls 1948 miserabel ausfiel, wurde der dafür verantwortliche Wissenschaftler liquidiert."

„War 1948 nicht auch das Jahr, in dem Sie entlassen wurden?"

„Ja. Ehe es aber soweit war, galt es mehrere Hürden zu überwinden. Zunächst musste man zu einer Arschparade antreten. Da wurde das erste Mal gesiebt. Als nächstes wurde während des Bades gesiebt, das wir alle nehmen mussten oder durften. Am Lagertor wurden die Heimkehrer zum dritten Mal von denen getrennt, die dableiben mussten. Selbst am Bahnhof war man noch nicht sicher, ob man tatsächlich entlassen wurde. Sogar im Zug hatte ich immer noch Angst. Die psychische Belastung war zwar während der gesamten Haftzeit extrem gewesen, aber an den Alpdruck der letzten Tage erinnere ich mich besonders."

Für einen seltenen Moment schweigt der 81-Jährige, dann sagt er nachdenklich: „Wissen Sie, die körperlichen Strapazen waren zwar unbeschreiblich, dennoch bin ich überzeugt, dass die meisten meiner Leidensgenossen zuerst psychisch zerbrachen. Und ich bin sicher, dass sie gewollt hätten, dass ich mit Ihnen über diese Jahre spreche."

8. Anatolij Alexejewitsch Gulin

Kein Held des Krieges – nur Gefangener

Einfach war es nicht, einen russischen Veteranen zu finden, der nicht in das gängige Bild *Held des Vaterländischen Krieges* passt. Während diese meist einer Veteranenvereinigung angehören und von Schulen und anderen Organisationen als Zeitzeugen angefragt werden, steht eine Gruppe ehemaliger Soldaten im Abseits – gesellschaftlich gemieden oder ignoriert. Die Veteranen der Roten Armee, die in deutsche Gefangenschaft gerieten und das große Glück hatten, zu überleben, galten als Vaterlandsverräter. Nuria war es dennoch gelungen, einen gesprächsbereiten ehemaligen Kriegsgefangenen ausfindig zu machen.

Als Ljuba und ich die ausgetretenen Stufen zum siebten Stockwerk einer der unzähligen Plattenbauten im Zentrum von *Tscheljabinsk* erstiegen haben, öffnet ein alter Herr die Tür, dessen traurigem Blick ich mich nicht entziehen kann. Ein Hüftleiden verursacht ihm bei jeder Bewegung Schmerzen. Er wird diese Stufen nur noch selten erklimmen, denke ich. Apfel- und Orangenscheiben sowie Kekse und Wein stehen auf seinem Wohnzimmertisch bereit. Da sich Nuria verspätet hat, nehmen Ljuba und ich Platz und erwarten, dass sich unser Gastgeber zu uns setzt. Stattdessen umklammert er seine Stuhllehne so fest, dass seine Knöchel weiß hervortreten, starrt vor sich hin und flüstert im Tonfall eines Schuldbekenntnisses: „Ich bin kein Held des Krieges. Ich war nur ein Gefangener." Aus seinen Augen sprechen jahrzehntelange Demütigung und Pein. Dass er uns in einem Sakko mit kleinen militärischen Orden empfängt, hat für ihn wohl eine ganz besondere Bedeutung. Zum ersten Mal in meinem Leben machen mich Orden betroffen.

Aufgewühlt presst er dann als erstes die Worte hervor, die er wohl unter keinen Umständen ungesagt lassen will: „Bis vor wenigen Jahren war das Thema *Kriegsgefangene* unerwünscht. Wir wurden auf mannigfaltige Weise verfolgt. Erst nach unserer Rehabilitierung, 1995, wagte ich, meine Erinnerungen aufzuschreiben. Eigentlich hatte ich nicht vor, damit an die

Öffentlichkeit zu gehen, aber 2005 bat mich der Redakteur einer Zeitschrift, sie veröffentlichen zu dürfen." Mit diesen Worten drückt er der inzwischen eingetroffenen Nuria 40 Seiten kyrillisch bedrucktes Papier in die Hand. Im Folgenden wird manches aus diesem Text einfließen.

Erinnerungen, wie die von Anatolij Alexejewitsch, passen nicht in eine Geschichtsschreibung, die den Sieg über die Faschisten als Beweis für die Überlegenheit der sozialistischen Gesellschaft beschwört. Die offizielle Historie diente als Legitimation für den Führungsanspruch der KPdSU und ihrer Nachkriegsherrschaft in Ost- und Südosteuropa. Leid, Trauma, Panik, Feigheit, Selbstverstümmelung und Vergewaltigung störten das staatlich inszenierte Bild des *Großen Vaterländischen Krieges*. Sie zählten so wenig wie die Millionen russischer Kriegsgefangener, von denen weniger als 30 Prozent heimkehrten. Hunderttausende Veteranen wurden daher zum Schweigen gebracht. So erfuhr die Bevölkerung nichts von Stalins Befehl, der alle Gefangenen als Verräter abstempelte, nichts von den vernichtenden Niederlagen zu Kriegsbeginn, denen bis Februar 1942 bereits mehr als 2,5 Millionen sowjetische Soldaten zum Opfer gefallen waren – 20 Rotarmisten für jeden deutschen Soldaten![1] Die staatliche Geschichtsschreibung verschwieg jahrzehntelang alles, was nicht ins politische Bild passte. Sie leugnete das geheime Zusatzprotokoll zum Hitler-Stalin-Pakt sogar noch zu Zeiten Gorbatschows![2] 1946 wurden die sowjetischen Kriegsverluste offiziell mit 20 Millionen festgelegt. Die Zahl sollte groß, aber im Vergleich zu den Wehrmachtsverlusten nicht zu groß sein, um keinen Schatten auf Stalins *geniale* Führung zu werfen. Erst im Rahmen der Perestroika, Ende der 1980er-Jahre, durfte man erfahren, dass die Gesamtzahl der Verluste zwischen 32 und 40 Millionen Menschen liegt.[3] Nach offiziellen russischen Angaben starben über 9 Millionen Soldaten der Roten Armee auf dem Schlachtfeld. Selbst als sich die sowjetischen Truppen schon auf deutschem Territorium befanden, starben noch mehr als 1 Million Rotarmisten bei sinnlosen Angriffen.[4]

„Zu Beginn des Krieges war ich 17 Jahre alt", beginnt Anatolij Alexejewitsch leise zu erzählen. Während meine Begleiterinnen aufmerksam zuhören, schweift mein Blick über die Blumentapete, den Teppich und die Sofadecke, deren verschiedene braune Muster ineinanderzufließen scheinen. Das große alte Radio neben den vielen Büchern im hoch polierten, dunkelbraunen Wandschrank ruft Erinnerungen an meine Kindheit wach.

Anatolij Alexejewitsch wurde 1923 in einem kleinen Holzhaus im Zentrum von Tscheljabinsk geboren. Alte Postkarten und Fotos, die er vor uns ausbreitet, zeigen, dass die Stadt damals eher ein großes Dorf war, weit entfernt vor der Millionenstadt, die sie heute ist. Seine Eltern waren Staats- bzw. Bankangestellte. Geschwister hatte er nicht. Aber seine Tante, die Schwester seines Vaters, lebte bei ihnen.

„Die meiste Zeit war ich mir selbst überlassen. Im Grunde wuchs ich auf der Straße auf." Lächelnd fügt er hinzu: „Ich hatte eine freie, glückliche Kindheit. Mein Onkel war Lokführer und hatte eine Pistole. Manchmal nahm er mich mit in den Wald, um schießen zu üben. Das war der Inbegriff des Glücks für mich. Als er mich ab und zu schießen ließ, ich auch noch traf, und mich dafür lobte, hätte ich seliger nicht sein können." Strahlend fährt er fort: „Im Hof stand eine Scheune. Dort entdeckte ich eines Tages einen Topf voller altem Geld! Und nicht nur das! Auch eine Pistole und Munition fand ich darin! Sogar einen Fotoapparat! Welch ein Schatz! In Tscheljabinsk gab es damals viele solcher Schuppen, in denen man nach dem *Bürgerkrieg* allerlei entdecken konnte. Dass es deswegen immer wieder zu Streitereien unter uns Jungen kam, blieb natürlich nicht aus."

Der Ural war bis kurz vor Anatolijs Geburt ein Zentrum des Bürgerkrieges. Die Plünderung der Bevölkerung durch *Rote* Beschaffungsbrigaden und marodierende Soldaten hatte eine so gravierende Hungersnot zur Folge, dass sie dem Bürgerkrieg schließlich ein Ende setzte. Nach ihrem Sieg 1922 errichteten die Bolschewiki in dem rebellischen Gebiet eine brutale Versorgungsdiktatur. Dieses gespaltene und zerrissene Land bildet den historischen Rahmen für Anatolijs Kindheit.

Mit sich verdunkelnder Miene fährt er fort: „1930, in einem Jahr entsetzlicher Hungersnot, kam ich zur Schule. Das Lernen fiel mir leicht. Nach Jahren großer Freiheit tat ich mir mit dem Stillsitzen jedoch schwer. Ich spielte mit dem Wind und war undiszipliniert, statt dem Unterricht zu folgen." Er nimmt eine Fotografie zur Hand: „Meine 4. Klasse. Danach gingen meine Klassenkameraden und ich in die Schule Nummer Eins, die Engels-Schule, die beste in Tscheljabinsk. Am 1. Mai 1935 starb mein Vater an Tuberkulose. Wenig später erhielt ich als Schulpreis einen blauen Anzug Größe 56. Vater hätte er gepasst. Mir war er natürlich viel zu groß. Und dann mussten wir auch noch dafür bezahlen! Es war eine Tragödie.

‚Wir müssen den Anzug verkaufen', erklärte Mutter. ‚Vielleicht kann man ihn ändern', versuchte ich sie umzustimmen. Aber da war nichts zu machen. Ich trauerte ihm noch lange nach."

„Haben Sie von den nun folgenden Jahren des *Großen Terrors* etwas mitbekommen?"

„Natürlich. Die Menschen lebten in ständiger Angst. Sie lauerte in jedem Winkel, hinter jeder Ecke, war allgegenwärtig. Jeden Tag erschienen weniger Schüler zum Unterricht. Die offizielle Erklärung lautete Krankheit, aber der viel häufigere Grund war, dass man die Eltern meiner Mitschüler über Nacht abgeholt hatte. Schon vor Vaters Tod stand auch bei uns für diesen Fall immer eine gepackte Tasche bereit. Eines Nachts hörten wir vor unserem Haus ein Auto. Mutter flüsterte erblassend: ‚Das ist für uns.' Kurz darauf klopfte es an der Tür. Wir erstarrten in Todesangst. Als Mutter zitternd öffnete, fragte der Autofahrer: ‚Haben Sie vielleicht eine Schaufel? Mein Auto sitzt fest.' Da hatte Mutter mich schon zum Abschied geküsst." Anatolij Alexejewitsch schweigt. Schließlich zeigt er uns eine Fotografie vom Februar 1925. „Der Bruder meiner Mutter mit seiner Frau und seiner Tochter", erklärt er. „Sie wurden alle drei erschossen." Minutenlang ist alles still.

Zwischen Oktober 1936 und November 1938 ließ Stalin über 1,5 Millionen *Volksschädlinge* verhaften (davon mehr als 350.000 Angehörige nichtrussischer Minderheiten im Rahmen der nationalen Operationen). Knapp 700.000 von ihnen wurden erschossen, die übrigen in Lager gesteckt.[5] Zu den Opfern zählten fast 50.000 Militärangehörige, davon etwa 10.000 Offiziere der Roten Armee, was zu den verheerenden anfänglichen Niederlagen in den Kriegen gegen Finnland und Deutschland beitrug.[6] Manche Erschießungskommandos des *NKWD* waren so überfordert, dass wohl auch Gaswagen zum Einsatz kamen – ein paar Jahre bevor Hitler die gleiche Tötungsmethode einsetzen ließ.[7]

Als sich unser Gastgeber wieder gefasst hat, schaut er mir in die Augen und sagt, das Thema wechselnd: „Ich habe in der Schule auch Deutsch gelernt. Diese Hundegrammatik hat aber keiner von uns begriffen." Zaghaft schmunzelnd fährt er fort: „Als ich während meiner Gefangenschaft das erste Mal Deutsch hörte, verstand ich kein einziges Wort. So ein schlechtes Deutsch sprachen die Deutschen.

1941 schlossen sich für mich die Schultore und die zur Fliegerschule öffneten sich. Der Traum eines jeden Jungen war es, Jagdflieger zu werden.

Ich aber wurde als Steuermann auf einem Bomber ausgebildet und lernte Bomben zu werfen. Viele hatten Angst vor ihrem ersten Flug, ich aber fieberte ihm förmlich entgegen. An meinem 18. Geburtstag war es endlich soweit! Ich wollte nie mehr landen! Ich war begeistert! In einer Flugdrehung sah ich plötzlich den Himmel unter und die Erde über mir! Es war phantastisch! Nach neun Monaten Ausbildung kam ich aber leider zur Infanterie, weil es nicht genügend Flugzeuge gab.

Im April 1942 wurden wir direkt in den Zug verladen. Der Weg zum Bahnhof war von weinenden Frauen gesäumt. Wir Rekruten sangen mit fröhlichen Liedern dagegen an – allerdings mit leisen Stimmen. Mutter arbeitete in einem anderen Städtchen. Ich konnte mich also nicht einmal von ihr verabschieden." Mit Tränen in den Augen ergänzt er: „Die Erinnerung an diesen Abschiedsschmerz liegt mir bis heute wie ein Stein in der Kehle. Ich brachte es nicht fertig, mich von meinen Schulkameraden zu verabschieden, auch nicht von dem Himmel über dem Ural. Dafür war mir das Herz zu schwer." Dass von seinem Soldatenjahrgang nur 3 Prozent den Krieg überlebten, erfahre ich erst später.[8]

Anatolij verstummt. Als er sich wieder gefangen hat, fährt er fort: „Bei *Swerdlowsk* schlossen wir Ende Mai 1942 unsere militärische Grundausbildung ab. Dann ging es nach *Stalingrad*, wo wir unsere Ausrüstung erhalten sollten. Die erhielten wir aber nur theoretisch, denn es mangelte praktisch an allem, an MGs, Patronen und vielem mehr. Ich bekam gar keine Waffe! Ich saß also unbewaffnet im Zug an die ukrainische Front in der Nähe von Narowschilograd. Damals hatte ich allerdings keine Ahnung, wo ich mich befand. Vor meiner ersten Schlacht hieß es: ‚Kein Kommissar! Kein Jude!'" An diesem Kampf sollten also weder Juden noch Kommissare teilnehmen, weil sie bei Gefangennahme besonderer Verfolgung ausgesetzt waren. „Kommissare waren Parteigenossen und Politruks, also Politische Funktionäre."

Hitler hob auf Drängen seiner Frontbefehlshaber den berüchtigten Kommissarbefehl 1942 auf, weil sich mit seinem Bekanntwerden der Widerstand der Roten Armee drastisch verhärtet hatte. Zur gleichen Zeit erließ Stalin den Befehl zur schonungslosen Ausrottung faschistischer Politiker, Generäle und hoher Beamte sowie sowjetischer ‚Vaterlandsverräter im Dienst des Feindes'.[9] Zu denen sollte wenig später auch Anatolij zählen.

„Als Mitglied einer Granatwerfer-Kompanie wurde ich unbewaffnet in die Schlacht getrieben", erzählt der Veteran verbittert. „Hinter mir schrieen die Offiziere: ‚Attac!! Attac!!‘ Und ehe ich so recht verstand, was geschah, war ich schon gefangen genommen – und mit mir einer meiner Kameraden." Er bricht ab. Dann haucht er: „Seitdem plagen mich immer wieder die gleichen Alpträume! Jahrzehntelang stellte ich mir immer wieder die Frage, wie ich diese Gefangennahme hätte vermeiden können. Ja, wenn unser Kommandeur gesagt hätte: ‚Zurück!‘ Aber er befahl uns zu bleiben, auch als sich alle anderen Einheiten zurückzogen."

Von Stalins Befehl Nr. 272 von 1942 ‚Keinen Schritt zurück!‘, der jede nicht befohlene Rückzugsbewegung als Vaterlandsverrat ahndete, wusste Anatolij damals nichts. Sein Wortlaut blieb der sowjetischen Öffentlichkeit bis 1988 verborgen.[10] Sie erfuhr auch nicht, dass aufgrund dieses Befehls knapp 160.000 sowjetische Soldaten erschossen, über 400.000 verhaftet und weitere 400.000 in Strafkompanien gesteckt wurden, wo man sie auch zum Räumen von Minenfeldern einsetzte.[11] Hinzu kommen Tausende, deren Leben im Straßengraben endete: liquidiert als Vaterlandsverräter. In gewisser Weise hatte Anatolij also sogar Glück, als er sich in einer Gruppe von etwa 30 Gefangenen nach Westen schleppte.

„Endlose Kolonnen deutscher Kriegstechnik kamen uns entgegen", erinnert er sich. „Auf Panzern, Raupenschleppern und LKW saßen sonnengebräunte, lachende deutsche Soldaten mit hochgekrempelten Ärmeln. Es war trostlos zu sehen, wie schlecht im Vergleich dazu wir ausgerüstet waren. Als wir an einer Abteilung Wehrmachtsoldaten am Straßenrand vorbeikamen, hielt mich ein 20- bis 25-jähriger langer Kerl mit feuerroten Haaren fest und durchsuchte meine Hosentaschen. Die ganze Gruppe musste anhalten. Als er ein Bild fand, das mich vor einem selbstgebastelten Rundfunkempfänger zeigte, schrie er: ‚Du bist Funker! Du musst wissen, wieviele Panzer, Kanonen und Gewehre ihr habt!‘ – ‚Ich bin nur ein einfacher Infanterist‘, entgegnete ich. ‚Auf dem Bild, das ist mein Bruder.‘ Als er auch noch ein Säckchen Patronen fand, brüllte er, dass ich damit deutsche Soldaten töten wollte und schlug mir ins Gesicht. Dann führte er mich zum Waldrand und legte sein Gewehr auf mich an. Alles war totenstill. Er wartete – vielleicht darauf, dass ich vor Angst mein angebliches Wissen preisgeben würde."

„Was haben Sie in diesem Augenblick empfunden?"

„Keine Angst. Die kam erst später. Plötzlich erschien ein deutscher Offizier, schlug ihm das Gewehr aus der Hand und schimpfte: ‚Er ist unbewaffnet!‘ Dann befahl er mir, ihm zu folgen. Bei seinem Auto sagte er auf Russisch: ‚Mein Sohn wurde von euch gefangen genommen. Wird man ihn erschießen?'– ‚Laut unseren Gesetzen gilt ein Gefangener nicht mehr als Feind und wird nicht erschossen', erklärte ich ihm in gutem Glauben. Andere Erfahrungen hatte ich noch nicht gemacht."

Er konnte nicht wissen, dass es 1941/42 sowjetische Praxis war, deutsche Gefangene nach einem kurzen Verhör – mit oder ohne Folter – zu töten. In diesen Jahren kamen 90 bis 95 Prozent aller Deutschen in russischer Gefangenschaft um. (1943 lag die Todesrate deutscher Kriegsgefangener in sowjetischen Lagern noch bei zwei Dritteln.)[12] Zur gleichen Zeit – Februar 1942 – waren von den 3,3 Millionen sowjetischen Gefangenen in deutscher Hand bereits 2 Millionen umgekommen.[13]

„Der Offizier reichte mir ein Stück Brot", fährt Anatolij Alexejewitsch fort „und ich lernte schnell zwischen verschiedenen Wehrmachtsangehörigen zu unterscheiden. Diejenigen, die im Laufe des I. Weltkriegs in russische Gefangenschaft geraten waren, haben uns, wenn sie konnten, heimlich geholfen. Unter den Jungen gab es dagegen zahlreiche Fanatiker. Ich hatte den Eindruck, dass sich die älteren Soldaten vor den jungen Parteigenossen fürchteten."

So wie sich russische Soldaten vor Politruks fürchteten, denke ich, während der alte Herr erzählt: „Wir konnten uns kaum noch auf den Füßen halten, als wir uns einem Einzelgehöft näherten. Von den strohgedeckten Hütten kam uns ein Mann mit hoch erhobenen Armen entgegen, in weißem Unterhemd, Reithose und Stiefeln. Er wurde sofort erschossen. Dies war für mich der erste Tod eines russischen Soldaten durch einen Faschisten. Er blieb mir mein Leben lang im Gedächtnis. Einer meiner Mitgefangenen kommentierte dieses für mich aufwühlende Erlebnis mit Genugtuung: ‚Jetzt haben sie einen Kommissar erledigt.' Ein anderer meinte: ‚So sollte man all diese Scheißer abknallen.' Solche Aussagen begegneten mir im Laufe der Zeit häufig."

Anatolij Alexejewitsch, der Tausende Kilometer von der *Ukraine* entfernt aufgewachsen war, konnte nicht wissen, dass der NKWD-Terror in der Ukraine noch schrecklicher gewütet hatte als im Ural. Niemand hat die Opfer der Hinrichtungen und Todesmärsche je gezählt, die kurz nach Kriegsbeginn einsetzten. Nirgends war die Freude über das Ende der bolschewistischen Gewaltherrschaft größer als in der Ukraine. Sie währte nicht lange. Leider konnten sich die Befürworter einer Allianz mit den nicht-russischen Völkern der Sowjetunion, wie NS-Chefideologe Rosenberg und General Manstein, gegenüber den Reichskommissaren und den Wirtschaftsinteressen der SS nicht durchsetzen.[14] Und das, obwohl 80 Prozent des in der Ukraine requirierten Getreides und 90 Prozent der Fleischbestände nicht nach Deutschland kamen, sondern von der Wehrmacht und den in ihrem Sold stehenden einheimischen Hilfswilligen vor Ort verbraucht wurden.[15] Anatolij wusste, wie die allermeisten Soldaten, wenig über das politische Umfeld, in dem er agieren musste.

„Einen halben Kilometer weiter gelangten wir an ein großes Feld, auf dem viele Gefangene eng beieinanderlagen", erzählt er weiter. „Einige trugen nur ihre Unterhemden und hielten sich etwas abseits – allem Anschein nach Kommandeure und Politruks, die ihre Feldblusen, die ja ihren Rang preisgegeben hätten, ausgezogen hatten. Bei Nacht war diese Szene eingehüllt in Stöhnen, Schnarchen und Fluchen. So endete der erste Tag meiner Gefangenschaft. Das Aufwachen am nächsten Morgen, dem 13. Juli 1942, war schrecklich. In meinem Kopf drehte sich alles. Hätte nicht alles ganz anderes kommen können?

Offenbar wussten niemand, wohin mit uns, denn am nächsten Tag mussten wir die ganze Strecke zurückmarschieren. Die Sonne brannte unbarmherzig herab und einer der jungen Wachsoldaten schrie in einem fort: ‚Hinlegen! Aufstehen! Im Laufschritt marsch!' Nach jedem dieser Kommandos blieben einige Männer liegen. Wer nicht aufstand, wurde erschossen. Unser Weg war von Leichen gesäumt. Andererseits kamen immer neue Gefangene hinzu, so dass sich die Größe unserer Gruppe kaum änderte. Wer zu fliehen versuchte, wurde mit Hunden gejagt und sicherlich meist getötet. Wir kamen an einem Baum vorbei, unter dem ein Rotarmist eingeschlafen war. Einer der Wachsoldaten weckte ihn. Als der offenbar zu Tode Erschrockene mit den Armen wedelte, traf ihn auf der Stelle eine Kugel. Ähnliche Szenen wiederholten sich in den nächsten Tage und Wochen immer wieder.

Als wir am zweiten Abend Novyj Ajdar erreichten, befahl man uns, in eine Lehmgrube zu steigen. Dann rief ein deutscher Soldat in schlechtem Russisch: ‚Alle Kommissare und Juden herauskommen!' Daraufhin kletterten 15 bis 20 Männer aus der Grube. Die Offiziere erkannte man unter anderem daran, dass sie nicht wie die gemeinen Soldaten kahl geschoren waren. Sie hatten außerdem ihre Schulterklappen abgerissen oder ihre Feldblusen ausgezogen.

Da hörte ich zwei alte Männer miteinander reden, von denen sich der eine anschickte, die Grube zu verlassen. Der andere nannte ihn verrückt: ‚Du bist doch weder ein Kommissar noch ein Jude!' – ‚Wir müssen sowieso sterben', entgegnete dieser. ,Da ist es besser, sofort tot zu sein.' Sie wussten, dass wir weder von den Deutschen noch von unseren eigenen Leuten Gnade zu erwarten hatten. Man hörte 15 oder 20 Schüsse, dann war alles still. Am nächsten Morgen ließen wir die Toten in der Grube zurück." Den für derartige Aktionen verantwortlichen Einsatzkommandos fiel etwa eine halbe Million sowjetischer Gefangener zum Opfer.[16]

„Wir kamen durch sumpfiges Gelände. Da mir das Wasser schmutzig vorkam, habe ich es nicht getrunken. Aber ich füllte meine Wasserflaschen. Als ich mich aber in einem der Tümpel abkühlte, spürte ich einen weichen Gegenstand unter meinen Füßen. Er stellte sich als ein 3 Kilogramm schweres Mehlsäckchen heraus und meine Freude war riesengroß! Die äußere Schicht des Mehls war zwar nass, aber der Rest vollkommen trocken! Ich hab in meinem Leben nie etwas Köstlicheres gegessen als die Mehlsuppe an diesem Abend.

Aus dem Dorf, das wir bei Einbruch der Dunkelheit erreichten, kamen uns Frauen und Kinder entgegen, die offenbar hofften, Bekannte zu finden. Gefiel einer Frau ein Soldat, so sagte sie zu den Wachposten: ,Das ist mein Mann!' Manchmal ließen sie diesen Gefangenen tatsächlich gehen. Es kam jedoch auch vor, dass ein Wachmann einem Gefangenen das Essen aus der Hand schlug, das ihm ein Dorfbewohner unterwegs zugesteckt hatte. Hob er es auf, so wurde er geschlagen oder gar erschossen. Esten und Letten waren besonders brutal. Sie beklauten die Gefangenen und peitschten willkürlich auf sie ein. Die Deutschen schlugen dagegen nur diejenigen, die aus der Reihe liefen."

„Wie sah Ihre Verpflegung aus?", erkundige ich mich leise.

„Morgens bekamen wir eine undefinierbare trübe Brühe, die man Kaffee nannte, mittags oder abends ein Stück Brot und einen Napf voller Brei, der nach Spülwasser roch, und dazu wieder diesen Kaffee. Wir marschierten tagelang in einer Kolonne von etwa einem halben Kilometer Länge, jeweils zehn Gefangene nebeneinander. An manchen Tagen regnete es in Strömen. Einmal fuhren deutsche Panzer in das Ende unserer Kolonne und ließen zerquetschte und verstümmelte Gefangene zurück. Wer noch lebte, wurde erschossen."

Gesteigert wurde die Tötungsbereitschaft aufgehetzter deutscher Soldaten durch General Reineckes Befehl vom September 1941, der Waffengebrauch gegenüber sowjetischen Soldaten als in der Regel rechtmäßig deklarierte. Deutsche Soldaten und Offiziere, unter ihnen Graf Moltke und Admiral Canaris sowie zahlreiche Zivilisten, die sich für eine bessere Behandlung sowjetischer Gefangener einsetzten, konnten sich gegen die fanatischen Nazis in Wehrmacht und Wirtschaft nicht durchsetzen, gegen Männer wie Feldmarschall von Reichenau, der 1941 befahl, alle ‚schlappmachenden Kriegsgefangenen zu erschießen.' Das Massensterben russischer Gefangener flachte erst ab, als der Blitzkrieg im Herbstmorast versank und die deutsche Wirtschaft 1942 unter akutem Arbeitskräftemangel litt.

Auf meine Frage, ob seine Kameraden ihm halfen, sein Los zu ertragen, antwortet Anatolij: „Wir waren vom Tod umringt. Es gab Tage, da starben 20 Gefangene. Unter diesen Umständen entwickelte sich keine Kameradschaft. Da war jeder des anderen Wolf. Eines Abends campierten wir auf einer von Stacheldraht umzäunten Wiese, die an ein Getreidefeld grenzte. Viele der halbverhungerten Gefangenen rissen die unreifen Ähren ab, streckten sich die Körner gierig in den Mund und füllten ihre Kochgeschirre damit. Die Warnschüsse des Wachpersonals konnten sie nicht daran hindern und auch meine Ermahnungen wurden in den Wind geschlagen. Hunger ist eben stärker als Vernunft. Die Nacht war warm, der Himmel klar und der Boden trocken. Zunächst war alles still. Dann aber durchdrangen immer lautere qualvolle Schreie das Dunkel. Die gärenden Körner zerrissen die Mägen der Gepeinigten. Da war keine Hilfe möglich. Viele starben unter furchtbaren Schmerzen. Das Brüllen und Stöhnen währte bis zum Morgen.
Für die Lebenden ging es bei Tagesanbruch weiter Richtung Lisitschansk. Kurz vor der Stadt kamen wir an einem Feld vorbei, in dem unzählige russische Gewehre mit dem Lauf nach unten in der Erde steckten. Kein Zeichen eines Kampfes. Nur diese Waffen! Was immer geschehen war, hier hatten offenbar Tausende ihr Leben gelassen. Dieses erschütternde Bild werde ich nie vergessen.
Ein paar Tage später wurde ich mit einer Gruppe Gefangener Richtung *Donezk* in Marsch gesetzt. Bewacht wurden wir von ukrainischen oder mittelasiatischen Hilfswächtern – z. B. Usbeken – und russischer Polizei. Wie Schakale fielen die über uns her und nahmen uns die wenigen guten Kleider und Schuhe weg, die wir noch besaßen. Da sie besonders scharf auf Stiefel und Uhren waren, verdreckte ich meine Stiefel so, dass sie alt und verschlissen aussahen. Bald war ich der einzige, der noch eine Uhr hatte. Meine riesige Taschenuhr, ein Geschenk meines Onkels, hatte ich in eine Armbanduhr umarbeiten lassen und unterhalb meines Knies festgebunden.

Eines Tages bot mir ein Hilfspolizist sechs Laibe Brot für meine Uhr und erklärte, der nächste würde mir die Uhr ohne Brot abnehmen. Als ich sie ihm schweren Herzens aushändigte, glaubte ich nicht, auch nur ein Brot zu bekommen. Im Laufe der nächsten sechs Tage brachte er mir aber jeden Tag einen Laib, den ich mit meinen Kameraden teilte. Als ich denjenigen, der das Versteck meiner Uhr verraten hatte, zur Rechenschaft zog, sagte er: ‚Brot ist jetzt wichtiger als eine Uhr!‘ Er hatte Recht. Nie mehr war es so überlebensnotwendig wie in dieser Zeit.

Bald kamen wir an vielen kleinen Kohlehalden vorbei. In der Nähe der Dörfer existierten überall kleine Lager. Als wir nach einigen Tagen den Eisenbahnknotenpunkt Debalzewo erreichten, war ich über die Zerstörung dieses Ortes erschüttert. Im Laufe der Zeit gewöhnte ich mich jedoch an den Anblick solcher Verwüstungen.

In einem der nächsten Lager begegnete ich Sergeant Tschesnokow und freute mich, einen Bekannten aus der Fliegerschule und meinem ursprünglichen Bataillon wiederzusehen. Er erzählte mir, dass unser Kommandeur nach den Kämpfen am 12. August erklärt hatte, meine Granatwerfer-Bedienungsmannschaft sei umgekommen. Der Kundschafter habe mit eigenen Augen gesehen, dass wir von einer Granate getroffen worden seien. Der Bote mit den Todesnachrichten war auf mysteriöse Weise ertrunken. Deshalb seien unsere Familien von unserem Tod nicht unterrichtet."

So konnten die angeblich Toten weiterhin als Helden gelten statt als Vaterlandsverräter. Ihre Angehörigen erfuhren keine Schikanen seitens des Machtapparates, und der Kommandeur, der für die Gefangennahme seiner Soldaten mitverantwortlich war, hatte auch nichts zu befürchten. Bestimmt kannte Anatolij Marschall Schukows Befehl vom September 1941 ‚ …dass die Familienangehörigen derer, die sich dem Feind kampflos ergeben haben, wie auch sie selbst nach ihrer Rückkehr aus der Gefangenschaft sämtlich zu erschießen sind‘.[17] Viele kämpften also nicht nur für ihre Heimat, sondern opferten sich auch für ihre Familien.

„Unterwegs wurden wir nun täglich zu kleinen Arbeitskommandos zusammengestellt. So gelang es hin und wieder, bei der Bevölkerung Lebensmittel zu erbetteln. Ich erinnere mich mit Grauen an einen Gefangenen, dem eine Frau unterwegs Brot zusteckte. Der lettische Wächter zerrte ihn aus der Kolonne, stieß ihm seinen Gewehrkolben ins Auge und schoss ihm in den Bauch. Aus der Bauchhöhle quollen seine Gedärme hervor. Der Sterbende hob sie mit den Händen aus dem Straßenstaub und versuchte sie in die Bauchöffnung zurück zu stecken. Der Lette ließ die Kolonne anhalten und jeden zusehen, wie dieser Mensch bis zum Schluss vergeblich versuchte, sich seine Gedärme wieder in den offenen Bauch zu stopfen. Man erschoss ihn nicht, sondern ließ ihn vor aller Augen langsam und qualvoll sterben. Es war entsetzlich, dabei zusehen zu müssen."

Nach einer langen Pause fährt der Veteran fort: „Unsere nächste Station war die schöne Stadt *Stalino*. Auf einem riesigen, mit Stacheldraht umzäunten Gelände lagen bereits unzählige Gefangene und es kamen immer neue hinzu. Andererseits verließen täglich unterschiedlich große Gruppen das Lager. Manche wurden in Marsch gesetzt, andere landeten direkt unter der Erde. Ich war froh, lebend wegzukommen. Meine Kameraden blieben zurück. Seit ich kein Brot mehr hatte, waren die Beziehungen deutlich abgekühlt. Jeder war nur mit dem eigenen Überleben beschäftigt."

Ehe die Sowjets im Jahr zuvor, kurz vor dem Einmarsch der Deutschen, Stalino verließen, trieben NKWD-Leute alle Gefangenen aus der Stadt, ließen sie Massengräber ausheben und erschossen sie.[18] Davon wusste Anatolij damals sicherlich nichts.

„In jedem Lager kam es zu Handgreiflichkeiten. Dabei ging es oft um weniger als Eierschalen. Ich erinnere mich an zwei Kerle, die drohten einander umzubringen. Dabei waren sie zu schwach, um die Hand zu heben. Nachdem ihnen alle Schimpfworte ausgegangen waren, bespuckten sie einander. Aber selbst dazu fehlte ihnen die Kraft. Ihre Spucke landete auf der jeweils eigenen Brust. Am nächsten Tag konnten sie nicht einmal mehr spucken, und am dritten Tag waren sie tot." Anatolij verstummt.

„Von Zeit zu Zeit erschienen Werber auf der Suche nach Hilfswilligen – Hiwis", fährt er schließlich fort. „Etliche Gefangene ließen sich darauf ein, um nicht zu verhungern, um einmal auf der anderen Seite des Stacheldrahtes zu stehen, in der Hoffnung zu fliehen oder aus politischer Überzeugung. Das Angebot der *Hitlerowcy*, beliebig viel Essen, war schlagkräftig." Es mag also nicht überraschen, dass im Reichskommissariat Ukraine 140.000 sowjetische Staatsbürger in der von Deutschen kontrollierten Polizei dienten.[19]

„In einem Lager lernte ich Werber für die Russische Befreiungsarmee kennen. Ich konnte den verwerflichen Treuebruch von General Wlassow und seinen Soldaten gegenüber dem eigenen Volk weder damals verstehen noch kann ich es heute. Er hoffte offenbar, eines Tages anstelle Stalins an der Spitze des besiegten Russlands zu stehen."

War dieses Ansinnen nach Jahren des stalinistischen Terrors wirklich so verwerflich, wie man das in Russland darstellt? Müsste man Deutsche, die gegen Hitlerdeutschland kämpften, nach der gleichen Logik nicht genauso verurteilen? Oder beide als Widerstandskämpfer gegen ein Terrorsystem ansehen – und dabei zugleich als Verteidiger des anderen?

„So neigte sich der Sommer 1942 seinem Ende zu", höre ich Anatolij sagen. „Als nach heißen, trockenen Tagen nachts der erste Regen fiel, war die Freude groß! Aber bald wurden die Nächte unter freiem Himmel immer kälter. Mein langer, warmer Mantel rettete mir das Leben. Viele, die keinen Mantel hatten, wurden krank und bald nahte ihr Ende. Die Kleiderläuseplage wurde immer unerträglicher. Das Ungeziefer ließ sich nur über offenem Feuer oder glühenden Kohlen töten. Und der Hunger blieb eine nie endende Qual.

Einmal gelang es mir, beim Entladen eines Brotwaggons einen 2-Kilo-Laib abzuzweigen und zu verschlingen. Ich konnte aber einfach nicht mehr satt werden. Tabak war unsere harte Währung. Manche Raucher tauschten sogar Brot dagegen ein – auch ich ab und zu. Ich brachte einfach nicht die Willenskraft auf, das Rauchen aufzugeben. Das gelang mir erst 50 Jahre später, als Zigaretten ganz billig waren. Damals rauchte niemand allein. Hinter jedem Raucher bildete sich eine Schlange. Der Erste bekam noch 40 Prozent des ausgeatmeten Rauches ab, der Zweite 20 Prozent. Es kam auch vor, dass ein Raucher seinen Rauch einem anderen direkt in den Mund blies."

Kennzeichnend für die Menschenverachtung, der Millionen von Anatolijs Leidensgenossen zum Opfer fielen, sind die Worte des für die Verpflegung der Gefangenen verantwortlichen Generalquartiermeisters Wagner. Er verlautete im November 1941, als man die Arbeitskraft der Kriegsgefangenen zu nutzen begann: ‚Nicht arbeitende Kriegsgefangene haben zu verhungern.'[20] Da war diese Form der Menschenvernichtung in Stalins *Gulag* schon seit fast 20 Jahren Praxis. 1942 befahl das Oberkommando der Wehrmacht ‚nicht mehr dienstfähige' Gefangene an SS oder Polizeiführer auszuliefern, die dann ihre Erschießung veranlassten.[21] Anatolij kannte den Wortlaut dieser Befehle nicht. Er erlebte ihn.

„Obwohl wir von der Außenwelt abgeschnitten waren, herrschte großes Interesse an den Frontereignissen. Der dünne Informationsfluss speiste sich vor allem aus den Berichten derjenigen, die außerhalb des Lagers arbeiteten. Anfang 1943 riss mich die riesige Begeisterung über die Vernichtung der deutschen Truppen bei *Stalingrad* mit. Kurz darauf zogen besiegte rumänische Soldaten vorbei. Ihr Aussehen unterschied sich praktisch nicht von dem unsrigen. Sie waren halbnackt, in Frauenkleider gehüllt oder trugen Decken und Lumpen über ihren zerschlissenen Mänteln. Ihre Hände und Gesichter waren erfroren. Die Disziplin hatte sich aufgelöst. Sie tauschten bei den Bauern ihre Waffen gegen Maisbrei. Ihr Anblick erfüllte uns mit Freude, ließ er doch auf baldige Befreiung hoffen. Von nun an verhielten sich die Deutschen und ihre Helfer uns gegenüber freundlicher. Andererseits priesen nun plötzlich viele meiner Mitgefangenen, die sich bisher nur negativ über die Sowjetmacht geäußert hatten, das Leben in der Sowjetunion. Sie wurden förmlich über Nacht zu Propagandisten und ließen es dabei nicht selten an Wahrhaftigkeit mangeln. Zu diesen gehörte auch ich.

Dann glückte mir eines Tages gemeinsam mit Luka Sandyga die Flucht. Das Wetter war widerwärtig. Es schneite. Dennoch gelang es uns nach kurzer Zeit, unsere Uniformen gegen Zivilkleider einzutauschen. Ich erstand eine wattierte Hose und eine kurze Jacke, die beide nach Weihrauch rochen. Damit endete mein Dasein als Kriegsgefangener. Da sich Luka und ich auf kein gemeinsames Ziel einigen konnten, zogen wir planlos durch die winterliche ukrainische Steppe von Dorf zu Dorf. Zum Übernachten suchten wir ärmliche Hütten auf, in der Annahme, dass es dort keinen Hausherrn gab. Für eine Mahlzeit und einen Platz zum Schlafen boten wir den Frauen unsere Hilfe an. Das Essen, Kascha, Kartoffeln oder Pfannkuchen, war fast immer ohne Fett und Fleisch zubereitet. Frauen, deren Männer in der Roten Armee dienten, halfen uns gern. Ein Teil der ukrainischen Bevölkerung verhielt sich Russen gegenüber jedoch feindselig. Ich erinnere mich an die Worte einer alten Frau, die uns Wasser verweigerte: ,Soll Stalin euch Wasser geben!' Zum Glück war Luka Ukrainer."

Hätte Anatolij etwas über die ukrainische Geschichte gewusst, hätte ihn das Verhalten der Ukrainerin wohl kaum überrascht. Nachdem Russland die Ukraine im 18. Jahrhundert von Polen erobert hatte, wurde die Bevölkerung versklavt und russifiziert. 1863 verkündete der Zar per Dekret, dass keine ukrainische Sprache existiere.[22] Während Stalin in der Ukraine Millionen Menschen verhungern ließ, exportierte er Massen an Getreide.[23] Darüber hinaus erlitt die ukrainische Bevölkerung millionenfache Deportation, Erschießungen, Enteignung, Plünderung und Ermordung von über 80 Prozent der Hochschulabsolventen.[24] In den entvölkerten Landstrichen siedelten die Bolschewiki Millionen russischer Bauern an. Zu dieser Information hatte der 18-Jährige keinen Zugang. Stalin hatte die enthüllenden Ergebnisse der Volkszählung von 1937 verschwinden und deren Organisatoren erschießen lassen.[25] Das wahre Ausmaß der Hungersnot von 1932/33 kam erst 1988 ans Licht![26] Anatolij hat vielleicht auch nie erfahren, dass der Kampf in der Ukraine bis 1953 fortdauerte, dass die Geheimpolizei nach Kriegsende weitere 150.000 *Rebellen* tötete, 130.000 in Gefängnisse steckte und 200.000 nach Sibirien deportierte.[27] 1946/47 verhungerten weitere 2 Millionen Ukrainer.[28] Auch das wurde verheimlicht.

„Und dann passierte es!", erzählt der Veteran über seine Erlebnisse Anfang 1943 aufgeregt weiter. „Eines Morgens liefen wir von dem Heuschober, in dem wir geschlafen hatten, direkt in die Arme der Polizei. Am Abend zuvor war die Scheune aus Ziegelsteinen, in der die Wachleute offenbar übernachtet hatten, noch leer gewesen. Nun brachte man uns mitten im Schneesturm dorthin, wo inzwischen etwa 100 Gefangene campierten, viele krank und schwach. Die Polizisten überließen uns unserem Schicksal und machten sich auf den Weg ins nächste Dorf. Solche einheimischen Hilfspolizisten gab es in jedem ukrainischen Ort. Viele hofften, auf diese Weise der Zwangsarbeit in Deutschland zu entgehen. Es gab aber auch solche, die den Deutschen gern zu Diensten waren.
Das Schneetreiben wurde immer heftiger. Dennoch entschlossen sich Luka und ich zur Flucht. Keiner der anderen wollte sich uns anschließen. Das Risiko war zugegebenermaßen beträchtlich. Als alle schliefen, kletterten wir auf das durchlöcherte Dach, um Ausschau zu halten. Da alles still war, ließen wir uns in den Schnee fallen. Lautlos war das nicht!
Am nächsten Morgen blickte Luka mich dunkler an als eine Regenwolke und sagte, im Traum sei ihm ein Unglück prophezeit worden. Ich lachte noch über seinen Aberglauben, da sprangen aus einem Pferdestall plötzlich ein paar Burschen ,Partisanen!' schreiend heraus und packten uns. Die zwei Deutschen in diesem Stall brachten uns zur nächsten Kommandantur.
In dem Empfangszimmer, in dem ich verhört wurde, erzählte ich, Luka und ich seien aus Schachty. Unterwegs zur Arbeit nach Deutschland sei unser Zug bombardiert worden. Dabei habe es viele Tote gegeben. Uns

wurde aufgetragen, uns bis zur nächsten Stadt durchzuschlagen. Glücklicherweise hatte ich ein paar Tagen zuvor von einem solchen Ereignis in der Nähe gehört. Luka, der im Nebenzimmer alles mit angehört hatte, wiederholte diese Geschichte. Daraufhin drückte uns der Dolmetscher einen Zettel in die Hand und sagte, wir sollten uns bei der darauf angegebenen Arbeitsstelle melden. Was für ein Segen!" Anatolij gehörte jetzt zu der großen Zahl der Ostarbeiter, nicht zu verwechseln mit der insgesamt 1 Million Hiwis – Russen, Ukrainer, Kalmücken, *Tataren* und *Kosaken* – im Dienst von SS oder Wehrmacht.[29]

„Ich war jetzt offiziell Ukrainer und zog mit Luka, der sich nun Wassily Sokolenko nannte, los. Nach etwa 2 Kilometern lasen wir auf einem großen Transparent: Staatliche Obstplantage. Wir hatten unser Ziel erreicht. Man quartierte uns bei einer Frau ein, deren Mann an der Front war, und die mit ihren beiden Kindern ärmlich lebte. Aus den Maiskörnern, die wir als Lohn erhielten, kochte sie uns Suppe. So wurde es langsam Herbst und uns stand eine kolossale Apfelernte bevor. Wir kochten und aßen Berge von Apfelmus. Aber satt wurde ich nie.

Eines Tages wurde ich einer Baubrigade von älteren Deutschen und Österreichern zugeteilt. Wir, etwa 30 Mann, von denen zwei Russisch sprachen, zogen von Ort zu Ort, um Kriegsschäden zu beheben. Ich wurde gut behandelt. Eines Tages herrschte große Freude unter den Deutschen. Es hieß, wir würden nach Italien oder Frankreich verlegt. Im Gegensatz zu ihnen freute ich mich gar nicht. Nach einer langen Reise in Viehwaggons erreichten wir Wien. Dort ließ man uns aufstellen und zeigte uns die Stadt! Es war die erste Großstadt, die ich außer Moskau gesehen hatte! In meinen Ohren erklang Musik von Johann Strauß und ich verliebte mich in diese Stadt, eine Liebe, die in 60 Jahren nicht verblasst ist!"

Ob Anatolij erfahren hat, dass russische Truppen wenig später mordend, plündernd und vergewaltigend über Wien herfielen? Dass sie um Gnade flehenden Arbeitern antworteten: ‚Ihr könnt keine Arbeiter sein, denn ihr lebt gut. Ihr seid Bourgeoisie!' – und dass dies 60.000 Menschen das Leben kostete?[30]

„Am nächsten Morgen konnte ich die Schönheit der österreichischen Alpen bewundern", schwärmt er, „die Tannenwälder und die schneebepuderten Bergspitzen. Strahlend saubere Städtchen mit spitzen Kirchtürmen blitzten in der Ferne. Ein unvergessliches Erlebnis! In der Nähe der italienischen Grenze wurden wir auf LKW verladen. Ich war an weite, von Unkraut überwucherte Felder gewöhnt. Die kleinen sauberen Rechtecke hier waren dagegen makellos! Und überall Weinlauben! Wir fuhren zwar vor allem nachts, dennoch konnte ich bei Mondlicht die wunderbare Architektur Italiens bewundern. Mir war, als sei ich in ein Märchen geraten. Ich liebte dieses fröhlich-laute Volk, dessen Soldaten selbst beim Marschieren Opernarien schmetterten. Am Mittelmeer südlich von Ancona war mein erster längerer Aufenthalt. Dort behoben wir in einem Dorf Schäden, die amerikanische und britische Granaten angerichtet hatten. Auf dem Rückweg bot sich uns eines Abends ein ergreifend schauerliches Bild: Umrahmt von schwarzem Wasser und schwarzem Himmel brannte ein Schiff der Alliierten lichterloh.

Wenig später überquerten wir den Apennin nach Terni, 100 Kilometer nördlich von Rom. Amerikanische *Fliegende Festungen* flogen zahllose Bombenangriffe gegen die Stadt, eine Welle nach der anderen. Die Explosionen flossen in einem gigantischen Heulen und Krachen ineinander. Ich lag in einem Graben und verfolgte erschüttert die Vernichtung dieser Stadt und seiner Bevölkerung. Nur das Gummiwerk wurde nicht getroffen. Später beobachtete ich, wie amerikanische Jagdflieger italienische Bauern auf ihren Feldern erschossen.

In den folgenden Wochen reparierten wir Wasserrohre, Bahnstationen und dergleichen. Wir arbeiteten fast ausschließlich nachts bei Mondlicht oder mit Carbid-Lampen.

Eines Tages zog eine Dampflok vorbei, deren Güterwaggons Pferde, Kosakenwagen, Kosaken und zeternde Weiber geladen hatten. Der blaue italienische Himmel wurde plötzlich von russischen Schimpfworten verdunkelt. Diese Kosaken bereiteten sich anscheinend auf eine dauerhafte Ansiedlung in Italien vor. Man verteilte die Familien auf verschiedene Dörfer, wo sie in Bauernhöfen oder Zelten untergebracht wurden, während die Männer gegen Partisanen eingesetzt wurden. Diese Kosaken waren Sadisten! Viel schlimmer als die Deutschen!"

Hätte Anatolij gewusst, dass der Widerstand der Kosaken gegen die Bolschewiki mit der brutalen Politik der Entkosakisierung gebrochen wurde, dann hätte er die Kosaken, die auf deutscher Seite kämpften, vielleicht in einem milderen Licht gesehen. Als sie erkannten, dass auch Hitler sie nur missbrauchte, desertierten sie in wachsenden Zahlen zu den Partisanen. Deswegen verlegte die deutsche Führung alle zuverlässigen Einheiten nach Westen, um sie dort gegen Widerstandsbewegungen einzusetzen. Einer dieser Gruppen begegnete Anatolij offenbar in Italien, kurz bevor er im März 1945 durch Zufall zu einer kleinen italienischen, vermutlich kommunistischen Partisaneneinheit stieß.

„Wir, 15 Italiener und zwei Russen, waren Teil einer Gruppe von etwa 600 Mann. Man traf sich gelegentlich, war manchmal nächtelang unterwegs, unternahm aber sonst nichts. Es ist mir bis heute ein Rätsel, was eigentlich unsere Aufgabe war.
Am 26. April endete für mich der Krieg und meine Sehnsucht nach zuhause wurde übergroß. Ich zählte auf die Unterstützung der Italiener, hatte ich doch an vielen Häuserwänden gelesen: ‚Wir grüßen Stalin.‘ Die Italiener hatten zwar keine Vorstellung von Russland, dennoch verehrten viele Stalin als große Persönlichkeit der Weltpolitik. Wenige Tage später befand ich mich in einem Lager, in dem ein unbeschreibliches Sprach- und Nationengemisch herrschte. Nach kurzer Zeit wurde ich in ein größeres Lager verlegt. Die 15 bis 20 Russen dort ernannten mich zu ihrem *Ältesten*, obwohl ich der Jüngste war – wohl wegen meiner Sprachkenntnisse. Im nächsten Lager schwoll die Anzahl der Sowjetbürger lawinenartig an.
Die erste Etappe unserer Rückreise endete für uns, etwa Tausend Russen, in der Nähe des schönen Kurorts Rimini. Eines Tages erschien dort ein neuer Sergeant. Als es am Abend ruhig geworden war, hob in seinem Zelt plötzlich ein Gezeter an. Ich ging der Sache nach und erfuhr, dass der Neue erzählt hatte, ehemalige Gefangene würde man nach ihrer Heimkehr in die Sowjetunion entweder erschießen oder nach Sibirien schicken. Ich jagte diesen Unruhestifter fort, aber ein Teil der Leute schenkte ihm Glauben. Da ich meine Rückkehrerlisten bereits fertig hatte, erkannte ich am nächsten Tag, dass einige Hundert Menschen fehlten. Die Angst vor Repressalien, auch gegen ihre Familien, verließ die Repatrianten nie. Es war demütigend zu erkennen, dass die Kriegsgefangenen der Westalliierten Gehälter und Orden erhielten und uns stattdessen Strafen erwarteten. In Mestre bei Venedig, meinem letzten Aufenthalt auf italienischem Boden, begegnete mir ein jüdisches Bataillon, das unter den Briten gekämpft hatte. Diese Soldaten trugen ein Emblem auf ihren Uniformen mit der Aufschrift ‚Palästina‘.
Der Vertreter der sowjetischen Mission in Italien, Hauptmann Bielow, ernannte mich zum Führer des gesamten Repatriantenzuges mit etwa 3.000 Leuten. Am nächsten Tag verteilte ich an jeden ein 3-Kilo-Paket Verpflegung und verabschiedete mich von meinem geliebten Italien. Vor

Überschreiten der Grenze verließen weitere 300 Leute den Zug. Aber auch von denen, die weiterfuhren, kehrten die meisten nicht wirklich freiwillig zurück. Eine Gruppe wurde von ihren italienischen Ehefrauen begleitet. Die italienischen Grenzbeamten ließen diese Frauen aber nicht ausreisen. Manche Russen entschieden sich, bei ihren Frauen in Italien zu bleiben, andere kehrten allein nach Russland zurück. Es kam zu herzzerreißenden Szenen. Ich bin aber sicher, jede Italienerin hätte es später bereut, mit nach Russland gekommen zu sein.

In Wiener Neustadt, etwa 50 Kilometer südlich von Wien, wurden wir auf einem riesigen, eingezäunten Gelände von Vertretern der Sowjetarmee mit einer wahren Sturzflut an Beschimpfungen begrüßt. Der Lagerleiter schäumte vor Gehässigkeit. Er hielt uns alle für Hilfspolizisten oder Wlassow-Leute und hätte uns wohl am liebsten bis auf den letzten Mann vernichtet. Ich zeigte ihm das Dokument von Hauptmann Bielow und legte ihm meine Listen vor. Seine Antwort bestand in einem höhnischen Lachen und weiteren Verwünschungen.

Dann wurden wir gefilzt. Vieles an Bekleidung und die meisten Lebensmittel wurden uns genommen. Mir blieben nur ein paar Konserven. Unsere Gruppe hatte von den Engländern Decken erhalten. Es gelang aber auch mir nicht, meine zu behalten. Nur der Mantel eines jugoslawischen Stabshelfers kehrte mit mir nach Tscheljabinsk zurück, wo ich ihn noch viele Jahre trug. Anschließend schor man uns und brachte uns in einem Gebäude unter, wo ich mit fünf Leidensgenossen ein leeres, fensterloses Zimmer teilte. Kurz darauf wurde ich Politruk. Als solcher musste ich in allen Abteilungen aus der Zeitung vorlesen und Schulungen durchführen. Ich, der ich Politikunterricht nie leiden konnte!" Er hatte damals wohl auch die Aufgabe, Gerüchte über Repressalien zu zerstreuen.

„Man hatte viel freie Zeit. Wieder fanden Verhöre statt, diesmal durch eine sowjetische Spezialabteilung, die Osobisty.[31] Der junge Leutnant, der mich befragte, hielt mich beim Weggehen an der Tür fest und verlangte meine erst kurz vorher erworbene Uhr. Weil ich mich in scharfer Form geweigert hätte, lautete seine Erklärung. Hätte ich mich weniger hochmütig und starrköpfig verhalten, wäre ich bald zuhause gewesen. Nun würde ich erst ein paar Jahre arbeiten. Als ich am nächsten Tag einen Stapel Fragebögen sortierte, las ich auf meinem: ‚Internierung'. Das war die Rache des Osobisten.

Unser Wachpersonal bestand hauptsächlich aus Mittelasiaten. Diese Hundesöhne schossen auch durch offene Fenster. Eines Tages kletterte ein

Repatriant auf das Dach, um die Aussicht zu genießen. Er wurde sofort erschossen. Nach viereinhalb Monaten wurden Rückreisegruppen zusammengestellt. Wer bereit war, weiterhin in der Armee zu dienen, dem wurde seine Gefangennahme verziehen. Die Luftwaffe brauchte aber keine Leute. Eines Tages zog auch ich in einer Kolonne langsam zum Bahnhof. Mir erschien die Zukunft zwar nicht wolkenlos, aber ich war überzeugt, irgendwann nachhause zu kommen. Auf Nebengleisen standen unsere Viehwaggons bereit. In unseren *Deluxewagen* gab es außer Eimern nichts – absolut nichts. Da wir keine Sofas vorfanden, richteten wir uns auf dem Holzboden ein. Wenn alle lagen, gab es keinen Zentimeter freien Platz. Ich ergatterte einen Fensterplatz, weit von dem stinkenden Eimer entfernt. Nachdem sich die schwere Tür mit Gerassel geschlossen hatte, begann unsere fast zweimonatige Reise von A (Austria) nach B (Belomor-Baltik-Kanal, bzw. Weißmeerkanal). Die Aussicht durch das weit oben gelegene Fensterchen war beschränkt, aber ich sah die Wolken vorbeiziehen und ob das Wetter heiter oder trübe war. Da Budapest zerstört war, mussten wir lange warten, bis die neue provisorische Brücke überquert werden konnte. Alle anderen Züge hatten Vorfahrt. Wurden wir von zurückkehrenden Soldaten überholt, warfen sie uns oft Worte wie: ‚Dreckskerle', ‚Verräter', ‚Wlassow-Leute' oder ‚faschistische Schmarotzer' zu. Dann flogen Flüche und leere Flaschen aller Art hin und her. Einmal streifte eine solche Flasche den Kopf eines Mitreisenden. Der blutende Junge wurde hinausgetragen und wir sahen ihn nie wieder." Es ist anzunehmen, dass er einer der Zahllosen war, die den Rücktransport nicht überlebten.

„Wir warteten gespannt auf die Grenze zur Sowjetunion. Als wir sie dann aber überquerten, bemerkten wir es nicht einmal. Immerhin erkannten wir an den Haltestellen oder Bahnhofstoiletten, dass wir uns nun auf sowjetischem Gebiet befanden. Einige Tage nachdem wir *Leningrad* passiert hatten, endete unsere Zugfahrt in Medweschegorsk. Mit LKW wurden wir zum 46 Kilometer entfernten Kontroll-Filterlager gebracht."
In diesem Lager, eines von unzähligen, welche heimkehrende Kriegsgefangene und Zwangsarbeiter durchlaufen mussten, wurde nach mutmaßlichen Gegnern des stalinistischen Regimes gefahndet. Die insgesamt 3,5 Millionen in diesem Zusammenhang angelegten Personalakten dienten später dazu, ehemalige deutsche Arbeitgeber zwecks Entschädigung gerichtlich zu belangen.[32] Zwangsarbeitern in der Sowjetunion bot sich diese Möglichkeit nie.

Unter den Sowjetbürgern, die bis März 1946 – oft gegen ihren Willen – repatriiert wurden, befanden sich fast 2 Millionen Kriegsgefangene und 3,5 Millionen Zivilisten.[33] 30 Prozent von ihnen wurden in die Armee einberufen, 20 Prozent mussten, wie Anatolij, Zwangsarbeit leisten, 20 Prozent wurden zum Tode oder zu 25 Jahren Lagerhaft verurteilt und lediglich 15 bis 20 Prozent, vor allem Frauen, durften zu ihren Familien zurückkehren.[34]

Stalin interessierte an den Rückkehrern vor allem ihre Arbeitskraft, während die Alliierten wenig Lust hatten, diese Menschen zu versorgen. Zudem wollten sie es ihretwegen nicht auf einen Konflikt mit Stalin ankommen lassen, solange er noch britische und amerikanische Kriegsgefangene in der Hand hielt. Inwiefern also das Jalta-Abkommen den hohen Standards der von den Alliierten beschworenen Menschlichkeit entspricht, sei dahingestellt. Als sich Briten und Amerikaner ab Herbst 1945 diesem Abkommen schrittweise widersetzten, war das für die Masse der Repatrianten bereits ohne Bedeutung. Anatolij hatte, wie unzählige andere, keine Möglichkeit, den Machtkampf zu durchschauen, in dem auch mit seinem Leben gespielt wurde.

„Mein erster Eindruck vom Weißmeerkanal war enttäuschend. Ich hatte mir aufgrund der Propaganda etwas Grandioses vorgestellt. Und nun war er nur für Schiffe mit geringem Tiefgang geeignet und die einfachen Holzschleusen ganze 14,2 Meter breit. Man brachte uns in den üblichen Baracken unter – zweigeschossige Pritschen, ein Ofen, der schlecht wärmte, Ratten, Wanzen und Läuse. Am nächsten Morgen wurden unsere Sachen durchsucht und alles, was verdächtig schien, beschlagnahmt."

Was ihm die Propaganda verheimlichte, war, dass beim Bau dieses Kanals etwa 100.000 Häftlinge umkamen.[35] Vielleicht hatte er als 10-Jähriger erfahren, dass 120 bedeutende sowjetische Autoren und Politbüromitglieder im August 1933 eine Fahrt auf dem gerade fertigen Kanal unternommen hatten. Dass Stalin die Schriftsteller bei dieser Gelegenheit als ‚Ingenieure der Seele' pries, wusste er wohl nicht. Vielleicht hatte Anatolij aber die Festschrift dieser Seeleningenieure gelesen, in der sie den befreienden Einfluss körperlicher Arbeit lobten. Seine erfolgreichsten ‚Dienstschriftsteller', vor allem Gorkij und Simonow, ließ Stalin mit Ehren überhäufen. Sie hatten Bedienstete und kamen, wie alle hohen Parteigenossen, in den Genuss von Lebensmittelsonderzuteilungen.[36]

Anatolij arbeitete am Weißmeerkanal eine Zeit lang als Erdarbeiter, ehe er in einem Labor und danach in einer technischen Baracke beschäftigt wurde, in der man Holz mit Holzschutzmittel behandelte. „Alle Häftlinge erhielten täglich 900 Gramm Brot. Wer mehr arbeitete, bekam zwar mehr, aber das war kaum zu schaffen. Ich wurde regelmäßig von einem jungen Fliegerleutnant aus Tscheljabinsk verhört, den man zu dieser Aufgabe verpflichtet hatte, nachdem er im Krieg verwundet worden war. Er verstand mein Unglück. Als ich seine Protokolle unterschrieb, spürte ich, dass ihn diese Arbeit bedrückte. Er träumte davon, wieder mit dem Flugzeug in den Himmel zu steigen. Zahlreiche Häftlinge wurden nach einem solchen Verhör zum Lagertor gerufen und nie wieder gesehen. Man sagte, sie kämen in den Gulag. Eines Tages saß ich beim Verhör plötzlich einem jähzornigen Matrosen gegenüber. Auch ihn hatte man nach einer Verletzung hierher versetzt. Anfangs stritten wir regelmäßig. Später wurden unsere Treffen entspannter. Nach ein paar Wochen sagte er, dass dies unser letztes Treffen sei. Ich sei entlassen. Nach zwei Monaten Haft begann ich also das Jahr 1946 als so genannter freier Lohnarbeiter. Ich lebte nun in einer Baracke, in der ein Tisch stand und in der man schrieb, statt zu fluchen. Als junger *Spezialist* – ich hatte ja 10 Schulklassen absolviert – arbeitete ich auf Baustellen und durfte sogar in den fast fertig gebauten Häusern für das zukünftige Bedienungspersonal des Kanals übernachten. Ich empfand das Alleinsein als Glück. Die Sonnenuntergänge in Karelien waren märchenhaft, ebenso wie das Nordlicht, das ich am Weißen Meer oft beobachten konnte. Ich schrieb meine ersten beiden Briefe, einen nachhause, den zweiten an meinen Freund. Meine Mutter hatte ja all die Jahre nicht gewusst, ob ich überhaupt noch lebte. Einen Monat später erhielt ich ihre Antwort. Mein Freund Alexander Zabello antwortete jedoch nicht. Später schrieb mir seine Mutter, dass er am 12. Juli 1942 gefallen sei. Diese Nachricht war ein Schock für mich. Mein bester Freund war an dem Tag gefallen, an dem ich in Gefangenschaft geraten war." Flüsternd fährt er fort: „Seitdem habe ich viele Freunde verloren, aber dieser Verlust war der schmerzlichste. Ich glaube, mein Leben wäre ganz anders, viel besser verlaufen, wenn er gelebt hätte."

Während sich Anatolij auf seine endgültige Heimreise vorbereitete, drangen amerikanische Soldaten am frühen Morgen des 24. Februar 1946 in die Baracken in der Nähe von Regensburg ein, in der 1.500 Wlassow-Leute schliefen. Sie trieben die Schlaftrunkenen unter Schlägen auf bereitstehende LKW und übergaben sie dem NKWD.[37] – Ein Fall von vielen! Nicht nur Angehörige der Wlassow-Armee wollten nach Kriegsende nicht in die Sowjetunion zurückkehren. Insgesamt wurden 2,27 Millionen Sowjetbürger gegen ihren Willen und teils unter Gewaltanwendung repatriiert.[38] Nun drohte nicht mehr Hitler den Deutschen mit Verhaftung, wenn sie Juden versteckten, sondern die Alliierten, wenn sie rückkehrunwilligen Sowjetbürgern Unterstützung gewährten. Die 10.000 Ukrainer einer SS-Division hatten dagegen Glück. Sie wurden von amerikanischen und britischen Geheimdiensten angeworben oder nach Italien überstellt, von wo sie 1947 vorwiegend nach Kanada auswanderten.[39] Anatolij Alexejewitsch wollte jedoch nur eines: Er wollte nachhause.

„Ich war nun zwar frei, aber wie sollte ich nach Tscheljabinsk kommen? Ich schlief einige Nächte im Bahnhof, bis mir schließlich ein Bekannter half, mit dem Zug bis Swerdlowsk zu kommen. Dort blieb ich einige Tage bei meiner Tante und erkannte, dass auch das Leben der Zivilbevölkerung in den letzten Jahren nicht einfach und glücklich gewesen war. Ich hatte mir das ganz anders vorgestellt. Nach zwei Wochen hatte ich alles, was ich besaß, verkauft. Der Erlös daraus reichte gerade für das Zugticket und das nötige Schmiergeld. Die Räder sangen: ‚Nachhause, nachhause, nachhause.‘ Ich konnte es nicht erwarten, die Türschwelle zu überschreiten und meine Mutter in die Arme zu nehmen. Vier Jahre hatte ich auf diesen Moment gewartet, vier lange Jahre! Der Zug fuhr viel zu langsam. Als ich gar nicht mehr stillsitzen konnte, ging ich in den vordersten Wagen, als ob ich so schneller bei meiner Mutter wäre …“ Mit Tränen in den Augen bricht der alte Mann ab.

Bevor wir uns verabschieden, erfahre ich noch, dass er nach dem Krieg beim Radio arbeitete. 1955 – in dem Jahr der Amnestie für alle Sowjetbürger, die mit den ‚Okkupanten kollaboriert hatten‘ – schloss er eine Ausbildung als Elektroingenieur ab und heiratete.
„Meine Tochter hat mich oft nach meinem Leben gefragt. Zu ihrem eigenen Schutz habe ich ihr aber nie etwas erzählt. Heute hält sie zwei Lehrstühle an der Universität, einen für Architektur und einen für Ingenieurwesen. Meine Erinnerungen schrieb ich vor allem für sie. Inzwischen hat sie alles gelesen und keine Fragen mehr.“

„Haben Sie seit Ihrer Rehabilitierung 1995 Kontakt zu den Veteranen, die als Helden des *Großen Vaterländischen Krieges* verehrt werden?"
„Nein. Ich fühlte mich mein Leben lang von ihnen verflucht und ausgegrenzt. Erst 50 Jahre nach Kriegsende reifte langsam die Erkenntnis, dass man Menschen nicht kollektiv bestrafen sollte. Es gab Zeiten, in denen ich wünschte, ich wäre an der Front umgekommen."
800.000 der 4 Millionen Betroffenen lebten, wie Anatolij, lang genug, um ihre Rehabilitierungsurkunden zu erhalten.[40] Eine öffentliche Gedenkstätte, eine Abbitte oder eine angemessene Entschädigung erhielten sie nie.

9. Lydia Drude

Eine Wolhyniendeutsche spricht zum ersten Mal
über ihre Verschleppung

Die Deutschstudentin Galina sowie die beiden älteren Russlanddeutschen, Rose und Alma, begleiten mich zu dem Holzhäuschen von Lydia Drude außerhalb von Kopeysk. Bei einem zweiten Frühstück, bestehend aus Eiscreme und Tee, umringt von Tochter, Enkelkindern und Urenkeln, erzählt die aufgewühlte Wolhyniendeutsche ihre Geschichte. Fortgerissen von ihren Erinnerungen, bricht ein Wortstrom hervor, der ihren Familienangehörigen die Fassung raubt.

Eine Dolmetscherin brauchen weder Lydia noch ihre Tochter oder die Enkel. Während im eng gedrängten Wohnzimmer das Vanilleeis langsam schmilzt, werde ich auch dieses Mal mit bitterem Unterton gefragt: „Warum kommen Sie erst jetzt? Nun sind doch die meisten von uns, welche die Deportation und die *Trudarmee* überlebt haben, schon tot!"

Was soll ich antworten? Dass mich das Schicksal der Russlanddeutschen wenig interessierte, bis die Spätaussiedler in Deutschland Schlagzeilen machten?[1] „Es ist doch besser jetzt, als überhaupt nicht", antworte ich betreten.

Lydia wurde 1923 in der deutschen Siedlung Dermanka im Rayon Schepetowka, in *Wolhynien*, geboren. Dorthin waren ihre Urgroßeltern im 19. Jahrhundert aus Ostpreußen ausgewandert. Deutsche lebten in Wolhynien schon seit das Gebiet 1569 vom Polnisch-Litauischen Reich erobert worden war. Damals holten polnische Gutsbesitzer deutsche Gutsverwalter, Förster, Handwerker und Soldaten in das hauptsächlich von Ukrainern besiedelte Gebiet. Ihren Höhepunkt erreichte die deutsche Einwanderung, nachdem Wolhynien im Zusammenhang mit den Polnischen Teilungen 1795 an Russland gefallen war. Als Zar Alexander II. 1861 die Leibeigenschaft der Bauern aufgehoben hatte, verloren die Gutsbesitzer ihre billigen Arbeitskräfte und warben deutsche Siedler an. So stieg die Zahl der Deutschen in Wolhynien bis zum Ende des 19. Jahrhunderts auf etwas über 100.000.[2]

Um seine Soldaten im I. Weltkrieg zu entlohnen, erließ der Zar die *Liqui-dationsgesetze*, auf deren Grundlage er einen Teil seiner deutschen Minderheit enteignete. Alle Deutschen, die innerhalb von 150 Kilometern entlang der Grenze zu Deutschland oder Österreich lebten, oder nach 1880 russische Staatsbürger geworden waren, mussten ihr Land im Laufe von 16 Monaten meist zu Spottpreisen an die Bauernbodenbank verkaufen, die es an verdiente Soldaten billig weitergab.[3] Im Laufe des Krieges wurde dieses Gesetz auf alle Deutschen im europäischen Teil des Russischen Reiches ausgedehnt.

Mehr Glück hatten die 23.000 Kolonisten, die am Vorabend des I. Weltkriegs vor den Repressalien des Zars nach Ost- und Westpreußen zurückgesiedelt waren – 60 Prozent von ihnen waren Wolhyniendeutsche.[4] Unter den 200.000 deutschen Siedlern, die nach Osten deportiert wurden, befanden sich 150.000 Wolhyniendeutsche.[5] Von ihnen kehrten nach Kriegsende etwa 120.000 in ihre Heimat zurück. Ruhe fand dieses für seine deutschen Windmühlen bekannte Gebiet aber noch lange nicht. Nach Ende des *Polnisch-Sowjetischen Krieges* (1920–21) wurde es zwischen Polen und der Ukrainischen Sowjetrepublik aufgeteilt. So kam es, dass Lydia in einem deutschen Dorf im sowjetischen Machtbereich das Licht der Welt erblickte, während in ihrem Nachbardorf fast ausschließlich Ukrainer lebten.

„Die Gegend, in der ich die ersten elf Jahre meines Lebens verbrachte, war flach. Die Holzhäuser waren von ausgedehnten Obstgärten umgeben und standen entsprechend weit auseinander. Um unser Dorf wuchsen Wälder. Bis auf eine polnische Familie gehörten alle der lutherischen Kirche an und sprachen Deutsch. Die Landwirtschaft meiner Eltern war so klein, dass wir sie auch nach der Kollektivierungskampagne von 1929 behalten durften. Von da an arbeitete mein Vater in der *Kolchose*."
Lydia wächst als älteste von vier Geschwistern auf. Ihr Bruder Bernhard ist zwei Jahre jünger. Herta, die heute in Kanada lebt, wurde vier Jahre nach ihr geboren. Die jüngste Schwester ist früh gestorben.
„Von uns Kindern wurde erwartet, dass wir im Haushalt, zu dem auch meine Oma zählte, und in der kleinen Landwirtschaft mithalfen. Im Sommer hütete ich unsere Kühe, im Herbst half ich bei der Apfelernte. Die Winter waren mild. An viel Schnee erinnere ich mich nicht. In unserer Schule wurde bis zum Kriegsbeginn 1941 auf Deutsch unterrichtet. Der so genannte Club organisierte Tanzveranstaltungen und Blaskon-

zerte und ich war stolz darauf, dass mein Vater im Orchester mitspielte." Mit düsterer Miene fährt sie fort: „Mit der Hungersnot von 1932/33 änderte sich unser Leben unwiederbringlich. Monatelang zogen Bettler durchs Dorf, und ein Jahr später wurden die meisten Dorfbewohner ins Gebiet Charkow umgesiedelt. Nach Stalins Meinung lebten wir offenbar zu nahe an der polnischen Grenze. Wenigstens durften wir unseren beweglichen Besitz, einschließlich unserer Kuh und unserer Hühner, in die ungewisse Zukunft mitnehmen. Mit voll beladenem Pferdefuhrwerk fuhren wir zum Bahnhof und saßen dann in Güterwaggons Richtung Osten. Tante Elsa gehörte zu denen, die bleiben durften. Zwei Jahre später wurden alle Zurückgebliebenen in die kasachische Steppe deportiert, wo sie an einem See Erdhütten bauten, um überleben zu können. Das ahnte jedoch niemand, als wir Anfang 1934 unsere Heimat verlassen mussten. Die unzähligen Verhungerten, die entlang den Bahngleisen lagen, drückten die Stimmung noch tiefer. Nach drei Tagen erreichten wir das Schwarzerdegebiet um Sachnowschtschina. Bei Schnee und Kälte brachte man uns mit Pferdewagen ins 30 Kilometer entfernte Dorf Tavistia, wo jeder Familie ein leeres Haus zugewiesen wurde."

„Was war mit den Menschen geschehen, denen diese Häuser gehört hatten?"

„Sie waren verhungert oder, wenn sie noch die Kraft hatten, weggezogen."

Im Gebiet von Charkow verhungerten 1932/33 über 2 Millionen Menschen. Der italienische Konsul schrieb im März 1933: ‚Die Aufgedunsenen werden mit Güterzügen aufs Land gefahren und 50 bis 60 Kilometer hinter der Stadt ausgesetzt, wo sie sterben, ohne dass man sie sieht. An den Stellen, an denen entladen wird, werden große Gruben ausgelassen und die Toten aus den Waggons geholt.'

Während Stalin Millionen Zentner Getreide exportierte, verhungerten allein in der Stadt Charkow innerhalb eines Jahres 120.000 Einwohner.[6] (Während der deutschen Besatzung im Laufe des II. Weltkriegs starben noch einmal 10.000 bis 30.000 Menschen, während auch das NS-Regime Lebensmittel requirierte. Die jüdische Bevölkerung der Stadt, etwa 60.000 Menschen, wurde fast gänzlich ausgelöscht.)

Abgesehen von der grauenvollen Hungersnot, glich die Sowjetunion der 1930er-Jahre einem gigantischen Nomadenlager. Die Geheimpolizei legte auf Anordnung Stalins für jeden Rayon bzw. Kreis einen willkürlichen Prozentsatz an Personen fest, die zu verhaften, zu erschießen oder zu deportieren waren – vor allem unliebsame Parteigenossen, Kulaken, *Kosaken* und nicht-russische Volksgruppen wie Ukrainer, Deutsche, Kaukasier, *Tataren* und Kasachen. Neben der Eliminierung jeden politischen Widerstandes und der Russifizierung der Bevölkerung, verfolgten diese Umsiedlungsaktionen das Ziel, die *überzählige* Bevölkerung im Westen des Reiches in den dünn besiedelten Gebieten im Osten anzusiedeln, wo sie zur Erschließung der Bodenschätze eingesetzt werden konnten.[7] Während Hitler und Männer wie Churchill, Lord Curzon, Edvard Beneš und der Flüchtlingskommissar des Völkerbundes, Fridtjof Nansen, die klare Trennung – bzw. ‚Verpflanzung' – verschiedener Völkerschaften als Weg zur friedlichen Lösungen ethnischer Konflikte priesen, setzte Stalin auf erzwungene Völkervermischung.[8] Opfer dieser Politik wurde auch Lydia.

Die lastende Stille durchbrechend, fährt sie fort: „Das von Steppe umgebene Tavistia wurde nun von Deutschen bewohnt. Das uns zugewiesene Lehmhaus hatte wie die anderen einen Fußboden aus festgestampfter Erde. Da es nicht genügend Häuser für alle gab, wurden ein paar deutsche Familien im ukrainischen Nachbarort untergebracht.

Wir waren rechtzeitig angekommen, um Ende März die Saat ausbringen zu können. In den Gärten wuchsen bald Melonen und Trauben und auf den fruchtbaren Feldern gedieh das Getreide. Jede Frau musste Zuckerrüben anbauen und eine festgelegte Anzahl in der Zuckerfabrik abliefern. Dafür erhielt sie eine bestimmte Menge Zucker, der besonders fürs Einkochen wichtig war.

Wie die meisten Umsiedler richteten wir uns in unserem neuen Leben schnell ein. Dann wurde Vater lungenkrank. Um sich zu schonen, sollte er sein Blasinstrument nicht spielen. Weil er es trotzdem tat, nahm Mutter es ihm weg. Da er aber wusste, wo sie es versteckt hielt, übte er heimlich, wenn sie zum Einkaufen ging. Eines Tages kam sie unerwartet früh zurück und es gab mächtigen Streit. Als die anderen Musiker daraufhin eines Abends zum Proben in unser Haus kamen, erklärte ihnen meine aufgebrachte Mama: ‚Mein Mann ist nicht zuhause.' Als ob sie darauf vorbereitet waren, blieben die Männer einfach ruhig sitzen, bis kurz darauf mein Vater in der Tür stand.

Die Ruhe in unserem neuen Dorf währte nur kurze Zeit. Ab 1935/36 wurde ein Mann nach dem anderen zum *Feind des Volkes* erklärt und – meist nachts – abgeholt. 1937 traf dieses Schicksal auch meinen kranken Vater. Wie unzählige andere wurde er direkt am Arbeitplatz auf einen Pferdewagen verfrachtet. Wir konnten uns nicht einmal von ihm verabschieden. Ich werde nie vergessen, wie Mama an diesem Abend verzweifelt klagte: ,Wir haben unseren Papa verloren.' Ich habe nie wieder etwas von ihm gehört. Bald gab es nur noch wenige Männer im Dorf und alle Menschen lebten in ständiger Angst. Erst als mein Vater, wie zahllose andere, Ende der 1980er-Jahre rehabilitiert wurde, erfuhr ich, dass man ihn im Januar 1938 erschossen hatte. Wo er beerdigt ist, konnte ich bis heute nicht in Erfahrung bringen.

In dem Jahr, als mein Vater getötet wurde, schloss ich meine Schule ab und begann in Selman an der Wolga, am dortigen pädagogischen Institut, eine Ausbildung als Lehrerin. Als ich diese 1941 abgeschlossen hatte, begann der Krieg und ich kam nicht mehr nachhause. Stattdessen erhielt ich Anfang Juli eine Anstellung in der *Sowchose* 104 bei Lebedewa im Gebiet von *Saratow*. Am 28. August ereilte mich dort Stalins *Ukaz*, der die Deportation aller Wolgadeutschen anordnete. Mir blieb gerade Zeit genug, um ein paar Sachen zu packen, und schon saß ich in einem Viehwaggon, wer weiß wohin. Biegt der Zug nach links ab, hieß es, kommen wir nach Sibirien, andernfalls nach Kasachstan. Mein Zug fuhr nach links und nach drei Tagen erreichten wir Omsk."

Als ich mich nach ihrer Mutter und ihren Geschwistern erkundige, sagt Lydia: „Mutter hatte sich mit meiner Schwester Herta zu Fuß auf den Weg nach Wolhynien zu ihrer Schwester gemacht. Von dort wurden sie von den Deutschen nach Polen umgesiedelt."

Bereits drei Wochen nach Kriegsbeginn befanden sich knapp 80 Prozent der 420.000 Ukrainedeutschen unter deutscher Herrschaft.[9] Fast 100.000, vor allem wehrtaugliche Männer, hatten die Bolschewiki bis Oktober 1941 verschleppt.[10] Mit dem Rückzug der Wehrmacht setzte im Oktober 1943 die *Große Russlandaktion* ein, in deren Rahmen 365.000 *Volksdeutsche* in riesigen Trecks vor allem ins Wartheland umgesiedelt und dort auf beschlagnahmten polnischen Höfen *angesetzt* wurden.[11]

„Es gelang meiner Mutter und meiner Schwester, vor Kriegsende die englische Zone in Deutschland zu erreichen", erzählt Lydia weiter, „sich zu verstecken und so einer Auslieferung an Stalin zu entgehen. 1949 wanderten sie zu dem Bruder meiner Mutter nach Kanada aus."

Lydias Mutter und Schwester gehörten zu den 150.000 Russlanddeutschen, die dem zwischen Churchill und Stalin 1944 vereinbarten Geheimabkommen entrinnen konnten, welches die Zwangsrepatriierung aller Russlanddeutschen vorsah.[12] Weniger Glück hatten etwa 50.000 andere in den westlichen Besatzungszonen Deutschlands und die 250.000 *Adminis-*

trativumsiedler in den von der Roten Armee besetzten Gebieten. Von den über 1 Million zwischen 1941 und 1946 von den Sowjets verschleppten Russlanddeutschen haben etwa 300.000 nicht überlebt.[13] Lydia, ihre Mutter und ihre Schwester hatten das Glück, mit dem nackten Leben davonzukommen.

„Sie waren also ohne Ihre Familie in Sibirien. Wussten Sie was mit ihr geschehen war?"

„Nichts wusste ich!", platzt es unter Tränen aus ihr heraus. „Ich landete in einem Holzfällerlager, in dem es viele Frauen mit kleinen Kindern gab, und erhielt die Aufgabe, im Kindergarten zu arbeiten. Anfang 1942 wurden alle deutschen Männer zur *Trudarmee* geholt. Da der Kindergarten im Winter geschlossen war, ging ich nach Tara, etwa 300 Kilometer nördlich von Omsk, wo ich die Familie Bauer von meiner Zeit in der Sowchose 104 her kannte. Dort erklärte man mir, ich sei mit meinen 18 Jahren zu jung und unerfahren, um als Lehrerin zu arbeiten. Ich fand also keine Arbeit und bekam daher auch keine Lebensmittelkarten.

Eines Tages erhielten meine Gastgeber Besuch von einem Russen. ‚Geh doch ins Rayowa', riet er mir. Er meinte das Kreisamt, das Arbeiter in verschiedene Kolchosen verschickte. Als er meinen Hunger bemerkte, gab er mir ein Stück Brot und sagte: ‚Mein Sohn kämpft gegen die Deutschen. Vielleicht gibt ihm auch jemand ein Stück Brot.'" Weinend fährt die betagte Wolhyniendeutsche fort: „Das werde ich nie vergessen.

Am nächsten Tag, einem kalten Wintermorgen, machte ich mich auf den Weg zu dieser Organisation. In einem großen Zimmer saß ein Mann mit schwarzen Kleidern, schwarzem Haar und dunklen Augen an einem langen Tisch. ‚Was suchst du hier, Mädchen?' fragte er. ‚Arbeit', antwortete ich. ‚Komm, setz dich!' Er begutachtete mich eingehend und entschied: ‚Wir werden dir Arbeit geben.' Daraufhin rief er einen Tataren zu sich. ‚Dieser Mann nimmt dich als Buchführerin für den Kolchos mit in sein tatarisches Dorf.'

Nachdem ich mich von der Familie Bauer verabschiedet hatte, ging ich mit diesem Tataren in sein 30 Kilometer entferntes Dorf Jurt Suskanawa. Beim traditionellen Teetrinken stellte er mich seinen Bekannten vor und ich bemerkte, dass die meisten Dorfbewohner kein Russisch sprachen. Nach zwei Tagen wurde ich bei einer Russisch sprechenden Frau untergebracht. Die Menschen waren gut zu mir. Sie nannten mich nur ‚Mädchen'. Alles ging gut, bis im Herbst 1942 auch alle deutschen Frauen zur Trudarmee geholt wurden."

„Sie auch?"

Sie schüttelt den Kopf: „Zunächst nicht. Der Präsident des örtlichen Sowjets, der zugleich Vertreter des *NKWD* war, erklärte den Behörden, dass es in seinem Dorf keine Deutsche gäbe. Er meinte es gut mit mir." „Auch beim NKWD gilt es offenbar zu differenzieren", bemerke ich. Lydia nickt. „Bis Anfang 1943 konnte dieser Mann mich schützen, dann erhielt ich doch ein Mobilisierungsschreiben. Wieder packte ich meine wenigen Sachen, zu denen mittlerweile ein Paar Filzstiefel gehörte. Mit dem Pferdefuhrwerk wurde ich ins Militärkommissariat nach Tara gebracht, wo schon viele deutsche Frauen versammelt waren. Auf einem offenen LKW ging es weiter nach Omsk. Diese schreckliche Fahrt bei klirrender Kälte dauerte zehn bis zwölf Stunden. In der Nähe der Stadt wurden wir in einem Güterzug einquartiert und mussten das Eis von den Bahngleisen und dem Wasserbehälter schlagen. Nach zehn Tagen erschien ein Amtsvertreter aus *Tscheljabinsk* und erklärte: ‚Ihr werdet von nun an Gewehre für die Front herstellen'. Nach sechstägiger Fahrt in Güterwaggons erreichten wir das Werk Sergo Ordschonikidse Nr. 78. Dort hieß es jeden Morgen um 6:30 Uhr aufstehen, waschen und Baracke säubern. Dann erhielten wir unsere Tagesration von 800 Gramm Brot. Für die 400 Rubel, die man im Monat verdiente, konnte man, solange das Geld reichte, Mittagessen in der Kantine kaufen. Ich arbeitete zunächst an der Drehbank. Die fertigen Katjuschas wurden in Güterzügen an die Front gebracht. Später kam ich in die Abteilung 8, wo die Kästen für den Transport gezimmert wurden. Dort war die Luft besser und die Arbeit etwas angenehmer.

Ich schrieb regelmäßig nachhause, erhielt aber nie eine Antwort. Erst viel später erfuhr ich, dass man meinen Bruder Bernhard 1942 als Sohn eines *Volksfeindes* zu fünf Jahren Strafarbeitslager in *Swerdlowsk* verurteilt hatte. Anschließend kam er an den Balchaschsee im südlichen Kasachstan. Aufgrund gesundheitlicher Probleme, auch verursacht durch das dortige Klima, schickte man ihn als Bauarbeiter nach Karaganda, wo er zufällig Milina begegnete, einer Bekannte aus Tavistia. Von ihr erfuhr er vieles über unser Schicksal. Das Auseinanderreißen der Familien war furchtbar. Es hat die Menschen zermürbt." Ob Lydia begriff, dass das Zerstören von Familien als Teil von Stalins Russifizierungsplänen bewusst forciert wurde, auch um den Widerstand der Menschen zu brechen?

„In der Nähe von Karaganda fand Bernhard eines Tages auch unsere Tante Else. Er verliebte sich in ein Mädchen aus unserem Heimatdorf und heiratete sie. Die beiden hatten fünf Kinder. In den 1970er-Jahren wanderten sie alle nach Bayern aus."

„Und wie erging es Ihnen in Tscheljabinsk?"

„Als man 1946 keine Gewehre mehr brauchte, schickte man mich zum Gemüseanbau in ein nahe gelegenes Dorf. Eines Tages sprach mich die Lehrerin, Olga Iwanowa, an: ‚Geh ins Rayowa. Du bekommst Arbeit in deinem Beruf!' Für eine Deutsche war das zu dieser Zeit absolut nicht selbstverständlich! Verängstigt begab ich mich zu dem zuständigen Kommandanten. Der erklärte mir jedoch freundlich und mit Nachdruck: ‚Ich vertrete die Ansicht, dass alle Deutschen mit Hochschulbildung in ihrem Beruf arbeiten dürfen!' Es war ein guter Mann. Er hat mir viel geholfen."

„Warum war er so hilfsbereit, wo es viele andere nicht waren?"

„Er hatte eine deutsche Frau", flüstert Lydia. „Er fuhr mit mir zum Chef des Kreisamtes, der meinte: ‚Wenn es der NKWD genehmigt, kann sie meinetwegen als Lehrerin arbeiten'. So kam ich ins 30 Gehminuten entfernte Dorf Smolina. Ich sollte mich einmal im Monat bei dem Kommandanten melden. Im Winter war das jedoch eine Tortur. Deswegen tat ich es nicht immer vorschriftgemäß. Da sagte der Kommandant nur: ‚Kommen Sie einfach, wann immer Sie können'.

Meine größte Sorge galt natürlich meiner Familie. Ich schrieb überall hin, sogar an den Obersten Sowjet nach Moskau." Ihre Tränen lassen sich nicht mehr zurückhalten. Umringt von weinenden Kindern und Enkeln schluchzt sie: „Aber ich konnte nichts, absolut gar nichts erfahren."

Als sie sich wieder etwas gefangen hat, sagt sie: „Als Wahlhelferin lernte ich meinen Mann kennen. 1949 haben wir geheiratet." Ob sie da schon wusste, dass Stalin 1948 verfügt hatte, dass alle Deutschen und Angehörigen anderer *repressierter Völker* bei Strafe von bis zu 20 Jahren Zwangsarbeit nicht in ihre Heimat zurückkehren durften?

„War Ihre Ehe nicht glücklich?", versuche ich ihren Gesichtsausdruck zu deuten.

„Ich erinnere mich an wenig Lust und viel Leid." In den Gesichtern ihrer Nachkommen lese ich nur Mitleid und Bedauern.

„1950 wurde Tanja geboren. 1953 kamen die Zwillinge Viktor und Nina auf die Welt. Mir ging es nicht gut und mein Mann war nicht gut zu mir. Mit der Suche nach meinen Verwandten hatte ich mich auch an den Kommandanten gewandt. Ende der 1950er-Jahre rief er mich eines Tages zu sich. Auf einem Suchformular stand hinter dem Namen meiner Mutter und meiner Schwester: ‚Unbekannt.' Aber hinter dem Namen meines Bruders stand: ‚Karaganda.' Über ihn erfuhr ich, dass meine Mutter und meine Schwester in Kanada lebten."

1955 erklärten die UdSSR und Deutschland den Kriegszustand für beendet. Im gleichen Jahr wurden Lydia und Hunderttausende ihrer Leidensgenossen als Folge deutsch-sowjetischer Verhandlungen aus der Sonderaufsicht durch das Innenministerium entlassen. Das beinhaltete aber weder die Rückgabe konfiszierten Besitzes noch das Recht, in ihre Heimat zurückzukehren.[14] 1964 wurden sie von der kollektiven Schuldzuweisung *Verräter* oder *Volksfeinde* befreit. Da dieser Erlass aber nicht veröffentlich wurde, erfuhren das die *bestraften Völker* meist erst Jahrzehnte später. Erst 1989 bekannte sich der Sowjetstaat zur ‚kriminellen Illegalität der barbarischen Akte des stalinistischen Regimes gegenüber den ... deportierten Völkern.'[15] An Lydias Leben änderte das wenig.

„Haben Sie Ihre Mutter einmal besuchen können?"

Ihre Kinder und Enkel scheinen den Atem anzuhalten, als die alte Frau tränenüberströmt den Kopf schüttelt: „Ich habe meine Mutter nie wieder gesehen." In der bewegungslosen Stille nimmt Tanja ihre Mutter liebevoll in die Arme. „Es war unmöglich, ein Visum zu bekommen, selbst wenn ich mir die Reise hätte leisten können. Meine Mutter ist 1981 gestorben. Nicht einmal bei ihrer Beerdigung konnte ich dabei sein."

Es ist, als ob eine Ewigkeit verstreicht, bevor ich sie frage, warum sie sich nach all diesem Leid nicht entschloss, wie ihr Bruder nach Deutschland auszuwandern.

„Meine Familie ist heute hier verwurzelt", flüstert sie.

Zwar war es den Wolgadeutschen ab 1972 formal gestattet, in ihre Siedlungsgebiete zurückzukehren, diese Pläne scheiterten jedoch meist am Widerstand der heute dort lebenden Bevölkerung. So kommt es, dass derzeit nur etwa 10.000 Wolgadeutsche in ihrer einstigen Heimat leben.[16] Die allermeisten Russlanddeutschen und ihre Nachkommen leben heute in der Bundesrepublik. Selbst im liberalen Klima von Glasnost wurde in den meisten Familien der UdSSR, nicht nur in den deutschen, kaum über die Vergangenheit geredet, wurden Erinnerungen über die Repressionen selten an die nächste Generation weitergegeben. Auch heute noch haben manche Menschen Angst, über ihre Erinnerungen zu sprechen. Eingeschüchtert und mundtot gemacht, hat die Mehrheit von Stalins Opfern geschwiegen. Bemüht, die bedrückende Stimmung etwas zu heben, erkundige ich mich nach Lydias glücklichsten Erinnerungen.

„Meine Kindheit in Wolhynien", erwidert sie ohne nachzudenken.

„Sie leben nun die längste Zeit Ihres Lebens hier in Tscheljabinsk. Ihre Kinder wuchsen hier auf. Ihre Enkelkinder leben hier. Wo ist heute Ihre Heimat?"

Ohne zu überlegen wiederholt sie: „In Wolhynien."

Als wir uns verabschiedet haben, fährt Lydias Enkelsohn Galina, Alma, Rose und mich mit seinem Auto zurück nach Kopeysk. Ob er die Geschichte seiner Großmutter kannte, frage ich den gut aussehenden jungen Mann.

„Nein", sagt er. „Ich hatte keine Ahnung."

10. Gebhard

Rückzugshölle im Kaukasus und Massensterben
russischer Gefangener

Meine Frage nach seinen Kriegserlebnissen löste bei dem Vater meiner Bekannten eine wahre Sturzflut an Worten aus. Zu einem ausführlichen Gespräch sei er gern bereit, allerdings nur an einem Regentag. Bei gutem Wetter habe er im Garten zu tun. Im Jahrhundertsommer des Jahres 2004 fällt aber kein Regen. So ist es doch ein Sonnentag, an dem wir auf seinem Balkon, mit Blick über seinen Obstgarten, beieinander sitzen. Gebhard erzählt hastig, als ob er befürchtet, ich könnte ihm nicht bis zum Ende zuhören.

Der alte Schwabe wurde 1922 als Sohn eines Wagnermeisters geboren und wuchs mit zwei älteren Schwestern und einem älteren Bruder auf. „Ich war mit meinen dreieinhalb Pfund nur ein paar Knöchele", kommentiert er seinen Eintritt ins Leben.

Die Ansiedelung einer Papierfabrik nach dem I. Weltkrieg führte in seinem kleinen oberschwäbischen Heimatdorf zu einem Anstieg der Einwohnerzahl von 800 auf 2.000. Sein Vater, dessen Werkstatt bei der Kirche und direkt neben dem Schmied lag, hatte, nachdem er 1919 aus dem Krieg zurückgekehrt war, schnell in seine Rolle als Familienvater zurückgefunden. Bald jedoch drängte ihn der Pfarrer, sein Land für den Bau einer neuen, größeren Kirche zu verkaufen. Gebhards Mutter wehrte sich vehement gegen den steigenden Druck der Kirche und sein Vater wollte erst recht nicht weichen, hing seine Existenz doch von der Nähe zur einzigen Schmiede im Ort ab.

„Vater war Spezialist für Landauer, Ausfahrkutschen für die Reichen. Der Herr vom Fuggerhof hatte eine solche Chaise bei ihm bestellt. Ein halbes Jahr arbeitete Vater daran. Statt ihn jedoch für seine Arbeit zu bezahlen, ging der feine Herr Bankrott. In dem Winter, in dem ich geboren wurde, hatte meine Familie also kein Geld und der Pfarrer machte uns das Leben zusätzlich schwer. Den Kampf mit der Kirche musste mein Vater verlieren. 1923 speiste man ihn mit relativ wenig Geld ab. Kurze Zeit später wurde es durch die Inflation vernichtet – und damit der ganze Besitz meiner Eltern! Schlagartig waren sie mit vier Kindern bettelarm." Diese Inflation erschütterte nicht nur Gebhards Familie, sondern weite Teile der schon durch den Zusammenbruch der Monarchie, Reparationszahlungen und Phasen des Bürgerkriegs verunsicherten Bevölkerung. Die von Moskau gesteuerte Kommunistische Internationale (Komintern) verschärfte die Krisensituation, indem sie Aufstände anfachte. Der Putsch in Bayern 1919 wurde von Lenin bejubelt. Den Ausschreitungen in Berlin fielen 1920 mehr als 1.000 Menschen zum Opfer.[1] 1921 schlug die preußische Polizei den mitteldeutschen Aufstand nieder und in Gebhards Geburtsjahr 1923 eröffnete der sowjetische Brigadier Manfred (Moses) Stern den Umsturz in Hamburg.[2]

Finanziert wurden die kommunistischen Parteien und die kommunistische Presse in aller Welt sowie diese Aufstände von Moskau und zwar zu einer Zeit, in der Millionen Sowjetbürger Hungersnot und *Bürgerkrieg* zum Opfer fielen. Als später zahlreiche prominente KPD-Mitglieder, unter ihnen etliche Juden wie Paul Levi, Rosa Luxemburg, Leo Jogiches, Arthur Rosenberg, August Thalheimer, Elfriede Eisler, Ruth Fischer und Werner Scholem Stalin den Rücken kehrten, ließ er sie ermorden oder in Lager sperren.

In dieser schwierigen Zeit durfte Gebhards Familie zunächst in ihrem Haus wohnen bleiben, bis es ein paar Jahre später abgerissen wurde. „Ich war oft krank, hab Tag und Nacht geschrieen. Für Mutter war diese Zeit sicherlich grauenvoll. Für Vater war ich die ‚Chaiseleich' und meine Geschwister schämten sich, mit einem so runzeligen Säugling auf d' Straß zu geh'n. Vater war Mitglied im Kriegerverein, der im Winter Theaterstücke einstudierte, die man um die Weihnachtszeit aufführte. Mutter holte Vater immer wieder von den Proben heim, weil ich ständig am Sterben war."
„Wie ging es zwischen Ihrem Vater und dem Pfarrer weiter?"
„Vater führte einen Prozess und erhielt schließlich 400 Quadratmeter Bauland – anstelle der 1.200, die er vorher besaß. Die Kirchenbauleute waren notdürftig in unserer alten Werkstatt untergebracht. Mutter wusch und kochte für sie, um etwas Geld für ein neues Haus zu verdienen. Vater arbeitete in der Papierfabrik. Als man dort keine Wagner mehr brauchte, stellte er Paletten für den Kartonversand her. Er war mit seinen 40 Jahren seelisch am Ende."
„Wo haben Sie gelebt, nachdem Ihr Haus abgerissen wurde?"

„Zunächst eineinhalb Jahre zur Miete in einem Haus, dessen Keller immer mal wieder unter Wasser stand. Eine meiner ersten Erinnerungen ist mein Erstaunen über die schwimmenden Mostfässer, als ich einmal die Kellertür öffnete.

Auf ihrem neuen Grundstück bauten meine Eltern Stein für Stein ein neues Haus. Mutter sagte: ‚Wer was taugt, hat seine eigenen vier Wände.' Nach Feierabend halfen die Kirchenhandwerker oft mit. Meine Eltern und älteren Geschwister klopften die Steine vom alten Haus ab. Ziegel, Dachplatten und Holzbalken durften wir ja wieder benutzen. Ich hab den Maurern oft bei der Arbeit zugeschaut und mit anderen Dorfkindern auf ihren Sandhaufen gespielt.

1927, als ich fünf Jahre alt war, zogen wir in das neue Haus ein und meine Eltern hatten einen Berg Schulden. Wir haben entsetzlich einfach gelebt. Es gab Kraut und Kartoffeln oder Kartoffeln und Kraut. Im Winter stand das Kraut im Ofenrohr. Nach der Schule oder dem Schlittenfahren gab es davon immer einen Löffel aufs Brot."

Nun bricht sich der Zorn des alten Schwaben richtig Bahn: „Der Pfarrer hat die Dorfbewohner ausgemolken, bis er 1938 versetzt wurde! Nur weil er sich mit der neuen Kirche ein Denkmal setzen wollte! 1928/29 kam dann noch die Arbeitslosigkeit hinzu. In der Fabrik gab es viel Stillstand. Vater hat kaum etwas verdient und Mutter ging in die Villen der Reichen putzen und waschen."

„War Ihre Mutter verbittert?"

„Verärgert. Sie stammte von einem großen Hof. Während ihre fünf Brüder im I. Weltkrieg waren, betrieb sie mit ihrer Mutter den elterlichen Hof ganz allein. Sie hatte einen eisernen Willen und war in dieser Hinsicht stärker als mein Vater. Der kam auch von einem stattlichen Hof, den sein ältester Bruder geerbt hatte. Da seine drei Brüder im I. Weltkrieg fielen, erbte die Frau des ältesten Bruders den Hof. Als die junge Witwe wieder heiratete, kam der gesamte Familienbesitz in fremde Hände.

Die Jahre 1923 bis 1933 waren überall in Deutschland eine schwere Zeit. Wegen der wahnsinnigen Reparationszahlungen rutschte der Staat immer am Bankrott entlang, die Parteien lagen dauernd im Streit miteinander und die ständig wechselnden Regierungen taten wenig für die Bevölkerung. Für uns bedeutete das Hunger und einen ständigen Kampf ums Überleben.

Vater war aufgrund von Kurzarbeit oder Arbeitslosigkeit viel daheim. Wenn er konnte, half er den Bauern bei der Ernte und bekam dafür 40 Pfennig die Stunde. Wir Kinder machten uns bei der Kartoffelernte nützlich und durften als Lohn dafür zwei Reihen Kartoffeln für uns selber ernten. Auf den Wiesen rund ums Dorf haben wir Obst geklaut, und aus dem Fallobst, das wir auflasen, machte man Most. Meine Schwestern wurden mit 13 Jahren Dienstmädchen und wie Sklavinnen behandelt. Ab und zu brachten sie abgelegte Kleider mit. Daraus hat Mutter mir Anzügle genäht." Stolz fügt er hinzu: „Trotzdem ist aus ihnen was Rechtes geworden. Eine heiratete einen Bankangestellten. Als er starb, leitete sie jahrelang die Bankfiliale.

Die meisten Leute, die ein eigenes Haus besaßen, zogen im Holzschopf (Holzschober) ein Schwein auf und hielten sich Hühner. Ein Jahr hat man das Schwein geschlachtet, das andere hat man's verkauft, um etwas Geld zu haben. Geschlachtet wurde meist um die Weihnachtszeit."

„Haben Sie als Kind dabei zugeschaut?"

„Schlimmer! Ich musste das Blut rühren! Ich wusste, ich würde niemals Metzger werden! Da waren mir unsere zwölf weißen Kaninchen viel lieber." Mit weichem Blick fügt er hinzu: „Die hab ich mit Löwenzahnblättern gefüttert."

„Im Jahr des katastrophalen Börsenkrachs müssen Sie in die Schule gekommen sein."

„Ja, 1929. Ich musste die abgetragenen Kleider der älteren Brüder anziehen und, was noch viel peinlicher war, die abgelaufenen Schuhe meiner Schwestern. Dazu hat Mutter mir noch einen Glatzkopf gesäbelt. Für den Friseur war kein Geld da. Richtige Frisuren hatten nur die Werkmeistersöhne und die Kinder der Großbauern. Dabei war ich kräftiger wie die andern! Wenn mich einer ‚Glatzkopfindianer' geschimpft hat, hab ich ihn verschlagen."

„Waren Sie der einzige Kahlgeschorene in Ihrer Klasse?"

„Nein. Wir waren drei oder vier Glatzköpfe. Dazu bin ich halt auch noch lumpig dahergekommen." Leise fügt er hinzu: „Ich hab mich so geschämt. Vor allem gegenüber den Mädchen." Etwas froher sagt er: „Unser Lehrer war ein richtiger Parteimensch. Wenn er das Klassenzimmer verließ, sagte er: ‚Gebhard, schreib auf, wer schwätzt oder Blödsinn macht! Der kriegt Tatzen'." Mit verblüffender Einsicht fährt er fort: „Wegen meiner Minderwertigkeitsgefühle war ich ausgesprochen händelsüchtig, hab mit jedem gestritten, hatte vor keinem Angst. Darauf war ich sogar stolz. Etliche Söhne der Reichen waren dümmer als ich. Ich war besser im Rechnen und viel besser im Sport! Ich hab sie verachtet, die unsportlichen Knochen."

Während ich denke, dass er sie wohl vor allem beneidet hat, flüstert er: „Ich hab mich wohl vor allem verachtet gefühlt. Viele der 6 Millionen Arbeitslosen zogen damals von Ort zu Ort. Manch armer Handwerksbursche hielt auch vor unserer Tür die Hand auf, mit dem tausendfach gehörten Sprüchle: ‚Armer Handwerksbursche bittet um eine kleine Unterstützung.' Besonders schlimm war's im Winter. Da zog eine wahre Flut von Elenden durch unser Haus. Mutter hat ihnen immer etwas gegeben: ein paar Pfennige, eine Suppe oder Brot. Heute geht's den Arbeitslosen im Vergleich dazu prima!"

In dieser elenden Zeit erwies sich Hitler, wie Stalin, als Meister der Propaganda. Allein im Dezember 1931 hielt die NSDAP mehr als 13.000 Kundgebungen ab, während es alle Rivalen zusammen auf nicht einmal 500 brachten![3] 1932 forderten Zusammenstöße während politischer Aufmärsche allein in Preußen innerhalb von fünf Wochen 100 Todesopfer und über 1.000 Verletzte.[4] Ein Jahr später waren 6,4 Millionen Deutsche bereit, sich einem Führer anzuvertrauen, der sie aus Elend, nationaler Erniedrigung sowie politischer und sozialer Zerrissenheit herausführen sollte – zu einer Zeit, als Stalin schon vier Jahre als Diktator herrschte, und in der Sowjetunion bereits Millionen Menschen umgekommen waren.
„Das Elend hatte die Wähler radikalisiert", erklärt Gebhard. „Vielen ging es unter den Nationalsozialisten auch schnell merklich besser! In der Fabrik herrschte bald wieder Vollbeschäftigung! Und als Hitler den RAD (Reichsarbeitsdienst) ins Leben rief, hatten alle wieder Arbeit, Kleider und Essen! Nach Einführung des Ehestandsdarlehens konnten viele Leute heiraten, die es sich vorher nicht leisten konnten. Knechte konnten bis dahin meist nicht einmal ans Heiraten denken. Mit 500 Mark konnte man nun auf einem 1.000 Quadratmeter großen Grundstück bauen, das man vom Staat für 99 Jahre in Erbpacht erhielt und langsam erwerben konnte. Das war eine Sensation! Die Begeisterung war riesig. Zwei oder drei Arbeiter der Papierfabrik, Schreiner oder Maurer, die die gleiche Schicht hatten, bauten nun in ihrer Freizeit gemeinsam ihre Häuser. Die Siedlung, die so entstand, kann sich heute noch sehen lassen!"

Es dauerte aber nicht lange und die Parallelen zwischen Hitler und Stalin traten für alle, die sie sehen wollten, zutage. Beide Diktatoren schufen sich einen loyalen Parteiapparat und Institutionen, die sie beherrschten. Beide legitimierten ihre Herrschaft mit Hilfe einer Ideologie, kontrollierten, manipulierten und terrorisierten die Bevölkerung zunehmend mit Desinformation und Gewalt. In beiden Systemen fielen vor allem junge Menschen wie Gebhard der Propaganda zum Opfer, während zahlreiche Ältere die Parteibegeisterung ihrer Kinder nicht teilten.

„Vater wollte von der Partei nichts wissen. Er hat auch von den Weimarer Parteien nichts wissen wollen", erzählt er. „Mutter stand den Sozialisten nahe. Beide sagten oft: ‚Es ist eine Sauerei, dass die Reichen immer reicher und die Armen immer ärmer werden.' Parteimitglied wurde auch Mutter nicht. Dazu war sie eine zu strenggläubige Katholikin. Vor dem Schulunterricht mussten wir Kinder täglich die Frühkirche besuchen und sonntags bestimmte Mutter: ‚Wer nicht in die Kirche geht, bekommt nichts zu essen!' Viele meiner Schulkameraden hängten ihren ganzen jugendlichen Idealismus an diese neuen Ideen und gingen 1936 freiwillig zur Wehrmacht. Gerade aus Süddeutschland meldeten sich viele, die ausgelernt hatten und in der weiten Welt etwas erleben wollten, zur Marine."

„Wie stand es mit der Parteibegeisterung Ihrer Lehrer?"

„Unser Rektor war streng katholisch und Hitler gegenüber kritisch. Mein Lehrer war dagegen ein begeisterter Parteigenosse und wegen seiner sozialen Einstellung allseits beliebt. Meine Lehrerin erklärte uns, dass Hitler mehr für die Armen als für die Reichen tat. Mir gefiel das natürlich."

Auf meine Frage, wie er seine Nachmittage verbrachte, erzählt er: „Nach der Schule gab's Essen, dann ging Mutter zum Bauern arbeiten. Meist folgte ich ihr nach dem Abspülen, um auch zu helfen. Für Schularbeiten hatte ich keine Zeit – und keine Lust! Mutter ermahnte mich regelmäßig: ‚Wenn du fleißig bist, dann wird was aus dir'. Damit meinte sie die Mithilfe im Haushalt und beim Bauern. ‚Von deinen Noten kann ich nichts abbeißen.' Aber mit Holzspalten und Zwiebelnsetzen könnte ich etwas verdienen oder ihr helfen. Noten bedeuteten mir nicht viel, obwohl ich immer über dem Durchschnitt lag, aber vom Staatsjugendtag, der von der HJ organisiert wurde, war ich begeistert. Da konnte ich bei Spiel und Sport glänzen. Und wenn ich bei Parteiveranstaltungen ein Gedicht aufsagen durfte, war ich glücklich!"

„Können Sie sich an eines dieser Gedichte erinnern?"

Ohne zu überlegen antwortet er: „Ja."

„Würden Sie es für mich aufsagen?"

„Interessiert Sie das wirklich? Es ist nur …" Mein sonst so gesprächiger Gastgeber zögert. „Es ist nur … Es ist ein ganz besonderes Gedicht – für mich."

„Gerade deshalb würde ich es gern hören", versichere ich ihm.
Sein Blick schweift in weite Ferne, als er beginnt:

Der Amboss

Mir griff des Lebens harte Faust
schon in die krausen Kinderlocken.
Den Knaben hat es herb gezaust,
hat ihn umwogen und umbraust
Und wahrlich nicht mit Blütenflocken.

Und ‚schaffen!' rief's ‚die Stunde fließt!'
und trieb mich aus der Mutter Kammer.
‚Nur der hat Recht, der recht sich müht,
du selbst bist deines Glückes Schmied.'
Ich weint' und fasste Zang' und Hammer.

Weit fuhr ich, wie die Sehnsucht fährt
Von Riesen lernt ich und von Zwergen.
Braun und stark zurückgekehrt,
Bestellt ich selbst den eignen Herd
In meiner Heimat grünen Bergen.

Für einen langen Moment herrscht regungslose Stille. Selbst die Sommer-
brise scheint den Atem anzuhalten, als er mit tränenerstickter Stimme
murmelt: „Das Gedicht kam mir vor wie für mich geschrieben."
„Ihre Eltern waren sicher stolz, Sie vor aller Augen ein Gedicht vortragen
zu hören."
„Sie gingen zu keiner Parteiveranstaltung."
In Gedanken versunken fragt er schließlich: „Wollen Sie sonst noch etwas
wissen?"
„Wie sind ja erst im Jahr 1933! Sie haben mir von Ihren Eltern und Ihren
Schwestern erzählt, aber noch nichts von Ihrem Bruder."
„Mein Bruder war ein starker, fleißiger Bursche. Nachdem er 1933 mit der
Schule fertig war, lernte er Automechaniker. Als Lehrling musste er die
Laster im Hof abspritzen und wurde dabei oft nass. Im Winter, kurz vor
seiner Gesellenprüfung, bekam er eine schwere Lungenentzündung.
Nach Monaten in der Klinik wurde er zum Sterben nachhause geschickt!
Nach einem halben Jahr hatte die Kasse aufgehört zu zahlen und wir
mussten dem Krankenhaus noch lange Zeit monatlich fünf Mark zurück-

zahlen – trotz der falschen Behandlung! Als mein Bruder nur noch Haut und Knochen war, brachte Mutter ihn zu einem Heilpraktiker, der ihr erklärte, dass mein Bruder operiert werden müsse. Der Verlobte meiner Schwester kannte den Chefarzt des Ravensburger Krankenhauses, Dr. Oberhofer, einen feiner Mann. Er war bereit, meinen Bruder zu operieren, konnte aber für nichts garantieren. Nachdem er eine Menge Eiter zwischen seinen Rippen rausgelassen hatte, war mein Bruder zwar noch monatelang im Krankenhaus, wurde aber wieder gesund. Für die Gesellenprüfung war es jedoch zu spät. Also machte er den Führerschein und fuhr auf dem Flughafen in Friedrichshafen Löschfahrzeuge. 1939 rückte er zum Militär ein und hat als Fahrer eines Generals den Krieg überlebt."

„Und Sie?"

„Ich schloss 1936 die Schule ab. In Gemeinden mit überwiegend bäuerlicher Bevölkerung gab es nur sieben Jahre Unterricht, auch nachdem Hitler die Schulzeit auf acht Jahre erhöht hatte, denn auf dem Land fehlte es an Arbeitskräften. Auch für mich war die Schulzeit nach sieben Jahren vorbei. Mit 13 Jahren kam ich für ein Jahr zu einem Bauern im Nachbarort. Dort musste ich jeden Tag um 5 Uhr aufstehen, den Stall ausmisten und die Tiere füttern – und hatte keinen Sonntag frei! Es war eine harte Zeit.

Als 14-Jähriger kam ich in der Weingartener Maschinenfabrik in die Werkzeugmacher-Lehre, als einer von 180 Lehrlingen. Viele der anderen Auszubildenden, vor allem die Realschüler, waren zwei bis drei Jahre länger zur Schule gegangen als ich. Im Vergleich zu ihnen war ich also schulisch weit zurück und kam in der Berufsschule nicht mit. Den Lehrern war es egal, ob wir Volksschüler etwas verstanden oder nicht."

Aufgeregt fährt er fort: „Wenn uns die Oberschüler auslachten, haben wir Arbeiterbuben sie auf dem Heimweg verprügelt. Dabei hab ich mich besonders hervorgetan. Dann packte mich der Ehrgeiz! Nachdem man unseren Berufsschullehrer eingezogen hatte, bat ich den neuen Hilfslehrer, einen prima Pädagogen, mir die Grundlagen beizubringen, die mir fehlten. Zum Abschluss der Lehre 1940 erhielten drei Schüler eine Auszeichnung. Einer davon war ich! Als Preis erhielt ich Hitlers *Mein Kampf*!"

„Sie waren sicherlich in der HJ?"

„Ich war von der HJ begeistert. Ich war sogar Standartenführer! Der oberste HJ-Führer bei uns im Dorf!"

Wie in der Sowjetunion, so entstanden auch an allen deutschen Schulen und Ausbildungsstätten Jugendgruppen der Partei. Hier wie dort gab es Idealisten oder junge Leute, die sich durch die Mitgliedschaft in der Parteiorganisation bessere Bildungs- und Berufschancen erhofften. Die Erkenntnis: je ausgedehnter das Schulnetz, umso effektiver die Propaganda, ließ Stalin 1934 die 4-jährige Schulpflicht einführen und 1940 auf sieben Jahre erhöhen.[5] Ab Mitte der 1930er-Jahre unterlagen die Geschichtsbücher der direkten Aufsicht Stalins. Möglicherweise ließ er sich dabei von dem hohen Stellenwert leiten, den Geschichtsunterricht im nationalsozialistischen Deutschland genoss. 1939 hatte die sowjetische Jugendorganisation *Komsomol* 9 Millionen Mitglieder im Alter von 9 bis 15 Jahren.[6] Im gleichen Jahr waren fast alle etwa 9 Millionen deutschen Jugendlichen zwischen 10 und 18 Jahren HJ-Mitglieder. Ehe Gebhard mit 17 Jahren seine Lehre abschloss, marschierte die deutsche Wehrmacht in Österreich ein.

„Im Vorarlberg und im Bregenzer Wald gab es schon eine ganze Weile heimliche Treffen mit österreichischen HJ-Gruppen. Wir trafen uns auf den Hütten in den Bergen. Ich war von dem Anschluss begeistert!"

„1938 standen in Deutschland die Synagogen in Flammen und jüdische Geschäfte wurden zerstört. Haben Sie davon etwas mitbekommen?"

„In Ravensburg gab es den Woolworth, ein jüdisches Kaufhaus, wo alles bis zu einer Mark billiger war. Mutter schickte mich ab und zu mit meinem Rucksäckle hin, um Reis, Linsen, Zucker oder Wolle zu kaufen. Es war ein weiter Weg, aber man hat auf jeden Pfennig geachtet. Gelesen hab ich über die Zerstörungen in der Zeitung und fand das blöd. ‚Jetzt haben die Ober-Parteigenossen uns kleinen Fabrikarbeiter-Familien auch noch den einzigen billigen Laden genommen!', schimpfte meine Mutter."

„Kannten Sie Juden persönlich?"

„Bei uns im Ort gab es keine. Als aber meine Schwester und ihr Verlobter aufgrund des Ehestandsdarlehens 1934 heiraten konnten, kauften sie die Möbel beim jüdischen Möbelhändler Silbermann. Er nahm meine Schwester und mich einmal in seinem Ford-Auto mit. Das war ein Ereignis!"

„Was haben Sie sonst über Juden gehört?"

„In der wirtschaftlich miserablen Zeit nahmen einige Bauern bei Juden Kredite auf. Wenn sie nicht gut gewirtschaftet oder Pech hatten, nahmen ihnen die Juden diese Höfe ab. Als die Nazis später die Juden wirtschaftlich ruinierten, wurden mehrere dieser Höfe in unserer Gegend an Evangelische verkauft. Ihre Kinder mussten auf evangelische Schulen gehen und hatten daher meist einen weiten Schulweg in Kauf zu nehmen. Von uns Alteingesessenen wurden sie zunächst nicht als Spielkameraden akzeptiert. Unser Pfarrer sagte, wir sollten nicht mit den Evangelischen spielen."

„1939 begann der Krieg gegen Polen. Wie haben Sie das als 16-Jähriger erlebt?"

„Den gewinnen wir! Daran bestand für mich kein Zweifel. Als man Ostpreußen nach den Versailler Verträgen vom Rest des Reiches abgeschnitten hatte, war ich der Meinung, es sollte eine Bahn- oder Straßenverbindung unter deutscher Kontrolle nach Ostpreußen geben. Im Radio war viel die Rede von der Schikane der Deutschen in den Gebieten, die man nach dem I. Weltkrieg vom Deutschen bzw. vom Habsburger Reich abgetrennt hatte – dem Elsass, dem Memelgebiet, Teilen Schlesiens, dem Sudentenland und Tirol. Das wurde propagandistisch ausgeschlachtet. Ich war begeistert von der Idee der Einheit aller Deutschen. Es war eine Zeit voller Gegensätze – bis in die Familien hinein. Nehmen Sie die Familie meiner Frau. Ihr Vater war ein ausgesprochener Gegner Hitlers, aber zwei ihrer Brüder waren Ritterkreuzträger! Einer ist gefallen. Der andere war Hauptmann bei der Luftwaffe. Weil seine Chancen im Nachkriegsdeutschland nicht gut standen, wanderte er 1950 nach Argentinien aus. Ich wäre am liebsten auch ausgewandert. Sie können sich das Deutschland nach Kriegsende gar nicht vorstellen! Überall Ruinen, Rauch und Gestank." Er schaut unruhig auf die Uhr. „Ich sollte jetzt kochen. Meine Frau braucht ihr Mittagessen."

„Vom Krieg haben Sie mir ja noch gar nichts erzählt!"

„Dann müssen wir unser Gespräch ein anderes Mal fortsetzen – an einem Regentag!"

Da aber wieder wochenlang kein Tropfen Regen fällt, erklärt sich Gebhard an einem strahleblauen Hitzetag zur Fortsetzung unseres Gesprächs bereit. Während er die Markise auf seinem Balkon ausfährt, erkundige ich mich nach seinen Kriegserlebnissen.

„Bei uns in der Maschinenfabrik gab es ein U-Boot-Zulieferprogramm, deswegen wurde ich 1941 UK (unabkömmlich) gestellt. Während dieser Zeit fiel mein erster Schulkamerad. 1942 wurde auch ich eingezogen." Als Gebhard Soldat wurde, war der Traum vom Blitzsieg bereits ausgeträumt, mit dem man zu Beginn auch in britischen und amerikanischen Regierungskreisen gerechnet hatte. In höchsten drei Monaten sei die Sowjet-union besiegt, erwartete man. Das wollte Goebbels auch die deutsche Bevölkerung glauben machen, denn der Krieg gegen Russland war kei-neswegs populär. Wohl auch deshalb verschleierte die Propaganda die wahren Kriegsziele.

„Eigentlich wollte ich zu den Gebirgsjägern", erinnert sich der damalige Rekrut. „Stattdessen kam ich zu einem Kradmeldezug. Mein Feldwebel hatte sich lauter gute Sportler ausgesucht. Wir haben Fußball und Handball gespielt, an Geräten geturnt, geboxt und Motorradgeländefahrten unter-nommen. Mir hat das gefallen. Ich wurde einem Elitezug zugeteilt, lernte Karte lesen und nachts nur mit Hilfe eines Kompasses bestimmte Punkte zu finden. Danach kam ich nach Stetten am Kalten Markt und wurde an-schließend noch drei Wochen auf Rügen getrimmt. Wir, einige Hundert Mann, mussten in unseren nassen Kleidern schlafen und wurden nachts ständig rausgescheucht. Wir wurden geschlaucht bis zum Verrecken. Den theoretischen Unterricht haben meist Unteroffiziere erteilt, die auf-grund einer Verwundung nicht KV (kriegsverwendungsfähig) waren. Wenn uns einer etwas Falsches erzählte, stellte ich das richtig." Plötzlich hält Gebhard inne, ehe er erregt fortfährt: „Ich konnte einfach meinen Mund nicht halten. Dafür bekam ich Strafdienst."

„Wieso kannten Sie sich in manchen Dingen besser aus als Ihre Lehrer?"

„Als Scharführer war ich in politischer Schulung nicht ungeübt und als HJ-Führer war ich an der Pistole und dem Gewehr ausgebildet worden. Unser Zug von etwa 40 Mann wurde in drei Gruppen aufgeteilt. Eine kam nach Afrika, die andere nach Italien und die dritte, zu der mein Freund Tone und ich gehörten, wurde zum Südabschnitt der Russlandfront in Marsch gesetzt. Als wir damals in einen Viehwaggon verfrachtet wurden, wusste allerdings niemand, wohin die Reise ging. Es war mir furchtbar, von meinen Kameraden getrennt zu werden.

In Warschau erlebten wir den ersten Fliegerangriff der Amerikaner oder Engländer. Unsere Waggons wurden aufgerissen und jeder versuchte, sich in Sicherheit zu bringen. Als die Bomben um uns herum explodierten, hörte ich die ersten Schreie – und hatte unsägliche Angst! Jetzt kommst du nicht mal bis an die Front, sagte ich mir. Drei Wochen waren wir un-terwegs. Vor Hitze sind wir schier verreckt. Der Spieß, der Kompanieführ-rer und der Hauptfeldwebel, die Männer, die diesen Zug begleiteten, die also immer Ersatz zur Front brachten, waren meist blau."

„Sie wussten, dass es für viele dieser Jungs die erste und letzte lange

Reise ihres Lebens war", fasse ich seine unausgesprochenen Gedanken in Worte.

„Wir hatten wenig zu essen und zu trinken. Meist standen wir tagsüber irgendwo in einem Wald versteckt, zum Schutz vor Bombenangriffen. 20 Kilometer hinter der Front wurden wir ausgeladen." Er zieht eine Photographie aus seinem Stapel Papiere und flüstert: „Meine zweite Klasse." Adrett gekleidete Schulkinder, lachende Gesichter. „Sie sind fast alle gefallen oder mittlerweile gestorben." Auf einen fröhlichen Lausbub deutend, sagt er: „Das bin ich." Dann zeigt er auf ein strahlendes, brünettes Mädchen: „Das ist Elisabeth. Sie ist in Ravensbrück umgekommen, aber das wissen Sie ja."

Ich nicke. „Sie traf sich, wie vier andere Mädchen in ihrem Dorf, mit polnischen und ukrainischen Zwangsarbeitern und hat dafür mit ihrem Leben bezahlt."

„Das ist Klara. Sie hat das KZ Ravensbrück als einziges dieser fünf Mädchen überlebt. Und hier, mein Freund Tone – gefallen in Russland. Der mit der Lederhose wanderte 1932 mit seiner Familie nach Brasilien aus. Nach dem Krieg beschimpfte er uns allesamt als Nazis!"

Dann erzählt Gebhard von der Schlacht bei *Stalino* im *Donbass*-Gebiet, zu der er im Sommer 1942, als 19-Jähriger, unterwegs war – einer von 6 Millionen deutschen Soldaten, die an der Ostfront eingesetzt wurden.

„Wir marschierten und marschierten! Zu der Zeit ging es für uns noch vorwärts. Meine Stiefel waren viel zu eng, nachdem meine Füße vom vielen Laufen bei 35 Grad wund und angeschwollen waren. Der Sand glühte förmlich in der Hitze. Mein Gesicht war mit einer dicken Schweiß- und Staubschicht bedeckt. Unter meinem dicken Kittel zerfloss ich beinah vor Hitze und hatte zudem die ganze Ausrüstung zu schleppen. Rechts und links säumten kaputte Fahrzeuge unseren Weg. Wir erhielten nur einen einzigen Becher Kaffee am Tag. Vor Durst bin ich halb wahnsinnig geworden. Ich war total fertig!

Die Dörfer lagen oft 20 oder 30 Kilometer auseinander. Wenn wir ankamen, waren die Brunnen häufig durch Tierkadaver verseucht. Das Wasser hat gestunken wie Mistjauche. Manchmal hab ich trotzdem davon getrunken, weil der Durst unerträglich war und bald litt ich unter Durchfall. Die Straße war mit Pferdekadavern gesäumt und immer wieder waren wir Luftangriffen ausgesetzt. Aus panischer Angst vor Partisanen wagte keiner zurückzubleiben. Ich hatte die Nase sehr schnell gestrichen voll!

Heute weiß ich, dass wir bei Taganrug, etwa 30 bis 40 Kilometer vor *Rostow am Don*, lagerten, oberhalb der Steilküste des Asowschen Meeres. Damals wussten wir jedoch im Grunde nie, wo wir waren. Die Gegend war wunderschön." Mit verklärtem Blick fährt er fort: „Ich hatte wieder Wache. Es wehte ein kühler Wind. Da hab ich meine Mundharmonika rausgeholt und gespielt *Wenn bei Capri die rote Sonne im Meer versinkt.*" Leise summt er die Melodie in die warme Sommerluft. „Auch *Es steht ein Soldat am Wolgastrand.* Bei *Heimat Deine Sterne* hat das ganze Lager leise mitgesungen." Flüsternd fügt er hinzu: „Da sind bei vielen die Tränen gelaufen. Wir waren fast nur Schwaben. Es ist eine so wunderbare Erinnerung. Ich wünschte mir, ich hätte dort bleiben können – ohne Krieg.

Stattdessen wurden wir wieder auseinandergerissen. Nur Tone war noch bei mir. Wir kamen zur 23. Panzerdivision, zu lauter Ostpreußen! Ich war ganz niedergeschlagen. ‚Seid Ihr überhaupt Deutsche?', fragten uns die Kerle mit ihrem überheblichen Hochdeutsch! Unser Kompaniechef war so ein preußisches Granatenarschloch von einem großen Gut. Wir kamen in die Kalmücken-Steppe, in ein richtiges deutsches Dorf! Mit roten Ziegeldächern! In den anderen Dörfern hatten die Häuser Strohdächer. Es gab ein Elektrizitätswerk, eine Mühle und Traktoren. In den Vorgärten standen Linden und überall blühten Blumen. In der Schule stand sogar ein Harmonium. Auf dem spielte einer von uns *Am Brunnen vor dem Tore.* Es war wie im Märchen. Ich liebe meine Heimat, das Schwabenland. Ich hab nie an einem anderen Ort leben wollen, aber in diesem deutschen Dorf hätte ich mir vorstellen können zu leben – mit Blick auf den Elbrus statt auf den Säntis."

„Und die Menschen?"

„Menschen gab es in diesem Dorf keine."

„Woher wussten Sie dann, dass es ein deutsches Dorf war?"

„Es kamen zwei Männer, die Deutsch sprachen. Man hatte sie mit allen anderen Dorfbewohnern nach Sibirien verschleppt. Als Soldaten der Roten Armee waren sie dann in deutsche Gefangenschaft geraten und in ihr Heimatdorf zurückgeschickt worden."

Nicht nur die etwa 50.000 Deutschen, die seit Generationen im Kaukasus siedelten, wurden von Stalin verschleppt. Im Kaukasus war die Rote Armee schon zehn Jahre vor dem Einmarsch der Wehrmacht gegen die rebellische bäuerliche Bevölkerung vorgegangen. Dabei hatten Zehntausende Menschen ihr Leben verloren, Hunderttausende wurden deportiert. Der dafür verantwortliche Chef der Geheimpolizei, *Jeschow*, rechtfertigte seine brutalen Maßnahmen 1935 mit den Worten. ‚Der *Kulak* ist nichts weiter als ein Schwein.' Und Maxim Gorkij verkündete: ‚Die Lebenswelt der Bauern soll verrecken.'[7]

In dieser Gegend schwelten die Konflikte schon lange. Nachdem der Zar den Nordkaukasus erobert hatte, siedelte er dort ab Ende des 18. Jahrhunderts *Kosaken* an, welche die große Georgische Heeresstraße sichern sollten. In Laufe der 50 Jahre währenden Kaukasischen Kriege (1817–1864) flohen Hunderttausende Kaukasier ins Osmanische Reich oder wurden dorthin vertrieben.[8] An ihrer Stelle siedelte der Zar in seinem neuen Grenzgebiet unter anderem deutsche Kolonisten an, die Stalin dann größtenteils nach Osten deportieren ließ. Auch von den einheimischen Bergvölkern wurden 1943/44 mehr als 1 Million nach Sibirien verschleppt – als Strafe für tatsächliche oder angebliche Kollaboration mit der Wehrmacht.[9]

Von den rund 100.000 Kalmücken und *Tschetschenen*, die 1949 deportiert wurden, starb etwa ein Drittel bereits unterwegs.[10] Der Zwist, der damals zwischen den nordkaukasischen Völkern gesät wurde, ist eine der Ursachen für die heute immer noch blutig umkämpften Staatsgrenzen, die einst willkürlich festgelegt wurden, ohne sich an ethnischen oder historischen Gegebenheiten zu orientieren. Dass heute immer noch um eine Trennung von Russland gekämpft wird, hat vor allem wirtschaftliche Gründe. Es geht um Rohstoffe und Industriebetriebe.

In der ersten Nacht in dem deutschen Kaukasusdorf, das Gebhard so gut gefiel, schoben er und Tone Wache. „Als ich die Mühle etwas außerhalb des Ortes kontrollierte, stand mir plötzlich ein Russe gegenüber. Wir waren beide starr vor Schreck. Er trug keine Waffe und stellte sich als der Müller heraus. Er sprach sogar ein paar Brocken Deutsch und bot an, mir die Mühle zu zeigen. Ich ließ mich darauf ein, hatte aber ständig Angst, er könnte mich in einem Malschacht verschwinden lassen. Im Kaukasus gab es zwar so gut wie keine Partisanen, aber ich hatte gelernt, immer und überall misstrauisch zu sein. Der Müller war jedoch freundlich. In der Nähe dieses Dorfes arbeiteten ein paar Russen in einer *Kolchose* für Pferdezucht. Dort besorgte sich unser Kompaniechef ein gutes Pferd.

Am nächsten Tag stießen wir auf einer Waldlichtung plötzlich auf ein riesiges Zelt. Als wir uns anschlichen, entdecken wir einen Alten mit Voll-

bart, der uns wie ein Urmensch erschien. Er hatte zwei Hunde so groß
wie Kälber und stellte sich als Hirte heraus. Vor seinem Zelt hingen Schaf-
felle zum Trocknen in der Sonne. Es war eine richtig idyllische Szene. Als
unser Offizier angeritten kam, warf ihn sein neuer feuriger Hengst vor
den Augen der angetretenen Kompanie aus dem Sattel. Er brach sich das
Schlüsselbein und das Pferd rannte ins Sonnenblumenfeld davon. Einen
ganzen vergnügten Tag lang jagten wir diesem Tier nach."

„In der Ukraine, in der Sie sich befanden, wurden während der deutschen
Besatzung unzählige Juden ermordet", wechsele ich das Thema. „Haben
Sie davon etwas mitbekommen?"

„Nein. Aber ich erinnere mich, dass wir in Rostow ein sowjetisches Gefängnis befreiten. Unter den Häftlingen befanden sich zahlreiche Ingenieure. Die haben blitzschnell Deutsch gelernt und begeistert mit uns gekämpft."

„Was war in Ihren Augen das Ziel dieses Feldzugs?"

„Die Ölfelder bei Baku. Wir sollten sie in Besitz nehmen und somit die
Öllieferungen an die russische Armee blockieren." (Zu der Zeit bezog die
UdSSR 95 Prozent ihres Öls von Baku.) „Natürlich hatte Hitler selber
großes Interesse an diesem Rohstoff. Wir sollten bei Baku mit Rommel
zusammentreffen. Aber das hat ja alles nicht funktioniert. Vor uns lag das
Hochgebirge, das nur über die Ossetische Hochgebirgsstraße zu über-
queren war. Um weiter Richtung Baku vorzudringen, hätten wir weit vor
uns Fallschirmjäger absetzen müssen, damit sie die Sprengung wichtiger
Brücken verhindern konnten. Ohne diese Sicherheit war der Vormarsch
über das Gebirge und durch enge Täler im Winter so gut wie unmöglich.
Was aber von der Luftwaffe übrig war, kam bei *Stalingrad* zum Einsatz.
Uns wurde erklärt, 90 Prozent der Stadt seien bereits in deutscher Hand.
Also wollten wir warten, bis die Schlacht gewonnen war. Zu dieser Zeit
begannen die Engländer Radar einzusetzen und reihenweise unsere U-Boote
zu versenken. Unser Vormarsch blieb daher ebenso stecken wie der Rom-
mels. Im Januar 1943, nach der Kapitulation der Stalingradarmee, in einem
furchtbar kalten Winter, begann für uns der Rückzug."

„Aber der Sinn des ganzen Krieges? Warum?", insistiere ich.

„Wir sollten Stalin, wie gesagt, die Ölzufuhr sperren. Darüber hinaus hab
ich gegen den Kommunismus gekämpft und mit mir viele andere Europäer aus aller Herren Länder! Man hatte im Westen große Angst vor dem
Kommunismus." Aufgebracht fährt er fort: „Die Gräueltaten und millio-
nenfachen Morde Stalins waren ja weit und breit bekannt. Man wusste

von den *Säuberungen*, davon, dass Millionen erschossen oder nach Sibirien verfrachtet wurden! Auch die katholische Kirche unterstützte den Kampf gegen den Kommunismus!" Beide großen Kirchen in Deutschland äußerten keine Zweifel an der deutschen Kriegsführung. So erklärte der Kirchenpräsident der Evangelischen Kirche 1986 rückblickend, er habe an die Rechtmäßigkeit des ‚Kreuzzuges gegen den Bolschewismus‘ geglaubt und hatte, als er Russland betrat, ‚keine Zweifel an der Richtigkeit dieses Kriegs.‘[11] Manch einer fürchtete jedoch gleichzeitig den Sieg Hitlers. Auch vielen Alliierten, die gegen Hitler kämpften, graute vor einem Sieg Stalins.

Dass der ebenso gottlose Hitler nicht für die Christenheit in den Krieg zog, sondern um die *Ukraine*, *Weißrussland* und die baltischen Staaten selber zu besetzen, dass er Deutschland so zu einer kontinentalen Großmacht machen wollte, mochten viele nicht wahrhaben – oder konnten nichts dagegen unternehmen.[12] Dass dieses Ziel nur über die Zerschlagung der Sowjetunion möglich war, liegt auf der Hand. Den Soldaten auf beiden Seiten wurde dieser Krieg als weltanschaulicher Kampf – als eine Art Religionskrieg – gegen den Bolschewismus bzw. den Nationalsozialismus dargestellt.

„Unsere Panzereinheit wurde wieder auseinander gerissen", erzählt Gebhard. „Diesmal kam auch Tone weg. Nun war ich als Kradmelder oft allein unterwegs. Als ich eines Nachts zu meiner Kompanie zurückkam, in ein durch einen Fluss geteiltes Dorf, wurde ich beschossen. Da erst merkte ich, dass auf meiner Seite der Brücke bereits Russen lagen. Können Sie sich vorstellen, wie das ist, in vollkommen fremdem Gelände bei stockdunkler Nacht zu versuchen, seine Einheit zu finden?! Um mich durch das Motorengeräusch nicht zu verraten, ließ ich meine Karre liegen und schlich mit einer Taschenlampe Meter für Meter zurück. Als ich ums letzte Hauseck kam, prallte ich mit einem Russen zusammen. Wir starrten uns beide zu Tode erschrocken an – und dann ließ jeder den anderen laufen! Durch den Bach kroch ich förmlich auf allen Vieren. Als ich meine Kompanie endlich gefunden hatte, wurde ich vom Kompaniechef noch zusammengestaucht, weil ich so lang unterwegs gewesen war.
Sobald der Morgen graute, wurden wir von Stalinorgeln beschossen. Da wir fast keinen Kraftstoff mehr hatten, ging's ohne Fahrzeuge zurück. Nur die Offiziere fuhren. Während die sich mit Wasser wuschen, hatten wir Landser nichts zu trinken!! Als ich einen Offizier fragte, warum er so

viel Wasser verbrauche, teilte er mich zur Strafwache ein, obwohl ich in den letzten 36 Stunden nur eineinhalb Stunden geschlafen hatte. Das bedeutete Horchposten etwa 100 Meter vor der Frontlinie. Da lag ich nun allein in einem Loch im Maisfeld. Mein verzweifelter Versuch, wach zu bleiben, war vergeblich. Ich nickte ein und wurde von einem Feldwebel, der die Wachen kontrollierte, prompt dem Kommandeur gemeldet und musste meine Waffe abliefern. ‚Ich melde Sie zur Strafkompanie!‘, brüllte der mich an. Zunächst saßen wir aber zum Glück fest.

Unser Kompaniechef, ein richtiger Angeber und typischer Salonoffizier, war schuld daran, dass unsere Offensive ins Stocken geraten war. Der Bataillonschef war wütend auf ihn und ließ ihn zur Strafe einen Stoßtrupp von 25 Mann anführen. Ich meldete mich freiwillig dazu. Ob ich hier oder in der Strafkompanie drauf ging, war mir einerlei. Die Anhöhe, die wir einnehmen sollten, wurde von einem russischen Bunker aus gut verteidigt. Der Kommandeur befahl einen direkten Angriff! Der reine Selbstmord! Bei diesem Wahnsinn wurde er auch selber getroffen und ist verblutet! Daraufhin übernahm ein Unteroffizier das Kommando. Wir schlugen einen großen Bogen um den Bunker und räucherten die Besatzung von hinten mit Handgranaten und Feuerwerfern aus. Neun Leute nahmen wir gefangen. Mein Feldwebel erhielt dafür das EK1 und ich das EK2.

Kurz darauf trafen wir auf eine Panzereinheit, die von einem fabelhaften Offizier angeführt wurde. Als wir mit den etwa zwölf Panzern ein hohes Maisfeld durchquerten, entdeckte ich durchs Scherenfernrohr rings um uns, in kleinen Löchern, Russen. Ein Panzergewehr in geringer Entfernung zielte direkt auf unseren leichten Schützenpanzer. ‚Raus!‘, schrie mein Kommandant! Ich sollte dieses Panzergewehr außer Gefecht setzen. Ein Selbstmordkommando! Bevor ich aus der Luke spring, wirft der Kommandant eine Handgranate auf das bedrohliche Geschütz. Ich bin einem Russ direkt ins Kreuz g'juckt (gesprungen), der in einem Loch direkt unter mir lag. ‚Ruki war! – Hände hoch!‘, brüll ich ihn an, entwaffne ihn und setz ihn auf den Panzer.

Das auf uns gerichtete Geschütz war nur etwa 20 Meter entfernt. Durch den hohen Mais war es aber gar nicht leicht zu finden. Auf der Erde sah man ja lange nicht so weit wie oben im Panzer. Als ich die PAK erreiche, liegen beide Schützen, einer von ihnen ein Kommissar, blutüberströmt da. Ich entferne schnell den Geschützverschluss, ohne den die Waffe nutzlos ist, stecke ihn in meine Hosentasche und mach' mich schleunigst auf den Rückweg. Ich bin noch keine 6 Meter entfernt, da hör ich ‚Klick'!

Im ersten Moment spür' ich gar nichts, aber dann sehe ich, dass mein Schenkel glatt durchschossen ist. Der zweite Schuss prallt an dem Verschluss in meiner Tasche ab! Der Kommissar war gar nicht tot! Ich drehe mich um und erschieße ihn!"

Ohne Luft zu holen, fährt er fort: „Mein Stiefel war voller Blut! Als ich meinen Panzer fast erreicht habe, haut der ab! Lässt mich allein unter all den Russen stehen! Da erst seh' ich die russischen Bomber über uns! Unser vorderster Panzer wird getroffen, aber nicht von den Fliegern, sondern von einer russischen PAK. ‚Hier kommst du nicht lebendig raus!', dessen bin ich mir sicher. Nach dem Angriff hat mein Panzer aber kehrt gemacht und mich geholt!"

Seine Erinnerungen reißen ihn weiter mit sich fort. „Alles drehte sich in diesem riesigen Maisfeld wild durcheinander, Panzer, Geschütze, Soldaten – und Flugzeuge von oben! Ohne Infanterie ist eine Panzereinheit hilflos! Aber die Infanterie kam nicht schnell genug nach! Wir zogen uns etwas zurück, und ein Schützenpanzer brachte die Verwundeten und einen Sanitäter 5 bis 6 Kilometer hinter die Frontlinie! Einer von ihnen ist unterwegs auf meinem Schoß gestorben! Als Leichtverwundeter musste ich gleich wieder Wache schieben!

Im Morgengrauen rückte endlich die Infanterie nach, und ein paar Tage später wurden alle Verwundeten in ein Feldlazarett gebracht. Von dort ging es mit drei gekennzeichneten Saniautos nach Kislovodsk. Trotzdem wurden wir von russischen Tieffliegern angegriffen. Unsere Autotür ließ sich von innen nicht öffnen. Keiner konnte raus!" Auswegslose Verzweiflung brennt in seinen Augen: „Die Autos fuhren mit großem Abstand, damit nicht zwei auf einmal getroffen werden konnten. Das erste erlitt einen Volltreffer." – Plötzlich hält sein orkanartiger Wortsturm inne. Als sei er soeben aus einem Alptraum erwacht, als ob er alles noch einmal durchlebt hätte, schaut er mich abgekämpft an.

Wie unter Hochspannung stehend, erklärt er weiter: „Kislovodsk war ein russischer Kurort. Das Lazarett befand sich in der Nähe von Stalins Ferienpalast. Dort gab es alles! Vier Wochen lag ich in einem Krankenzimmer! Danach blieb ich noch 14 Tage als Wache und auch um laufen zu üben. Das war eine schöne Zeit." Kaum hörbar flüstert er: „Dort hab ich meinen 20. Geburtstag gefeiert. Dann ging's zurück zu meiner Einheit an die Ossetische Heeresstraße. Wir machten viele Gefangene, unter ihnen einige Volksdeutsche."

„Was geschah mit den Volksdeutschen?"

„Die wurden in russischen Uniformen vor der Front abgesetzt, um das Sprengen von Brücken zu verhindern." Als Kanonenfutter für Hitler, denke ich, während ich Gebhard sagen höre: „Ende Dezember begann unser Rückzug aus dem Kaukasus. Im Januar 1943, einem entsetzlich kalten Winter, sollten wir einen der Kessel bei Stalingrad öffnen. Wir erhielten neue, gelbe Panzer, die wahrscheinlich für den Afrika-Feldzug gedacht waren. Weil der Nachschub in den Schneemassen stecken blieb, wir also auch kein Benzin mehr bekamen, wurden die Panzer gesprengt. In dieser mörderischen Kälte liefen wir in sechs Wochen 300 Kilometer zu Fuß – ohne Winterbekleidung! Als wir bis zu 85 Kilometer an den Kessel herangekommen waren, lebten von 180 Mann nur noch 80. Alle anderen waren erfroren oder verhungert. Im Dunkeln haben die Wölfe geheult. Wer nicht weiter konnte, wurde von ihnen angefallen. Nachts ist alles an dir festgefroren. Ich hoffte inständig auf einen Kopfschuss. Dann hätte dieses Elend ein Ende gehabt." Der alte Veteran sinkt in sich zusammen und schweigt.

Während er vollkommen mit dem eigenen Überleben beschäftigt war, spielten sich auch auf der Seite der *Feinde* menschliche Tragödien ab. Dort waren im Herbst 1942 Zehntausende usbekische, kirgisische und tatarische Soldaten verheizt worden. Der Kommandeur der 64. Schützendivision ließ seine Soldaten antreten und schoss jedem zehnten mit seinem Revolver ins Gesicht. Darüber hinaus wurden allein während der Schlacht von Stalingrad 13.500 sowjetische Soldaten standrechtlich erschossen.[13] Auch Tausende Zivilisten starben, weil Stalin verboten hatte, die Stadt zu evakuieren. Tragödien, die sich in *Königsberg* und Breslau wiederholen sollten, hatten die Einwohner Stalingrads da bereits durchlitten.

Als Gebhard eines Nachts Wache hielt, griffen im Morgengrauen von allen Seiten Russen an. „Wir rannten in alle Himmelsrichtungen davon." In seinen weitaufgerissenen Augen spiegelt sich die Hölle, die er damals durchlebte. „Fünf Leute hab ich in der Schneesteppe im Laufe des Tages wieder getroffen. Alle anderen waren tot oder in Gefangenschaft, nahm ich an. Während der Flucht hatte ich mein Gewehr, das keine Munition mehr hatte, in den Schnee geworfen. Aber ich hatte noch etwas Brot und einen Kipf Wurst."

„Haben Sie das mit den anderen geteilt?"

„Natürlich. Sonst hätten die mich erschossen. Die hatten zwar kein Brot, aber ihre Maschinenpistolen. Nach zwei Tagen war das Brot gegessen. Aus Angst vor russischen Fliegern gruben wir uns tagsüber im Schnee ein und waren nur nachts unterwegs. Ich war vollkommen fertig. Der Älteste von uns war ein Ostpreuße, der perfekt Russisch sprach. In der Nähe eines russischen Dorfes baten wir ihn zu versuchen, Verpflegung zu organisieren. Er zog sich die Uniform eines gefallenen russischen Soldaten an – Tote zu finden war ja nicht schwer – und schlich sich in das Dorf. Er kam auch tatsächlich mit Brot, Tee und Sonnenblumenkernen zurück. Wir schleppten uns weiter. Als wir einen LKW hörten, rannten wir in die Steppe hinaus. Nur der Ostpreuße blieb zurück. In seiner russischen Uniform ging er auf den LKW zu und wurde nach einem kurzen Wortwechsel erschossen.

Jetzt waren wir nur noch zu viert. Nach ein paar Tagen stießen wir auf einen liegen gebliebenen deutschen Spähwagen. Als es uns gelungen war, das Fahrzeug wieder in Gang zu setzen, fuhren wir gemeinsam mit dem Fahrer zu seiner Einheit." Gebhard lächelt kaum merklich: „Dort, auf dem Steilufer des Manyc, bin ich endlich wieder einem Schwaben begegnet. Die Russen lagen auf der anderen Seite des Flusses – oberhalb von uns. Wir sollten unsere Stellung unbedingt halten. Es gelang uns, die Russen einen Tag und eine Nacht abzuwehren, dann gingen uns Verpflegung und Munition aus. Nachschub gab es nicht. Zwei Tage lang bekamen wir gar nichts zu essen. Ich hatte unterwegs eine gefrorene Brotrinde voller Grünspan gefunden. An der kaute ich herum."

„Wurden Sie nicht krank?"

„Jeder hatte ständig Durchfall. Das war nichts Besonderes. Als der Fluss gefroren war, konnten ihn die Russen mühelos überqueren. 40 bis 50 von ihnen kamen den Hang hoch, während wir von der gegenüberliegenden Seite mit Granatwerfern beschossen wurden. Meinem schwäbischen Kameraden wurde von einem Granatsplitter der Schädel aufgerissen. Das Blut schoss ihm aus Nase und Ohren. Ich hab ihn aus dem Loch, in dem wir zusammen hockten, herausgezogen und wollte ihn in sichere Entfernung schleppen. Aber er starb, noch ehe wir außer Schussweite waren. Die wenigen, die noch lebten, wichen 4 Kilometer zu einer deutschen Einheit zurück."

„Und die drei anderen, mit denen Sie durch die Schneesteppe geirrt waren?"

„Von denen hab ich als einziger überlebt." Ohne inne zu halten, fährt er fort: „Dort, am Manyc, wurde mir klar, dass wir alle verheizt wurden. Der Befehl, eine unhaltbare Stellung zu halten, war mörderisch und sinnlos.

Dort habe ich meinen Glauben an Hitler und den Nationalsozialismus begraben."

„Was geschah bei Ihrer neuen Einheit?"

„Wir waren nur noch 30 Leut' gegen ein paar Hundert Russen. Dann kam Ergänzung! Ganz junge Leute, teilweise ohne Waffen. Die sollten sie sich von den Toten nehmen. Es war ihr erster Einsatz. Schneehemden hatten wir alle keine, konnten uns also tagsüber nicht einmal tarnen! Einer dieser Jungen wurde direkt vor mir getroffen. Er war sofort tot. Dann stießen 20 SSler zu uns – ebenfalls ohne schwere Waffen! Mich traf ein Granatsplitter am rechten Unterarm. Es war alles so schrecklich sinnlos. Verwundet hab ich den nächsten Verbandsplatz aufgesucht. Mit dem Sanka (Krankenwagen) wurde ich nach Rostow gebracht und dort in einem Viehwaggon auf Stroh gepackt.

Unterwegs Richtung Westen standen wir oftmals ein, zwei Tage lang auf irgendeinem Nebengleis. Wir bekamen täglich Suppe, Kaffee und etwas Brot. Auf einem Bahnhof stand auf dem gegenüberliegenden Gleis ein langer Zug – auch ein Verwundetenzug, dachte ich. Ich beobachtete, wie aus der mit Stacheldraht gesicherten Fensterluke ab und zu eine Hand herausragte. Nach einer Weile fiel mir auf, dass die Waggons nie geöffnet, nie mit Verpflegung versorgt wurden ..." Gebhard holt tief Luft, ehe er aufgewühlt weitererzählt: „Bis sie eines Morgens doch geöffnet wurden ..."

Plötzlich verstummt er. Im Hintergrund höre ich seine kranke Frau stöhnen: „Krieg ist entsetzlich. Grauenvoll ..." Es klingt, als ob sie ihren Mann am Weiterreden hindern will. Aber der wischt alle Widerstände beiseite: „Jetzt erst wurde mir klar, dass es ein Zug voller russischer Kriegsgefangener war. Als die Tür schließlich doch aufgeschoben wurde, sah ich sie. Eng aneinandergedrängt. Viele bocksteif gefroren! Wie Holzprügel. Die Toten wurden nackt auf Loren geworfen. Die Überlebenden hatten sich ihre Kleider angezogen."

Ich starre ihn an: „Man ließ sie einfach massenweise verhungern und erfrieren?!"

„Im Rückzugschaos funktionierte der Nachschub nicht. Auch die eigenen Soldaten verhungerten." Vielleicht hat er sich den Tod als Erlösung von dieser Hölle selber gewünscht, frage ich mich, die Toten in einem Winkel seines Herzens gar beneidet? (‚Ja!', fügt er beim Korrigieren dieses Textes hinzu.) Andererseits hätte er sicher nicht so elendiglich verhungern und erfrieren wollen, wie diese russischen Gefangenen.

„In einem Lazarett in *Dnjepropetrowsk* wurde meine eitrige Wunde frisch verbunden. Im März 1943 kam ich in ein Lazarett nach Thüringen. Sechs Wochen später wurde ich entlassen und landete als Ausbilder in Reutlingen. Von dort wurde ich erst in verschiedene Panzerwerkstätten nach Frankreich geschickt und anschließend nach Wien."

„Sie haben den Anschlag auf Hitler also in Wien erlebt?"

„Ja. Dort gab es große Protestaktionen gegen die so genannten Verräter und Drückeberger. Drückeberger gab es aber vor allem unter den Parteigrößen. Zahlreiche Geschäftsleute und Parteileute haben sich in Rüstungsfabriken rein geschmuggelt, um nicht an die Front zu müssen", schimpft Gebhard. „Wäre der Anschlag doch gelungen! Dann hätten Millionen Menschen überlebt!" Die 200 an der Verschwörung Beteiligten wurden gefoltert und hingerichtet. Weitere 5.000 Menschen, vor allem Familienangehörige und Freunde der Attentäter, hat man in KZ eingewiesen.[14]

„Von Wien wurde ich nach Berlin geschickt. Wegen der vielen zerstörten Brücken dauerte die Reise viereinhalb Tage."

„Was haben Sie angesichts der maßlosen Zerstörung in Deutschland gedacht?"

Gebhard sinkt in sich zusammen: „Da bin ich endgültig zur Vernunft gekommen. Ich hab mir gewünscht, Hitler wäre tot und der Krieg zu Ende. Als ich in Berlin mit meinem Pappkoffer eine Rolltreppe hochkomme, bricht das Ding auseinander! Meine ganze schmutzige Wäsche, Wecker, Schuhe, Zahnbürste, Rasierzeug, alles fliegt unter dem Gelächter der Zuschauer auf der Rolltreppe herum! War mir das peinlich! Von Berlin kam ich an die Westfront. Im Saarland und in der Eifel mussten wir nachts Panzer von Eisenbahnwagen abladen. Tagsüber wurden die Waggons versteckt. Den Amis wurde noch gehöriger Widerstand entgegengesetzt. Bis Kaiserslautern wurde um jeden Zentimeter gekämpft. Wenn in der Eifel Nebel lag, oder bei Schneetreiben, konnte die alliierte Luftwaffe nicht viel Schaden anrichten. Das waren die besten Tage für uns. Die letzten Panzer bekam nur noch die SS, für einen Vorstoß nach Brüssel vom 16. bis 18. Dezember. Viele von ihnen hatten noch nie einen *Panther* oder *Königstiger* gesehen. Denen musste ich den Umgang mit diesen Panzern erst in einer Kiesgrube im Wald beibringen. Das war alles so sinnlos!"

„Wie erklären Sie sich die über das Kriegsende hinausgehende Begeisterung für Hitler?"

„Die konnte und kann nur von Leuten kommen, die diesen Krieg nicht am eigenen Körper erlebt haben."

„Wie ging der Krieg für Sie zu Ende?"

„Eines Tages wurden wir zu viert zu einer SS-Einheit geschickt, um ihr neue Panzer zu übergeben. Die haben uns kurzerhand festgehalten. Offiziell sind wir nie dort angekommen, weil wir ja sonst zu unserer Einheit hätten zurückkehren müssen. Unsere Familien erhielten Vermisstenanzeigen. Wir waren auf dem ganzen Rückzug bei der SS – bis vor München! Am 8. Mai sind die SS-Leute bei Bad Tölz schlagartig verschwunden. Auch wir gingen für drei Tage auf eine Berghütte. Als wir aber nichts mehr zu essen hatten, mussten wir wieder runter ins Tal. Dort wurden wir gefasst und in ein amerikanisches Auffanglager gebracht – ein Sportplatz, umgeben von Stacheldraht. Außer etwas Kaffee und ein paar Keksen bekamen wir nichts zu essen.

Vor Hunger konnte ich eines Tages fast nicht mehr aufstehen. Im Schatten des Scheinwerfers, der sich im Drei-Minuten-Takt drehte, hab ich nachts den Stacheldraht mit einem Seitenschneider aufgezwickt. Mit letzter Kraft gelang mir die Flucht. Auf einem Bauernhof bei Kempten hab ich mich ein drei viertel Jahr versteckt. Ich hatte Angst, zuhause könnten mich die Franzosen schnappen und in eines ihrer berüchtigten Bergwerke stecken. Meine Mutter konnte ich aber benachrichtigen."

„Gibt es etwas, das Sie bedauern, wenn Sie auf diese Jahre zurückblicken?"

„Ich hätte die Engländer gern zu Freunden gehabt. Die Amis und die Engländer haben unsere Einheiten nach Kriegsende oft an die Sowjets ausgeliefert! Ebenso wie die Ukrainer und die Kosaken. Die wurden dem sicheren Tod übergeben. Die Kosaken waren unsere besten Spähtrupps. Gegen die Russen hab ich nicht gekämpft, sondern gegen die Kommunisten. Viele Russen liebten Stalin so wenig wie ich! Ein paar obere Sausieche (Saukerle), wie Hitler und Stalin und ihre Handlanger, wollten die Welt regieren. Als der Krieg angefangen hatte, wurden diejenigen, die nicht mitmachen wollten, in KZ gesteckt, nach Sibirien geschafft oder gleich erschossen!"

Wir sitzen noch eine Weile zusammen, reden über seine Kinder und probieren seinen selbst gemachten Schnaps. Dabei erfahre ich, dass Gebhard für sein Engagement als Betriebsrat 1982 das Bundesverdienstkreuz erhielt. Beim Abschied sagt er: „Ich habe in Saarbrücken und Kaiserslautern englische und amerikanische Bombenangriffe mitgemacht, die totale Zerstörung dieser Städte erlebt, gesehen wie Frauen und Kinder verbrannt und zerfetzt wurden. Ich habe Verwundete und Tote aus Kellern geschleift. Es ist schrecklich, schrecklich, was wir Menschen einander antun …"

11. Efim (Chaim) Kolodesh

Ein ukrainischer Jude in der Roten Armee

„Wie kann ich Ihnen helfen?" Der Direktor der Akademie der Künste von *Tscheljabinsk*, der die Deutschdozentin Olga und mich zu einem Gespräch empfing, ist kein Mann langer Reden.
„Wenn Sie mir mit Kontakten zu Zeitzeugen behilflich sein könnten, wäre das wunderbar."
„Suchen Sie bestimmte Zeitzeugen?"
„Besonders gern würde ich mit einem russischen Juden oder einer Jüdin sprechen ..." Mein Satz ist noch nicht beendet, da wählt Direktor Ruschanin schon eine Telefonnummer. Länger als eine Minute dauert das Telefongespräch nicht: „Mein ehemaliger Lehrer ist Jude. Er erwartet Sie." Wenige Minuten später chauffiert sein Fahrer Olga und mich zu Efim (Chaim) Kolodesh.

Der schmächtige Mann begrüßt uns freundlich und mustert uns ebenso neugierig wie amüsiert. Als wir in seinem Wohnzimmer Platz genommen haben, erläutert Olga ihm mein Anliegen. Das gibt mir Zeit, mich umzuschauen. Überquellende Bücherregale stehen vor dunkelbraunen, auf Hochglanz polierten Holzwänden. Die hohen Decken sind mit weißem Stuck, die Oberkante der Wände mit einem rosa Fries verziert. Die dunkelgelben Vorhänge sind, wohl als Schutz gegen die westsibirische Februarkälte, zugezogen und tauchen den Raum in Dämmerlicht. Mir ist, als ob ich in einem Rembrandt-Gemälde sitze.
Schon Chaims erste Worte sollen seine Liebe zur Poesie zum Ausdruck bringen: „Am 27. August 1924 hörte man in Kiew den ersten Schrei eines kleinen Jungen."[1] Sogleich zieht sich mein Magen zusammen. Wie oft habe ich von dem Massenmord an den Kiewer Juden im II. Weltkrieg gehört – in der Schlucht von *Babij Jar*.
„Meine Mutter entstammte einer wohlhabenden Familie. Vater war Altwarenhändler und besaß ein großes Lager. Er war sehr musikalisch, gab

das Violinespielen jedoch irgendwann auf. Äußerlich waren meine Eltern von Ukrainern nicht zu unterscheiden, aber sie sprachen zuhause Jiddisch. Deshalb fiel mir das Deutschlernen in der Schule später leicht. Meine Eltern hielten sich an die Koscher-Gebote.[2] Mein Großvater väterlicherseits schlachtete die Hühner entsprechend diesen Gesetzen sogar noch selber. Das war eine richtige Kunst."

„Litten Sie oder Ihre Familie unter Diskriminierungen?"

„Nein, aber Pogrome sind ein Teil der russischen Geschichte."

Der Zar beschränkte die Ansiedlung von Juden in seinem durch die Polnischen Teilungen (1772 und 1795) erweiterten Reich auf die neu erworbenen Gebiete – Litauen, *Weißrussland* und die *Ukraine*. In diesem so genannten Ansiedlungsrayon lebten Ende des 19. Jahrhunderts fast alle etwa 5 Millionen Juden im Zarenreich. Dort entluden sich blutige Konflikte zwischen der einheimischen Landbevölkerung und der russischen, jüdischen oder polnischen Oberschicht bzw. Stadtbevölkerung. Einen Höhepunkt dieser Konflikte bildet der Beilis-Prozess im Jahr 1912.[3]

Im Laufe des I. Weltkriegs ließ der Zar neben der deutschen Minderheit auch bis zu 1 Million Juden aus den frontnahen Gebieten nach Osten deportieren. Die öffentliche Stigmatisierung von Juden und Deutschen provozierte eine weitere Welle von Plünderungen und Gewalt. Auf diesem Hintergrund ist die Unterstützung zahlreicher Juden für die Russische Revolution zu verstehen, mit der sie die Hoffnung auf die lang ersehnte Gleichstellung mit allen anderen Staatsbürgern verbanden.

Nach Lenins Aufhebung der Siedlungsbeschränkungen setzte eine beispiellose jüdische Migration in die Großstädte und ins Landesinnere ein. Der rasante Aufstieg zahlreicher Juden im schnell expandierenden sowjetischen Machtapparat ist bemerkenswert.[4] Obwohl es sich dabei nur um eine Minderheit der jüdischen Gesamtbevölkerung handelte, machte die einheimische Bevölkerung alle Juden zur Zielscheibe ihrer Wut. Nach 1918 fielen dieser reflexartigen Gleichsetzung von Juden und Kommunisten 250.000 Juden zum Opfer.[5]

Nachdem die Bolschewiki einen Großteil der alten Ober- und Bildungsschicht getötet oder ins Exil getrieben hatten, übernahmen nicht selten Juden – nur 2 bis 4 Prozent der Gesamtbevölkerung – die Rolle einer neuen Intelligenz[6], wie der für Wirtschaftspolitik und die *Prawda* verantwortliche Vorsitzende des mächtigen Moskauer Gebietssowjets, Leo Kamenew (Rosenfeld).[7] In den Streitkräften fand man Juden vor allem unter den politischen Kommissaren. In den Wehrkreisen waren so gut wie alle Politkommissare jüdischer Herkunft.[8] Möglicherweise auch um antijüdische Ressentiments zu schüren, setzte Stalin in elf der zwölf großen *Gulag*-Komplexe jüdische Kommissare ein.[9] Die bereits existierenden Spannungen wurden so verschärft. Auch dem Gewaltapparat der *Tscheka* gehörten Tausende Juden an. Viele waren im Zentralapparat dieser politischen Polizei deutlich sichtbar.[10] Der 1919 nach blutigen Bürgerkriegskämpfen in Kiew eingesetzte Tscheka-Chef, Isaak Schwarz, entstammte ebenso einer jüdischen Familie wie die Mehrzahl der Führungsmitglieder der Kiewer Tscheka.[11] Sie erschossen 1919 mitunter mehr als 50 Menschen pro Tag.[12] Die Rechtfertigung für ihr Blutvergießen liest sich in der Kiewer Tscheka-Zeitung so: ‚Uns ist alles erlaubt, denn wir sind die Ersten in der Welt, die das Schwert ... erheben, ... um die Menschheit von ihren Ketten zu befreien ... Blut? Mag es in Strömen fließen ... Denn nur der endgültige Tod der alten Welt kann uns auf immer vor der Rückkehr der Schakale bewahren.'[13] Auf der anderen Seite schätzt man, dass es in den Bürgerkriegsjahren von 1917 bis 1920 in der Ukraine zu über Tausend Pogromen kam, die über 60.000 Todesopfer forderten. Einen Höhepunkt bildete 1919 das nach einem Kosakenführer benannte Denikin-Pogrom.

„Damals lagen im Bezirk, in dem meine Familie lebte, überall totgeschlagene Juden herum", erzählt Chaim. „Mein sensibler älterer Bruder Alek lebte danach in ständiger Angst. Zwei Jahre nach meiner Geburt, also 1926, verließ meine Familie Kiew."

„Aus Angst vor Pogromen?"

„In erster Linie des kalten, feuchten Klimas wegen. In *Dnjepropetrowsk* versprach sich Vater während dieser Jahre der Neuen Ökonomie außerdem bessere Verdienstmöglichkeiten. Er fand Arbeit in einem Hefelager, das Brotfabriken belieferte."

„Welch ein Glück, dass Sie 1941 nicht mehr in Kiew lebten", murmele ich. Als ob er mich aufmuntern will, sagt er: „Das liegt heute alles weit hinter uns. In Dnjepropetrowsk bewohnten wir zwei Zimmer, ein dunkles mit einem Fenster zur Küche und ein zweites, helles nach draußen. Ein Jahr nach unserem Umzug wurde mein Bruder Anatolij geboren. Wir teilten bald Freude und Freunde miteinander. Ich habe die Zeit in dieser, in meinen Augen schönen Stadt, in guter Erinnerung. 1928, also mit vier Jahren, kamen mein Bruder Anatolij und ich sowie zwei weitere Jungen in eine *Froebelitschka*."

Als ich Olga und Chaim ratlos anschaue, erklärt er: „So nannte man es, wenn eine ausgebildete Fröbel-Pädagogin in ihrem Haus Kinder betreute und anhand des Lehrbuchs *Lese, schreibe und zähle* unterrichtete. Das muss Ihnen als Deutsche doch ein Begriff sein!"

Ich muss lachen: *„Froebelitschkas* 1928 in Dnjepropetrowsk habe ich wirklich nicht mit Fröbel in Verbindung gebracht! Wie sah ein ganz normaler Tag des 4-jährigen Chaim aus?"

„Gefrühstückt wurde zuhause. Das zweite Frühstück, mitgebrachte Butterbrote, gab es im Kindergarten. Dort lernte ich auch Manieren sowie Respekt vor Erwachsenen. Manchmal nahm uns unsere Kindergärtnerin mit in die Stadt, um uns dort etwas Interessantes zu zeigen oder sie besuchte mit uns ein Museum."

„War diese Vorschullehrerin oder Tagesmutter Jüdin?"

„Nein. Das spielte überhaupt keine Rolle. Als ich in die Schule kam, konnte ich bereits lesen. Da ich leicht lernte, versetzte man mich nach der ersten gleich in die dritte Klasse."

Zu diesem Zeitpunkt waren in der Ukraine bereits Millionen Bauern als Folge von Bürgerkrieg, Kollektivierungskampagne und daraus resultierender Hungersnot umgekommen. Allein 1921/1922 waren 5 Millionen Ukrainer verhungert, für deren Tod führende jüdische Bolschewiki wie Kaganowitsch, *Jagoda* und der Volkskommissar für Landwirtschaft, Jakob Epstein, mitverantwortlich waren.[14] Jüdische Tschekisten beteiligten sich an Deportationen, Enteignungen und Plünderungen, waren an Massakern von Bauern, *weißen* Offizieren und Flüchtlingen beteiligt.[15] Die bedeutende Anzahl hochrangiger bolschewistischer Funktionäre mit jüdischem Hintergrund – wie Trotzki, Sinowjew, Kamenew, Rykow, Radek – förderte besonders in der westlichen Ukraine die Gleichsetzung von Juden und Bolschewiki.

„1932/33, als Sie acht oder neun Jahre alt waren, herrschte in der Ukraine erneut eine schreckliche Hungersnot. Haben Sie daran Erinnerungen?"

„Ja. Überall sah man Menschen mit angeschwollenen Bäuchen liegen. Das war grauenvoll. Vater arbeitete fast Tag und Nacht. Mutter ging mit den im Keller gelagerten Lebensmitteln sehr sparsam um. Kartoffelschalen aß man als Chips. Auch Kuchen wurde mit Kartoffeln gebacken. Da ich häufig krank war, kam der Arzt regelmäßig in unser Haus. Manchmal schenkte Mutter ihm einen Kartoffelkuchen, den er dankbar annahm. Wir lebten äußerst sparsam, gehungert haben wir aber nicht.

Nach der siebten Klasse besuchte ich die beste weiterführende Bildungseinrichtung in der Stadt. Zu dieser Schule Nummer 67 war ich 40 Minuten mit der Straßenbahn unterwegs. Meine Mitschüler waren meist Kinder von Lehrern, Professoren und hohen Parteifunktionären. Meine Schulzeit lebt als ein langes Fest in meiner Erinnerung."

„Spielte die Religionszugehörigkeit eine Rolle?"

„Im Sowjetreich galt Religion als Nebensache. In der großen jüdischen Gemeinde in Dnjepropetrowsk fühlte ich mich sicher. Hier waren Juden in der wirtschaftlichen und intellektuellen Elite stark vertreten. In meiner Kindheit spielte Religion keine Rolle. Ich feierte auch keine Bar Mitzwa.[16] Uns Jugendlichen war freie Meinungsäußerung wichtiger. Wenn z. B. ein junger Lehrer Fehler machte, korrigierten wir ihn. Das führte immer wieder zu Auseinandersetzungen. Aber manchmal waren wir Schüler tatsächlich schlauer als die Lehrer." Lächelnd ergänzt er: „Ich erinnere mich, wie mein Mitschüler Siama einem Lehrer einmal erklärte, wer Poincaré war." (Bedeutender französischer Mathematiker, Physiker und Philosoph, lebte von 1854 bis 1912)

In Chaims Schulzeit sicherten in den nicht-russischen Sowjetrepubliken wie der Ukraine vor allem russische, jüdische und lettische Kader die stalinistische Herrschaft. Als Chaim 1937 auf die höhere Schule wechselte, brach die blutigste aller stalinistischen Terrorwellen über sein Land herein. Auf meine Frage, ob seine Familie davon betroffen war, antwortet er: „Damals wusste ich das nicht, aber der Onkel meiner späteren Frau war Kommunist. Weil ihn das erste sozialistische Land der Welt so faszinierte, kam er von Rumänien nach Russland. Er wurde erschossen, noch ehe seine erste Tochter geboren war."

„Und Ihre Familie?"

„Die war nicht direkt betroffen. Wir waren ja keine Kommunisten."

Dieser *Säuberung* fielen fast alle jüdischen Parteifunktionäre zum Opfer. 1934 stammten 39 Prozent der geheimpolizeilichen Spitzenfunktionäre aus jüdischen Familien, 1940 waren es nur noch 4 Prozent.[17] Der Terror traf aber auch unzählige Nicht-Parteimitglieder – auch viele der knapp 3 Millionen Juden in der Ukraine.[18] Außerdem wurde etwa ein Viertel aller Ingenieure und Manager Opfer der Geheimpolizei. Allein im *Donbass*-Gebiet und dessen Hauptstadt Dnjepropetrowsk wurden 50.000 Menschen erschossen. Und kaum war der *Große Terror* überstanden, erschütterte 1941 der II. Weltkrieg die Ukraine.

„Sie waren zu Kriegsbeginn 17 Jahre alt. Welche Erinnerungen haben Sie daran?"

„Der Krieg begann am Tag meiner Schulabschlussfeier. Unsere Schule lag in der Nähe des Dnjepr. Alle Schüler spazierten zum Flussufer, um dort den Sonnenaufgang zu erleben. Die Stadt schlief noch. Alles war unendlich still und friedlich. Wir hielten uns an den Händen und schauten voller Erwartung in die Zukunft. Keiner verschwendete auch nur einen Gedanken an Krieg. Anschließend zogen wir glücklich nachhause. Als ich am nächsten Tag gegen Mittag aufstand, war das erste Wort, das ich hörte: *Krieg!* Bereitwillig schenkten wir der Propaganda Glauben, dass die Deutschen binnen weniger Tage geschlagen sein würden.

Es dauerte aber nicht lange, und die im Radio verkündete Zuversicht wurde brüchig. Man hörte schreckliche Nachrichten und auch Dnjepropetrowsk wurde bombardiert. Es fielen zwar nur wenige Bomben, aber die Leuchtbomben versetzten die Menschen in Angst und Schrecken. Die Industrieanlagen wurden gesprengt, damit sie den Feinden nicht in die Hände fielen, während die Bevölkerung Schützengräben aushob. Dabei trugen die Leute etliche Kleidungsstücke übereinander, aus Angst, ihr Haus und ihre Habseligkeiten könnten in der Zwischenzeit zerstört werden. Einen Monat nach Kriegsbeginn entschied Vater ,Wir gehen weg.' Auf Anordnung der Stadtverwaltung sollte jeder, der die Stadt verließ, soviel mitnehmen wie er konnte und den Rest vernichten. Wir machten uns also mit einem voll beladenen Pferdefuhrwerk auf den Weg. Bevor wir aufbrachen, holten wir Sofia Bronstein ab, eine Arbeitskollegin meines Vaters und eine arme Verwandte Trotzkis. Vom Hefe-Lager nahmen wir die Schreibmaschine und die 250 Rubel aus der Kasse mit."

Wären Chaim und seine Familie in Kiew, Dnjepropetrowsk oder überhaupt in der Ukraine geblieben, hätten sie vielleicht nicht überlebt, wie 1,5 bis 2,5 der insgesamt 5 Millionen sowjetischer Juden. In Kiew trieb ein deutsches Sonderkommando, unterstützt von ukrainischer Hilfspolizei, die Juden unter dem Gejohle der Bevölkerung in die vermeintliche Verbannung. Die deutschen Behörden hatten 5.000 bis 6.000 Juden erwartet. Stattdessen erschienen über 30.000. Sie wurden aber nicht, wie von ihnen befürchtet, deportiert, sondern in der Schlucht von Babij Jar erschossen.[19] Nicht nur die deutsche Seite versuchte diesen Massenmord zu verheimlichen, auch die Moskauer Führung erteilte darüber striktes Schreibverbot, da sie befürchtete, das deutsche Vorgehen könnte im eigenen Reich offen begrüßt werden. So berichtete die Sowjetpresse lediglich über die Ermordung ‚friedlich eingestellter Sowjetbürger.‘[20]

Im Anschluss an den Hitler-Stalin-Pakt wurden in den von den Sowjets besetzten Gebieten zahllose Juden von der nicht-jüdischen Bevölkerung umgebracht. Auch in den von den Nationalsozialisten besetzten Landesteilen wurden Juden ermordet, ohne dass man auf eine Anordnung der deutschen Besatzer wartete. Die von Deutschen veranlasste Ghettoisierung sowie zahlreiche Judenmorde fanden in aller Öffentlichkeit statt. Nur die Vernichtungslager wurden abgeschirmt. Der Großteil der einheimischen Bevölkerung verhielt sich dazu weitgehend passiv. Etliche zogen Nutzen aus der Entrechtung und Ermordung der Juden, erwarben billig Güter aller Art und eigneten sich deren verlassene Häuser oder Wohnungen an.[21]

Nach Kriegsende kam es dann häufig zu Ausschreitungen, bei denen es vor allem um Eigentumsauseinandersetzungen zwischen den Rückkehrern und den neuen *Besitzern* ging. Die Entscheidung von Chaims Vater, die Ukraine zu verlassen, hat seiner Familie also nicht nur mit Sicherheit viel Leid erspart, sondern ihr wahrscheinlich auch das Leben gerettet. Tagelang unterwegs nach Osten, konnten sie die Gefahr, in der sie schwebten, wahrscheinlich nur ahnen.

„Unterwegs wollte man Vater mehrmals das Pferd abkaufen. Ehrlich, wie er war, gab er es aber sowie das andere Staatsvermögen, das wir mitgenommen hatten, in Smijew beim örtlichen Sowjet ab. Dann zogen wir nach Krasnodar weiter und von dort mit dem Militärzug nach Samarkand, wo uns ein Neffe meiner Mutter half, ein Zimmer zu finden. Vater, der ja den Führerschein hatte, belieferte bald Lebensmittelgeschäfte mit Obst und Gemüse. Mein 14-jähriger Bruder Anatolij arbeitete in einer Baumwollfabrik. Ich verkaufte an einem Kiosk Bücher und wurde später Sanitäter.“

Als Chaim mit seiner Familie in dem fruchtbaren Tal von Samarkand eintraf, hatte die Stadt etwa 100.000 Einwohner und war seit drei Jahren Hauptstadt der Sowjetrepublik *Usbekistan*. Auf meine Frage, wie sich der Krieg dort bemerkbar machte, antwortet er: „Die Preise waren etwas erhöht, ansonsten spürte man vom Krieg nichts. Im Mai 1942 wurde ich jedoch zur Armee einberufen und kam zur Grundausbildung nach Taschkent. Weil man meine Papiere irrtümlich an einen anderen Ort geschickt hatte, wurde ich nach Samarkand zurückgesandt, wo mich ein Anwerber des *NKWD* in eine Eisenbahntruppe steckte, die Bahntransporte zu bewachen hatte, vor allem militärisches Gerät unterwegs zur Front."

„Wurden Sie auch für politische Arbeit herangezogen?"

„Nein. Anfangs begleitete ich einen Salztransport. Da Salz sehr kostbar war, saßen mein Kollege und ich meist auf den nassen Salzsäcken. Der ständige Aufenthalt in den offenen Waggons führte bei mir zu einer Lungenerkrankung und so wurde ich in *Rostow* am *Don* in ein Lazarett eingeliefert. Als ich wieder gesund war, meldete ich mich an die Front und gelangte Ende 1943 in den Nordkaukasus. Im August 1944 kam ich zur 2. Ukrainischen Front nach Dnjepropetrowsk, und im Januar 1945 war ich am Angriff auf Ostpreußen beteiligt."

Während mir Bilder von Flüchtlingstrecks und erfrorenen Menschen durch den Kopf ziehen, frage ich Chaim, wie er die Kriegszeit und besonders die Kämpfe in Ostpreußen erlebt hat. Er schaut mich an, als ob er erwägt, etwas zu sagen, von dem er nicht erwartet, dass ich es verstehen würde: „Krieg bedeutet ja nicht nur Tod. Man lebt, liebt und heiratet ja auch während der Kriegszeit. Das Leben geht neben dem Sterben weiter. Man erlebt neben Gewalt und Zerstörung ja auch Menschlichkeit. Den Tod vor Augen zwingt uns der Krieg auf besondere Weise zur Ehrlichkeit, vor allem uns selbst gegenüber. Überhaupt werden die Gefühle unter diesen Umständen geschärft – oder überhöht – im Negativen wie im Positiven."

„Was bedeutete das speziell für Sie?"

„Ich wollte Arzt werden. Daraus wurde nichts." Lächelnd fährt er fort: „Mein Kommandeur war wie ein Vater zu uns Soldaten. Er sorgte dafür, dass sich die älteren Frontkämpfer immer in der Nähe von uns jungen Rekruten aufhielten und uns all das beibrachten, was wir noch zu lernen hatten. Er hatte Musik studiert. Als sein Wunsch, in die Militärakademie aufgenommen zu werden, abgelehnt wurde, meldete er sich an die Front und zog in seinen letzten Kampf."

„Welche Gefühle standen bei dem jungen Soldaten Kolodesh im Vordergrund?"

„Verantwortung und Angst. Einerseits mussten Befehle gewissenhaft ausgeführt werden, andererseits beherrschte Furcht jede Faser meines Seins. Wenn du unter Beschuss am Boden liegst und den Befehl bekommst, aufzustehen, dann stehst du auf. Da kannst du nicht daran denken, was im nächsten Augenblick passieren könnte. Wer behauptet, er hatte im Krieg keine Angst, der lügt!"

Einer Assoziation nachgebend, fährt er fort. „Ich hatte einen klugen Freund, Abdurachman Alijew aus Aserbaidschan. Einmal erschien eine Kommission bei uns an der Front, um das Essen zu prüfen. Alijew zeigte auf den Suppenkessel und beschwerte sich: ‚Körnchen jagt Körnchen mit dem Knüppel.' (Die Suppe ist dünn). Die Obersten lachten ihn nur aus. Ihr autoritäres Gehabe empörte ihn.

Tage später lagen wir an einem Fluss. Der größte Teil unserer Einheit hatte bereits die sichere andere Uferseite erreicht. Meine Gruppe war zurückgeblieben und nur durch einen Hügel von den deutschen Truppen getrennt. Eines Nachts befahl der Oberst auch uns, den Fluss zu durchqueren. Als die ersten die Mitte des Stromes erreicht hatten, wurden sie von den Deutschen beschossen. Da stellte Alijew unseren Vorgesetzten zur Rede: ‚Warum nehmen Sie so viele Opfer in Kauf?' Daraufhin nahm er seinen Befehl zurück. Wenig später ist mein Freund gefallen."

Chaim starrt eine Weile wortlos vor sich hin, ehe er fortfährt: „Am 9. März wurde ich in dem Dorf Rakenau von einem Scharfschützen an der Schulter getroffen und konnte nicht mehr aufstehen. Ein plötzlich heranfahrendes Pferdefuhrwerk hätte mich um ein Haar überrollt. Der Schütze wurde später gefasst."

„Was empfanden Sie ihm gegenüber?"

„Das ist schwer zu beschreiben. Ich weiß aber mit Sicherheit, dass ich an seiner Stelle auch geschossen hätte." Dann betont er. „Alle Soldaten sind Helden! Die sowjetischen und die deutschen!"

Dieser Satz aus dem Mund eines ehemaligen jüdischen Soldaten der Roten Armee verschlägt mir die Sprache. Seine mit Sicherheit versöhnlich gemeinten Worte ermutigen mich zu der Frage: „Haben Sie erlebt, dass deutsche Soldaten russische Frauen oder Kinder erschossen?"

„Nein. Und umgekehrt auch nicht. Für mich war dies ein heiliger, ein gerechter Krieg. Ich bin stolz darauf, meine Heimat verteidigt zu haben."

Die deutschen Soldaten schützten ihre Heimat nicht, als sie in Russland einmarschierten und vieles niederbrannten, denke ich im Stillen. Und die russischen Soldaten schützten ihre Heimat nicht, als sie mordend und vergewaltigend nach Berlin zogen und anschließend Osteuropa besetzten. („Sie halfen den Alliierten", fügt Chaim diesem Text beim Korrigieren hinzu.)

„Man ließ russische Kriegsgefangene in deutschem Gewahrsam millionenfach verhungern oder erfrieren. Besonders schlimm erging es jüdischen Soldaten, die von ihren Kameraden nicht selten an Erschießungskommandos ausgeliefert wurden. Ist Ihnen innerhalb der Roten Armee Antisemitismus begegnet?"

„Es gab tatsächlich russische Soldaten für die *Jude* ein Schimpfwort war. Die waren ganz einfach dumm! Wenn ich ihnen sagte: ‚Ich bin auch Jude!' erwiderten sie oft erstaunt: ‚Das kann nicht sein!' Sie hatten ein Vorurteil im Kopf, ohne einen einzigen Juden zu kennen. Ich kann aber nicht sagen, dass Antisemitismus für die Rote Armee typisch war. Es gab ja auch zahlreiche jüdische Generäle and Offiziere. Unter den *Helden der Sowjetunion* belegen Juden als Gruppe den 5. Platz." Dass von den 500.000 sowjetischen Juden, die im II. Weltkrieg kämpften, fast die Hälfte gefallen ist, erfahre ich erst später.[22]

„Wann haben Sie vom Holocaust erfahren?"
„Nach Ende des Krieges."
„Sie wussten also noch nichts von der Shoah, als Sie die deutsche Grenze überschritten?"
„Nein."
Auf der Suche nach einer Erklärung für diese Antwort erfahre ich, dass der Holocaust bis zum Zusammenbruch der Sowjetunion dort offiziell kein Thema war. Das *Schwarzbuch*, in dem Juden auf die Beteiligung von Russen, Weißrussen, Ukrainern, Litauern und Letten an der Judenverfolgung hinwiesen, durfte in der UdSSR nicht veröffentlicht werden.[23] Die Regierung wollte einen öffentlichen Diskurs über dieses Thema vermeiden. Nach offiziellem Sprachgebrauch heißt es, die Zahl der jüdischen Opfer relativiere sich angesichts der insgesamt 10 bis 11 Millionen sowjetischer Zivilisten, die während des Krieges umkamen.[24] Über die Beteiligung der ukrainischen Polizei am Massaker von Babij Jar durfte selbst in der Ära Gorbatschow noch nicht gesprochen werden.[25] Dieses Schweigen hängt wohl auch mit den Pogromen zusammen, von denen die Sowjetunion selbst nach dem Krieg noch erschüttert wurde – sogar zur gleichen Zeit, als auch Stalins Richter in Nürnberg über deutsche Kriegsverbrecher zu Gericht saßen. In sowjetischen Schulbüchern wurde der Holocaust nicht erwähnt und in der Ukraine gibt es bis heute keine offizielle Erinnerung an die Shoah.[26]
Nicht nur Hitler und Stalin zogen es vor, über den Massenmord an den Juden zu schweigen. Auch Roosevelt erwähnte die Judenvernichtung, über die er seit 1942 informiert war, in Jalta 1945 mit keinem Wort. Warum? Weil die amerikanischen Behörden nur 10 Prozent der Einwanderungs-

quote für Juden ausschöpften? Oder weil man jüdische Fluchtschiffe, wie die St. Louis, von der sicheren amerikanischen Ostküste in Hitlers Arme zurückgeschickt hatte? Chaims Unwissen gegen Ende des Krieges über den Holocaust ist also durchaus verständlich.

„Ich betrat deutschen Boden in der Nähe von *Königsberg* und bewunderte die schmucken Häuser und Wohnungen, die vielen Fahrräder, die schönen Straßen und das gute Vieh. Das Land der Kapitalisten, in dem die Menschen nach sowjetischer Lesart ausgebeutet wurden, hatte ich mir ganz anders vorgestellt. Ich war überrascht über die gepflegten deutschen Frauen und darüber, dass die deutschen Kommunisten, denen ich begegnete, frei und am Leben waren und nicht, wie ich erwartet hatte, in Gefängnissen saßen."

„Empfanden Sie keinen Hass auf die Deutschen?"

Er schüttelt den Kopf: „Ich beurteile Menschen nicht nach ihrer Nationalität oder ethnischen Zugehörigkeit. Für mich gibt es nur zwei Gruppen von Menschen: gute und schlechte!"

„Etwa 2 Millionen deutsche Frauen wurden von Soldaten der Roten Armee vergewaltigt. Am brutalsten geschah das in Ostpreußen. Wurden Sie damit konfrontiert?"

„Ich war 18 Kilometer westlich von Königsberg und habe davon nichts mitbekommen."

„Ist Ihnen in Deutschland Antisemitismus begegnet?"

„Man sah mir ja nicht an, dass ich Jude bin. Als ich mich nach Juden erkundigte, erzählten mir einige deutsche Frauen, dass sie vor dem Krieg gern in jüdischen Läden eingekauft hätten, weil die Waren dort häufig besser und billiger waren. Die einfache deutsche Bevölkerung war in meinen Augen nicht mehr antisemitisch als anderswo. Die Menschen wurden im Laufe der Geschichte aber immer wieder aufgehetzt."

„Und ließen sich aufhetzen", entgegne ich, „auch Soldaten, durch Flugblätter wie die von *Ilja Ehrenburg*."

„Ich habe Ehrenburgs Flugblätter nie persönlich gesehen, dafür jenes, auf dem Hitler dessen Kopf forderte. Ich stand der Hetze auf beiden Seiten kritisch gegenüber."

Überrascht, dass ein sowjetischer Soldat die in Deutschland regelmäßig zitierten Hetztiraden Ehrenburgs nicht kannte, frage ich Chaim nach seinen Erlebnissen bei Kriegsende.

179

„Den Tag der bedingungslosen deutschen Kapitulation erlebte ich in einem Lazarett in Lettland. Als wir vom Ende des Krieges erfuhren, weinten wir Freudentränen. Wir haben uns umarmt und geküsst. Es war, als ob Zentnerlasten von unseren Seelen fielen." Er steht auf, nimmt einige Orden und Medaillen aus seinem Bücherregal und legt sie auf seine Handfläche. „Ich hab zwar gekämpft, aber zum Sieg habe ich nichts Nennenswertens beigetragen. Nicht wir Soldaten haben gesiegt, sondern unsere Ideale haben das nationalsozialistische Gedankengut bezwungen. 1949 wurde ich Mitglied der KPdSU."

In dem Jahr, als Chaim eines von etwa 6 Millionen Parteimitgliedern war, kam die Kampagne gegen den *Kosmopolitismus* in vollen Schwung. Dieser verkappten antisemitischen Säuberungswelle fielen Tausende Juden zum Opfer. 1952/53 entfernte Stalin dann so gut wie alle noch übrig gebliebenen Juden aus seinem Machtapparat. Nur ganz besonders nützliche Parteimitglieder, wie Ilja Ehrenburg, blieben verschont. Obwohl dieser, wie er in seinen Memoiren schildert, unter seinen eigenen Lügen litt, blieb er seiner Rolle als Propagandist auch nach dem Krieg treu. Er pries die Sowjetunion weiterhin als beste aller Gesellschaften und ließ sich von Stalin als Beweis dafür missbrauchen, dass es in der UdSSR keinen Antisemitismus gäbe. Ob Ehrenburg sich anpasste, um zu überleben, ob er berauscht von seiner eigenen eingebildeten Größe war oder schlicht prinzipienlos, ist bis heute umstritten. Jedenfalls überlebte er, während manch anderer Jude zu Beginn des Kalten Krieges als ‚potenzieller Spion' verdächtigt oder als ‚wurzelloser Schädling' in entfernte Regionen deportiert wurde. Stalins Tod 1953 rettete vielen sowjetischen Juden das Leben.

Auf meine Frage nach seiner heutigen Einstellung zum Stalinismus antwortet Chaim: „Heute bin ich kein Kommunist mehr." Leise fügt er hinzu: „Zu meiner heutigen Auffassung zu gelangen, war ein langwieriger und schwieriger Prozess. Heute hasse ich Hitler und Stalin. Sie waren zwei gleich große Verbrecher. Unter beiden haben die Menschen – auch viele Juden – entsetzlich gelitten."

„Haben Sie während des Krieges oder im Holocaust Familienmitglieder verloren?"

„Nein. Mein Bruder hat die Marine überlebt. Meine Eltern sind zwar während des Krieges gestorben, mit dem Krieg hatte das aber nichts zu tun. Ihre Gräber konnte ich allerdings nie ausfindig machen. Der Familie meiner Frau wurde von Stalin Schreckliches zugefügt, aber das ist eine andere Angelegenheit. Nach dem Krieg studierte ich Geschichte und wurde Geschichtslehrer. Juden konnten, wenn sie vertrieben wurden – und das kam im Laufe der Geschichte ja häufig vor – oft nicht viel mehr mitnehmen als ihren Kopf. Vielleicht ist eine gute Ausbildung uns Juden auch deshalb so wichtig."

„Gibt es etwas den Krieg Betreffendes, das Sie heute bedauern?"

„Nein. Ich habe nur meine Pflicht getan."

Heute leben in Russland und Osteuropa, dem einstigen Zentrum des Judentums, nur noch 4 Prozent aller Juden weltweit. Viele hatten einst geglaubt, der Kommunismus würde eine Welt ohne religiöse Differenzen hervorbringen und somit auch ihre Probleme lösen. Als sich diese Erwartung als Illusion erwies, blieb vielen noch die Hoffnung auf einen jüdischen Nationalstaat, ein Traum, der heute oftmals auch zerbricht.

12. Theo

Ein Siebenbürger Sachse in der Waffen-SS

‚Ihr Verleger hat mir erlaubt, mich direkt an Sie zu wenden …‘, so der Anfang eines Briefes. Der Absender habe als Mitglied der Waffen-SS zweieinhalb Jahre Russlandkrieg wie durch ein Wunder überlebt. Neugierig folge ich einige Wochen später seiner Einladung. Den in eine Trachtenstrickjacke gekleideten, pensionierten Zahnarzt könnte man leicht für einen Bayern halten. Überquellende Bücherregale bedecken die Wände seines Wohn- und Esszimmers. Viele seiner Erinnerungen habe er zu Papier gebracht, erklärt er und drückt mir im Laufe meines Besuchs ein grünes, ein blaues und ein weißes Büchlein in die Hand.

Theo entstammt einer langen Linie siebenbürger Pfarrer: Urgroßvater, Großvater und Vater waren Seelsorger. Auch gutsituierte Hufschmiede zählen zu seinen Vorfahren. Einem großväterlichen Kupferschmied gehörte gar eine ganze Straße in Broos. Auf meine Frage nach dem Verhältnis zwischen Siebenbürger Sachsen und Rumänen in seiner Kinder- und Jugendzeit antwortet er: „Distanziert – auch räumlich. Ehen zwischen beiden Volksgruppen wären für beide Seiten unvorstellbar gewesen. Aber während zwischen Deutschen und Rumänen lediglich Distanz herrschte, waren sich Ungarn und Rumänen spinnefeind. Ungarn waren durch die Verdoppelung des rumänischen Territoriums zu Lasten Ungarns nach dem I. Weltkrieg zur zweitgrößten Minderheit Rumäniens geworden."[1]

Über den Ursprung der Siebenbürger Sachsen erfahre ich von ihm, dass der ungarische König die einstigen Mosel-Franken 1140 in das Gebiet von Siebenbürgen rief, als Schutz gegen die Mongolen. Der 1224 verliehene Freibrief gestand den deutschen Zuwanderern territoriale, politische und religiöse Autonomie zu. 1550 schlossen sie sich der lutherischen Reformation an und blieben von den Wirren des Dreißigjährigen Krieges verschont. Ihre politische Selbstständigkeit verloren die inzwischen Habsburger Bürger erst 1876.

„Mein Onkel fiel im I. Weltkrieg als österreichischer Gebirgsjäger. Mein Vater blieb, da er herzkrank war, vom Kriegsdienst verschont. Bis 1918 war Siebenbürgen ein rein deutsches Gebiet. In dieser schönen Hochebene mit breiten, fruchtbaren Tälern, umgeben von bewaldeten Berghängen, setzte nach dem Vertrag von Trianon (1920) die Rumänisierung ein.[2] Es war viel über Unruhe und Unrecht in ungarischen Ortschaften zu hören. In Siebenbürgen, mit den beiden Hauptstädten Herrmannstadt und Kronstadt, passierte jedoch zunächst nicht viel, außer dass der deutsche Kirchenbesitz enteignet wurde und die siebenbürger Bevölkerung, die 1940 etwa 250.000 Menschen zählte, fortan Kirchensteuer zahlen musste. Ich wurde 1921 in einem typischen siebenbürger Städtchen geboren." Stolz erzählt er: „Die Siebenbürger führten als erste Europäer die allgemeine Schulpflicht ein!" Die Solidarität unter den Siebenbürgern betonend, fährt er fort: „Brannte einmal ein Hof ab, so halfen alle Dorfbewohner beim Wiederaufbau mit. Beerdigungen und Hochzeiten richteten Nachbarn gemeinsam aus. Wichtige Geschehnisse wurden bekannt gemacht, indem man sie auf ein Holzbrett schrieb, das von Haus zu Haus gereicht wurde.

Die Kehrseite dieser Geborgenheit war eine Fülle von Reglementierungen. Wir Jungen waren in der Burschenschaft organisiert, die Mädchen in der Mädchenschaft. Zur Kirche trug man seine Tracht. Wehe dem Mädchen, das in Stöckelschuhen oder städtischer Kleidung den Gottesdienst besuchte, dem sie wiederum nicht gewagt hätte, fern zu bleiben. Sie durfte mit Sicherheit zur Strafe den nächsten Dorfball nicht besuchen. Andererseits wurden alle politischen und religiösen Amtsträger demokratisch gewählt. Von Adelsprivilegien hielten die Siebenbürger nicht viel. Ihr Wahlspruch lautete: ‚Kein Herr! Kein Knecht!' An Festtagen singen die Siebenbürger heute noch laut und kräftig: ‚Siebenbürgen, Land des Segens, Land der Fülle und der Kraft.'

Am Beginn unseres Dorfes war die Straße verhältnismäßig schmal. Dort säumten die kleinen blauen Katen der Zigeuner den Weg. Ihre Zäune waren unordentlich. Die Kinder liefen halb nackt herum. Diese dunklen Menschen, deren Sprache niemand verstand, waren uns unheimlich. Sie wurden verachtet und gefürchtet zugleich. Man traute ihnen jede Schlechtigkeit zu. Deutschen Kindern war es verboten, dorthin zu gehen. Wir wären auch gar nicht auf diese Idee gekommen, sondern hielten uns ausschließlich im eigentlichen Dorf auf. Die breite Dorfstraße führte zum Hügel hin, wo sich hinter einem Ring alter Linden die hohen Mauern einer Kirchenburg erhoben. Kirchdach und Kirchturm ragten aus dem mittelalterlichen Wehrwerk heraus, dessen drei Türme weithin sichtbar waren."

Wehmütig fährt er fort: „Meine Freundin Lilli und ich waren unzertrennlich, bis ich eines Tages sehen wollte, wie ein Mädchen aussieht und sie in mein Versteck zerrte. Sie sträubte sich, aber ich hatte gesehen, was ich sehen wollte. Von diesem Tag an habe ich sie nie mehr zu Gesicht bekommen. Ich war bestürzt, als Mutter mir eines Tages berichtete, sie sei mit ihrer Familie weit weg gezogen. In meinen Augen hatte der Herrgott mich bestraft." Er schweigt, ehe er das Thema wechselt: „Nach dem Abendessen unterhielt man sich für gewöhnlich über die Tagesereignisse und besprach den nächsten Tag. Als irgendwann das Radio Einzug gehalten hatte, änderten sich die Abende. Nun saß man im Wohnzimmer, wartete gespannt auf die Meldungen aus Deutschland und lauschte ihnen beinah andächtig."

Auf meine Frage nach seinen Eltern antwortet er: „Vater war zwar anwesend, aber so unerreichbar wie ein Halbgott. Mit ihm zu spielen wäre undenkbar gewesen." Bilder in Theos blauem Büchlein zeigen einen Mann mit hohen Backenknochen und dunklem Haar. Man könnte meinen, unter seinen Vorfahren habe es auch Mongolen gegeben.

„Als ich sechs Jahre alt war, sollte Vater wieder einmal zur Kur. Vorher riet ihm sein Arzt jedoch, das neue Herzmedikament Kardiazol auszuprobieren, sechs Ampullen über ein paar Wochen verteilt. Vater ging es daraufhin zusehends schlechter und nach vier Wochen war er tot. In der Nacht, als er starb, brach mein vereiterter Blinddarm durch und ich wurde in Herrmannstadt operiert. Die Oberschwester erklärte meiner Mutter: ‚Von Hundert Patienten überlebt das nur einer.' Nach der Beerdigung meines Vaters saß meine Mutter Tag und Nacht an meinem Bett."

„Wie wurden Sie mit dem Verlust Ihres Vaters fertig?"

„Für mich war er immer nahe bei Gott und weit weg von mir gewesen. Vielleicht hat mich deswegen sein Tod nicht tiefer getroffen. Nach meiner Genesung zogen Mutter, meine Schwester und ich in die Walachei, an der Grenze zwischen dem deutschen und dem rumänischen Siedlungsgebiet. Dort arbeitete meine Mutter als Buchhalterin für einen deutschen Fabrikbesitzer, mit dem sie verwandt oder befreundet war. Zum Betriebsgelände gehörten ein beheiztes Schwimmbad und Tennisplätze. Wir erhielten eine schöne Wohnung. Großmutter zog zu uns und sorgte für uns Kinder. Mir ging es gut."

„Wie würden Sie dort das Verhältnis zwischen Deutschen und Rumänen beschreiben?"

„Die Oberschicht war deutsch, die Arbeiter Rumänen. In der oberen Etage der Fabrik gab es aus Gründen der politischen Korrektheit einen Rumänen – Nicu Munteanu."

„Wie erlebten Sie den Umgang zwischen deutschen und rumänischen Schülern?"

„In der Volksschule herrschte Feindschaft. Die Straße, in der wir wohnten, hatte fünfzehn Hausnummern. Ab der Nummer Zehn wohnten Rumänen. Dort wurden mein Freund Heinz, der Sohn des Fabrikdirektors, und ich hin und wieder mit Steinen beworfen. Einmal kam ich mit zwei abgebrochenen Schneidezähnen nachhause. Aber ich war im Steinewerfen auch nicht schlecht."

„Waren Sie ein guter Schüler?"

„Nein. Außerdem hatte ich Probleme, weil ich stotterte. Mit Hilfe meiner Lehrerin, der besten Freundin meiner Mutter, schwamm ich leistungsmäßig im unteren Drittel mit, schaffte aber dennoch den Sprung auf die höhere Schule. Da der tägliche Schulweg zum Gymnasium zu weit war, wohnte ich ab diesem Zeitpunkt im Schülerheim."

„Gab es dort auch Rumänen oder Juden?"

„Rumänen nicht, aber in meiner Klasse war ein Jude, Freddy."

„Wie gestaltete sich die Beziehung zwischen Juden und Deutschen?"

„Da gab es keine nennenswerten Probleme. Die Juden gehörten wie die Deutschen zur gehobenen Schicht. Viele Juden gab es in Siebenbürgen aber nicht. Die rumänischen Juden lebten vor allem in Galizien."

Wie im Deutschen Reich, so nahm man offenbar auch in Siebenbürgen Hitlers rassistische Ideen nicht allzu ernst. Nachdem Hitler in den frühen 1930er-Jahren erkannt hatte, dass ihm die Rassefrage keine Wählerstimmen einbrachte, waren seine antisemitischen Äußerungen in den Hintergrund getreten. Stattdessen beschwor er umso leidenschaftlicher die Gefahren des Kommunismus. Über den Äther wird dieses Gedankengut auch Theo erreicht haben.

Auf meine Frage nach seinem alltäglichen Internatsleben antwortet er schmunzelnd: „Nachdem um 9 Uhr das Licht ausgegangen war, wurde es richtig lustig. Wir kochten heimlich Tee auf dem Kachelofen, bauten um ihn herum Zelte aus Bettdecken, brieten Wurst oder lieferten uns Kissenschlachten. War aber das ‚Tok, Tok, Tok' des Holzbeins unseres Lehrers zu hören, wurde es blitzschnell mucksmäuschenstill. Waren wir einmal nicht schnell genug, dann mussten wir in einer Reihe antreten und bekamen jeder eine Ohrfeige. Es herrschten schon auch raue Sitten. So wurden z. B. die Jüngsten gezwungen, sich zur Belustigung der Älteren zu prügeln.

Zwischen Neujahr und Ostern gab es zwar den besten Schnee, aber keine Ferien. Aufgrund einer offiziellen Regel war die Schule jedoch zu schließen, wenn ein Drittel der Schüler an Grippe erkrankt war. Gab es viel Schnee, so verlosten die älteren Schüler an ein Drittel der Schüler jeder Klasse *Grippezettel*. Die mussten dann krank spielen, das Fieberthermometer hoch reiben und husten, bis sie heiser wurden. Das geschah, glaube ich, mit dem heimlichen Einverständnis der Eltern. Und auch die Lehrer wussten wohl Bescheid. Die Schule wurde geschlossen und nach zwei Wochen kehrten alle gesund und braun gebrannt zurück. Nur einmal gab es einen Eklat …"

Theos blauem Büchlein entnehme ich Folgendes: ‚Einmal traf das Los den *großen Mäk*, den etwas wuchtigen, aber gutmütigen Sohn des schmächtigen, aber ebenso freundlichen Lehrers Mäk. Da der Lehrersohn sich weigerte, krank zu spielen, sperrten wir ihn zur Strafe in den Kohlenkeller. Leider wurde er darin vergessen, bis ihn der Hausmeister am nächsten Morgen befreite. Ich hatte mir diese miese Sache zwar weder ausgedacht noch sie ausgeführt, aber ich hatte mich wortreich dafür eingesetzt, weil ich nicht einsah, dass ein Unterschied zwischen einem Lehrerkind und anderen gemacht werden sollte. Als Hauptschuldigen, wie es die Lehrerfamilie sah, betrachtete ich mich nicht. Der liebenswürdige Lehrer, den ich im Grunde achtete, reagierte mit blankem Hass. Als Strafe musste ich nach den Sommerferien ausgerechnet in Rumänisch eine Nachprüfung ablegen. Trotz meines Fleißes während der gesamten Ferien hat er mich fast um ein Schuljahr gebracht. Heute wage ich mir kaum vorzustellen, wie der Vater mit dem Tod seines geliebten Sohnes fertig wurde. In einem der unnötigsten Kriege der Geschichte … ist dieser Klassenkamerad … in Russland gefallen.'

Auf meine Frage nach seinen ersten Berührungen mit der NS-Ideologie antwortet Theo: „Immer wieder verbrachten Schüler die Ferien oder Teile eines Schuljahres in Deutschland und brachten irgendwann das NS-Gedankengut mit. Allmählich etablierte sich eine NS-Gruppe, die zu den Schülern, die den traditionellen Flaus trugen, im Konflikt stand."

„Der Flaus?"

„Die traditionelle Galauniform unserer Burschenschaft *Zoetus* – schwarzer, auf Taille geschnittener Samtrock und weiße Socken. Zwischen unserer Verbindung und den NS-Schülern kam es zu Prügeleien. Die immer eindringlichere Frage lautete im Grunde: Tradition oder Moderne, bzw. Nationalismus? Ich gehörte zum letzten Jahrgang, der noch den Flaus trug. Bald gab es nur noch die Deutsche Jugend, die DJ. Als mein Onkel einmal von Deutschland zurückkam und sich begeistert über die dortigen Veränderungen äußerte, sprach Großvater, der Hitler für den Antichristen hielt, 14 Tage lang kein Wort mit seinem Sohn." Unvermittelt donnert Theo los: „Einen Krieg anzuzetteln ist das größte Menschheitsverbrechen! Menschen aufzuhetzen, sich gegenseitig abzuschlachten!"

„Aber erst einmal machten Sie 1940 das Abitur", erwidere ich ruhig.

„Ja. Um das Pflichtjahr habe ich mich erfolgreich gedrückt. Stattdessen arbeitete ich als Volontär für den bereits erwähnten Rumänen Munteanu. Er meinte, Deutschland sei seit Ende des I. Weltkriegs schon wieder zu mächtig und daher ein neuer Krieg um die Vormachtstellung in Europa unausweichlich. Die deutsche Führung sei töricht, weil sie im Interesse Deutschlands nicht alles daransetze, einen Krieg zu vermeiden. Die Unterstützung Polens sei, wie der Versailler Vertrag, Teil der Provokationsstrategie der Westmächte. Sie erkläre zudem Polens starre Haltung zu der von Hitler geforderten exterritorialen Autobahn- und Zugverbindung nach Ostpreußen. Auch die Sowjets hegten weitere Expansionsinteressen. Ich wusste damals nicht: Hat er Recht oder nicht?"

Die Antwort auf diese Frage ist auch heute oft noch ideologisch gefärbt. Dennoch ist eine differenziertere Betrachtung aufgrund inzwischen zugänglicher Archive möglich. Seit 1917 hielten die Bolschewiki, die sich von einer kapitalistischen Umzingelung bedroht sahen, einen Krieg für unvermeidlich. Propagandafilme und historische Epen dienten lange vor Kriegsbeginn der psychologischen Vorbereitung. Nach der Machtergreifung Hitlers gewann diese Entwicklung an Schärfe. Das Bild des *plötzlichen Überfalls*, das sich nach Kriegsende einbürgerte, widerspricht der lange erwarteten kriegerischen Auseinandersetzung ebenso wie der Anstieg der sowjetischen Militärausgaben.[3]
Der sowjetische Verteidigungshaushalt war von etwa 1,5 Millionen Rubel im Jahr 1933 auf annähernd 50 Millionen Rubel 1939 gestiegen! Zwischen 1934 und 1935 verdreifachte Stalin die Stärke der Roten Armee auf knapp

1,5 Millionen Soldaten.[4] Das führte 1938 sogar zu Konflikten um Arbeitskräfte aus den Lagern.[5] Trotzdem erhöhte Stalin die Truppenstärke zwischen 1939 und 1941 noch einmal auf knapp 6 Millionen Mann.[6] Die Einrichtung des NKGB (Volkskommissariat für Staatssicherheit) im Februar 1941 werten einige Historiker als zusätzliches Zeichen dafür, dass Stalin einen Angriffskrieg vorbereitete.[7] Andere Geschichtswissenschaftler weisen darauf hin, dass die Rote Armee im Mai 1941 auf die Führung eines Angriffskrieges umgestellt wurde, den man aber erst für 1942 plante.[8] Wieder andere sind der Meinung, die Frage nach Stalins Kriegsvorbereitungen lasse sich – noch – nicht eindeutig beantworten.[9]

Der wahre Grund für Stalins tiefe Niedergeschlagenheit zu Kriegsbeginn liegt nach Ansicht seiner Tochter darin, dass sich Hitler als noch hinterlistiger erwiesen hatte als er selbst.[10] Diente Stalin das Bild vom *plötzlichen Überfall* auch der Minderung des Vorwurfs seiner gravierenden Fehleinschätzung und der hohen anfänglichen Verluste der Roten Armee? Wenn sich Historiker in dieser Frage heute noch uneins sind, wie hätte Theo die politische Welt damals durchschauen können?

Als ich ihn nach seiner heutigen Einstellung zu den Ausführungen von Herrn Munteanu frage, erklärt er: „Ich denke, mit seinen guten Beziehungen in die oberen Etagen der französischen Politik hatte er in vielem Recht. Ich will Ihnen erzählen, was ich diesbezüglich persönlich erlebt habe. Bis 1936, dem Jahr der Olympiade, als die ganze Welt in Deutschland zu Gast war, sah man in Rumänien vor allem amerikanische Autos. Allmählich fuhren jedoch immer mehr deutsche Autos auf den Straßen – Wanderer, Horch und Adler. Auch andere Produkte kamen zunehmend aus Deutschland, Leica Kameras und vieles mehr. Deutschland war für die Alliierten wieder eine wirtschaftliche Konkurrenz. Ich denke, nach der Weltwirtschaftskrise von 1929 fürchteten die Westmächte um ihre Absatzmärkte.[11] Darüber konnten die Sieger des I. Weltkrieges nicht erfreut sein!" Dann schwärmt Theo vom damaligen Bukarest, das Erdöl zum *Paris des Balkans* gemacht hatte. Unvermittelt fügt er hinzu: „Ich glaube, der Völkerhass liegt uns Menschen im Blut."

„Viele Volksgruppen haben über lange Zeiträume hinweg friedlich miteinander gelebt."

„Dennoch liegt in diesem nationalen Chauvinismus eine unheimliche Macht. Wenn ein Volk nicht bereit ist, seine Eigenständigkeit notfalls im Kampf zu bewahren und seine Interessen zu vertreten, wird es untergehen." (Beim Durchsehen dieses Textes fügt Theo hinzu: „Für mich sind Hass und Krieg nicht voneinander zu trennen. Wenn ein Soldat, egal welcher Nationalität, den eigenen Tod in Kauf nimmt, um einen Feind zu töten, dann muss er hassen. Wie sonst könnte er seinen Selbsterhaltungstrieb so missachten?")

Im Verlauf des Krieges schaukeln sich dann die Grausamkeiten auf allen Seiten noch weiter hoch. Jedem Krieg geht wohl ein Vorkrieg voraus, in dem Feindseligkeiten von mächtigen Interessengruppen provoziert und ungelöste Konflikte durch Propaganda zu blindem Hass gesteigert werden. Dennoch würden sich die meisten Menschen unabhängig von ihrer Nationalität einem Krieg entziehen, wenn sie könnten, ob aus moralischen Bedenken oder aus Angst. Deswegen wurden defätistische Äußerungen oder Desertieren auf allen Seiten so hart bestraft. Man kann daher wohl sagen: jeder Krieg ist auch ein Krieg gegen das eigene Volk!

Theos Krieg begann schon in seiner Kindheit, am Waldrand seines Dorfes, in den alten Schützengräben des I. Weltkriegs. „Dort konnte man Stahlhelme, Gewehre, Handgranaten und Munition finden", erzählt er begeistert „und Knochen von gefallenen Soldaten. Etwas unheimlich war es schon. Trotzdem waren Kriegsspiele unsere Lieblingsbeschäftigung. In meiner Werkstatt dachte ich mir immer neue Waffen aus, bastelte Katapulte, Bogen, Gewehre und anderes." Vor Kriegsbeginn wird er, wie alle Siebenbürger mittlerweile rumänischer Staatsbürger, zu soldatischer Vorschulung herangezogen.

„Was ging in Ihnen vor, als es mit dem Krieg ernst wurde?"
„Beklemmung ist wohl der passendste Begriff."
„Hat Sie der Überfall auf Polen empört?"
„Nein. Sie müssen verstehen, dass das Radio unsere einzige Informationsquelle war. Was im deutschen Radio gesendet wurde, stellte man nicht in Frage. Viele glaubten daher, dass die polnischen Provokationen, wie sie das Propagandaministerium darstellte, unannehmbar waren. Ich war wütend auf die Polen, weil sie, unterstützt durch die Westmächte, auf der Ablehnung einer deutschen Verkehrsverbindung nach Ostpreußen beharrten. Von dem geheimen Zusatzprotokoll des Hitler-Stalin-Paktes wussten wir damals ja nichts! Wir glaubten also wirklich, dass Hitler keinen Krieg mit Polen wollte, sofern sich in der Korridor-Frage eine Einigung erzielen ließ und Polen seinem Angriff auf die marode Sowjetunion, wie er sie nannte, nicht im Wege stand. Aber Polen verfolgte eigene Groß-

machtpläne und glaubte sich dabei auf die Westmächte, vor allem Frankreich, verlassen zu können."

„Deswegen mussten Millionen Polen sterben?"

„In Folge der durch die Verträge von Versailles und Trianon neu gezogenen Grenzen – und der dadurch entstandenen Minderheiten – herrschten überall in Europa Spannungen. Das müssen die Alliierten vorausgesehen haben. Auch in Polen kam es zu Enteignungen und Morden, die zwischen 1921 und 1929 fast 1 Million Deutsche in die Flucht trieben. Das lieferte Hitler Material für seine Propagandaschlacht, durch die er versuchte, seinen Krieg öffentlich zu rechtfertigen." Von Polonisierung, Magyarisierung, Rumänisierung und der damit einhergehenden Benachteiligung von Minderheiten sprach man lange bevor auch die berüchtigte Arisierung zum allgemeinen Sprachgebrauch wurde.

„In der Zwischenkriegszeit betrachteten alle Völker, die den I. Weltkrieg verloren hatten, einen neuen Krieg als unvermeidbar."

„Aber England hat doch alles versucht, um einen Krieg zu vermeiden!", widerspreche ich ihm. „Es kam Deutschland hinsichtlich der Tschechoslowakei weit entgegen! Glauben Sie nicht, dass Hitler diesen Krieg unabhängig vom Verhalten Polens und der Alliierten unbedingt wollte? Hat er nicht geklagt, das Münchner Abkommen habe ihn um seinen Krieg gebracht?"

„Hitler wollte Krieg gegen Russland! Aus strategischen Gründen begann er ihn mit Polen."

Nachdem Hitler und Stalin die Grenzen Osteuropas 1939 neu gezogen hatten, ließen sie beide unterschiedliche Gruppen der einheimischen Bevölkerung verfolgen. Während auf deutscher Seite in erster Linie Juden ermordet wurden, verfolgte Stalin vor allem polnische Militärangehörige und die antibolschewistische Intelligenz, auch die jüdische. Von den 230.000 in sowjetische Gefangenschaft geratenen polnischen Soldaten leben zwei Jahre später (1941) nur noch 82.000. Weder eine britische noch eine amerikanische Nachkriegsregierung nahm dazu jemals Stellung.[12] Hitler dagegen instrumentalisierte diese Massaker als weitere Rechtfertigung für seinen Krieg gegen die Sowjetunion.

Für Theo änderte sich mit Kriegsbeginn zunächst wenig. Dass die Sowjets 1940 aus der ihnen durch den Hitler-Stalin-Pakt zugefallenen, zu Rumänien gehörenden Nordbukowina 200.000 bis 300.000 Menschen verschleppten, hat er vielleicht gar nicht mitbekommen.[13] „1940 schloss sich

Antonescu dem deutschen Angriff auf die Sowjetunion an.[14] Und plötzlich waren die Landesgrenzen geschlossen. ,Du wirst kein Soldat', entschied Mutter. Wen sie geschmiert hat, weiß ich nicht, aber sie beschaffte mir ein Flugticket und ich landete bei Schneesturm in Wien. Von dort gelangte ich nach Deutschland, wo mein Freund Heinz schon studierte." Theo tritt der *NS-Kameradschaft Bismarck* bei, hört sich dort dreimal pro Woche *NS-Geschichten* an und nimmt Fechtunterricht. „Zu der Zeit waren bereits alle Studenten-Korps von den Nationalsozialisten gleichgeschaltet", erklärt er. (Der Eintritt in die *Deutsche Studentenschaft* war ab April 1933 für alle Studenten obligatorisch.)

Während der Russlandfeldzug schon in vollem Gange ist, studiert er Chemie. Eines Tages wird er gemustert. „Dann empfing mich ein sudetendeutscher SS-Mann in einem großen Zimmer an einem mächtigen Schreibtisch. Er erklärte, er erwarte von mir, dass ich wöchentlich Berichte über eine Gruppe bulgarischer Studenten abliefere. Mir behagte das gar nicht, aber ich war ein paar Monate lang Spitzel für den SD oder die Gestapo." Besonders unter den Studenten des eng mit Russland verbündeten Bulgarien vermutete das NS-Regime offenbar Spione.

„Warum haben Sie das Bespitzeln nicht verweigert?"

„Das hab ich nicht gewagt. Außerdem wäre ich gar nicht auf die Idee gekommen, mich einem in meinen Augen übermächtigen Staatsapparat zu verweigern. Stolz bin ich auf meine Spitzelrolle nicht. Um diesem Dilemma zu entkommen, meldete ich mich bei der Wehrmacht. ,Sie sind Rumäne!', hieß es. ,Sie können kein Wehrmachtsoldat werden!' Heute weiß ich, dass Rumäniendeutsche aufgrund eines Vertrages zwischen Antonescu und Hitler nicht zur deutschen Armee eingezogen wurden. Himmlers Waffen-SS war jedoch etwas anderes. So kamen so gut wie alle wehrpflichtigen Siebenbürger Sachsen zur Waffen-SS. Zwei Wochen später bestellte mich der sudetendeutsche SS-Mann wieder ein. Die Reichsdeutschen seien zuerst Bayern, Schwaben oder Sachsen, sagte er. Uns Volksdeutschen ginge es dagegen in erster Linie um Deutschland. SS oder Wehrmacht sei da doch unwesentlich. So wurde ich hoppla-hopp rekrutiert – zur SS!"

„Warum haben Sie sich nicht geweigert?"

„Wie denn? Sollte ich Spitzel bleiben? Ich hatte ja auch gar nichts dagegen, Soldat zu werden. Außerdem erfuhr ich nach meiner Rekrutierung von diesem SS-Mann, dass ich der Gestapo nie entronnen wäre, wenn ich mich nicht zur SS gemeldet hätte. Zudem hielt ich mich für unverwundbar und den Krieg für eine gerechte Sache!"

In *Mein Kampf* schrieb Hitler, die ‚Kunst‘ der Propaganda liege darin, ‚dies in so vorzüglicher Weise zu tun, dass eine allgemeine Überzeugung von der Wirklichkeit einer Tatsache, der Notwendigkeit eines Vorganges ... entsteht‘. Dies ist Goebbels offenbar millionenfach gelungen. Auslandsdeutsche und Deutsche in den Grenzgebieten waren aufgrund ihrer Erfahrungen für derartige Propaganda besonders empfänglich. Tatsächliche deutsche Opfer von Diskriminierung instrumentalisierte das NS-Regime als Märtyrer. Hitler ließ Goebbels öffentlich kundtun, dass die Deutschen als ‚die Bringer von Freiheit‘ gezwungen sind, bestimmte Gebiete ‚zu besetzen, zu ordnen und zu sichern‘.[15] Die Wahrheit entzog sich dem manipulierten Bürger diesseits wie jenseits des ideologischen Grabens. Er war der Propaganda und dem Terror weitgehend ausgeliefert.

Auch Stalin und die Westmächte blieben über Hitlers wahre Ziele lange im Unklaren. Als sich Goebbels im Mai 1941 auf die Propagandamethode der Nachrichtenüberschwemmung verlegte, erklärte er zufrieden: ‚Es wird so viel gelogen, dass man Wahrheit und Schwindel kaum noch unterscheiden kann‘. Das hatte zur Folge, dass die deutsche Bevölkerung ebenso wenig wie die sowjetische auf den exakten Kriegsbeginn vorbereitet war. Die 3 Millionen deutsche Soldaten erfuhren erst in der Nacht vom 21. auf den 22. Juni von dem am frühen Morgen bevorstehenden Einmarsch in die Sowjetunion.

Zu der Zeit befand sich Theo zur Grundausbildung in Stralsund. „Wir wurden tagelang erbarmungslos mit Gasmasken durch die Dünen gescheucht, und dennoch genoss ich das Ansehen dieser Elitetruppe. Nach einem Monat kam die Versetzung zur Kavallerieausbildung in das damalige Polen, nach Cholm (heute Chelm) bei Lublin. Ich war enttäuscht, dass ich nicht Flieger werden durfte. In dieser mittelgroßen Stadt befand sich eine üble SS-Kompanie ungebildeter Analphabeten. Ihr Chef herrschte wie ein Dämon über seine Einheit und die Stadt – über Leben und Tod. Er war klein, breitschultrig, schmalhüftig und kohlschwarz, nichts von SS-Länge und blondem Haar – schwarze Augen, schwarzes Muttermal auf der Wange, schwarze Seele. Hart, böse, ein Weiberheld ... Was er sagte, das geschah.

Ich war zum Glück nicht in seinem ‚Zug‘. Der Chef des zweiten Zuges, Fahnenjunker Zech-Nentwig, war ein gnadenloser Schleifer, Großgrundbesitzer, fettes Vollmondgesicht, kriminell. Um Mitternacht ließ er seine

Leute bei minus 40 °C im Schnee zum Nachtexerzieren antreten, bis drei Viertel seines Zuges mit Erfrierungen im Krankenbau lag."

„In Cholm gab es viele Juden, von denen die meisten im Vernichtungslager Sobibor vergast wurden. Haben Sie davon etwas mitbekommen?"

„Auf dem ausgedehnten Kasernengelände lebten Juden in Holzbaracken und bauten Stallungen für Pferde. Uns Rekruten war der Kontakt mit ihnen verboten. Trotzdem habe ich so manches mitbekommen. Eines Tages warteten wir am Eingang der Kaserne auf das Mittagessen. Es gab etwas besonders Feines, Milchreis mit gedörrten Aprikosen. Ein Unterscharführer, ein Milchgesicht, groß, schlank, schöner SS-Typ, noch keinen Bart, winkte einen etwa 28-jährigen Juden, der über den Kasernenhof schlurfte, heran …" Den Rest dieser unsäglichen Geschichte entnehme ich hier Theos schriftlichen Erinnerungen:
‚Hatte der Jude nicht gegrüßt? Oder sich nicht genügend verbeugt? Außer uns Rekruten mussten die Juden alle Dienstgrade ehrfurchtsvoll grüßen, z. B. mit: Guten Tag bester Herr.
Jedenfalls nahm er seinen Spaten von der Schulter und baute Männchen, so gut er konnte. Der Unterscharführer nahm ihm den Spaten ab und hieb ihm mit der seitlichen Kante quer über die Schienbeine. Aufbrüllend sank der Mann zusammen und rollte sich vor Schmerzen auf dem Boden. Der Unterscharführer ließ nun den Spaten von oben immer wieder in dieses Menschenknäuel fahren, in den Rücken, in den Bauch, in die Brust. Zunächst versuchte sich der Mann an der Mordwaffe festzuklammern, aber er war zu schwach. Der Bauch öffnete sich und die Därme traten heraus. Das Brüllen wurde schauerlich und erstarb ganz langsam mit dem Menschen …
Wir zitterten und waren kreidebleich. Als wir aber zum Mittagessen gerufen wurden, nahmen wir alles in Empfang und fraßen es hungrig und gierig … Ich sah den schönen … Unterscharführer vor seinem Opfer stehen, eine geile Befriedigung im Gesicht … und fühlte mit Entsetzen, dass ich Lust bekam, diesen SS-Kerl abzuschlachten. Diese Vorstellung quälte mich wochenlang … monatelang.'

Aufgewühlt erzählt Theo: „Er hat den Juden regelrecht gemetzelt. Das war eines meiner fürchterlichsten Erlebnisse." Da war er 20 Jahre alt. Wie unter Zwang erzählt er von einem Volksdeutschen aus einem Dorf in der Nähe von Cholm, den man in die SS aufgenommen hatte. Dem Spieß passte das jedoch gar nicht. Er wies nach, dass dieser blonde Hüne ein

Pole war. Also musste er weg. Da aus den Reihen der SS niemand entlassen werden kann, wurde ihm ein Vergehen angehängt. Angeblich hatte ihm ein Pole seine Militärmütze geklaut und damit antideutsche Späße getrieben. Man stellte ihn vor ein Standgericht.

Zu diesem Zweck wurde die Kantine ausgeräumt und mit roten Tüchern und Hakenkreuzfahnen geschmückt. Die Fenster waren verhangen. Auf dem Richtertisch standen Kerzen. In dem schwach beleuchteten Raum war die Kompanie vollzählig angetreten. Die Stimmung war unheimlich, furchteinflößend. Bei der Schuldverlesung, ‚Verächtlichmachung des deutschen Militärs', die in den Raum gebellt wurde, sträubten sich uns die Nackenhaare. Nach vielem Klimbim hieß es dann: Tod durch Erschießen. Die Kompanie musste im Viereck antreten. Der Volksdeutsche oder Pole stand erhobenen Hauptes vor seiner Grube, ohne Augenbinde, in militärischer Haltung. Als der Befehl zum Schießen kam, hob er den Arm zum deutschen Gruß. Als man auf ihn anlegte, salutierte er: ‚Heil Hitler!' Das waren seine letzten Worte. Ich konnte meinen Hass auf diesen Spieß bestimmt nicht verbergen."

„Wie haben Sie mit diesen grauenvollen Bildern ein Leben lang gelebt?"

„Wegen meiner Abiturprüfungen hatte ich immer wieder Angstträume. Vom Krieg hab ich kein einziges Mal geträumt. Er hat mich mit all seinen Scheußlichkeiten nie belastet." Man kann wohl auch sagen, dass es ihm gelang, diese traumatischen Erlebnisse abzuspalten, um weiterleben zu können.

Auf meine erneuerte Frage nach den Cholmer Juden erzählt er: „In dem kalten ersten Kriegswinter des Russlandfeldzuges haben die Juden, besonders die Frauen, in diesen Baracken sicherlich gefroren. Eines Tages erwischte man einen Juden dabei, wie er eine Pferdedecke klaute. Daraufhin wurden er, sein Vater, seine Mutter und seine Braut aus der Arbeitskolonne herausgeholt. Die jüngsten Rekruten mussten diese vier auf das Eis des Baches führen, ein Loch in das Eis schlagen und diese Menschen mit Spatenschlägen so lange unter das Eis drücken, bis sie ertrunken waren."

„Woher wissen Sie das?"

„Von einem aus diesem Kommando, einem blonden Jungen aus Ungarn. Er kam halb irre zurück und hat fürchterlich geheult. In unserer Einheit gab es nur Volksdeutsche. Lediglich der Unteroffizier und vier oder fünf Vorgesetzte waren Reichsdeutsche. Der Hass auf unsere Vorgesetzten war bei vielen Rekruten grenzenlos. Es war ihr Glück, dass sie nicht mit uns an die Front kamen." Nach kurzer Pause ergänzt er: „Ein SS-Angehöriger, der einen Juden *begründet*, d.h. auf der Flucht erschoss, bekam zur Belohnung 14 Tage Heimaturlaub. Ein einziger aus meiner Einheit, der Weishaar, fuhr auf diese Weise nachhause." Ähnliche Regeln galten auch für das Wachpersonal im stalinistischen *Gulag*, denke ich, während Theo weitererzählt: „Später erfuhr ich, dass Zech-Nentwig und die anderen Ausbilder nach unserer Verlegung an die Front an den Judenerschießungen in Brest beteiligt waren."

Insgesamt 16 Einsatz- und Sonderkommandos, etwa 3.000 Mann der Gestapo, Kripo und Ordnungspolizei, erschossen bis November 1942 über 800.000 Juden. Bis Kriegsende wurden über 2 der knapp 5 Millionen Juden auf sowjetischem Territorium ermordet. Auch zahlreiche nichtjüdische Kommissare, Funktionäre und Angehörige der sowjetischen Geheimpolizei kamen um.[16] Die NS-Führung versuchte diese Vernichtungsmaßnahmen geheim zu halten. So erklärte Himmler 1943 vor Reichs- und Gauleitern in Posen: ‚Man wird vielleicht in … späterer Zeit sich einmal überlegen … ob man dem deutschen Volk etwas mehr darüber sagt. Ich glaube, es ist besser, wir … haben das für unser Volk getragen … und nehmen dann das Geheimnis mit in unser Grab.'[17]
Auch in der Sowjetunion wurde die Judenvernichtung nicht offiziell bekannt gemacht. Lediglich das 1942 von *Ilja Ehrenburg* mitbegründete Jüdische Antifaschistische Komitee (JAFK) berichtete in kleiner Auflage ausführlich darüber. Theo gehörte zu denjenigen, die über die Judenvernichtung Bescheid wussten, als er nach seiner Ausbildung im Frühjahr 1942 an die Ostfront bei Orel kam. In seinen schriftlichen Erinnerungen heißt es dazu:
‚An Schulungsabenden hämmerte man uns ein, dass wir die Elite seien. Wir wussten es besser: Wir waren geschundene Tiere … Aber … wie wir von unseren Wehrmachtskameraden behandelt wurden, … zwang uns dieses Gefühl der Überlegenheit geradezu auf. Ich war … nur ein kleiner Mannschaftsgrad und merkte nicht einmal, dass ich es mir abgewöhnt hatte, Unterführer der Wehrmacht überhaupt zu grüßen … Nach zwei Monaten … war unsere Schwadron von 240 Mann durch Gefallene oder Verwundete auf 38 Mann reduziert. Wir bekamen 100 Mann Ersatz und drei Monate später waren wir wieder 100 Mann weniger.'
„Beim Durchreiten eines Waldgebietes entdeckten wir einmal mitten im Wald einen Zivilisten, der sich hinter einem Baum versteckt hatte", erzählt Theo. „‚Runter vom Gaul!' befahl unser Vorgesetzter: ‚Den will ich

lebendig!' Eine Gruppe von acht Leuten – unter ihnen ich – sollte diesen Mann fangen. Wir rannten ihm über eine Wiese und eine Anhöhe hinterher. Da ahnte ich plötzlich eine Falle und ließ mich hinter einen großen Maulwurfshügel fallen. Kaum war ich in Deckung, da pfiffen mir schon die Kugeln um die Ohren. Ich lag 30 bis 50 Meter von einem russischen Schützengraben entfernt. Von morgens bis abends spielte ich *toter Mann*. Infanteriefeuer ließ die Erde um mich herum hochschießen. Hans Wacker, 3 Meter rechts von mir, hatte es erwischt. Der erste Schuss traf ihn am Bein, der zweite an der Schulter. Er schrie nach seiner Mutter, nach dem Kompaniechef. Aber in diesem Kugelhagel konnte ihm keiner helfen. Von 9 Uhr morgens bis 5 Uhr abends dauerte sein entsetzlicher Todeskampf. Ich war erleichtert, als er tot war und am nächsten Tag hatte ich ihn schon vergessen. Meine Kompanie war wütend auf mich. Manche sagten sogar, ich stünde mit dem Teufel im Bund, weil ich immer wieder überlebte. Dabei hatte ich ganz einfach Glück – oder die bessere Deckung."

Als ich mich erkundige, warum er sich heute noch an Hans Wacker erinnert, wo er ihn doch schon einen Tag nach seinem Tod vergessen hatte, antwortet er: „Monate später, als ich wegen Erfrierungen im Lazarett lag, besuchte mich eines Tages eine elegante Frau, seine Mutter. Hans hatte ihr von mir geschrieben. Sie war untröstlich und bat mich, ihr von ihrem Sohn und vor allem von seinem Tod zu erzählen. Und ich tat, was alle taten, ich log sie an. Ich erzählte ihr, dass er von einem Kopfschuss getroffen wurde und ganz schnell tot war."

„So, wie es ähnlich in fast allen Todesnachrichten an die Hinterbliebenen zu lesen war?"

„Genau so." Er starrt düster vor sich hin: „Glauben Sie mir, auf dem Schlachtfeld wird nicht leicht gestorben."

„Wie sind Sie mit dem allgegenwärtigen Tod umgegangen?"

„Das tägliche Sterben war bald eine Selbstverständlichkeit. Man kämpfte gegen die ständige Müdigkeit an und schlief als Posten im Stehen ein. Da waren Denken und Fühlen wie ausgelöscht. Irgendwann wurden wir mit unseren Pferden nach Smolensk gebracht, wo ich ein oder zwei Angriffe gegen miserabel ausgerüstete Russen miterlebte. Die hatten keine Chance. Ich habe ganze Leichenberge von Russen gesehen."

„So schlecht ausgerüstete russische Soldaten passen nicht gut zur Präventivkriegsthese."

„Ich bin heute noch davon überzeugt, dass es sich bei dem Angriff auf Russland um einen Präventivkrieg handelte."

Die von der Propaganda verbreitete Behauptung einer aktuellen Bedrohung durch 160 sowjetische Divisionen, die einen Präventivschlag rechtfertige, war für den einzelnen nicht nachprüfbar. Um Zweifel in der Bevölkerung zu zerstreuen sprach Hitler im Oktober 1941 im Berliner Sportpalast von ‚grausamen, bestialischen und tierischen Gegnern.'[18] Gleichzeitig verkündete er: ‚Aber auch dieser Kampf wurde von mir nicht gewollt.'[19] Während deutsche Soldaten viel über brutale, slawische Untermenschen hörten, zeigten sowjetische Filme Deutsche als bestialische, hässliche Barbaren mit niederer Stirn, blutrünstig, feige, dumm und niederträchtig.[20] Der heftig geschürte Antibolschewismus auf deutscher Seite trug ebenso wie der fanatische Antifaschismus auf russischer Seite dazu bei, Skrupel und Bedenken auf beiden Seiten beiseite zu schieben.

„Haben Sie in Russland – oder richtiger in der *Ukraine* und in *Weißrussland* – verbrannte Dörfer gesehen?"

„Als wir ankamen, waren die Dörfer fast immer menschenleer. Manche Dorfbewohner hatten die Gegend verlassen, andere versteckten sich in den Wäldern. Manchmal stand noch die warme Suppe auf dem Tisch. Essen sollten wir das nicht. Jeder hatte Angst vor Gift. Oft aßen wir es trotzdem. Im Rahmen des Partisanenkrieges, der in Weißrussland in aller Brutalität gegen uns geführt wurde, brannten wir jedes Dorf nieder, das wir verließen."

„Und überließen die Zivilbevölkerung dem Hungertod?!"

„Die Partisanen lauerten überall!", entgegnet er heftig. „Man musste ständig auf der Hut sein. Wenn uns einer in die Hände fiel, balgten sich die Kerle in meiner Kompanie darum, ihn erschießen zu dürfen!"

„Wie viele haben Sie erschossen?"

„Keinen. Die anderen waren froh, dies tun zu dürfen!"

Jede Armee geht mit Härte gegen Partisanen vor, die eine Unterscheidung zwischen Militär und Zivilbevölkerung unmöglich machen und laut Kriegsrecht verboten sind. Kriegsrecht spielte jedoch in diesem Krieg kaum eine Rolle.

Folgendes Ereignis aus Theos Aufzeichnungen muss sich im Rahmen des Partisanenkriegs in Weißrussland zugetragen haben:

‚Die ganze Division lag ... auf einer ... Anhöhe, um einen Angriff auf Dörfer in einem flachen Tal zu starten ... ein Spähtrupp, 32 Mann, wurde losgeschickt, um ... das erste Dorf auszuspähen ... Meine Gruppe, acht Mann, war die Vorhut ...Wir gingen am Bach entlang ... Einer Eingebung folgend, ließ ich mich plötzlich ins Wasser fallen. Ich war noch nicht nass, da prasselten schon die Geschosse. Von den 32 Mann kamen nur zwei mit dem Leben davon ... Ich Esel meldete mich an diesem kalten Novemberabend klitschnass wieder zurück ... Mein Chef begann sofort zu schreien: Ein deutscher Soldat stirbt, aber er kommt nicht ohne Gewehr zur Truppe ...'

„Ihre Erinnerungen passen nicht zu der oft gepriesenen SS-Kameradschaft."

„Diese Kameradschaft gab es, von wenigen Ausnahmen abgesehen, nicht wirklich, jedenfalls nicht in meiner Einheit. Ständig starben Männer und neue kamen hinzu. Drüber hinaus sprachen in meinem Haufen bald nur noch 20 Prozent Deutsch. Da konnten sich kaum nennenswerte Beziehungen entwickeln."

„Kanonenfutter?"

„Ja, Kanonenfutter. Ich will Ihnen das mit der Kameradschaft, oder dem Mangel daran, an einem Beispiel verdeutlichen. Eines Tages war mein Gewehrriemen weg. Da der Dieb größer war als ich, benutzte ich wortlos stattdessen eine Schnur. Wäre er kleiner gewesen, hätte er eine in die Fresse bekommen. Aber denken Sie nicht, dass es unter den Partisanen anders zuging. Auch die wollten vor allem eines: überleben. So wie auch unsere Kommandeure. Unseren Divisionskommandeur Fegelein, Hitlers Schwager, diesen Banditen, habe ich nie gesehen. Zehender, unser Batteriekommandeur, war ein feiger Kerl. Als ich einmal mit ihm unterwegs zum Gefechtsstand war, schlug er sich in die Büsche. Bei jedem Schuss, der zu hören war, sprang er wieder heraus. Beim Gefechtsstand hüpfte er bei jedem Knall zurück. Lächerlich war das."

„Sie gehörten der 8. Kavallerie-Division *Florian Geyer* an."

„Stimmt. Uns war dieser Name damals aber nicht geläufig. Bei dem Partisanenkrieg handelte es sich oft um richtige Gefechte gegen bewaffnete Einheiten. Sie dürfen sich das nicht wie ein Hasenschießen vorstellen. Das war ein grausamer Kampf. Einmal machten unsere drei Schwadronen in drei beieinander liegenden Dörfern todmüde Quartier. Am nächsten Morgen lagen alle 200 Mann der zweiten Schwadron mit durchschnittener Kehle da."

„Wie viele Partisanen haben Sie erschossen?"

„Zweimal stand ich einem Russen direkt gegenüber. In beiden Fällen richtete er seine Waffe gegen mich. Nur weil ich schneller war, lebe ich heute noch. Ich habe den Krieg, nachdem ich ihn kennen gelernt hatte, verabscheut und nie einen unbewaffneten Menschen erschossen. Aber wer wehrt sich nicht, wenn es heißt: du oder ich?"

„Die Partisanenbekämpfung diente auch als Deckmantel für die Judenvernichtung."

„Außer in Cholm stand ich in Russland nie bewusst einem Juden gegenüber. Ich kann mir aber vorstellen, dass es unter den Partisanen auch Juden gab. Für mich hatte der Partisanenkampf nicht direkt etwas mit der Judenvernichtung zu tun, sondern mit einem brutalen Kampf gegen Partisanen, die Panzer und alle möglichen anderen Waffen hatten."

„Gab es unter den Partisanen auch Frauen?"

Der ehemalige SS-Mann zögert einen Augenblick: „Nicht viele, aber es gab sie."

„Wurden die auch erschossen?"

„Gefangene Frauen wurden häufig zum Minensuchen eingesetzt."

Auf die Sprachlosigkeit in meinem Gesicht erwidert er erregt: „Hätte ich stattdessen zerfetzt hochfliegen sollen? Das war ein gnadenloses Morden auf allen Seiten. Ich hab Menschen auf Minen treten sehen! Kein schönes Bild, glauben Sie mir!"

Theos Worte ähneln denen von General Schukow auf erstaunliche Weise, der dem amerikanischen General Eisenhower nach Kriegsende die sowjetische Methode der Räumung von Minenfeldern so schilderte: Zuerst wurde die Infanterie auf die Minen geschickt. Anschließend rückten die Pioniere in die von den Leibern der Soldaten frei gesprengte Gasse vor, um … den Weg für das gepanzerte Kriegsgerät zu räumen.[21] Schukow, den Stalin zum Kriegführen aus dem Gulag hatte holen lassen, und der in Berlin die bedingungslose deutsche Kapitulation entgegennahm, verschwand nach dem Krieg aus allen offiziellen sowjetischen Berichten über den *Großen Vaterländischen Krieg*. Da Stalin als einziger Architekt des Sieges gelten wollte, ließ er nach dem Krieg zahlreiche verdiente Befehlshaber der Roten Armee erschießen oder inhaftieren.

„Einmal", fährt Theo fort, „rannte ich mit einem Spähtrupp von sieben Leuten über ein von Partisanen vermintes Gelände einen Wald hinunter und die Wiese auf der anderen Seite wieder hoch. Wir erreichten unseren Bunker unversehrt. Aber ein großer Teil der Kompanie, die uns folgte, flog in die Luft. Daraufhin wurden alle Partisanen, die uns in die Hände fielen, mit Genickschuss getötet, meist armselige Gestalten mit vereisten Filzstiefeln an den Füßen. Sie erschossen ihrerseits die deutschen Soldaten oft nicht nur, sondern quälten und verstümmelten sie." Leise fährt er fort: „Im Krieg stumpft man ab. Die Menschen im Krieg entarten. In meiner Einheit war ein junger Theologiestudent. Eines Tages fand ich ihn nackt mit ausgestochenen Augen und einem in den Bauch geritzten Hakenkreuz. Die Russen konnten unbeschreiblich grausam sein."

„Die Deutschen nicht?!"

Theo schweigt.

Die verlustreichsten Kämpfe tobten in der Ukraine und in Weißrussland, nicht in Russland selbst. Die Bewohner dieser Gebiete waren zwischen zwei Mühlsteine geraten. Sie wurden von beiden Eroberungsmächten ausgebeutet und unterdrückt. Manche, häufiger Weißrussen, kämpften in der Roten Armee oder in von den Sowjets organisierten Partisaneneinheiten. Andere, eher Ukrainer, standen auf deutscher Seite. Viele schlossen sich nationalen Partisanenarmeen an, die für die Unabhängigkeit ihres Landes gegen beide Eroberer in den Kampf zogen und einen besonders hohen Blutzoll zahlten. In den Augen der deutschen Soldaten handelte es sich bei den Gegnern im Osten jedoch schlicht und manchmal fälschlich um Russen.

„Monatelang bekam man die Stiefel nicht von den Beinen", erzählt Theo weiter, „hat monatelang keine Unterhose gewechselt und keine Zahnbürste gesehen. Meine Mutter hatte mir zum Glück eine Pelzweste geschickt. Die hat mich vorm Erfrieren gerettet." Fast andächtig ergänzt er: „Ich bin überzeugt, dass ich überlebt habe, weil ich wusste, dass meine Mutter für mich betet." Er schweigt, ehe er schließlich fortfährt. „Unsere Reiterstiefel wurden durch Nässe und Schnee so steinhart, dass es unmöglich war, diese Dinger auszuziehen. Als ich nicht mehr weiter konnte, wurden sie mir mit einer Gipsschere von den Füßen geschnitten. Darunter sah es entsprechend aus. Die Strümpfe waren ebenso verfault wie die Haut. Und so, wie es aussah, stank es auch. Mit schwarzen und von Läusen zerfressenen Zehen kam ich zur Genesungskompanie nach Warschau. Nach einer Weile Kartoffelschälen bat ich darum, mein Medizinstudium wieder aufnehmen zu dürfen. Das sei erst nach drei Jahren Russlandeinsatz möglich, wurde mir erklärt. Wenigstens arbeitete ich fortan als Sanitäter."

„Haben Sie von dem jüdischen Ghetto in Warschau etwas mitbekommen?"

„Wir durften nicht ins Ghetto. Während des Aufstandes war ich im Krankenhaus. Einmal brachte ein Jude seine 10-jährige Tochter mit einer Armverletzung zu uns. Der Arzt, Dr. Orbanski, übergab den Fall an Assistenzärzte. Das Mädchen wurde gut behandelt."

„Wie ging man als SS-Mann mit Mädchen und Frauen in Feindesland um?"

„Von uns vier Sanitätern sprach einer Polnisch. Der schleppte regelmäßig Polinnen an. Der Wodka floss. Es wurde gesungen. Dann verschwand jeder mit einem Mädchen. Nach Warschau kam ich für vier Wochen als Sanitäter zur Division *Das Reich* in die Eifel. Da wurde nicht viel Federlesen gemacht. War ein Fuß schwer verletzt, wurde er einfach abgesägt. Meine neue Division sollte den Angriff der Amerikaner im Westen aufhalten. Wir kamen im Dezember 1944 durch Gießen, als die Altstadt gerade bombardiert wurde. Die Wucht der Bomben war einfach unbeschreiblich. In der brennenden Stadt hatten sich viele Zivilisten in den Park geflüchtet, aber auch hier breiteten sich die Phosphorflammen aus. Die Menschen brannten wie Fackeln. Es war entsetzlich."

„Was haben Sie getan, um zu helfen?"

Er hebt langsam die Schultern: „Wie hilft man da? Die Toten waren tot. Die Verwundeten brachte man ins Krankenhaus. Ich hatte Quartier bei der Familie Boné. Der Vater war bei dem Bombenangriff umgekommen und die Mutter war irgendwo auf dem Land. Die Tochter war ganz allein. Sie hatte große Angst und klammerte sich an mich. Also blieb ich einen Tag. Fünf Jahre später erfuhr ich, dass ich eine Tochter hatte. Ich habe sie nie kennen gelernt."

„Sie haben sich nie für sie interessiert?"

Er schüttelt den Kopf: „Sie war bestimmt gut versorgt."

„Haben Sie noch mehr uneheliche Kinder?"

„Kann sein. Eine Frau hat abgetrieben. Warum kriegt eine Frau auch sofort ein Kind."

Gegen Kriegsende sitzt Theo bei Jülich fest. Sein blaues Büchlein gewährt Einblick in damalige Seelenabgründe:

‚Wir … wollten … noch einmal Russen ins Jenseits mitnehmen. Viele, viele Russen. Jede Panzerfaust, jede Gewehrgranate, jede Handgranate, jeder Schuss sollte ankommen bei diesen Verbrechern, … die deutsche

Dörfer und Städte niederwalzten, abbrannten und die Bevölkerung ins Meer trieben … Unsere … Mädchen … wurden immer wieder vergewaltigt. Selbst 70-jährige Omas mussten es erdulden und wurden anschließend wie ein unnützes Huhn erschlagen, ins Wasser getrieben oder ihr Schädel wurde am Bordstein wie eine Kokosnuss aufgeschlagen …'
Darf man so etwas veröffentlichen? Ich glaube man muss es, wenn man versuchen will, den Hass zu verstehen, der Männer, egal welcher Nationalität, befähigt, so erbarmungslos zu brennen, zu verstümmeln, zu vergewaltigen und zu töten. Man muss verstehen, was Propaganda und Straffreiheit bewirken können. Man muss aufzeigen, wie Täter gemacht werden und selber zu Opfern werden können.
Auf meine Frage, wie es mit seinem Hass gegenüber Russen heute aussieht, antwortet Theo: „Ich habe gar nichts gegen Russen, im Gegenteil. Sie sind ein großes Volk. Auch gegen Juden habe ich nichts. Aber damals war Krieg! Da herrschte Erbarmungslosigkeit auf allen Seiten! Ich finde, Menschen aufzuhetzen und Kriege anzuzetteln, ist ein Verbrechen! Ich habe erlebt, dass ein Mensch im Krieg und im Frieden nicht der gleiche Mensch ist!"
„Wie war das Ende Ihres Krieges?"
„Auf Dänemark vorgelagerten Inseln warteten wir auf die Russen, aber sie kamen nicht und die Engländer auch nicht. Und dann war Hitler tot! Der Mann, auf den ich geschworen hatte, unser Idol für Anständigkeit, war nicht mehr. Heute lacht man darüber! Damals war ich erschüttert. Ich kenne kein besseres Wort, um zu beschreiben, was sich in mir vollzog, als wir in später Dämmerung vor der Kaserne antraten, um zu erfahren, dass Adolf Hitler in Berlin gefallen sei. Meine Worte reichen nicht aus, um Ihnen diese Stille, diese Ergriffenheit zu schildern."
„Hitler ist nicht gefallen."
„Das stimmt, aber so wurde es uns damals dargestellt. Nach dem Abtreten knallten auf zwei Stuben Schüsse. Zwei Männer hatten sich das Leben genommen. Aus Mattigkeit, Müdigkeit und aus Schwäche habe ich es nicht getan. In der ersten Nacht nach Kriegsende warfen wir unsere Waffen weg und rissen unsere militärischen Zeichen von den Schultern. Eines Tages erschien ein englischer Offizier und ließ uns nach Deutschland marschieren, in das Lager Neuengamme.[22] Die verhungerten, zerlumpten, von Polen bewachten deutschen Soldaten, die ich dort sah, erschütterten mich. Als Lager war mir bis dahin vor allem das Straflager für SS-Männer in Matzgau ein Begriff. Ein evangelischer Pfarrer klärte uns

über die Vernichtungslager auf und forderte uns auf, Buße zu tun. Schlagartig hatte man sich darauf geeinigt, dass es in der Wehrmacht nur brave Soldaten gab, während die SS ausschließlich aus Verbrechern bestand. Dabei wurden doch vor allem Volksdeutsche wie Fremdenlegionäre verheizt!

In Neuengamme gab es ein Lager für einfache Soldaten, eines für uns 16.000 Angehörige der Waffen-SS und ein drittes für 3.000 SS-Leute, denen irgendeine Schweinerei nachgewiesen werden konnte. Die wurden alle aufgehängt. Die Todeskandidaten mussten in einer langen Baracke auf Zehenspitzen stehen und bekamen den Strick so um den Hals gezogen, dass sie gerade noch atmen konnten. Wer sich auf die Fußsohlen stellte, erstickte. Diesen Todestanz, Zehen, Fußsohle, Zehen, fanden die Engländer amüsant.

Nach vier Wochen Hunger kam ich kaum mehr aus dem Bett und meldete mich mit letzter Kraft als Sanitäter. Ab diesem Zeitpunkt bekam ich wieder etwas zu essen. Meine Mutter schrieb dem englischen Kommandeur, dass ich nur das getan hatte, was englische Soldaten für ihr Land auch getan hätten."

„Gibt es etwas, das Sie bedauern?", frage ich zum Abschluss unseres Gespräches.

„Ich bedaure nichts. Ich habe alles gegeben, was ich geben konnte."

13. Ivan Kirillowitsch Zykunov

Vom ukrainischen Waisenkind zum Agitator

Während meiner ersten Einladung in der Schule Nummer 49 hatte mir die Deutschlehrerin Ljuba Telminova zugesagt, bei der Suche nach Zeitzeugen zu helfen. Nun, bei meinem zweiten Besuch, war im Lehrerzimmer wieder eine festliche Tafel vorbereitet und der Empfang des Lehrerkollegiums war wie beim ersten Mal ausgesprochen herzlich. Aber diesmal waren auch drei Veteranen der Roten Armee zu Gast, an deren Uniformen eine beachtliche Anzahl an Orden und Medaillen zu sehen waren – einige der 11 Millionen Orden, welche sowjetischen Armeeangehörigen im Laufe des II. Weltkrieges verliehen wurden.[1] Nun grübelte ich, wie ich, umringt von so vielen hilfsbereiten Menschen und angesichts des bereitstehenden Essens, mit drei Veteranen ein ausführliches Gespräch führen sollte.

„Mit einem kann ich sprechen", erklärte Nuria, die das Problem schnell erkannte. Aber wen sollte ich wählen? Auf meine Bitte stellte Ljuba mir die drei Herren vor: Viktor Vladimirowitsch Schaltis wurde 1923 in *Tscheljabinsk* geboren, Ivan Kirillowitsch Zykunov 1919 in der Nähe von Tschernigow in der *Ukraine* und Nikolaj Konstantinowitsch Kukuschkin 1924 in Kukuschino bei Tscheljabinsk. Nach kurzer Überlegung entschied ich mich für den Ältesten der drei, auch weil ich mir von ihm einen weiteren Einblick in das Schicksal der Ukrainer erhoffte.

Ivan Kirillowitsch ist groß und schlank. Er geht und steht kerzengerade und ist mit seinen fast 90 Jahren bemerkenswert fit. Seine hellblauen Augen blicken geradeaus. Es ist, als ob ihm das Soldatentum in Fleisch und Blut übergegangen ist. Mit Ljubas Hilfe und in Gegenwart von zwei weiteren Lehrerinnen – wir sitzen alle auf kleinen Schülerstühlen an einem kleinen Schülerpult – erfahre ich, dass seine Eltern starben, als er sechs oder sieben Jahre alt war, also 1925 oder 1926. „Verhungert", erklärt er, „und Typhus. Erst war Vater tot, dann die Mutter."Als ob ihn seine Ver-

gangenheit nicht mehr berührte oder als ob ihn mein Interesse an seiner Kindheit überrascht, fallen auch die nächsten Antworten knapp aus: „Sie starben zuhause. Als sie tot waren, kam mein kleiner Bruder in ein Kinderheim. Mit drei Jahren wurde er Opfer eines Autounfalls."
„Können Sie sich an die Beerdigung Ihrer Eltern erinnern?"
„Ja. Aber damals starben so viele Menschen, dass Tod etwas Alltägliches war." Dass seine Eltern zu den etwa 5 Millionen Ukrainern zählten, welche die Bolschewiki allein Anfang der 1920er-Jahre verhungern ließen, hätte er erst Jahrzehnte später verstehen können, denn das Regime versuchte, das Ausmaß dieser – und späterer – Hungerkatastrophen geheim zu halten.
„Was geschah nach dem Tod Ihrer Eltern mit Ihnen?"
„Meine kleine Schwester und ich lebten zunächst allein zuhause. Ab und zu schauten Bekannte nach uns. So wurde ich acht und meine Schwester vier Jahre alt."
„Waren Sie traurig?"
„Nein. Dazu waren wir zu schwach. 1927 setzten uns Verwandte in den Zug zu der Schwester meines Vaters nach *Magnitogorsk*. Wir hatten genug zu essen für die dreitägige Reise. Meine Tante und ihr Mann lebten in zwei Zimmern in einer der unzähligen *Semljankas*, Erdhütten, die einen Meter tief in die Erde gegraben waren. Für die nächsten eineinhalb Jahre war das für meine Schwester und mich unser neues Zuhause. Ich half meiner Tante beim Holzholen und kam in die erste Klasse. Als ich zehn Jahre alt war, verunglückte mein Onkel bei einem Arbeitsunfall in einem Bergwerk. Nach seinem Tod wurde meine Schwester von Bekannten adoptiert und ich kam in ein Kinderheim."

Vielleicht kann man über eine Kindheit, die so vom Sterben geprägt ist, nur in Ivans distanziertem Ton reden. Der Tod lauerte im Reich Stalins überall und kümmerte die Herren des Arbeiter- und Bauernstaates ebenso wenig wie die Rechte eines Arbeiters oder Bauern. Schon 1920 war in der *Prawda* zu lesen: ‚Der beste Platz für einen streikenden Arbeiter ist das Konzentrationslager.'[2] Während der Bauernaufstände wurden Abertausende Menschen erschossen. Das Niederbrennen rebellischer Dörfer war Routine. Dass die gewaltsam erzwungenen Getreideabgaben den sicheren Tod von Millionen bedeuten würden, war den Bolschewiki von Anfang an bewusst.[3] Dennoch führten sie Hungerkriege gegen die bäuerliche Bevölkerungsmehrheit – über 80 Prozent der knapp 150 Millionen zählenden sowjetischen Bevölkerung.[4] Während die einen verhungerten, wurden andere verhaftet, um Widerspenstige das Fürchten zu lehren. Trotzdem hatten die Sowjetbehörden auch 1930 noch 14.500 Aufstände mit bis zu 2,5 Millionen Teilnehmern gewaltsam niederzuschlagen.[5] In jenem Jahr lebte der 11-jährige Ivan schon in einem Kinderheim. „Das war ganz normal. Ich war nie traurig, habe nie geweint. Als meine Schwester weg war, hab ich sie anfangs vielleicht ein wenig vermisst, aber dann befreundete ich mich mit der Tochter der Köchin und mir ging es gut." In seinem neuen Zuhause teilten drei oder vier Kinder ein Zimmer in einer Holzbaracke, wo sie auf doppelstöckigen Holzbetten schliefen. Ivan hatte jedoch Glück. Er bekam ein Doppelzimmer – und gewann bald einen neuen Freund.

„In die Kirche ging man nicht. Die diente als Getreidelager. In unserer Freizeit stromerten wir herum." Nun kommt doch ein Hauch von Bewegung in seine Züge: „Einmal campierten Zigeuner in der Nähe, mit deren Kindern ich besonders gern spielte. Sie boten mir an, mit ihnen auf Reisen zu gehen! Mit der Erlaubnis der Heimleiterin war ich einen Sommer lang mit den Zigeunern und ihren Pferdewagen unterwegs – als ihr Kundschafter! Ich hörte mich in den Dörfern um und berichtete das, was ich über die Menschen und ihre Schicksale erfahren hatte, unserer Wahrsagerin, die dann natürlich gut informiert war. Nach diesem wunderbaren Sommer kehrte ich mit inzwischen 13 Jahren in das Kinderheim zurück. Der Anführer der Zigeuner hätte mich zwar gern bei sich behalten, aber ich wollte weiter die Schule besuchen."

Wäre Ivan in seiner Heimat geblieben, hätte den 13-Jährigen die Hungersnot von 1932/33 womöglich das Leben gekostet. Denn in der fruchtbaren Ukraine verhungerten in diesen Jahren noch einmal etwa 6 Millionen Menschen. Ein Drittel der Bauern verließ die Landwirtschaft für immer, um sich als Lohnarbeiter in der Industrie zu verdingen. Die Stadtbevölkerung wuchs zwischen 1929 und 1939 um 30 Millionen Menschen an, etwa 23 Millionen davon waren Bauern.[6] Als Maßnahme gegen diese Landflucht führte das Regime die verhassten *Inlandpässe* ein, die Arbeiter an ihre Arbeitsstelle und Bauern an ihre sterbenden Dörfer fesselten.[7] Waren die Mütter dazu noch in der Lage, so legten sie ihre halbverhungerten Kinder an Türschwellen nieder, ließen sie in Sowjetbüros zurück oder brachten sie illegal und mit letzter Kraft in die nächstgelegene Stadt. Dort hausten bald Tausende Waisen auf Baustellen, durchstöberten den Abfall oder schlugen sich mit Bettelei, Kleindiebstählen oder Prostitution durch. Wurden sie von der Miliz gefasst, landeten sie in Kinderheimen.

Als ich Ivan nach seinem alltäglichen Heimleben frage, erklärt er: „Das Wasser wurde mit Pferdewagen vom Brunnen geholt. Die Direktorin, die Erzieherin und die Putzfrau waren alle gut zu uns Kindern. Unsere schulische Ausbildung war gut. Ich habe an diese Zeit keine schlechten Erinnerungen."

Vielleicht lehrte man ihn, wie andere Waisenkinder, sich selbst als eines der glücklichsten Kinder zu betrachten, weil der Staat ihn mit allem versorge, was er zum Leben brauche, wofür er wiederum Genosse Stalin zu danken habe. Ende 1934 lebten über 300.000 Waisen in Waisenhäusern.[8] Sehr wenige von ihnen wurden je Gegner des Sowjetregimes.[9] Es ist nicht verwunderlich, dass Kinderheime die Hauptrekrutierungsstätten für den *NKWD* und die Rote Armee waren.

Noch schlimmer als den Waisenkindern erging es den 12- bis 15-Jährigen, die als ‚sozial schädliche' oder ‚sozial gefährliche Elemente' in Kinderarbeitslager eingewiesen wurden.[10] 1938 befanden sich fast 20.000 Kinder und Jugendliche in solchen NKWD-Lagern.[11] Dass sie Opfer von Bürgerkrieg, Massenrepressionen und Hungersnöten waren, bedrückte die bolschewistische Führung wenig. 1944 verkündete NKWD-Chef Berija stolz, dass diese Minderjährigen Minen, Granaten und andere Kriegsgüter im Wert von 150 Millionen Rubel herstellten.[12] Und dennoch hatten auch diese jungen Menschen noch ein Quäntchen Glück, denn nachdem das Politbüro das Mindestalter für die Todesstrafe 1935 auf zwölf Jahre gesenkt hatte, hätten sie auch erschossen werden können.[13] 1935 besuchte der mittlerweile 16-jährige Ivan aber bereits zwei Jahre lang die medizinische Fachschule. Nach der siebten Klasse hatte er sich durch eine Urlaubsvertretung in der Bibliothek etwas Geld für seinen weiteren Schulbesuch verdient.

„Warum gingen Sie auf diese Schule?"

„Ich kannte sie aus der Zeit, in der ich bei meiner Tante gelebt hatte. Daran erinnerte ich mich nun. Ich erhielt ein Stipendium, arbeitete aber nebenbei noch als Laborant im Leichenhaus. Ich träumte davon, Chirurg zu werden. Weil ich ausgezeichnete Noten hatte, wurde das Privatzimmer, in dem ich lebte, von der Schule bezahlt."

„Fühlten Sie sich einsam?"

„Nein, die Schule war ja nur 20 Gehminuten vom Kinderheim entfernt. Außerdem hatte ich ständig zu tun. Im 2. Ausbildungsjahr wurde ich

Sekretär des *Komsomol*. Von da an arbeitete ich nicht nur für die Schule, sondern war auch als Agitator viel unterwegs. Während dieser Dienstreisen warb ich Jugendliche für meine Schule."

„Warum taten Sie das? Immerhin verdankten Sie der Politik Stalins den Tod Ihrer Eltern."

Ivan Kirillowitsch liegen derlei Gedanken fern. „Ich hatte ein gutes Verhältnis zu dem Direktor der Schule und übernahm diese Aufgaben auf seinen Wunsch."

„Und Sie hatten wirklich kein Problem damit, stalinistischer *Komsomolze* zu werden?"

Perplex schaut er mich an: „Nein! Das war eine Ehre!"

Er konnte nicht wissen, dass es gerade Komsomolbrigaden waren, die den Bauern in der Ukraine ihre Ernte und oft auch ihr Saatgut weggenommen hatten. Lew Kopelew war Mitglied eines dieser Getreiderequisitionskommandos und schrieb Jahre später: ‚Im Schrecklichen Februar 1933 sah ich ... blau angelaufene Frauen und Kinder mit aufgetriebenen Bäuchen und leeren, leblosen Augen ... Und ich sah Leichen in zerlumpten Schaffellen ... Leichen in Bauernhütten, im tauenden Schnee ... Ich sah all das und verlor nicht den Verstand. Ich verfluchte auch diejenigen nicht, die mich ausgesandt hatten, den Bauern das Getreide wegzunehmen ... Ich verlor auch meinen Glauben nicht. Wie bisher glaubte ich, weil ich glauben wollte.'[14]

Ivans Leben in Magnitogorsk blieb davon unberührt: „Wir Komsomolzen gingen zusammen ins Kino, absolvierten einen Tanzkurs und ich verliebte mich in Maria, eine meiner Mitschülerinnen."

„Haben Sie von Stalins *Säuberungen* während Ihrer Ausbildungszeit etwas mitbekommen?"

„Nein. Stalin wollte nur unser Vaterland schützen! Für ihn wäre ich durch Feuer oder Wasser gegangen."

„Und die unzähligen Toten im *Gulag*?"

„Davon habe ich erst nach dem Krieg erfahren. Für mich war Stalin bis zu seinem Tod ein Held. Er ist es heute noch!"

Selbst viele Gulag-Opfer, wie die deutsche Kommunistin Hedda Zinners, hielten an ihrem Weltbild fest: ‚Wir begrüßten begeistert jeden sowjetischen Erfolg, wir befürworteten aus schwer errungener Einsicht revolutionäre Härten, wir begriffen nicht die gesetzlose Entartung in der Zeit des Personenkults ... Als gute Freunde, Genossen, verhaftet wurden, für deren Unschuld ich mich verbürgt hätte, brach für mich eine Welt zusammen, und doch blieb mir mein Weltbild.'[15] Wie könnte man den schmerzlichen Prozess, der damit verbunden ist, einen Traum als Irrglauben zu erkennen, besser beschreiben? Es ist dieser Schmerz, der Menschen widersprüchliche Informationen aus ihrem Weltbild ausklammern lässt. Wie um meine Gedanken zu unterstreichen, bekräftigt Ivan: „Unter Stalin herrschte Zucht und Ordnung. Es gab weniger Kriminalität als heutzutage!"

„Hat sich mit dem Wissen über den Gulag an Ihrer Einstellung etwas geändert?"

„Auch heute ist meine Einstellung gegenüber Stalin positiv. Allerdings vermischt sich diese jetzt auch mit ein paar anderen Gefühlen." Näher geht er nicht darauf ein. Wie hätte sich das einstige Heimkind, das nie mit anderem Gedankengut konfrontiert wurde, der bolschewistischen Propaganda entziehen können? Vielleicht hörte der 18-jährige Ivan Stalin 1937 sogar sagen, dass es ein gutes Ergebnis der Massenverhaftungen und Massenerschießungen wäre, ‚wenn sich nur fünf Prozent der Verhafteten als wirkliche Feinde entpuppten' und dass es ‚keine … große Sache' sei, wenn ‚Tausend Menschen mehr erschossen werden.'[16] Offenbar lernte er, den Terror als notwendig zu betrachten und vertraute den Worten des NKWD-Chef *Jeschow*, ‚ …wir vernichten … die Konterrevolutionäre bis auf den Grund … wie Gott es den Deutschen geben möge.'[17]

Die Bolschewiki stützten sich, wie die Nationalsozialisten, auf eine neue Parteihierarchie. Die Säuberungen unter den bürgerlichen ‚Spezialisten' sollten auch sicherstellen, dass die jungen Kader nicht vom alten Geist angesteckt wurden. Die proletarische Intelligenz, die in die frei gewordenen Positionen nachrückte, bestand meist aus Konformisten, die sich wie Ivan vollkommen mit dem stalinistischen System identifizierten. Oft wurden sie für ihre Loyalität mit Schwindel erregendem Aufstieg belohnt. Neben dem Terror trugen sie entscheidend zur Stabilisierung des Regimes bei.

Ivan fasst diese Jahre in die knappen Worte: „1938 schloss ich zwei Kurse in der medizinischen Fachschule ab. Anschließend wurde ich zum Militär einberufen und im fernen Osten, in Woroschilow-Ussurijsk, als Kartograph ausgebildet."

„Kurz darauf herrschte, aufgrund des Hitler-Stalin-Paktes, Frieden zwischen Deutschland und der UdSSR", bemerke ich.

„Das stimmt. Diesen Vertrag unterzeichnete Stalin aber nur, um Zeit zu gewinnen. Er war noch nicht ausreichend auf den Krieg gegen Deutschland vorbereitet, den er etwas später führen wollte. Als ihm seine Agenten berichteten, dass sich Hitler auf einen Krieg gegen Russland vorbereite, setzt er alles daran, um ihn so lange wie möglich hinauszuzögern. Darüber hinaus wollte er um keinen Preis als derjenige dastehen, der den Krieg anfing. Deswegen der Vertrag mit Hitler."

Zu dieser Strategie gehörte auch die Steigerung der wirtschaftlichen Produktivität um jeden Preis. 1940 führten die Bolschewiki die Siebentagewoche ein. In der Hoffnung, die Arbeitsmoral zu steigern, wurden insgesamt mehr als 3 Millionen Arbeiter wegen Bagatelldelikten wie Bummelei mit Lagerhaft bestraft.[18] Wer diese Maßnahmen kritisierte oder nach Kriegsbeginn gar Deutschland den Sieg wünschte, was nicht selten geschah, wurde als Defätist abgeurteilt.[19]

Ein paar Monate nach Kriegsbeginn, im September 1941, hatte man Ivan nach Staraja Russa versetzt, etwa 250 Kilometer südlich von Sankt Petersburg. „Unsere Kanonen wurden von Pferden gezogen. Als uns die Messerschmitts bombardierten, hatten wir viele Tote. Dennoch gelang es uns, 6 Kilometer Territorium von den Faschisten zu befreien."

Von diesem Massensterben an der Front erfuhr die Sowjetbevölkerung wenig, denn die Regierung versuchte verzweifelt, das Ausmaß der militärischen Verluste zu verschweigen. Wer es wagte, über militärische Desaster zu sprechen, verschwand für Jahre im Arbeitslager. Auf russischer Seite wurden also, wie auf deutscher, defätistische Äußerungen hart bestraft.

Ivan quälten jedoch keine Zweifel. „Ein Jahr lang ging es hin und her. Das flache Frontgebiet war bald dem Erdboden gleich. Mit 26 Jahren war ich mittlerweile Oberleutnant und erhielt oft den Auftrag, einen Gefangenen herbeizubringen." Dass diese zumeist gefoltert und anschließend getötet wurden, sagt er nicht. „Einmal sollte ich zwei Granatwerfer vernichten. Um besser sehen zu können, ließ ich auf einem Apfelbaum eine Beobachtungsstelle errichten. Es gelang mir auch, die Granatwerfer zu zerstören, aber leider schossen die Faschisten zurück. Dabei wurde ich an Hand und Gesicht getroffen."

Daher also die Narben an seiner Nase, denke ich, während er weitererzählt: „Als ich mein Bewusstsein wieder erlangte, hörte ich einen Sanitäter sagen: ,Der ist kaputt'. Ich versuchte verzweifelt, mich bemerkbar zu

machen, bis es mir schließlich gelang, meine Füße zu bewegen. Als die Sanitäter das sahen, brachten sie mich ins Lazarett. Als Anerkennung für meine Teilnahme an dieser Auseinandersetzung und meine Verwundung erhielt ich den Orden *Roter Stern*.
Eineinhalb Monate später kehrte ich zu meiner Division zurück, saß wieder in Schützengräben und hantierte mit großen Granatwerfern. Ab 1943 flogen an der Front Propagandablätter hin und her – und wir nahmen immer mehr Faschisten gefangen." Auf diesen Flugblättern waren Sätze des in der Sowjetunion berühmten Schriftstellers und Stalinfreundes Simonow zu lesen, Worte wie: ,… töte einen Deutschen – töte ihn! Töte ihn, sobald du kannst! Jedes Mal, wenn Du ihn siehst, töte ihn, töte ihn …'[20]
„Was empfanden Sie gegenüber den deutschen Gefangenen?"
„Hass! Erst später empfanden vielleicht manche russische Soldaten auch Mitleid. Ich hatte mit ihnen jedoch nichts zu tun. Mir begegneten sie erst nach dem Krieg hier in Tscheljabinsk. Ich hatte den Eindruck, dass es ihnen nicht schlecht ging. 1943 wurde ich noch einmal verletzt, aber nicht schwer genug, um ins Lazarett zu kommen und gegen Kriegsende war ich in *Stettin*."
„Zwischen 1943 und dem Kriegsende liegen zwei Jahre, in der die Rote Armee bis nach Berlin vorrückte. Bitte erzählen Sie mir doch, was geschah, bevor Sie Stettin erreichten."
„Ich erinnere mich an nichts."
„Damals waren Millionen Menschen, vor allem Frauen und Kinder, auf der Flucht vor der Roten Armee!"
„Ich habe keine Flüchtlinge gesehen. In Geldrungen (Ostpreußen) war ich mit dem Auto unterwegs. Die Deutschen baten mich zu bleiben, aber das ging natürlich nicht."
Wie anders erlebte Lew Kopelew den Einmarsch in Ostpreußen: ,War eine derartige Verrohung unserer Leute wirklich nötig …? Warum müssen Polen und wir uns Ostpreußen, Pommern und Schlesien nehmen? … Warum entpuppten sich so viele unserer Soldaten als gemeine Banditen, die rudelweise Frauen und Mädchen vergewaltigten – am Straßenrand, im Schnee, in den Hausgängen; die Unbewaffnete totschlugen und alles, was sie nicht mitschleppen konnten, kaputtmachten, verhunzten, verbrannten …'[21]
Jeder sowjetische General und Admiral erhielt aus der Kriegsbeute einen Mercedes oder Opel, Offiziere ein Motorrad oder Fahrrad, dazu Teppiche, Speiseservice, Photoapparate und vieles mehr.[22] Der zuständige NKWD-Befehlshaber berichtete nach Moskau: Das Militär unternimmt ,Dienst-

fahrten ... vergewaltigt Frauen, beschlagnahmt den Besitz der Einwohner und verschwindet.'[23] „Geschah in diesen zwei Jahren nicht vielleicht doch irgendetwas, woran Sie sich erinnern?", frage ich noch einmal.

„Ich erinnere mich, dass die Polen bereit waren, alles zu verscherbeln." Er meint damit wohl das, was ihnen nach der Flucht oder Vertreibung der Deutschen in die Hände fiel.

„Haben Sie vielleicht die Befreiung nationalsozialistischer Konzentrationslager miterlebt?"

„KZ habe ich nur von weitem gesehen."

„Etwa 2 Millionen deutsche Frauen wurden von Angehörigen der Roten Armee vergewaltigt. Haben Sie davon nichts mitbekommen?"

„Ich habe miterlebt, dass einer meiner Soldaten eine Russin vergewaltigte, eine Frau, die in Deutschland gearbeitet hatte. Man brachte sie zu mir und ich ließ den Soldaten bestrafen. Ansonsten hatte ich viel zu viel zu tun, um mich um derlei Dinge zu kümmern. Mein Vorgesetzter trank viel, und die Arbeit blieb an mir hängen."

Nicht nur Deutsche sahen der heranrückenden Roten Armee mit Angst und Schrecken entgegen. Auch viele sowjetische Zwangsarbeiter und Kriegsgefangene fürchteten ihre Landsleute. Ein Soldat beschrieb dem Zentralkomitee in Moskau, was geschah, als die Rote Armee in Oberschlesien auf ein Lager russischer und ukrainischer Zwangsarbeiter stieß: ‚Ohne seinen Panzer zu verlassen, befahl der Panzerkommandant den Lagerinsassen, im Hof Aufstellung zu nehmen. Nachdem sich alle, auch Alte und Kinder ..., versammelt hatten, eröffneten die Panzerschützen ... das Feuer ... Wer flüchten wollte, wurde von den Panzern überfahren. Binnen weniger Minuten lagen Hundert Opfer am Erdboden. Massenvergewaltigungen sowjetischer Frauen durch Angehörige der Roten Armee waren häufig.' In einem anderen Bericht heißt es: ‚Wegen dieses ... schamlosen Benehmens der Soldaten glaubten viele befreite sowjetische Frauen, ... dass man sie ... zuhause nicht für Sowjetmenschen hält ... und mit ihnen tun könne, was man wolle.' In Moskau wurden derlei Berichte ohne Reaktion zur Kenntnis genommen.[24] Die *Deutschenhuren* waren den Soldaten ebenso schutzlos ausgeliefert wie die *Russenhuren*.

„Wenn Sie keine weiteren Erinnerungen an den Vormarsch nach Stettin haben, können Sie sich vielleicht an die Zeit nach Kriegsende erinnern?"

„Von 1945 bis 1947 war ich Kommandant in der Nähe von Stettin und hatte die Verantwortung für ein Gut, in dem fast nur deutsche Frauen arbeiteten. Außerdem waren dort etwa 50 russische Soldaten in einem großen, zweistöckigen Haus einquartiert." Auf meine Frage nach den Frauen auf *seinem* Gut, antwortet Ivan: „Sie litten Hunger. Manche verliebten sich in Russen. Die deutschen Kinder kamen oft in die Küche und wir wurden schnell Freunde."

Vielleicht hat er auch nichts über die Sonderlager erfahren, die sofort nach dem Einmarsch der Roten Armee in der sowjetischen Besatzungszone in Deutschland eingerichtet wurden. Zwei dieser elf NKWD-Lager – Sachsenhausen und Buchenwald – befanden sich auf dem Gelände ehemaliger NS-Konzentrationslager. Neben Schuldigen waren in diesen Lagern Tausende Unschuldige inhaftiert, auch Jugendliche und Antikommunisten. Von den 240.000 Menschen, die diese Lager im Laufe ihres 5-jährigen Bestehens durchliefen, ist schätzungsweise ein Drittel umgekommen.[25]

„Haben Sie sich damals in Stettin als Befreier oder als Besatzer gefühlt?"
„Weder noch. Ich hegte den Deutschen gegenüber keine guten Gedanken. Zu den ärmeren Familien hatte ich bessere Beziehungen als zu den reicheren. Erst viel später hatte ich auch deutsche Freunde."
„Was war im Krieg das Bedeutsamste für Sie?"
„Ich bin stolz auf meine Arbeit als Aufklärer und auf meine Erfolge als Granatwerfer, auf meine kleinen Heldentaten."
„Sehen Sie sich als Kriegsheld oder als Opfer?"
„Ein bisschen von beidem."
„Gab es unter Ihren Untergebenen auch Juden?"
„In meiner Abteilung gab es einen jüdischen Leutnant. Er hat die Einheit aus Angst vor den Deutschen verlassen."
„Gibt es etwas aus dieser Zeit, das Sie bedauern?"
„Ich bedaure, dass so zahlreiche russische Soldaten umkamen, und dass ich viele nicht retten konnte. Einer meiner Leutnants, ein impulsiver Mann, lief einmal auf ein Minenfeld und explodierte. Ihn daran nicht gehindert zu haben, bedaure ich."
„Stalin ließ viele Menschen im Gulag umkommen, vor dem Krieg, während des Krieges und danach. Die von den Deutschen gefangen genommenen Soldaten der Roten Armee, die das große Glück hatten, zu überleben, verloren ihr Leben oft nach dem Krieg im stalinistischen Gulag. Ist Stalin für Sie trotzdem noch ein Held?"
„Über Tote redet man nicht schlecht."

Für Ivan und viele Veteranen lebt Stalin als großer Feldherr weiter, obwohl die Sowjetunion ohne seine Fehlentscheidungen wohl nur ein Drittel der militärischen Verluste erlitten hätte.[26] Durch geschicktes Verknüpfen von Wahrheit und Lüge hat sich die Glaubwürdigkeit des stalinistischen Regimes für viele Menschen im heutigen Russland erhalten. Dennoch begegnete mir nirgends eine Spur von Feindschaft gegenüber Deutschland, sondern eher der deutliche Wunsch nach Freundschaft, auch bei Ivan.

„Was würden Sie einem deutschen Veteranen sagen, wenn er Ihnen heute gegenüberstünde?"

„Die meisten deutschen Soldaten haben, wie die sowjetischen, in ihren Augen ihre Heimat verteidigt."

„In Deutschland dürfen ehemalige Wehrmachtsoldaten ihre Orden und Medaillen nicht tragen."

„Ich würde heute jedem von ihnen die Hand reichen – mit seinen Orden."

Zum Abschluss unseres Gesprächs betont er noch einmal den Mangel an Ordnung im heutigen Russland und die hohe Kriminalität.

Seit Anfang der 1990er-Jahre haben kriminelle Kartelle Tausende Staatskombinate übernommen. Sie herrschen über 70 Prozent der russischen Finanzinstitute und 40 Prozent des Bruttosozialproduktes.[27] Sie waschen Profite aus dunklen Kanälen und korrumpieren, erpressen oder eliminieren Mitglieder des Staatsapparates. Der Staatsapparat seinerseits lässt unliebsame Menschenrechtler und Journalisten ermorden. Schätzungsweise 80 Prozent der Exporte an Edelsteinen und Edelmetallen umgehen die Kontrollkommission. Der schnellste und sicherste Gewinn lässt sich heute jedoch mit dem illegalen Export von Öl und Erdgas machen. Kann man sich da über das Ergebnis einer Umfrage aus dem Jahr 2005 wundern, die zu dem Schluss kommt, dass sich 60 Prozent der über 60-Jährigen, 42 Prozent der Gesamtbevölkerung, einen ‚Führer wie Stalin' wünschen?[28] Diese Sehnsucht erklärt sich zudem aus den wirtschaftlichen Schwierigkeiten, unter denen die Mehrheit der Bevölkerung, insbesondere Rentner, heute leiden.

Die immensen wirtschaftlichen Probleme verdeutlichte mir eine russische Bekannte, die wie ihr Mann eine Hochschule absolviert hatte. Diese warmherzige Frau überraschte mich eines Tages mit den Worten: „Ich würde Dich so gern zu mir nachhause einladen, aber ich schäme mich. Wir leben zu dritt in einem einzigen Zimmer."

„Du, Dein Mann und Eure erwachsene Tochter?", fragte ich sie betroffen.

Sie nickt.

„Habt Ihr kein Bad, keine Küche?"

Sie schüttelte den Kopf.

„Ist das einer der Gründe, warum Du nur ein Kind hast?", fragte ich die Frau, die für mich den Inbegriff der Mutter verkörpert. Als sie nur traurig nickte, ließ ich das schmerzliche Thema fallen.

Nach dem Gespräch mit Ivan und dem festlich-fröhlichen Essen in der Schule mit Wodka-Toasts, welche die deutsch-russische Freundschaft hochleben lassen, nehmen wir Ivan Kirillowitsch ein Stück mit dem Auto mit und setzen ihn in der Nähe seiner Wohnung ab. Er steigt behände aus dem Auto und marschiert leichtfüßig und mit hoch erhobenem Kopf und schnellem, sicherem Schritt seinem Zuhause zu. Er könnte manch einem jungen Rekruten heute noch etwas vormarschieren.

14. Edith

Zufällig überlebt – Der Einmarsch der Roten Armee in Ostpreußen

Könnten wir unseren Mitmenschen ihr Schicksal ansehen, würden wir wohl manches Mal behutsamer mit ihnen umgehen. Auch die zurückhaltende, stille Seminarteilnehmerin in Travemünde trug ihre seelischen Narben nicht zur Schau. Es war der Zufall, der mich mit ihr und ihrer Tochter zusammenführte: Wir waren die letzten Abreisenden nach der Konferenz *Entwurzelung und Erinnerung* des Frauenverbandes im Bund der Vertriebenen Ende März 2008. Auch im Laufe des gemeinsamen Abendessens redete Edith nicht viel. Die spärlichen Worte über ihre Vergangenheit ließen mich jedoch auch Wochen nach unserem Abschied nicht los, und so rief ich sie schließlich an. Zögernd erklärte sie sich nach einem Tag Bedenkzeit bereit, ihre Erinnerungen mit mir zu teilen und der Öffentlichkeit preiszugeben, stellvertretend für all jene, die ein ähnliches Schicksal nicht überlebt haben.

So saßen wir uns im Frühjahr 2008 in einer kleinen Ferienwohnung in der Nähe ihres Hauses gegenüber, in einem kleinen sächsischen Dorf unweit von Leipzig. Während sie für ihren pflegebedürftigen Mann ein paar Stunden Betreuung organisiert hatte, näherten wir uns behutsam ihrer Kindheit. Fast zwei Tage nahmen wir uns, mit Unterbrechungen, Zeit.

Edith würde in einer Menschenmenge nicht auffallen. Sie ist weder besonders groß, noch besonders klein, ihr kurzes graues Haar ist schlicht frisiert. Und dennoch berührte mich die Begegnung mit ihr auf besondere Weise. Lag es an dem scheinbar widersprüchlichen Eindruck von Verletzlichkeit und Stärke? Oder an ihrer floskellosen Ehrlichkeit?

„Ich habe überlebt", beginnt sie unser Gespräch ohne einen Hauch von Pathos. „Und dazu habe ich nichts Erwähnenswertes beigetragen." Sie blieb nach dem Einmarsch der Roten Armee in Ostpreußen einfach zufällig am Leben, während unzählige andere, wie ihr kleiner Bruder und ihre Mutter, Gewalt, Krankheit und Hunger zum Opfer fielen.

Edith wurde 1932, als ältere von zwei Geschwistern, in Metgethen, in Ostpreußen, geboren. War die Weimarer Zeit im gesamten Deutschen Reich schon von wirtschaftlicher Not geprägt, so traf dies besonders auf Ostpreußen zu. Der Vertrag von Versailles und damit die Errichtung des *Polnischen Korridors* hatte das landwirtschaftlich geprägte Gebiet seiner wichtigsten Absatzmärkte beraubt. Während traditionelle Absatzgebiete in Russland unerreichbar geworden waren, führten Polen und Litauen einen Handelskrieg gegen Deutschland.[1] Ostpreußen drohte eine wirtschaftliche, soziale und politische Katastrophe. Auch in Ostpreußen diente das Beschwören von Patriotismus der Ablenkung von Missständen. Träger dieses Gedankenguts waren Beamte und Gutsbesitzer, die das öffentliche Leben beherrschten, während die Mehrheit der Bevölkerung in Obrigkeitsdenken verharrte. Die konservativen Eliten und die wirtschaftlichen Nöte stellten die Weimarer Republik vor schier unlösbare Probleme. Unter diesen Umständen war es für Ediths Vater, einen ungelernten Arbeiter, nicht leicht, seine kleine Familie über Wasser zu halten.

„Metgethen war vor allem eine Wohngegend für Betuchtere", erzählt Edith. „Viele Häuser befanden sich noch im Bau. Mit der Straßenbahn von *Königsberg* war unsere Wald-Villen-Kolonie nicht zu erreichen, aber wir hatten einen Bahnhof an der Strecke Pillau-Königsberg. In unserem Ort gab es eine Volksschule, eine Oberschule, eine Frauen- bzw. Hauswirtschaftsschule, einen Tennisplatz und jede Menge Geschäfte. Wir lebten in einem zweistöckigen Mehrfamilienhaus in einer kleiner Wohnung im Parterre – Wohnzimmer, Schlafzimmer und Küche. Bis mein kleiner Bruder 1937 geboren wurde, bis ich also fünf Jahre alt war, schlief ich im Schlafzimmer meiner Eltern. Dann wurde ich auf die Wohnzimmercouch umquartiert. Als Vater 1933 im Presswerk eine Arbeit gefunden hatte, ging es uns wirtschaftlich etwas besser." Die wirtschaftliche Entwicklung nahm mit dem 1933 von den Nationalsozialisten erlassenen *Ostpreußenplan* einen bemerkenswerten Aufschwung. Die Bauern profitierten von einer Absatzgarantie mit festen Abnahmepreisen. Günstige Kredite und Entschuldungsprogramme verbesserten ihre Liquidität, die wiederum Neuinvestitionen ermöglichte.

„Meine Mutter war zuhause. Ich wuchs beschützt und behütet auf." Edith reicht mir die Fotografie einer Schulklasse – fröhlich lachende Kindergesichter und flüstert: „Ich habe einfach zufällig überlebt." Sie schweigt. Schließlich fährt sie fort: „Nach der Wende habe ich 1992, nach langer, langer Zeit bei einem Heimattreffen 13 alte Schulkameraden wieder getroffen, die Ostpreußen auf ganz unterschiedliche Weise verlassen hatten und zumeist in Westdeutschland gelandet waren. Die gemeinsame Schulzeit und die gemeinsamen Erfahrungen verbanden uns so sehr, dass wir beschlossen, jährlich ein Klassentreffen in Berlin zu veranstalten, mit Hauptstadt-Programm. An geselligen Abenden haben wir dann die Gelegenheit, auch heiterer Kindheitserinnerungen zu gedenken."

Anfang der 1990er-Jahre fand in Bad Pyrmont ein Treffen ehemaliger *Kinderhäusler* aus den Waisenhäusern im Nordostpreußen der Nachkriegsjahre statt. Den Text, den Edith für diese Zusammenkunft verfasste, drückt sie mir zum Abschied in die Hand. Einige Passagen daraus werden im Folgenden einfließen. Dass solche Treffen in der ehemaligen DDR verboten waren, muss sie nicht erwähnen. Bis 1947 untersagten auch die Westalliierten den Heimatvertriebenen Zusammenschlüsse. Aus UN-Flüchtlingsorganisationen wurden sie ausgeschlossen.[2] Für die Betroffenen war dagegen sogar die Rettung einer Fotografie etwas Besonderes.
„Ich habe das Stammbuch meiner Eltern und dieses Bild meiner Schulklasse immer auf dem Leib getragen", erklärt Edith. Es ist das Einzige, außer ihren Erinnerungen, das sie bewahren konnte, bevor die Wellen von Tod und Entwurzelung, Mord und Gewalt gegen Kriegsende über ihr zusammenschlugen. Dann haucht sie: „Meinen Bruder habe ich nicht vorm Verhungern retten können." Mit einer Ehrlichkeit, die mich verstummen lässt, fügt sie hinzu: „In Situationen, in denen man furchtbaren Hunger leidet, teilt man nicht mehr."
Auf wie viele Überlebende von Lagern und Krieg trifft wohl Ähnliches zu? Und wie selten vermögen sie sich – oder anderen – einzugestehen, dass ihr Überleben mit dem Tod anderer oft untrennbar verwoben ist. Zu diesen Wenigen gehören Alexander Solschenizyn, Lew Kopelew, Roman Frister[3] – und Edith –, die diese schauerliche Erfahrung schon als Kind machen musste. Bevor diese traumatischen Ereignisse jedoch ihren Lauf nahmen, erlebte die kleine Ostpreußin eine sorglose Kindheit. Sie spielte mit anderen Kindern auf dem Sportplatz, im Wald oder am Baggersee, freute sich über ihr Brüderchen, kam 1939 in die erste Klasse und war eine gute Schülerin.
„Die Zeugnisse der ersten drei Schuljahre hab ich noch", erklärt sie leise.

Sie muss sie mit dem Familienstammbuch und dem Foto in ihrem Brust-
beutel aufbewahrt haben.

„Meine Schulzeit fiel in die Kriegszeit. Für den Fall eines Alarms stand
immer ein Köfferchen mit Dokumenten und haltbaren Lebensmitteln bereit. Als wir schließlich weg mussten, nahmen wir diesen Koffer mit."

Bis zu diesem Krieg hatte die Grenze zwischen Polen und Ostpreußen
500 Jahre lang unverändert bestanden. Zu Spannungen kam es 1873, als
die polnische und litauische Sprache aus dem öffentlichen Leben verbannt
und in allen Schulen der deutschsprachige Unterricht zur Pflicht wurde,
obwohl ein Drittel der Bevölkerung Polnisch oder Litauisch sprach. Dennoch votierten im Abstimmungsverfahren nach dem I. Weltkrieg mehr als
99 Prozent der Masuren für den Verbleib in Ostpreußen.

Nach Beginn des II. Weltkriegs wurden mehr und mehr von Ediths Lehrern eingezogen und durch pensionierte Pädagogen ersetzt. „Die Väter
meiner Schulkameraden wurden Soldaten. Die ersten Nachrichten von
Gefallenen ließen unser Lachen bald verstummen. Mutters Geschwister
hatten erwachsene Söhne, die an die Front kamen. Der Mann einer Tante
wurde bald vermisst, ihr Sohn fiel. Unter diesem Leid, das wir Kinder
nicht wirklich ermessen konnten, litten die Erwachsenen sehr. Dennoch
lebten wir Kinder trotz Krieg und Tod noch in einer vergleichsweise
heilen Welt. Da mein Vater beim Werkschutz eines Rüstungsbetriebes arbeitete, war er vom Wehrdienst befreit. Ich hatte also Glück.

Als ich die zweite Klasse besuchte, kamen die ersten französischen und
belgischen Kriegsgefangenen zu uns. Sie waren in einem Lager in der
Nähe untergebracht. Einer von ihnen arbeitete in der Schuhmacherwerk-
statt. Als ich Schuhe zur Reparatur brachte, nahm ich dem Gefangenen
etwas zu essen mit und er gab mir dafür manchmal Luxusartikel aus Pake-
ten, die er von zuhause erhielt. Gelegentlich riefen die Kriegsgefangenen
uns Kinder zu sich und schenkten uns etwas."

Dass im 160 Kilometer entfernten Lager Hohenstein 55.000 Kriegsgefangene, vor allem Sowjetbürger, den Tod fanden, wusste Edith damals
nicht.[4] Als 1939 in den NS-KZ 25.000 Menschen inhaftiert waren, hatten
die Sowjets bereits 6 Millionen Menschen zu Lagerhaft verurteilt, 2 Millionen waren infolge der Haftbedingungen, durch Deportation oder Erschießen umgekommen.[5] 1944 war die Zahl der KZ-Häftlinge in Deutsch-

land auf über eine halbe Million gestiegen.[6] Am Ende des Krieges waren zwischen 4,5 und 6 Millionen Juden tot.

Zu Kriegsbeginn sollte auf Himmlers ‚Kriegsschauplatz Innerdeutschland' jedoch vor allem der politische Widerstand gebrochen werden. Zu diesem Zweck wurden dem Lagerkommandanten von Auschwitz, Höß, vom Reichssicherheitshauptamt auch die ausgiebigen Erfahrungen russischer KZ überreicht. Besonders hervorgehoben wurde darin die Vernichtung ganzer Völkerschaften durch Zwangsarbeit.[7] Hitler wusste über die sowjetischen Lager ebenso genau Bescheid wie Stalin später über den Holocaust.

Während all dies geschah, wurde Edith 1942, mit zehn Jahren, wie jede ihrer Mitschülerinnen Mitglied bei den Jungmädeln. „In der Schule erhielt man seinen Dienstbefehl und traf sich am Nachmittag an dem festgelegten Ort. Mittwochnachmittag und Sonntagvormittag waren feste Termine. Meinen Eltern, beide keine NSDAP-Mitglieder, wäre es lieber gewesen, ich hätte sonntags den Kindergottesdienst besucht. Aber gegen die Macht der Partei über die Jugend konnten sie wenig ausrichten. Ich hatte gute Eltern. Vater war streng. Bei Tisch durften wir Kinder nicht sprechen. Bei Liederlichkeit oder Widerspruch setzte es gelegentlich eine Ohrfeige. Dabei war ich ein braves Kind."

„Was waren die Ursachen für Konflikte?"

„Im Grunde bewirkte die Partei eine Spaltung zwischen den Generationen. Hin und wieder fuhren wir Jungmädel zum Zelten. Oftmals wussten unsere Eltern nicht einmal, wohin unsere Fahrten gingen. Wenn sie sich sorgten, oder uns Vorhaltungen machten, erwiderten wir hochtrabend: ‚Jugend hat Recht!' Das führte in zahlreichen Familien, auch bei uns, zu Auseinandersetzungen."

Auch im Stalinreich schürte die Partei Konflikte zwischen Eltern und Kindern. Auch dort sollten Schule und Jugendorganisation den parteitreuen Bürger der Zukunft schmieden und elterliche Einflüsse weitgehend ausschalten. In beiden Ländern gab es junge Helden, die nicht nur bereit waren, parteiwidriges Verhalten überhaupt anzuzeigen, sondern sogar ihre Eltern zu denunzieren. Die sowjetische Jugend war der Parteipropaganda allerdings schon zehn Jahre vor Hitlers Machtergreifung und noch Jahrzehnte nach seinem Tod ausgeliefert. Bewusst waren sich die Jugendlichen ihrer Indoktrination weder hier noch dort, sondern erlebten ihr Umfeld – ohne Vergleichsmöglichkeiten – als Normalität.

Auf die Ernährungslage während des Krieges angesprochen, erklärt Edith: „Wir hatten immer genug zu essen. Bei meinen Großeltern väterlicherseits, in Godrienen, auf der anderen Seite von Königsberg, wo Großvater auf einer Domäne eine führende Stellung innehatte, verbrachten wir Kinder unsere Sommerferien. Mutters Vater ist im I. Weltkrieg gefallen. Ihre Mutter lebte bei uns und betreute mich als Kind. Als mein Bruder ein Jahr alt war, starb sie. Es war der erste Tod, den ich bewusst erlebte.

Mit der Bombardierung Königsbergs, im August 1944, erreichte der Krieg mit seiner ganzen Härte auch uns und setzte meiner Kindheit – ich war elf Jahre alt – ein Ende. Fliegeralarm hatte es vorher schon gegeben. Jedes Mal, wenn feindliche Flugzeuge Königsberg überflogen, verbrachten wir Stunden im Waschhaus im Keller, wo wir Kinder auf dem zugedeckten Waschkessel schliefen. Wurde erst nach Mitternacht Entwarnung gegeben, fiel für uns der Unterricht aus. Mit Sicherheit hat dies die Eltern wesentlich mehr belastet als uns Kinder.

Mutter war jedes Mal, wenn die Sirene heulte, völlig außer sich. Oft stürzte sie zur Toilette und war unfähig, uns Kinder anzukleiden. Da zogen wir uns allein an und machten uns ohne sie auf den Weg in den Keller. Bis zum Angriff im August 1944 blieb das ohne Folgen. Schon in der Nacht vom 26. auf den 27. August war Königsberg von britischen Bomberverbänden stark bombardiert worden. Als wir aber am 30. August aus dem Keller stiegen, sahen wir in Richtung Stadt eine feuerrote Wand vor uns." In dieser Nacht wurde die historische Innenstadt nahezu vollständig dem Erdboden gleichgemacht. 41 Prozent aller Häuser und 20 Prozent der Industrie wurden zerstört. In zwei Tagen fielen den Phosphor- und Sprengbomben 4.200 Königsberger zum Opfer, 200.000 wurden obdachlos.[8]

„Ich besuchte damals bereits ein Jahr lang die Agnes-Miegel-Mittelschule in Königsberg, eine Schule, in der begabte, mittellose Kinder kein Schulgeld zahlen mussten. Von Metgethen war ich mit dem Zug eine Viertelstunde unterwegs. Auch nach diesem Bombenangriff wurde ich zur Schule geschickt. Da sie ausgebombt war, wurden wir in der Mittelschule auf dem Oberhaberberg untergebracht, die nun aus allen Nähten platzte.

Ab Herbst 1944 zogen die ersten Flüchtlingstrecks durch unsere Siedlung Richtung Westen, zur Reichsstraße Nummer 1, die von Memel nach Aachen führte. In der Schule waren diese Vorkommnisse kein Thema. Der Glaube an den Endsieg blieb unumstößliches Evangelium. Unsere

Eltern haben sich vermutlich mehr Gedanken gemacht als wir Kinder. Sie haben darüber aber nie mit uns gesprochen.

Die Gräuel der Roten Armee in Nemmersdorf wurden von der NS-Propaganda ausgeschlachtet, um die Soldaten zum Weiterkämpfen anzufeuern.[9] Damals hörte ich zum ersten Mal das Wort *Vergewaltigung*. Weil wir nicht verstanden, was das zu bedeuten hatte, spürten wir zunächst keine Angst. Auch die Verwüstungen in Königsberg erfassten wir nicht in ihrem ganzen Ausmaß. Auf dem Weg vom Bahnhof zur Schule sah man nichts wirklich Schlimmes, und ins Zentrum sollten wir nicht gehen. Wir hatten gehört, dass dort Kinder in Ruinen einbrachen. Aber auch das gehörte zu unserer Normalität.

An die neuen Lehrer gewöhnten wir uns ebenso wie an das Papiersparen. Keine Zeile im Heft durfte verschwendet werden. Fuhr einmal kein Zug, so nahmen wir die Straßenbahn und liefen die restlichen 3 Kilometer nachhause. Ab Spätherbst konnte man das Grollen der Geschütze hören, Flüchtlinge berichteten immer eindringlicher von der drohenden Gefahr, aber alles in allem hat das Jahr 1944 keine dramatischen Eindrücke bei mir hinterlassen. Gauleiter Koch hatte angeordnet, dass Königsberg nicht verlassen werden durfte. Also blieben wir.

Alles änderte sich plötzlich, als es der Roten Armee gelungen war, den Ring um Königsberg zu schließen. Damit war eine Flucht auf dem Seeweg über den Hafen Pillau, eine halbe Zugstunde von Königsberg entfernt, unmöglich geworden. Als die Wehrmacht den Weg für kurze Zeit freikämpfte, bot sich meinen Eltern die Möglichkeit, mit einem Möbeltransport nach Leipzig zu fahren. Unser Hab und Gut, einschließlich Mutters Nähmaschine, war bereits verladen. Da brachte man uns kurz vor der Abfahrt unsere Sachen zurück. Stattdessen nahm der Spediteur wichtige Parteileute und Kunstschätze mit …"

„So war es fast überall", kommentiere ich Ediths Schilderung. „Nicht nur das brutale Verhalten der Rotarmisten, sondern auch das verantwortungslose Handeln der nationalsozialistischen Behörden trug zum Elend der Zivilbevölkerung bei."

„Vater musste sowieso weiterhin seinen Dienst versehen. Am 28. Januar heulte die Sirene zum ersten Mal *Feindalarm*." Am 26. Januar, ein paar Tage bevor 1,6 Millionen Soldaten der Roten Armee den Ring um Königsberg schlossen, trieben SS-Leute 2.000 bis 2.500 Juden ohne warme Kleidung und ohne Verpflegung nach Palmnicken. Hunderte Ostpreußen wurden Zeugen dieses Elendszuges, dessen Weg auch durch Metgethen führte.[10]

Die 12-jährige Edith hat ihn nicht gesehen. Möglicherweise versuchten ihre Eltern, sie vor diesem Anblick zu schützen. Oder waren die Menschen an trostlose Trecks gewöhnt und zu sehr mit ihren eigenen Nöten beschäftigt, um diesen Elenden besondere Aufmerksamkeit zu zollen?

Ediths Vater hatte mit ein paar Nachbarn auf den Feldern hinter ihrem Haus einen Bunker in die Erde gegraben. „Entlang den Wänden standen Bänke. Dort versteckten wir uns mit einem Ehepaar aus Königsberg und deren Tochter sowie weiteren Bekannten meiner Eltern. Alles war sehr beengt. Ein Tag erschien mir wie eine Ewigkeit. Lebensmittel hatten wir zwar genügend, aber nach zwei Tagen ging das Wasser langsam zur Neige." Flüsternd fährt Edith fort: „Der Mann aus Königsberg hatte eine Pistole. Damit erschoss er zuerst seine Frau, dann seine Tochter, dann sich selbst …"

„Direkt vor Ihnen?"

Bemüht mein Grauen zu mindern, sagt sie leise: „Die Beleuchtung war nicht gut. Man konnte nur schlecht sehen. Am 30. Januar hörten wir draußen Stimmen. Die Erwachsenen hofften, es wären deutsche Soldaten. Metgethen lag ja außerhalb des Belagerungsringes. ‚Es wird schon nicht so schlimm sein!' Mit diesen Worten sprachen sie sich gegenseitig Mut zu. Sie dürfen nicht vergessen, dass drei Tote zwischen uns lagen. Schließlich öffneten die Männer den Bunker – und standen direkt vor russischen Soldaten in weißen Schneehemden."

Die Tragik, die nun folgte, vorwegnehmend, haucht sie: „Dabei war in den vergangenen Tagen Schnee gefallen. Unser Bunker war vollkommen zugeschneit und von außen absolut unsichtbar …" Regungslos fährt sie fort: „Wir mussten alle raus und wurden sortiert. Auf der einen Seite die drei oder vier Männer, auf der anderen die sechs oder sieben Frauen und sechs oder sieben Kinder. Dann wurden die Frauen in den Bunker zurück getrieben. Obwohl ich es nicht genau verstand, wusste ich, dass da drinnen Grauenvolles geschah. Ich erinnere mich an die Schreie der Frauen und das Grollen der Maschinengewehre in der Ferne und daran, dass mir furchtbar kalt war. Offenbar fühlten sich die Soldaten unter Zeitdruck. Als die Frauen nach kurzer Zeit wieder aus dem Bunker kletterten, sahen sie jämmerlich aus. Sie standen weinend und doch total apathisch vor uns. Zum Glück hat Vater nur das erlebt und nicht auch das noch, was später geschah." Erschöpft steht Edith auf: „Jetzt machen wir eine Pause. Ich habe etwas zum Essen vorbereitet." Ich bin ihr dankbar, dass Sie die Erzählpausen selbst bestimmt und sich so die immer wieder nötige Distanz zu ihren traumatischen Erinnerungen schafft.

Nach der Mittagspause hat sie Kraft geschöpft für eine weitere Etappe unserer Reise in ihre Vergangenheit. „Unsere kleine Gruppe von etwa 15 Leuten wurde kreuz und quer herumgetrieben und dann schließlich in Häusernähe irgendwo aufgestellt. Jetzt werden sie uns erschießen, erwarteten wir. Ohne jede Hoffnung, ausgeliefert und abgestumpft, standen wir da. ‚Weitergehen!‘ wurde plötzlich gebrüllt. Alles war genauso, wie es Ruth Kibelka in ihrem Buch *Ostpreußens Schicksalsjahre 1944-1948* beschreibt. Zurück in Metgethen verbrachten wir Tage in verlassenen, ungeheizten Häusern. Manche waren noch bewohnt, andere schon geplündert. Zahlreiche Federbetten waren aufgeschlitzt – und nachts kamen die russischen Soldaten, holten die Frauen, oder nahmen sie vor den Augen ihrer Männer und Kinder."

„Auch vor Ihren Augen?"

Edith nickt kaum merklich: „In diesem Zustand absoluter Trostlosigkeit, des Grauens und der Ungewissheit wollte ich nur noch einschlafen und nie wieder aufwachen. Da wusste ich noch nicht, dass meiner Familie nur noch wenige gemeinsame Tage vergönnt waren. Aber wäre es besser gewesen, wenn wir den letzten Zug, der Königsberg am 30. Januar verließ, genommen hätten? Wie ich später erfuhr, wurde er eine Station hinter Metgethen von Tieffliegern bombardiert. Als die Menschen versuchten, sich zu retten, wurden sie von Soldaten der Roten Armee misshandelt."

Auch wer das Meer erreichte, überlebte die Schiffsfahrt in die erhoffte Sicherheit oft nicht. Von sowjetischen Torpedos versenkt, ertranken in den größten Schiffskatastrophen der Menschheitsgeschichte Zehntausende Flüchtlinge in den eisigen Fluten der Ostsee.

„Bald wurden die Jungen und Männer zwischen 17 und 50 Jahren auf LKW verladen und weggeschafft", fährt Edith fort. Ihr Vater war einer der fast 30.000 Ostpreußen, die bereits Ende Februar 1945 zur *Stärkung der Industrie* ins Stalinreich abtransportiert wurden.[11] Der sowjetische Haupttheoretiker für Reparationsfragen, Majskij, hatte erklärt, dass jährlich 5 Millionen Arbeitsverpflichtete in zehn Jahren etwa die Hälfte der gesamten Reparationskosten von 70 bis 75 Milliarden Dollar abarbeiten könnten, die Deutschland der UdSSR schulde.[12]

„Frauen und Kinder, eine Gruppe von 30 bis 50 Menschen, wurden auf der Straße weitergetrieben. Kurz hinter Königsberg schwoll dieser Menschenzug erheblich an. Da die deutschen Ortsschilder bereits entfernt waren, verloren wir bald die Orientierung. Heute weiß ich, dass wir uns nach Osten schleppten, nach Schlossberg. Die regelmäßigen Vergewaltigungen hörten nicht auf. In den Scheunen im Stroh bekamen wir Kinder das hautnah mit." Dass sie auch die Vergewaltigung von Kindern miterlebte, erzählt Edith mir erst viel später.

Selbst vor Krankenhäusern machte der Hass nicht Halt. Eine Frau wurde sogar nach einer schwierigen Zangengeburt vom OP-Tisch gerissen und vergewaltigt.[13] Es müssen solche Bilder gewesen sein, die Alexander Solschenizyn zu seinem Gedicht *Zweiundzwanzig Höringstraße* veranlassten:

> Noch kein Brand, doch wüst geplündert.
> Durch die Wand gedämpft – ein Stöhnen.
> Lebend find ich noch die Mutter.
> Waren's viel auf der Matratze?
> Kompanie? Ein Zug? Was macht es?
> Tochter – Kind noch, gleich getötet.
> Alles schlicht nach der Parole:
> Nichts vergessen! Nichts verzeih'n![14]

„Es dauerte nicht lange und fast alle Frauen litten an Geschlechtskrankheiten. Mutter war 35 Jahre alt und bald vollkommen abgestumpft. Trotzdem fühlte ich mich in ihrer Gegenwart geschützt." In dem Text, den sie mir gegeben hatte, lese ich: ‚Man konnte sich zusammenkuscheln, sich gegenseitig trösten, dieses übergroße Leid … teilen, sich gemeinsam an Gutes … erinnern, aber vor allem die Gegenwart gemeinsam ertragen'.

Es gibt keine Quellen, die belegen, dass die Rotarmisten durch ihr ungezügeltes Verhalten zur Massenflucht der Deutschen aus den Gebieten östlich von Oder und Neiße beitragen sollten, aber der Historiker Martin Broszat sieht das brutale Verhalten der Roten Armee als bewusste Vorarbeit für die spätere Ausweisung.[15] Wäre der größte Teil der Bevölkerung nicht geflohen, hätte Stalin in Potsdam keine so starken Argumente für die Abtretung der deutschen Gebiete an die Sowjetunion und an Polen gehabt.

Stalin hatte nicht nur 1939 ein Geheimabkommen mit Hitler vereinbart, das beiden Diktatoren erhebliche Gebietserweiterungen einbrachte, sondern im Juli 1944 auch eines mit dem Kommunistischen Polnischen

Komitee. Darin wurden sowohl die neue Westgrenze Polens als auch die Teilung Deutschlands und Ostpreußens beschlossen.[16] Potsdam diente insofern nur der Absegnung von Stalins Plänen. Auf die *Heimkehr* nach Polen wartete aber 1945 in Ostpreußen niemand. Bereits im Februar, noch während der Jalta-Konferenz, erklärte Polen, es habe die Verwaltung über Ostpreußen übernommen. Am 23. Mai erfolgte die feierliche Übergabe des Gebiets durch sowjetische Militärbehörden. Zu diesem Zeitpunkt lebte hier noch etwa ein Drittel der Vorkriegsbevölkerung – vor allem Frauen und Kinder, unter ihnen viele Waisen oder Halbwaisen.

In vielen Hauptstädten Europas glaubte man noch, dass durch *Entmischen* Minderheitenprobleme zu lösen seien. So erklärte Churchill 1944: ‚Die … befriedigendste …Methode ist die Vertreibung. Sie wird die Vermischung von Bevölkerungen abschaffen, die zu endlosen Schwierigkeiten führt‘. Auf die erfolgreiche Umsiedlungsaktion zwischen Griechen und Türken Anfang der 1920er-Jahre hinweisend, erwähnten Churchill und Roosevelt aber nicht, dass von 1,5 Millionen zwangsumgesiedelten Griechen 300.000 durch Hunger und Seuchen umkamen![17] Die Anwendung dieser Methode durch die SS sowie die Transferpläne der Alliierten basierten darüber hinaus auf Rassismus, Rache und Strafe.

Mit Überschreiten der deutschen Grenze distanzierte sich die sowjetische Führung von *Ehrenburgs* Hetzkampagne, von Sätzen wie: ‚Brecht mit Gewalt den Rassenhochmut der germanischen Frauen. Nehmt sie als rechtmäßige Beute!‘ Die *Prawda* warf ihm plötzlich vor: ‚Seine Auffassungen stellen eine Abart des mit dem Sowjetgeist unvereinbaren Faschismus dar.‘[18] Als man in der SBZ (Sowjetische Besatzungszone) sowjetfreundliche Arbeiter und Bauern gewinnen wollte, waren bereits bis zu 2 Millionen Deutsche Zivilisten – *Reichsdeutsche*, *Volksdeutsche* und *Russlanddeutsche* – verhungert, erfroren, ertrunken, verschleppt oder erschossen worden. Für 400.000 dieser Todesfälle sowie für die Mehrzahl der knapp 1,5 Millionen vergewaltigter deutscher Frauen ist die Rote Armee direkt verantwortlich.[19]

„Unterwegs verbrachten wir in manchen Orten mehrere Tage. In verlassenen Häusern konnte man hin und wieder etwas zu essen finden, oder wir entdeckten Rüben und andere Feldfrüchte in Mieten. Gelegentlich wurde auch etwas Brot verteilt, dennoch litten wir ständig Hunger. Außer einem kleinen Rucksack mit einem Wäschewechsel hatten wir nichts dabei. Fand man in einem der verlassenen Häuser etwas, das man brauchen konnte, nahm man es mit. Eines Tages riss ich meinen so immer schwerer gewordenen Rucksack auf und schmiss alles weg, was nicht unbedingt nötig war.‘

Schriftlich hielt sie fest: ‚Ziellos umher getrieben, geschunden durch Kälte und Hunger, geängstigt durch furchtbare Erlebnisse, verlernten wir das Lachen, und mir scheint, weinen konnten wir auch nicht mehr. Viele Kinder wurden von ihren Angehörigen getrennt, sahen ihre Mütter sterben und wissen oft weder Ort noch Tag des Geschehens … Tausende … waren erfroren, verhungert, erschossen oder erschlagen worden.‘

Der Roten Armee fielen in Ostpreußen etwa 100.000 Menschen – vor allem durch Hunger – zum Opfer. Insgesamt hatte Ostpreußen unter allen deutschen Ländern die höchsten Verlustzahlen. Von knapp 2,5 Millionen Ostpreußen überlebte über eine halbe Million die Kriegs- und Nachkriegszeit nicht, davon etwa 300.000 Zivilisten.[20]

„Als wir Schlossberg erreichten, war Mutter als Folge der vielen Vergewaltigungen schwanger. Bis zur Geburt eines kleinen Mädchens, im September 1945, arbeitete sie in einer vom sowjetischen Militär verwalteten *Sowchose*. Es gab gerade genug zu essen, um nicht zu verhungern – in erster Linie Brot, manchmal aber auch Milch und Fleisch.“

Im Januar 1945 hatte man die Gründung von 30 Militärsowchosen in Ostpreußen beschlossen und diese 450 Offizieren übergeben.[21] Christel Wels, ein Mädchen aus Metgethen, das Edith kannte, veröffentlichte 2005 ihre Erinnerungen – aber nicht vollständig.[22] Was sie im Februar 1945 in einer solchen Sowchose erlebte, hielt sie nur in einem Brief fest. Mit ihrer Erlaubnis und im Geist von Jan Lipskis Worten: ‚Wir müssen uns alles sagen‘, möchte ich Auszüge daraus zitieren:

‚Am nächsten Tag kam eine Russin … und sagte, wir könnten Suppe holen. Ich schätze … 100 Personen … stürmten zu dem großen Schweinekessel … vor dem Stall am Misthaufen. Die Kartoffeln wurden mit der Häckselmaschine im Stall klein gehäckselt … Fleisch war sehr viel drin … Eines Tages … holten sie zwei Frauen … Sie sollten helfen … kamen aber nicht wieder. Die Russin sagte, sie holen Kartoffeln. … Jeden Tag nahmen sie nun zwei andere Frauen mit. Als sie alle nicht wiederkamen, bekamen wir es mit der Angst zu tun …

Eines Tages sah ich am anderen Ende des Stalles einen Jungen stehen, neun oder zehn Jahre alt. Er weinte bitterlich. Ich dachte, er hat Hunger und wollte ihm etwas abgeben … er konnte vor Weinkrämpfen kaum sprechen und sagte: Meine Oma liegt dort im Stall. Tot und überall voller Blut. Als ich ging, um nachzuschauen, sah ich eine Frau, nackt und ohne Kopf. Der lag daneben. Die Frau war zerstückelt. Die Brüste waren abgeschnitten. Von den Oberschenkeln waren nur noch die Knochen zu sehen. Nicht weit von der Frau sah ich die Häckselmaschine, auch voller Blut. Ich war wie gelähmt.

Ich nahm den Jungen mit zum Schloss und habe ihn so gut es ging getröstet. Dann ging ich noch einmal zum Suppenkessel … Ein paar Russen amüsierten sich darüber, wie wir uns um den Kessel drängten. Eine Frau vor mir verstand, wie eine Russin sagte, die Deutschen sollen sich gegenseitig auffressen. Sie ist sofort abgehauen und ich hinterher … Ich schlich mich noch einmal zum Stall … Dort sah ich in zwei Zementbottichen gefrorenes Menschenfleisch … nur gefroren kann man es mit der Häckselmaschine zerkleinern … Ich habe Mutter … gesagt, wir müssen sofort hier weg … Über 65 Jahre konnte ich nicht darüber sprechen und auch nicht schreiben. Aber einmal muss es gesagt werden, weil es die Wahrheit ist.'

Aber auch die Sowchosen unterschieden sich. „Auf diesen Gütern boten uns russische Offiziere ein gewisses Maß an Schutz und sorgten für relative Ordnung. Dort wurde nicht vergewaltigt. Die Russen wollten das Vieh nach Osten treiben. Dazu musste es gemolken werden. Während Mutter mit geschwollenen Gelenken molk, suchten wir Kinder in verlassenen Häusern nach Essbarem."

Die Rote Armee erbeutete über 2 Millionen Stück Vieh, von dem ein Großteil, so wie das meiste landwirtschaftliche Gerät, ins Innere der UdSSR gebracht wurde. Bis die Sowchosen im Juni wieder Traktoren und Pferde erhielten, mussten sich Deutsche vor den Pflug spannen. Verantwortlich für die Plünderungen waren vor allem die Trophäenkommandos, die der kämpfenden Truppe folgten. Sie sorgten für den Transfer aller beweglichen Güter in unzähligen *Reparationszügen* nach Osten. Im Dezember 1944 gestattete man den Armeeangehörigen, private Kriegsbeute kostenlos nachhause zu schicken. Kasakov, der Leiter des *NKWD* vor Ort, schrieb dazu: ‚Die Mehrheit der Militär- und Wirtschaftskommandos marodieren, vergewaltigen, stehlen und töten.'[23]

„In Kiesdorf", erinnert sich die damals 12-Jährige, „hatte man einen deutschen Bürgermeister eingesetzt. In der Sowchose hatten deutsche Frauen das Sagen. (Vermutlich Kommunisten). Sie vertraten rigoros den Standpunkt: ‚Wer nicht arbeitet, soll auch nicht essen'. Weil wir Kinder nicht

arbeiteten, erhielten wir auch keine Lebensmittel." Auch Erwachsene erhielten keine Nahrungsmittelzuteilung, wenn es aus Witterungsgründen
oder wegen schlechter Organisation keine Arbeit gab. Im Winterhalbjahr
gab es also keine Verpflegung.

In Ediths Aufzeichnungen ist dazu zu lesen: ‚Damals gab es weder Fernsehen noch Hilfsorganisationen, weder Spendenaktionen noch Zeltlager
mit Duschen und warmen Mahlzeiten, weder medizinische Betreuung
noch eine Luftbrücke … Unser Landsmann Arno Surminski schrieb: Ein
großes Schweigen lag über der Szene, niemand konnte sein Leid in die
Kamera diktieren. Er blieb sprachlos und fand auch danach nur wenige
Chronisten.'[24]
Wie anders stellt der 1947 in der Sowjetunion produzierte Film *Sturm*
diese Geschehnisse dar. Dort streicheln sowjetische Soldaten deutsche
Kinder und weisen deutsche Frauen, die sich ihnen anbieten, empört zurück. Dieser Film, der das Bild des Krieges vieler Sowjetbürger prägte,
wurde mit dem Stalinpreis ausgezeichnet. Über Offiziersbordelle, in denen deutsche Frauen zur Prostitution gezwungen wurden, erzählten
sowjetische Propagandastreifen ebenso wenig wie deutsche Filme über
Bordelle für deutsche Offiziere.

„Wie verhielten sich die sowjetischen Soldaten in diesen Sowchosen
gegenüber Kindern?"
„Die Offiziere waren nachsichtig, außer wenn die Straßenkinderplage außer Kontrolle zu geraten drohte. In den herumziehenden Gruppen versuchten wir Mädchen auszusehen wie Jungen. Wir durchstöberten Häuser
nach Eingewecktem oder Kleidern und suchten in Mieten nach Kartoffeln und Rüben. Jeder hatte einen Beutel umhängen, und ich hatte immer
meinen kleinen Bruder dabei. Manchmal entdeckten wir Grausiges: Lei-
chenteile in einem Vorgarten, abgetrennte Beine mit Stiefeln oder verweste
Tote in Bombentrichtern. Heute verkaufen Russen die Erkennungsmarken der damals umgekommenen Deutschen an Touristen."
„Auch in Tschechien oder Serbien wird heute mit Erkennungsmarken,
Waffenresten, alten Soldbüchern und sogar Leichenteilen ehemaliger
Wehrmachtssoldaten gehandelt", bemerke ich. „Man macht auch Angehörige ausfindig, um ihnen die leiblichen Überreste oder den persönlichen Besitz, wie den Ehering eines umgekommenen Familienangehöri-
gen, zu verkaufen."
„Das überrascht mich nicht", erwidert Edith. „Nach der Geburt meiner

Schwester wurde Mutter krank und kam mit dem Baby ins Schlossberger Krankenhaus. Plötzlich waren mein Bruder und ich also ganz allein. Einmal gelang es mir, meine Mutter zu besuchen. Sie sah elend aus. Ich vermute, sie hatte Typhus. Dass es das letzte Mal sein würde, dass ich sie sah, ahnte ich nicht. Wann sie und das Baby gestorben sind, habe ich nie erfahren." Nach langem Schweigen sagt sie: „Die Solidarität der anderen Frauen hatte ihre – verständlichen – Grenzen. Sie empfanden meinen Bruder und mich zunehmend als Last. Es schliefen ja immer mehrere Frauen und Kinder in einem Raum auf dem Boden, und in dieser Enge nahmen auch wir Platz ein." In ihren Worten schwingt keine Anklage mit, sondern die Erkenntnis, dass sich die meisten Menschen – und dazu zählt sie sich selbst – im Normalfall menschlich verhalten, d. h. Eigeninteresse vor Nächstenliebe stellen. Es ist, als ob sie sagen will: Wer etwas anderes erwartet, muss Menschen dafür verurteilen, dass sie Menschen sind.

„Kurz nachdem meine Mutter in ein Krankenhaus kam, brachte russische Miliz meinen Bruder und mich in ein Kinderheim. Geleitete wurde es von Herrn Drews, den eine weibliche Hilfskraft unterstützte. In diesem zweigeschossigen Wohnblock standen in jedem Zimmer sechs oder sieben Betten, auch Kinderbetten für die ganz Kleinen. In jedem Bett schliefen zwei oder drei Kinder. Bettwäsche gab es nicht, nur Strohsäcke und schmutzige Decken, in denen Läuse und Flöhe nisteten. Entlaust wurden wir nie, nur kahlgeschoren. Wir sollten uns gegenseitig die Läuse ablesen.

Die Krankenstation wurde von Schwester Ilse und einer weiteren Frau betreut. Die beiden wohnten zusammen und verhielten sich uns gegenüber freundlich. Andererseits verscherbelten sie die Sachen der Kinder, der toten wie der noch lebenden. Der geringe Besitz der Heimkinder ging durch die Hände des Heimpersonals an die Russen über. Mädchen und Jungen wurden getrennt, ich sah meinen Bruder also immer seltener. Wasser mussten die älteren Jungen mit dem Wasserwagen in Fässern herbeiholen. Wir Mädchen halfen in der Küche. Dabei konnte man wenigstens hin und wieder eine Karotte essen. Ich hatte zuweilen das Privileg, das Kind der einen Frau hüten zu dürfen. Die Sterblichkeit in diesem Heim war erschreckend." Sie hält inne: „Es war übrigens 1994 immer noch ein Kinderheim."

Betroffen über das ganz alltägliche Kindersterben bitte ich Edith, mir das Leben in diesem Waisenhaus ausführlicher zu beschreiben.

„In jedem Zimmer stand ein Kübel. Da die meisten von uns an Durchfall litten, stank es nachts entsetzlich. Tagsüber verrichteten wir Kinder unser

Geschäft in Wald und Feld. Sterben wurde zur Normalität. Einige Male lag meine Mit-Schläferin morgens tot neben mir im Bett. Manchmal kannte ich nicht einmal ihren Namen. Der Tod raffte so viele hinweg und der Überlebenskampf war so immens, dass sich praktisch keine Freundschaften entwickeln konnten."

Sie blickt mir ruhig in die Augen: „Wir waren so kraftlos und apathisch, dass jeder den Tod im Grunde täglich erwartete. Die Toten wurden jeden Morgen im Büro gemeldet und auf dem Friedhof direkt hinter dem Heim beerdigt. Im Winter wurden die Leichen in eine Grube gelegt und mit Schnee bedeckt. Die größeren Jungen mussten die toten Kinder von ihren Zimmern zur Grube tragen." Kaum hörbar fährt sie fort: „Zum Frühstück gab es täglich Kascha. Sooft wir konnten, zogen wir Älteren los auf Essenssuche. Meinen Bruder habe ich auf diese Streifzüge nicht mitgenommen. Er litt unter Hungerödemen, sah ganz aufgeschwemmt aus und wurde täglich schwächer."

„Haben Sie Ihm von Ihren Streifzügen etwas mitgebracht?"

„Manchmal", flüstert sie. „Im Grunde habe ich erwartet, dass er sterben werde." In einem Tonfall, der nicht überzeugen will, der akzeptiert, dass manches nur für Menschen nachvollziehbar ist, die Vergleichbares erlebt haben, sagt sie: „Wenn rings um einen herum gestorben wird, fragt man sich nur noch: ‚Wann bist du dran?' Jeder von uns hätte der Nächste sein können.

Unsere Streifzüge gestalteten sich immer schwieriger. Mehr und mehr russische Familien lebten nun in den verlassenen Häuser, und ich lernte meine ersten russischen Worte: ‚Dai chleb! – Gib Brot!' Oder: ‚Otschen galodna – sehr hungrig.' Wir bettelten immer wieder bei anderen Leuten. Manche waren mildtätig, andere jagten uns weg. Hin und wieder durchwühlten wir Küchenabfälle. Dass es so zu Krankheiten kommen musste, die manchen von uns das Leben kosteten, ist nicht verwunderlich."

„Wie oft haben Sie Ihren Bruder gesehen?"

„Er war in seiner eigenen Kindergruppe, aber wir gingen mittags immer zusammen essen. Das währte jedoch nur drei oder vier Monate. Im Februar 1946 wurden wir Älteren von den Jüngeren getrennt und kamen nach Budwethen, das deutsche Altenkirch."

„Erinnern Sie sich an den Abschied von Ihrem Bruder?"

Auch nach all meinen Gesprächen mit Zeitzeugen macht mich Ediths rückhaltlose Ehrlichkeit betroffen: „Der gestaltete sich ohne große Emotionen." In die reglose Stille sagt sie: „Nach kurzem Aufenthalt in Budwethen wurde ich mit etwa 20 Gleichaltrigen auf einem offenen LKW nach Tilsit-Ragnit gebracht. Nach einstündiger Fahrt durch den eiskalten Februar erreichten wir einen Gutshof. Der war bedeutend besser eingerichtet als das Heim in Schlossberg. Es gab Betten, Matratzen und Decken. Alles war relativ sauber und gepflegt."

„Hatten Sie nun ein Bett für sich allein?"

„Nein. Wir teilten zu zweit ein Bett. Der Direktor des neuen Heimes, Herr Rumjanzew, war ein ehemaliger russischer Offizier, ein Jude, der in Deutschland studiert hatte. Er gründete einen Schachzirkel – von ihm habe ich das Schachspielen gelernt –, besorgte uns Kleider und ließ uns gelegentlich zum Appell antreten, um unsere Köpfe zu inspizieren. Wer Läuse hatte, wurde geschoren. Seine Frau brachte uns russische Lieder bei. Die deutschen Erzieherinnen studierten ein Theaterstück mit uns ein."

Nicht alle Heimkinder haben Herrn Rumjanzew in so positiver Erinnerung. Manche sprechen von entzogenem Mittagessen, Karzer-Strafe oder anderer körperlicher Züchtigung.[25]

„Um unsere Gesundheit sorgten sich zwei katholische Schwestern", sagt Edith. „Gegen Malaria, TBC und Geschlechtskrankheiten, welche unter uns Kindern grassierten, waren sie jedoch weitgehend machtlos. Immerhin konnten sie gegen Dreck, Krätze und Hungerödeme vorgehen. Das Personal hat sich aufrichtig um uns bemüht."

Zwei Monate später, im April 1946, erfolgte der Anschluss des Königsberger Gebietes an die UdSSR und im Juli, einen Monat vor Ediths 13. Geburtstag, wurde Königsberg in Kaliningrad umbenannt. Im Oktober 1946 war sie eines von 6.000 Kindern, die in einem der 17 Kinderhäuser, die insgesamt nur Platz für etwa 2.500 Kinder boten, überlebt hatten.[26] Wie viele ostpreußische Kinder in diesen Heimen gestorben sind, wie viele nach Russland deportiert oder von Russinnen adoptiert wurden, ist bis heute unerforscht.

„Wir hatten zwei Jahre lang nichts für die Schule gelernt. Ein alter deutscher Lehrer übernahm in diesem neuen Heim unseren Deutschunterricht. Ich war eine seiner Lieblingsschülerinnen und durfte ihm mittags das Essen bringen. Unterwegs habe ich davon immer etwas abgezweigt, allerdings mit schlechtem Gewissen. Den anderen Unterricht hielt der Natschalnik (Chef oder Vorgesetzter). Anhand einer Russlandkarte pries er, so vermute ich, die sowjetischen Errungenschaften. Leider konnten wir seinem Unterricht nicht wirklich folgen. Unsere Russischkenntnisse

erschöpften sich in der Essensorganisation. Aber immerhin lernten wir die kyrillischen Buchstaben.
Zum Frühstück gab es auch hier Kascha und auch hier musste Wasser herbeigeschafft werden. Nachmittags halfen wir in der Küche. Dabei fiel immer etwas zum Essen ab. Für Hamstertouren fehlte uns nun die Zeit. Die Frau des Direktors achtete auf Sauberkeit. Wir mussten uns täglich in einer Wasserschüssel mit Schmierseife waschen. Deutsche Frauen besserten in der Schneiderstube unsere Kleider aus und sorgten dafür, dass jedes Kind seine eigenen Sachen hatte. Es gab keine Toten mehr zu begraben, und keiner von uns dachte weiterhin an Flucht. Im Winter waren die Kachelöfen zu heizen. Das bedeutete, dass im Sommer und Herbst Holzvorräte angelegt wurden."

In Ediths Aufzeichnungen steht: ‚Wir … rissen Bretter aus Holzverschlägen und Feldscheunen und zerkleinerten manches Möbelstück, das in verlassenen Häusern oder unter Trümmern zu finden war.' Über die Tomaten, die der Direktor die Kinder anpflanzen ließ, schrieb sie: ‚Als sich die ersten Knöllchen zeigten, wurden rund um die Uhr Wachen eingeteilt, um Diebe abzuwehren. Wir nahmen die Sache sehr ernst und saßen mit Knüppeln bewaffnet im Hinterhalt.'

„Auch zur Feldarbeit wurden wir herangezogen. Bei unserer körperlichen Schwäche waren wir jedoch nicht in der Lage, den Boden richtig umzugraben. Mehr als *bekrümelt* haben wir ihn nicht. Da konnte nichts wachsen." In ihrem Text heißt es: ‚Wir brachten den Spaten kaum in die Erde und legten die Kartoffeln, die der Direktor mühsam beschafft hatte, nicht tief genug. Sie waren schon am nächsten Morgen weg.'

„Auf manchen Feldern ernteten wir noch Steckrüben und aus verlassenen Gärten holten wir Obst. Insgesamt habe ich die eineinhalb Jahre, die ich dort verbrachte, in guter Erinnerung. Wir wurden den Umständen entsprechend, so gut es eben ging, behandelt."

Den 36.000 Kindern in Königsberg, einem Drittel der deutschen Stadtbevölkerung im Jahr 1946, ging es deutlich schlechter. Der Hunger der Bevölkerung, die fast ausschließlich in Kellern hauste – der Wohnraum war von Russen beschlagnahmt worden – war so groß, dass man offiziell 12 Fälle von Kannibalismus registrierte.[27] In den noblen Wohnungen einstiger NS-Funktionäre leben noch heute ehemals hochrangige Sowjets oder ihre Nachkommen.

Für Edith kam am 20. Oktober 1947 plötzlich der unerwartete Abschied von Ostpreußen. „Wir wurden in neue Wattemäntel und Galoschen gekleidet. Unsere Haare wurden gewaschen, so dass wir recht passabel aussahen. Für den endgültigen Abtransport nach Deutschland begleitete uns der Direktor bis nach Königsberg und sorgte dafür, dass wir einen Zugwaggon mit Stroh und einem Kanonenofen für uns allein hatten. Auf diesem Transport voller Kinder aus unterschiedlichen Heimen waren wir die einzige Gruppe ohne erwachsene Begleitperson. Die Verantwortung für Verpflegung und Papiere, z. B. die Namensliste, übergab der Direktor mir. Gemeinsam mit ein paar Helfern sorgte ich während der viertägigen Reise für eine gerechte Essensverteilung und dafür, dass das Feuer nicht ausging. Die Jüngsten unter uns waren erst elf oder zwölf Jahre alt."

In diesem Herbst war Edith eines von knapp 5.000 Kindern, die die Reise in die SBZ antraten. Im Sommer waren schon über 3.000 Kinder abtransportiert worden, 167 davon unter fünf Jahre alt.[28] Als Edith ihre Heimat verließ, hatten die Sowjets die Aussiedlung aller fast 50.000 Nichterwerbstätigen, Kranken und Kinder beschlossen. Der arbeitsfähige Teil der deutschen Bevölkerung und ihre Familien, etwa 60.000 Menschen, folgten 1948. Die Abschiebung wurde von den Betroffenen, die in ständiger Angst vor Bestrafung lebten, als Erlösung empfunden. Man konnte wegen ,Verleumdung der UdSSR' (§ 58,10 des Strafgesetzbuches der UdSSR) schnell zu mehreren Jahren Lagerhaft verurteilt werden, z. B. für das Zitieren verbotener Texte wie:

> Von Ruhr und Seuchen heimgesucht
> Von Russen ausgeplündert und verflucht,
> halbverhungert und geistesbleich
> denkt nur noch jeder: Wann geht's heim ins Reich.[29]

Die letzten Deutschen verließen Königsberg/Kaliningrad im Oktober 1948. Bei der Ausreisekontrolle wurden ihnen alle Urkunden abgenommen. Die offizielle sowjetische Lesart dieser Aktion lautet: ,Die Umsiedlung der zahlenmäßig unbedeutenden Bevölkerung ... wurde 1948 entsprechend dem Potsdamer Abkommen vorgenommen.'[30] Mit ihrer Abschiebung gingen 700 Jahre deutsche Geschichte in Ostpreußen zu Ende.

„Können Sie sich erinnern, was Sie bei diesem Abschied aus Ostpreußen empfanden?"

„Meine Gefühle waren zwiespältig. Das Heim war mir wie ein neues Zuhause geworden und der Direktor zu einer Vertrauensperson. Er ging nach der Auflösung des Heimes nach Moskau zurück. Leider habe ich seine Adresse verloren. Ich hätte ihn gern einmal wieder gesehen. Bei jeder Haltestelle in Polen wurden unsere Papiere kontrolliert. ‚Starschy! – Ältester!', rief der zuständige Milizbeamte, nachdem er die Waggontür aufgerissen hatte. Die Beamten krümmten sich jedes Mal vor Lachen, als ich ihnen mit meinen 15 Jahren gegenübertrat."

„Wie waren die Toilettenbedürfnisse unterwegs geregelt?"

„Man öffnete während der Fahrt die Waggontür ein Stück und lehnte sich gegen den Querbalken, der dort angebracht war." ‚Das erforderte artistische Fähigkeiten und ein paar haltende Hände', heißt es in Ediths Text.

„Haben Sie sich nicht geschämt?"

„Derartige Scham hatte man längst abgelegt. Da wir noch allerhand Vorrat hatten, konnten wir in dem Auffanglager Pasewalk, in Mecklenburg-Vorpommern, vier Tage lang endlich einmal soviel essen, wie wir wollten."

„Hatten Sie eine Vorstellung davon, was mit Ihnen geschehen würde?"

„Wir hatten keine Ahnung. Keine Kontrolle über das eigene Leben zu haben, keine Zukunftspläne schmieden zu können, waren wir ja gewöhnt. Das hat man stoisch hingenommen. In Pasewalk verteilte man uns auf verschiedene Quarantänelager. Meine Fahrt endete in einer ehemaligen Polizeikaserne in Erfurt." Die Quarantänelager für so genannte Aussiedler lagen meist weitab und erfüllten auch die Funktion von Filtrierungslagern. Wer körperlich in der Lage war, endete oft im Uranbergbau Wismut in Aue im Erzgebirge, wo Unzählige erkrankten oder starben.

Edith wurde in Erfurt entlaust, ärztlich untersucht und geimpft. „Dann begann die Verteilung der Kinder. Manche wurden adoptiert, andere kamen in eines der hoffnungslos überfüllten Kinderheime. Die Bevölkerung der Ostzone wurde aufgerufen zu helfen. Man suchte Familien, die bereit waren, vorübergehend oder auf Dauer ein elternloses Kind aufzunehmen. Nun kamen täglich Besucher, die sich in den unterschiedlichsten Altersgruppen umschauten. Ich erinnere mich, wie eigenartig mich dieses Auswahlverfahren berührte. Man hatte uns erklärt, dass nur Vollwaisen Anspruch auf eine so genannte Pflegestelle hatten. Aber wer konnte das schon mit Sicherheit von sich sagen? Von den meisten Vätern fehlte jede Nachricht, und selbst den Tod der Mutter konnten nur wenige an Eides statt erklären. Die Kleinen konnten ohnehin kaum erschöpfend Auskunft über sich geben. Dabei war es so verlockend, wieder ein Zuhause zu haben, ein Bett, Wärme, genug zu essen!"

Stockend fährt sie fort: „Einer meiner Schulkameradinnen aus Metgethen war es gelungen, ihre drei Geschwister zu retten. Erst in Erfurt wurden diese Kinder getrennt. Meine ehemalige Mitschülerin erhielt eine Pflegestelle in einer Gastwirtschaft – als billige Arbeitskraft. Wie oft wurden nun Geschwister auseinander gerissen, die nur überlebt hatten, weil sie füreinander da waren, die das Einzige waren, was ihnen geblieben war und was ihnen Halt gab."

Edith konnte nicht wissen, dass Familienmitglieder gezielt getrennt wurden, um ihre kollektive Erinnerung auszulöschen. Ihr war auch nicht bekannt, dass die Sowjets etliche der KZ, die sie befreit hatten, kurz darauf mit Deutschen füllten. Wie in der Sowjetunion – und allen anderen besetzen Gebieten – betrieb man auch in der SBZ *soziale Prophylaxe*. Bis diese Sonderlager 1950 geschlossen wurden, gingen dort zwischen 65.000 und 130.000 Menschen zugrunde, 40.000 weitere hatte man zur Zwangsarbeit in die UdSSR deportiert. In diesen Lagern und bei den Deportationen kamen nach Kriegsende annähernd 100.000 Bewohner der ehemaligen DDR ums Leben.[31]

Der US-Militärgouverneur beschrieb die direkte Nachkriegssituation in der Ostzone so: ‚Die Sterberate ist … um ein Vielfaches gestiegen … die Säuglingssterblichkeit nähert sich vielerorts 65 Prozent. Deutsche Beobachter rechnen damit, dass bis zum Frühjahr 1946 zwischen Oder und Elbe 2,5 bis 3 Millionen Menschen sterben werden.'[32] Aber auch in den Westzonen waren 250.000 Menschen in Lagern interniert, auch dort ging das Sterben nach dem Krieg weiter. Über diese Jahre, 1945 bis 1947, wird selten geschrieben.

Es ist spät geworden, als Edith langsam aufsteht. Ihr Mann und unerledigte Aufgaben warten auf sie.

Nach dem gemeinsamen Frühstück am nächsten Morgen empfiehlt sie mir das Buch *Die Gefangenen* von Paul Carell (Frankfurt/M. 1981). Dann kehren wir zur Polizeikaserne in Erfurt im Jahr 1947 zurück.

„Für die Unterbringung in einem Kinderheim war ich zu alt, und vor einer Pflegestelle hatte ich eine unerklärliche Angst. Ich brachte gegenüber den Verantwortlichen immer wieder meinen Wunsch nach weiterer Schulbildung zum Ausdruck. Die Aufnahme in die Landesinternatsoberschule stimmte mich also zuversichtlich. Die Lehrer begegneten mir mit Wohlwollen. Meine Mitschüler nahmen mich freundlich auf. Die Erzieherinnen brachten mir mütterliche Herzlichkeit entgegen. Ich schlief in meinem eigenen Bett, musste weder frieren noch hungern – und hatte vorläufig keine Zukunftsängste. Die kehrten zurück, als mir bewusst wurde, wie groß meine schulischen Lücken waren.

Von der sechsten kam ich direkt in die neunte Klasse. Mir fehlten also drei Jahre Unterricht. Von Physik hatte ich überhaupt keine Ahnung. ‚Schreib Deinen Lebenslauf‘, forderte mich mein Deutschlehrer auf, der so wenig wie die anderen Lehrer wusste, wie er mit mir umgehen sollte. Das Thema Vertreibung aus den ehemaligen deutschen Ostgebieten war in der Ostzone ein Tabu. Die Ankunft dieser vielen Waisen aus dem Königsberger Gebiet passte nicht in das offizielle Geschichtsbild und wurde einfach totgeschwiegen. Meinen Deutschlehrer berührte meine Geschichte so sehr, dass er mich daraufhin öfter zu seiner Familie einlud. Von älteren Schülern erhielt ich Nachhilfe und so ging es irgendwie. Meine Mitschülerinnen, die meine Situation bald kannten, nahmen mich in den Ferien abwechselnd mit zu sich nachhause. Ich bekam etwas Taschengeld und habe diese Internatszeit als schöne Zeit in Erinnerung.“

„Wer gab Ihnen das Taschengeld?“

„In einer der leeren Behausungen in Ostpreußen hatte ich ein kleines Köfferchen gefunden. Wenn ich in einem der verlassenen Häuser, die ich durchstöberte, Geld fand, habe ich es da hinein getan. Im Laufe der Zeit waren so viele Hundert Mark zusammen gekommen. Das Köfferchen hatte ich mitgebracht. Von diesem Geld zahlte mir die Heimleitung nun mein Taschengeld und meine Nachhilfestunden. So schaffte ich 1949 die Mittlere Reife. Man riet mir davon ab, das Abitur zu machen. Also besuchte ich die Pädagogische Fachschule in Schmalkalden, denn Lehrer, welche die Schüler im neuen sowjetischen Geist erzogen, besonders Russischlehrer, wurden überall dringend gebraucht. Und Russisch hatte ich ja doch etwas gelernt. Mein Amtsvormund sorgte dafür, dass ich ein Stipendium erhielt.

Meine Ausbildung verlief, wie damals üblich, im Schnellverfahren. Nach einem Jahr, also mit 17 Jahren, war ich bereits Lehramtsanwärterin, während man die alten Lehrer zügig aus dem Beruf hinausdrängte. 1950 erhielt ich in Gössnitz meine erste Anstellung, verdiente mein eigenes Geld und hatte mein eigenes möbliertes Zimmer. All das erlebte ich als Befreiung. Natürlich musste ich mich bewähren, aber die Arbeit machte mir große Freude. Meine erste Klasse, drittes Jahr Grundschule, war eine reine Jungenklasse mit 40 Schülern. In seinem Bericht lobte mein Schulrat ‚Sie ist fähig Ordnung zu halten und Herr der Lage.‘"

„Sie waren ganz auf sich allein gestellt. Haben Sie Ihren Vater je wieder gesehen?"

Bedrückt antwortete sie: „Als mein Vater 1954 aus der Gefangenschaft heimkehrte, war ich bereits verheiratet. Über das Rote Kreuz wusste ich seit längerer Zeit, dass er noch am Leben war und in Sibirien in einem Asbestwerk arbeitete. Ich konnte ihm jeden Monat eine Karte schreiben und, als ich etwas verdiente, auch Wäsche schicken. Als ich das Telegramm erhalten hatte, in dem er seine Ankunft ankündigte, holte ich ihn am Bahnhof ab. Dort stand am 30. Dezember 1954, einen Tag vor seinem 50. Geburtstag, ein alter, todkranker Mann mit einer Russenmütze und einem Holzkoffer. Mit Unsicherheit auf beiden Seiten fielen wir uns in die Arme."

Mit der ihr eigenen Aufrichtigkeit fährt Edith fort: „In dem möblierten Zimmer, das mein Mann und ich bewohnten, nahmen wir ihn liebevoll auf. Trotzdem drückte mich die Verantwortung wegen seines Gesundheitszustandes, und bald empfand ich Vater auch als Eindringling. Mit ihm brach die Vergangenheit wieder über mich herein. Außerdem waren wir uns fremd geworden. Als dann auch noch die Stasi (Staatssicherheit) erschien, um ihn auszufragen, reiste er zu Verwandten in den Westen und blieb dort. Er besuchte uns jedes Jahr und freute sich über seine Enkeltöchter, die 1956 und 1959 geboren wurden. Auch ich besuchte ihn einmal und war erleichtert, dass er bei seiner Schwester lebte und ärztliche Betreuung erhielt."

„Was erzählten Sie ihm über den Tod Ihrer Mutter und Ihres Bruders?"

„Was notwendig war. Was er wissen musste. Manches habe ich nicht über die Lippen gebracht." Dass sie damit die fortwährenden Vergewaltigungen ihrer Mutter meint, die Geburt einer Tochter und das Verhungern ihres Bruders, bleibt unausgesprochen.

„Wie hat Ihr Vater das aufgenommen?"

„Auch bei ihm waren im Laufe seiner entsetzlichen, 10-jährigen Gefangenschaft die Gefühle abgestorben", haucht sie.

„Auch?"

„Auch an mir gingen diese Erfahrungen ja nicht spurlos vorüber."

„Welchen Einfluss hatten diese traumatischen Erlebnisse, rückblickend, auf Ihr Leben?"

„Wenn man jahrelang nicht beachtet wurde und ständig um sein Überleben kämpfen musste, so steht das alles wieder vor einem, wenn die eigenen Kinder über Dinge klagen, die man selber als gar nicht schlimm empfindet oder als nicht einmal erwähnenswert. Worte, die man – auch den Kindern – hätte sagen sollen, kamen oftmals nicht über die Lippen. Das mangelnde Verständnis hat sicherlich auf beiden Seiten Nähe verhindert. Nach einer relativ normalen Kindheit wäre das wohl anders gewesen", sagt sie mit einem Ausdruck des Bedauerns und der Unabänderlichkeit, mit einem Blick, der sagt: ‚So war es eben.'

Schriftlich festgehalten hat sie: ‚Wir erlitten den Verlust innerster Bindungen, der wohl jeden von uns … sein ganzes Leben lang belastete und verletzbar machte.'

‚So war es eben'. So war es wohl in Millionen deutscher Nachkriegsfamilien, die sich der Ursachen für mangelndes Verständnis, familiäre Spannungen und unerfüllte Sehnsucht nach Nähe nie bewusst wurden. Auch der schulische Geschichtsunterricht trug wenig zum gegenseitigen Verständnis bei, verstärkte stattdessen durch Begriffe wie *Tätergeneration* oder die oberflächliche Behandlung deutschen Kriegselends oftmals die psychologischen Spätfolgen millionenfacher Traumatisierung.

15. Melchior Maier

Ein Wolgadeutscher verliert sieben Geschwister und
kommt mit 15 Jahren zum Bergbau

Besorgt beobachte ich die elektrischen Drähte, die von der Decke des
Busses baumeln und befürchte jeden Augenblick einen Kurzschluss. Für
Alma und Rose sowie die Deutschstudentin Galina, die mich begleiten,
gehören hängende Kabel zur Normalität. In der Holzhäuschen-Siedlung
außerhalb von Kopeysk angekommen, balanciert Galina auf hohen Ab-
sätzen geschickt über die tiefen, schlammigen Furchen der unbefestigten
Wege.

Während der herzlichen Begrüßung habe ich Gelegenheit, den decken-
hohen, silber bemalten Metallofen zu betrachten. Diese einzige Wär-
mequelle in diesem kleinen Holzhaus wird von der Küche und drei
Wohnräumen umschlossen. Die Fußböden sind mit verschiedenfarbigem
Linoleum bedeckt. Große Teppiche zieren die mit unterschiedlichen
Mustern tapezierten Holzwände. Die spartanische Einrichtung lässt die
Zimmer geräumig erscheinen. Von der Decke hängen Glühbirnen. An
Kanalisation ist die Siedlung nicht angeschlossen. Der einzige Wasserhahn befindet sich in der Küche und ist direkt an dem weißen Plastikrohr
befestigt, das im Brunnen endet. Es ist im Winter bestimmt gefroren, denke ich. Der Weg zum Abort führt durch Schuppen und Bretterverschläge
und gestattet mir einen Blick in den großen angrenzenden Gemüsegarten,
der auch bei diesem Holzhaus nicht fehlt.

Der schlanke, rüstige Witwer lebt mit der Familie seiner Tochter zusammen. Im Moment ist außer ihm niemand zuhause. Etwas unsicher blickt
er von Galina zu mir: „Ich habe seit 1956 kein Deutsch gesprochen", entschuldigt er sich und bedauert, unser Gespräch nicht auf Deutsch führen
zu können.

Melchior Maier wurde 1921 in Widmann, auf der Wiesenseite der Wolga,
geboren, im Gebiet von *Saratow*. Fünf Jahre zuvor hatten sich wolgadeutsche Bauern gemeinsam mit *Kosaken* an wolgadeutschen Kommu-

nisten für deren Kollaboration mit den Bolschewiki gerächt. Im März 1921 hatten sie fast alle Mitglieder der Requisitionstrupps erschlagen, erschossen oder in Eislöchern ertränkt. Die Bolschewiki hatten die meist nur mit Mistgabeln bewaffneten Bauern einen Monat später zurückgedrängt und Hunderte festgenommen, erschossen oder in KZ eingeliefert.[1]

Die Sowjets wollten die Bauern unterwerfen und den Einfluss der ethnischen Minderheiten brechen, auch der deutschen. Obwohl zwei Drittel der Bevölkerung der Wolgarepublik deutsch waren, stellten Deutsche nur ein Drittel der Parteimitglieder. Knapp zwei Drittel der Mitarbeiter der neu eingesetzten sowjetischen Verwaltungsapparate kamen nicht einmal aus der Wolgarepublik. Über die Hälfte sprach kein Deutsch.[2]

Bevor Melchior 1926 auf die Welt kam, waren der Hungersnot, die auf Revolution und Bürgerkrieg folgte, sechs seiner sieben älteren Geschwister zum Opfer gefallen. Nur Melchiors 1924 geborener Bruder überlebte. Ähnliches unsagbares Leid traf Millionen andere Familien im Reich der Bolschewiki. Als zwei Jahre vor Melchiors Geburt die Autonome Sozialistische Sowjetrepublik der Wolgadeutschen ausgerufen wurde, zählte sie rund 500.000 Einwohner. Mit der Organisation der Wolgarepublik wurde Ernst Reuter beauftragt, der im I. Weltkrieg in russische Kriegsgefangenschaft geraten war. Zwanzig Jahre später wurde er regierender Bürgermeister von Berlin. Die meisten deutschen Kriegsgefangenen, die, wie er, Mitglieder der kommunistischen Partei geworden waren, wurden von Lenin in ihre Heimat zurückgeschickt, um dort die kommunistische Revolution voran zu treiben.[3]

Mit der Gründung der Wolgarepublik hoffte Moskau die Auswanderungswelle der Deutschen zu bremsen. Die deutsche Sprache wurde wieder als Amts- und Unterrichtssprache zugelassen, die 1914 abgeschafften deutschen Ortsnamen wieder eingeführt. Die Hauptstadt Pokrowsk, von den Deutschen *Kosakenstadt* genannt, erhielt 1931 den Namen Engels. Als Melchior geboren wurde, gehörte die Wolgarepublik zu den Gebieten der Sowjetunion mit den größten Getreideüberschüssen.[4] 1931 stand die *Musterrepublik* mit fast 100 Prozent Kollektivierung an der Spitze des so genannten Fortschritts, während in der gesamten Sowjetunion erst ein Viertel aller bäuerlichen Betriebe kollektiviert war.[5]

In dieser von gewaltigen Krisen geschüttelten Zeit verbrachte der kleine Wolgadeutsche seine Kindheit in einem der typischen quadratischen Holzhäuser auf einem Hügel an der Wolga, umgeben von Steppengräsern und dem Geruch von Wermut und Thymian.

„Der runde Ziegelofen in der Mitte des Hauses, auf dem immer ein Wasserkessel stand, beheizte die angrenzenden Räume. Bei uns, auf der flachen Wiesenseite der Wolga, wurde mit Dung und Stroh beheizt. Holz gab es nur auf der Bergseite, am andern Wolgaufer."

Als die Getreidekäufe des Staates zu festgelegten Preisen trotz guter Ernte weit hinter den Erwartungen zurückblieben, ordnete Stalin 1927 an, Getreide gewaltsam zu beschlagnahmen.[6] Zwei Jahre später setzte die Zwangskollektivierung ein, um die Abgabe von Getreide zu erzwingen.

„Weil meine Eltern keiner *Kolchose* beitreten wollten, machten sie sich 1930 mit uns Kindern, meinem 5-jährigen Bruder, meiner 2-jährigen Schwester und mir auf den Weg nach Karelien. Die Familie meines Onkels schloss sich uns an."[7]

Während Millionen von Bauern vor der Kollektivierung in die Städte flohen, lebte Melchior bald in einem Holzhaus im karelischen Waldgebiet.

„Alles ging gut, bis meine kleine Schwester beinah von einem Baum erschlagen wurde, den mein Cousin umgesägt hatte. Sie hat sich von den Verletzungen, die sie dabei erlitt, nie richtig erholt. Kurz darauf erreichte uns ein Brief von Verwandten aus Widmann, in dem sie schrieben, wir würden unser Vieh zurückbekommen, wenn wir zurückkehrten.

Meine Mutter und meine Tante drängten zur Heimkehr. Die karelischen Behörden wollten uns jedoch nicht gehen lassen. Sie boten uns sogar mehr Lohn. Vater wäre gern geblieben, aber leider setzte sich Mutter durch. Während mein Onkel mit seiner Familie in Karelien blieb, machten wir uns zu Fuß und mit Handwagen im Winter 1931 auf den Weg nach Petrosawodsk, am Ufer des Onegasees, und von dort per Autostopp an die Wolga."

Melchior redet, als ob es sich bei dieser Reise, eine Entfernung von 1.500 Kilometern Luftlinie bei klirrender Kälte, um eine Kleinigkeit gehandelt hätte. „Mein Schwesterchen erlag kurz nach unserer Rückkehr ihren Verletzungen. Mit ihr waren nun sieben meiner Geschwister tot. Nur mein Bruder und ich haben überlebt." Nach einer Pause fährt er fort. „In Widmann erhielten wir unseren Besitz nicht zurück, aber wir durften wenigstens wieder in unserem Haus wohnen."

Offenbar wurde die Familie nach ihrer Rückkehr nicht in die Kolchose aufgenommen und damit dem Hungertod ausgeliefert. „Vater lag bald, dem Hungertod nahe, im Bett. Der Priester hatte ihm schon das heilige

Sakrament gespendet, da machte sich meine ebenfalls sehr geschwächte Mutter mit ihrem großen Tuch auf den Weg ins 25 Kilometer entfernte Wolsk und tauschte dort das letzte Wertvolle, das sie besaß, gegen Brot ein. Als sie wieder zuhause war und merkte, dass Vater noch atmete, legte sie sich zu ihm ins Bett, um ihn zu wärmen und fütterte ihn mit winzigen Brotstückchen, die sie in ihrem Mund aufgeweicht hatte. Sie hat Vater damit das Leben gerettet. Es dauerte jedoch nicht lange und die ganze Familie lag halbverhungert im Haus. Da besuchte uns der Leiter einer 12 Kilometer entfernten Kolchose und bot an, uns aufzunehmen. Aus Angst vor Denunziation wagte er aber nicht, uns etwas zu essen dazulassen."

Um derartige menschliche Regungen unter ortsansässigen Parteimitgliedern zu unterbinden, sandte Stalin 1930/31 etwa 100.000 Parteiaktivisten und Arbeiter sowie 50.000 Soldaten aus den Städten aufs Land, wo sie häufig als Kolchosvorsitzende eingesetzt wurden.[8] Hatte es 1932 noch 550 wolgadeutsche Dörfer mit deutschen Sowjets gegeben, so lag die Macht an der Wolga fünf Jahre später vollkommen in den Händen russischer Funktionäre.[9]

Um die 12 Kilometer zu der Kolchose zurückzulegen, benötigten der halbverhungerte Melchior und seine Familie sieben Tage. „Für reguläre Arbeit waren wir viel zu schwach. Mutter schaffte es gerade, ein paar Ähren auf den abgeernteten Feldern aufzulesen. Wurde sie dabei erwischt, musste sie die Ähren zurücklegen. Als die Miliz weg war, hat sie die Ähren jedoch wieder geholt."

1932 erließ Stalin ein Gesetz, das für ‚Vergehen gegen das Staatseigentum‘ die Todesstrafe oder schwere Lagerhaft forderte. Zehn Jahre Freiheitsentzug konnte schon bekommen, wer 1 Pfund Kartoffeln oder eine Hand voll Äpfel entwendete.[10] Auf der Grundlage dieses Gesetzes wurden innerhalb eines Jahres mehr als 16.000 Bauern zum Tode verurteilt und mehrere Zehntausend wegen Diebstahl von Getreide in KZ eingewiesen. Deshalb setzte sich im Volksmund der Begriff *Ährengesetz* durch.[11] Melchiors Mutter nahm mit dem Sammeln von Ähren also ein hohes Risiko auf sich.

Galina, die von all dem noch nie etwas gehört hat, ist erschüttert. Das Übersetzen kostet sie viel Kraft. „Vater sollte beim Vieh arbeiten, war dazu aber viel zu schwach", erzählt Melchior mit starrem Gesichtsausdruck. „Wir waren nur noch menschliche Schatten und ernährten uns fast ausschließlich von Wurzeln. So wie uns ging es damals fast allen Menschen."

Die 1929 begonnene *Entkulakisierung*, eine wesentliche Ursache für diese Hungersnot, hatte eine staatliche Agrarindustrie zum Ziel. Mit dem Zusammenschluss von 25 Millionen Bauernhöfen in 240.000 staatlich kontrollierte Kolchosen wollten die Bolschewiki die Lebensmittelversorgung der rasch wachsenden Industriearbeiterschaft und den Getreideexport sicherstellen.[12] Diese Politik, die tief in das Leben von mehr als 600.000 Dörfern eingriff, forderte in der Wolgarepublik Zehntausende Hungertote. Allein 1930 waren an 14.000 Aufständen 2,5 Millionen Menschen beteiligt.[13] Über 20.000 von ihnen wurden zum Tode verurteilt.[14] Die aufständischen Gebiete wurden von Tschekisten in Brand gesteckt und mit der verheerenden Hungersnot von 1932/33 bewusst ‚bestraft.'[15]

Nachdem Parteifunktionäre den Platz der früheren Gutsbesitzer eingenommen hatten, fühlten sich die Bauern zunehmend als ihre Sklaven. Der marxistische Wirtschaftstheoretiker Bucharin warf Stalin 1929 vor, die Industrialisierung auf Grundlage ‚militärisch-feudaler Ausbeutung der Bauern' erzwingen zu wollen. Knapp zehn Jahre später musste er seine Kritik mit dem Leben bezahlen.[16]

Während auf den unerwartet großen Widerstand der Bauern Verhaftungswellen folgten, die den Bolschewiki eine Zwangsarbeiterschaft in Millionenhöhe bescherte, verkündete Stalins oberster Agrartheoretiker, Aaron Libkind, die Kollektivierung würde nicht nur die Überbevölkerung beseitigen, sondern auch die Klassenspaltung im Dorf. Der ihm nahe stehende Pavel Maslov bezeichnete die Dorfarmen gar als ‚Herde der Überbevölkerung.'[17] Dass ihrer Politik fast 15 Millionen Menschen zum Opfer fielen, dass die halb verhungerten Bauern selbst Kinderleichen aßen, kümmerte die Parteitheoretiker und ihren Führer kaum.[18] Es war Teil ihres Programms. Stalin wies alle Hilfsangebote aus Deutschland zurück und ließ sogar den Kontakt zwischen Russlanddeutschen und deutschen Diplomaten unterbinden.[19] Nach 1928 besuchte Stalin das ländliche Sowjetreich nicht mehr.[20] Er schirmte sich, wie später auch Hitler, der in Zugabteilen mit zugezogenen Vorhängen durch die zerbombten Städte in Deutschland fuhr, von den Folgen seiner Politik ab. Menschen wie Melchior und seine Familie sahen Stalin dagegen umso häufiger väterlich von Plakaten lächeln.

Als weder Zwangsrequirierung noch Kollektivierung die gewünschte Steigerung der Lebensmittelproduktion brachten, erhöhte das Zentralkomitee den Druck auf die Bauern weiter. Auch die Arbeiter wurden zunehmend unter Druck gesetzt. Ab 1931 wurde niedrige Produktivität als Sabotage bestraft. Schon eine Verspätung von 21 Minuten am Arbeitsplatz konnte eine Gefängnisstrafe nach sich ziehen. Bis zu seiner Abschaffung 1956 wurden etwa 17 Millionen Menschen Opfer dieses Dekrets.[21]

1933, nach zwei Jahren Überlebenskampf in der Kolchose – Jahre, in denen etwa 9 Millionen Menschen im Reich der Bolschewiki verhungerten –, kehrte Melchior mit seiner Familie nach Widmann zurück. Ein Jahr später kam er in die erste Klasse. „Schuhe hatte ich nicht. Auch im Winter musste ich barfuß in die zehn Häuser entfernte Schule gehen. Aber der Hunger ließ langsam nach. Wir legten einen Schulgarten an und hatten dadurch in der Schule immer etwas zu essen. Ich ging gern zur Schule, nur mit der Disziplin hatte ich Probleme."

1937/38, als er die dritte und vierte Klasse besuchte, fiel eine so große Zahl deutscher Lehrer den *stalinschen Säuberungen* zum Opfer, dass der deutschsprachige Unterricht bald nicht mehr durchgeführt werden konnte. Melchior wurde nun auf Russisch unterrichtet. Mitten in dieser entsetzlichsten aller stalinistischen Terrorwellen kehrte Melchiors Onkel mit vier seiner Söhne aus Karelien zurück. „Meine Tante war gestorben. Ihren ältesten Sohn hatte man zu zehn Jahren Lagerhaft verurteilt." Vielleicht war er eines der über 100.000 Kinder zwischen zwölf und 16 Jahren, die zwischen 1935 und 1940 wegen Bagatelldelikten in Kinderarbeitskolonien des *NKWD* schufteten.[22]

„Wieder etwas zu Kräften gekommen, sorgte Vater für das Vieh in der Kolchose unseres Dorfes und brachte immer etwas Milch mit nachhause. Mutter baute für die Kolchose Tabak an und wir Kinder halfen ihr dabei. Vater nahm mich, wenn er Zeit hatte, mit zum Angeln an die Wolga. Von unserem eigenen Boot aus half ich ihm, die Netze auszuwerfen."

Die Fische werden für das Überleben der Familie bedeutsam gewesen sein, denke ich, denn der Lebensstandard auf dem Land war niedriger als vor der Kollektivierung, die Geburtenrate sank weiter ab. Das Analphabetentum war zwar weitgehend beseitigt, jedoch blieben die Dorfbewohner, anders als die Arbeiter, von sozialen Errungenschaften wie Alters- und Krankheitsvorsorge sowie bezahltem Urlaub ausgeschlossen.[23] Zur Ruhe kamen die Menschen weder an der Wolga noch in anderen Landesteilen.

Trotz dieser Tragödien waren diese Jahre in Widmann die schönsten Jahre in Melchiors Kindheit. Aufgrund seiner guten Noten schlugen ihn die Lehrer für die Fachschule in Marxstadt vor. „Als ich jedoch das siebente

Schuljahr absolviert hatte, begann der Krieg und aus diesen Plänen wurde nichts. Im Juli 1941 traf uns das *Gesetz über die Aussiedlung*, obwohl sich 2.500 Wolgadeutsche freiwillig an die Front gemeldet und 8.000 dem Landsturm angeschlossen hatten. Wir durften nicht einmal die Ernte einbringen. Über die Einhaltung dieses Verbots wachten drei Juden, die in unser Dorf gekommen waren. Wir durften auch kein Vieh schlachten, sondern mussten zusehen, wie es die Ernte fraß. Ernte und Vieh sollten offenbar andere erhalten. Trotzdem gelang es uns, während der einmonatigen Wartezeit bis zu unserer Verschleppung hin und wieder heimlich zu schlachten."

Die Bewohner Widmanns wurden ins 3.000 Kilometer entfernte *Altai*-Gebiet deportiert. Jeder Familie erlaubte man 50 Kilogramm Gepäck mitzunehmen. Zu diesem Zeitpunkt hatten die Deutschen in der UdSSR bereits ihre Vertretung im Obersten Sowjet verloren und viele führende deutsche Regierungsbeamte waren verhaftet oder erschossen worden. Wenig später verschwand die Wolgarepublik von der sowjetischen Landkarte und wurde in die Gebiete Saratow und *Stalingrad* (Wolgograd) aufgeteilt.

Die Diskriminierung der Deutschen hatte jedoch bereits 1887 mit den Fremdengesetzen des Zaren begonnen. Viele wanderten damals nach Übersee aus. Auch im Laufe des I. Weltkriegs wurden zahlreiche Russlanddeutsche deportiert oder umgebracht. Der Verlust ihrer Staatsbürgerrechte 1941 ist also nicht nur dem Einmarsch der Wehrmacht anzulasten, sondern auch als Fortsetzung immer wiederkehrender Diskriminierung zu werten. Um die Deportation der Wolgadeutschen und die Konfiszierung ihres gesamten Eigentums zu rechtfertigen, wurden sowjetische Fallschirmspringer in Wehrmachtsuniformen über den deutschen Siedlungen abgesetzt, die als *Beweis* für ,Tausende und Abertausende Diversanten und Spione' unter der Bevölkerung dienten.[24] Von den 450.000 vertriebenen Wolgadeutschen – und etwa 105.000 Deutschen aus anderen sowjetischen Gebieten – erreichten zahllose ihre Bestimmungsorte nicht.[25] Ihr Tod wurde nirgends registriert.

„Auf dem Schiff nach Engels, unserer ersten Station auf dem Weg in die Verbannung, setzte aus Angst vor der ungewissen Zukunft verzweifeltes Wehklagen und herzzerreißendes Geschrei ein. Während der erdrückend heißen 20-tägigen Reise in Viehwaggons verstummte es nie ganz. Aber wenigstens reichte das Essen, vor allem das gepökelte Schwein, das wir mitgenommen hatten. Wasser erhielten wir unterwegs. In Alma-Ata konnten wir Äpfel kaufen – Riesenäpfel! Ich erinnere mich, dass ein Apfel 1 Kilogramm wog! Von Ust-talmiensk brachte man uns *Feinde des Volkes* zum Kolchos *Sieg* in Anissimovo. Dort sollten wir beim Aufbau der neuen Kolchose *Popied* mithelfen. Den Mongolen, die bereits dort waren, hatte man erklärt, dass deutsche Teufel kämen. Sie erwarteten also Gestalten mit Hörnern und waren vollkommen überrascht, ganz normale Menschen zu erblicken.

In dem zweistöckigen Haus, in dem meine Familie und die meines Onkels untergebracht wurden, wimmelte es von Wanzen! In dem erbärmlich kalten Winter mussten die Männer bei bis zu 50 Grad minus gefrorene Rüben in die Zuckerfabrik transportieren. Im Oktober 1942 wurden dann alle deutschen Männer zur *Trudarmee* eingezogen – auch mein Bruder und ich. Im 1.500 Kilometer entfernten Kopeysk hatten wir im Kohlebergwerk zu arbeiten. Obwohl ich erst 15 und mein Bruder 16 Jahre alt war, mussten wir schuften wie Erwachsene, tagsüber unter Tage, nachts Loren ausladen. Feste Zeiten zum Schlafen gab es nicht. Da wir Jungen im Barackengang schlafen mussten, hatten wir so gut wie nie Ruhe. Anfangs aßen wir gemeinsam mit den Russen in der Cafeteria. Weil das einigen Russen nicht gefiel, wurde uns der Besuch der Kantine 1944 untersagt. Wir rebellierten, bis wir nach 3-tägigem Streik doch wieder in der gleichen Kantine essen durften." Mit einem Ausdruck von Schmerz und Wut fügt der alte Wolgadeutsche hinzu: „Bis 1956 mussten wir Deutschen die unterschiedlichsten Formen der Demütigung erdulden!"

„Sie waren zu Beginn ihrer Zwangsarbeitszeit noch ein Kind! Wie haben Sie das seelisch durchgestanden?"

„Ich habe meine Eltern schrecklich vermisst", murmelt er. Mit zitternder Stimme fährt er fort: „In der Nähe der Zone für uns Trudarmisten befand sich ein Lager für deutsche Kriegsgefangene. Kontakt mit ihnen war uns streng verboten, dennoch konnte ich sie auf dem Weg zum Werk für Maschinenbau, das sie errichteten, beobachten. Jeden Tag sah ich, wie aus ihrem Lager Tote weggetragen wurden. Die Anzahl der Opfer, die in die Massengräber in der Nähe des Lagers geworfen wurden, ist bis heute unbekannt. Ich kenne diese Stellen ganz genau und bemühe mich seit Jahren darum, dass dort Gedenksteine errichtet werden." Mit kalter Wut stößt er hervor: „Bis heute leider erfolglos."

„Gab es für Sie nie Urlaub von dieser Hölle?"

„Doch. Nach fünf Jahren Zwangsarbeit durfte ich 1947, mit 20 Jahren, meine Eltern einmal in Altai besuchen. Ich hatte eine Fahrkarte ohne

Platzkarte gekauft, weil das viel billiger war. Die ersten 240 Kilometer fuhr ich im Stehen. In Kurgan holten mich Milizen aus dem Zug und verlangten, dass ich Strafe zahle. Wofür, haben sie mir nicht erklärt. Als ich vor lauter Angst gezahlt hatte, sagten sie: ‚Steig schnell ein, damit du nicht verhaftet wirst!'

In Petropawlowsk wiederholte sich das gleiche Spiel. In Omsk stieg ich lieber gleich aus, um einer Wiederholung dieses Theaters zu entgehen. Trotzdem wurde ich von der Miliz gepackt und sollte wieder Buße zahlen. Ich weigerte mich, bis der Zug ohne mich abfuhr. Als man mich nach ein paar Stunden aus dem Keller des Bahnhofs, in den man mich gesperrt hatte, laufen ließ, setzte ich mich auf eine Bank im Bahnhofgebäude und wartete auf den nächsten Zug. Es dauerte nicht lange und zwei Spitzbuben setzten sich rechts und links neben mich. Ich war überzeugt, dass sie meinen Koffer stehlen wollten." In Omsk gehörten Plünderungen, Mord und öffentliche Vergewaltigungen Ende der 1930er-Jahre zur Alltagserfahrung der Einwohner.[26] Offensichtlich hatte sich daran auch zehn Jahre später nicht viel geändert.

„Meinen Koffer keine Sekunde aus den Händen lassend, beschloss ich, mir eine neue Fahrkarte mit Platzkarte zu kaufen, um weitere Scherereien zu vermeiden. Auf dem Weg zum Schalter wurde in einer Lautsprecheransage darauf hingewiesen, dass man auch im Zug Fahrkarten lösen könne. Also kehrte ich zu meiner Bank zurück. Ich saß kaum, da bot mir ein Mann für 500 Rubel eine Fahrkarte mit Platzkarte bis Novosibirsk an. Mit diesem Ticket verliefen die nächsten 600 Kilometer meiner Reise störungsfrei.

Weil ich in Novosibirsk längere Zeit Aufenthalt hatte, machte ich mich in der Dunkelheit auf den Weg in die nahe gelegene Stadt und setzte mich dort auf eine Bank. Nicht weit entfernt schliefen zwei Männer. Es dauerte nicht lange und beide wurden beraubt. Auch ich wurde überfallen. Mein Geld war weg. Zum Glück gelang es mir wenigstens, meinen Koffer erfolgreich zu verteidigen. Ohne Geld und ohne Fahrkarte hoffte ich, als blinder Passagier auf einem Güterzug mitfahren zu können. Als ich jedoch die nächsten 25 Kilometer zu Fuß zurückgelegt hatte und mein Koffer immer schwerer wurde, verkaufte ich schweren Herzens die Butter, die ich in Omsk für meine Eltern erstanden hatte. Von dem Buttergeld löste ich mir eine Fahrkarte für den restlichen Weg." Er schaut mich an: „Ich erzähle Ihnen das nicht, weil es nette Anekdoten sind, sondern weil Sie sich so vielleicht ein Bild von den Verhältnissen in der damaligen Sowjetunion machen können."

„Wie war es, Ihre Eltern nach so langer Zeit wiederzusehen?"
Mit Tränen in den Augen flüstert Melchior: „Dafür gibt es keine Worte."
Schließlich fährt er fort: „Die Straßen im Kolchos meiner Eltern waren bis nachmittags wie leergefegt. Als gegen 4 Uhr Brot angeliefert wurde, erwachte die Siedlung plötzlich aus ihrer Lethargie. Auf einmal war Leben in den Straßen."
Nach ein paar Wochen musste Melchior ins Arbeitslager zurückkehren. Über den Abschied von seinen Eltern spricht er nicht. Auch nicht über die nächsten fünf Jahre Arbeitslager.
„1952 oder 1953 gelang es meinem Bruder und mir dann endlich, unsere Eltern nach Kopeysk zu holen. Hier sind sie dann Jahre später gestorben, Vater 1973 und Mutter 1976. Mein Bruder und ich haben hier als freie Arbeiter weiter gearbeitet, geheiratet und Familien gegründet."
„Warum haben Sie sich entschieden, nicht nach Deutschland zu übersiedeln?"
„Ich bin mit einer Russin verheiratet und spreche heute fast kein Deutsch mehr. Meine Frau und meine Tochter sprechen gar kein Deutsch." Leise ergänzt er: „Wir hatten auch einen Sohn. Er ist an TBC gestorben. Meine Tochter würde schon gern ausreisen, aber sie und ihr russischer Mann bekommen keine Genehmigung, solange sie den deutschen Sprachtest nicht bestanden haben. Den zu bestehen ist sehr schwer. Also bleiben wir wohl letztlich alle hier."[27]

16. Isabella Joassifovna Tschutschanova

Eine Überlebende der Blockade von Leningrad

Die Eltern der Deutsch-Dozentin Helena Meljechina, die an der Akademie der Künste in *Tscheljabinsk* lehrt, hatten den Anfang der *Leningrader Blockade* miterlebt, bevor sie mit dem Traktorenwerk hinter den Ural evakuiert wurden. Da ihre Eltern nicht mehr leben, ich aber gern mit Überlebenden dieser Tragödie sprechen wollte, machte mich die Hochschullehrerin mit einer Freundin ihrer Familie bekannt – Isabella.
Ich erwartete, dass ein Gespräch über dieses schwarze Kapitel des II. Weltkrieges für keinen von uns einfach sein würde – auch nicht für die beiden Deutschstudenten Pawel und Katja, die sich bereit erklärt hatten, zu dolmetschen. Aber die rüstige, untersetzte 83-Jährige machte uns die Begegnung leicht. Als wir an einem der Tische im Bibliotheks-Lesesaal der Akademie einen Platz gefunden hatten, begann sie, mit ihren hellblauen Augen freundlich lächelnd, ohne Umschweife leise zu erzählen.

Isabella wurde 1925 in *Leningrad* geboren, ein Jahr nachdem ihre Geburtsstadt von St. Petersburg in Leningrad umbenannt worden war. Isabellas Großvater, ein Staatsbeamter des Zaren, war im polnisch-russischen Grenzgebiet aufgewachsen und hatte eine Polin geheiratet. Ihrer beider Sohn, Isabellas Vater, besuchte das Gymnasium, was damals eine Seltenheit war. Während Isabella von ihren Vorfahren erzählt, legt sie ein Photo ihres Großvaters aus dem Jahr 1888 auf den Tisch. Auch ein zweites Bild hat sie mitgebracht. „Papa, Mama und ich!", sagt sie lächelnd. „1929. Da war ich vier Jahre alt."
Isabellas Mutter, die Tochter eines Offiziers des Zaren, wuchs auf der Krim auf. Sie hätte gern Malerei studiert, wurde 1921 auch an der Kunstakademie von St. Petersburg aufgenommen, dann aber fehlte für ein Studium das Geld. Nach Ende des *Bürgerkriegs* herrschte auch in St. Petersburg große Hungersnot. Grigorij Sinowjew (Apfelbaum), Vorsitzender des Petersburger Sowjets und des Exekutivkomitees der Kommunisti-

schen Internationale, kümmerte dieses Elend wenig. Er erklärte: ‚Neunzig von Hundert Millionen Sowjetrussen müssen mitziehen, was den Rest angeht … Sie müssen ausgerottet werden'.[1] Er sprach von knapp 20 Millionen Menschen. Bereits ein Jahr nachdem sich die Bolschewiki 1917 an die Macht geputscht hatten, hatte St. Petersburg die Hälfte seiner Einwohner, 850.000 Menschen, durch Flucht oder Tod verloren.[2]

„Mein Großvater väterlicherseits starb, als mein Vater zwei Jahre alt war. Als seine Mutter 1934 beerdigt wurde, war mein Vater bereits Waffenschmied und aktiver Parteigenosse. Während meiner Kindheit war er häufig für die Partei unterwegs. Ich habe ihn selten gesehen."
Bis 1927 waren 70 Prozent der Parteimitglieder Berufsfunktionäre. Die meisten neuen Parteimitglieder zeichneten sich dagegen durch Jugend und niedrigen Bildungsstand aus. Über eine abgeschlossene Hochschulbildung verfügte dann nicht einmal 1 Prozent der Genossen, über eine Ausbildung an einer weiterführenden Schule knapp 8 Prozent.[3] Zu dieser Minderheit zählte offenbar Isabellas Vater und war wohl auch deswegen als Redner gesucht.
„Meine Mutter war also mit mir, ihrem einzigen Kind, meist allein", erzählt Isabella. „Da sie das raue Klima in Leningrad schlecht vertrug, war sie häufig krank."
„Wurde Sie von Ihrer Familie unterstützt?"
„Nein. Die gesamte Familie meiner Mutter muss in den gewalttätigen Wirren des Bürgerkrieges irgendwann und irgendwo ums Leben gekommen sein. Mutter hatte keine Spur von ihnen und wagte auch nicht, nach ihnen zu forschen. Während der ganzen stalinistischen Zeit traute sie sich nie, einen Fragebogen auszufüllen."

Ob sie wusste, dass während des Rückzuges der Weißen Armee im Frühsommer 1920 mehr als 200.000 Menschen auf der Krim versammelt waren? Dass 50.000, denen es nicht rechtzeitig gelang, über das Schwarze Meer zu fliehen, von der Roten Armee ermordet wurden? Dass sich Sewastopol daher in das Gedächtnis der Zeitgenossen als *Stadt der Gehängten* einschrieb?[4] Während ich versuche, mir ein Bild von Isabellas historischem Umfeld zu machen, beschreibt sie ihr Zuhause: „Unsere Wohnung war schön möbliert. Vater liebte antiquarische Bücher. Er hatte eine umfangreiche Bibliothek. Im Hinterhof unseres Mehrfamilienhauses tummelten sich viele Kinder. Es mangelte mir also nie an Spielkameraden.

Auch an meine Schulzeit habe ich nur die besten Erinnerungen. Ich war eine gute Schülerin, erhielt außerdem Ballettunterricht und lernte Schlittschuhlaufen."

Isabella hatte Glück. Die auf den Bürgerkrieg folgende Hungersnot hatte im Reich der Bolschewiki eine enorme Landflucht ausgelöst. 1928 verfügte ein Stadtbewohner durchschnittlich gerade noch über 5 Quadratmeter Wohnfläche. Die ärmsten Arbeiter mussten mit ganzen 2 Quadratmetern auskommen. Trotzdem wuchs die Stadtbevölkerung zwischen 1928 und 1932 weiter rasant an – um 50.000 Menschen pro Woche.[5] Angesichts dieser verheerenden Wohnsituation erklärte man ehemalige Hausbesitzer zu ‚sozial fremden Elementen‘, vertrieb sie aus ihren Wohnungen und Häusern und wandelte diese dann meist in Gemeinschaftswohnungen um. Dort teilten sich mehrere Familien eine Küche, eine Toilette und, wenn sie Glück hatten, ein Badezimmer.[6]

Die Vorsitzenden der für die Verteilung von Wohnraum verantwortlichen ‚Hauskomitees‘ dienten dem stalinistischen Terrorapparat oft als Spitzel.[7] Sie waren bei weitem nicht die einzigen. Viele der fanatischsten Denunzianten waren Menschen mit einer ‚beschädigten Biographie‘ – Kinder von Kulaken oder der *volksfeindlichen* Bourgeoisie –, die sich durch ihre Informantentätigkeit als gute Sowjetmenschen beweisen wollten. Einen *Volksfeind* anzuprangern, war außerdem der schnellste Weg, sich eines Rivalen zu entledigen. Tausende kletterten auf diese Weise in der Sowjethierarchie nach oben.[8]

Nicht nur in den Wohnungen und am Arbeitsplatz, sondern auch in den Schulen trieb das Denunziantentum neue Blüten. 1932, als Isabella in die erste Klasse kam, begann der Kult um Pavlik Morosow, einen Jungen, der seinen Vater an die Geheimpolizei ausgeliefert hatte und daraufhin von den Dorfbewohnern ermordet worden war. Die Bolschewiki richteten in einem Schauprozess etliche Dorfbewohner hin und erklärten Pavlik zum Helden und Vorbild für die sowjetische Jugend. Im Schulunterricht und in Hunderten von Büchern wird ihm auch Isabella begegnen sein. Schlimmer noch als die Angst vor Spitzeln war jedoch für viele der Hunger.

„Als Sie in die Schule kamen, verhungerten in der schlimmsten Hungersnot in der Geschichte Ihres Landes Millionen von Menschen. Haben Sie davon etwas mitbekommen?"
„Wir waren weder vom Hunger noch von den Repressionen betroffen."

Tatsächlich erhielt die Stadtbevölkerung Lebensmittelzuteilungen, während Bauern und politisch Unliebsame leer ausgingen.[9] Die Bolschewiki, ursprünglich ein kleiner Verbund von Russen und russifizierten Juden, hatten sich in den 1930er-Jahren zwar in eine multiethnische Organisation gewandelt, das Schicksal der Bauern – 85 Prozent der Bevölkerung – kümmerte sie dennoch wenig.[10] Die besten Überlebenschancen hatten Parteimitglieder. Aber auch unter ihnen existierte eine direkte Korrelation zwischen der Zuteilung von materiellen Gütern und dem Rang in der Hierarchie.[11] Während die Arbeiter oft am Existenzminimum dahin vegetierten, kam Stalins Elite in den Genuss von Regierungslimousinen, privaten Datschen und dem Zugang zu Geheimläden. Sie erhielten zudem wertvolle Antiquitäten und Perserteppiche aus *NKWD*-Lagerhäusern, wo der Besitz alter Adelsfamilien und der St. Petersburger Bourgeoisie aufbewahrt wurde, die man nach Kirows Tod 1934 zu Tausenden aus ihren Häusern vertrieben, verhaftet oder deportiert hatte.[12] Anfang 1935 hatte man bereits 40.000 von ihnen verschleppt.[13] Zu diesem Zeitpunkt hatte die spartanische Einstellung der Altbolschewiki schon lange aufgehört zu existieren. Stattdessen war ein Großteil der Parteielite zu Despoten mutiert, die nicht nur Bauern, sondern auch Arbeiter knechteten. Sie setzten sich gegen jeden Widerstand durch und waren, wie die führenden Nationalsozialisten, bereit, grenzenlose Gewalt anzuwenden. Wie Hitler, so bezeichneten auch Lenin, Stalin und ihre Handlanger Menschen als Ungeziefer, das wie Unkraut zu tilgen sei.[14] 1937/38, als Isabella 12 bzw. 13 Jahre alt war, erreichte die ‚Reinigung‘ der Erde von ‚menschlichem Abfall‘ in Stalins Reich seinen Höhepunkt.

„Was haben Sie von dem *Großen Terror* mitbekommen?"
„Meine Familie war nicht direkt betroffen. Ich erinnere mich aber, dass Mutter wegen ihrer Familiengeschichte in ständiger Angst lebte und ihre Nase nie in die Angelegenheiten anderer Leute steckte. Deswegen hat sie sicherlich wenig von dem erfahren wollen, was rings um uns geschah."
Die Parteimitgliedschaft ihres Mannes besänftigte die Ängste der jungen Frau offenbar kaum. Der Terror wütete ja auch innerhalb der Partei. 1933/34 hatte man knapp 2.000 Delegierte sowie 100 der 140 Mitglieder des Zentralkomitees verhaftet oder erschossen.[15] Über 1 Million der insgesamt 3,5 Millionen Parteimitglieder hatte man aus der Partei ausgeschlossen.[16]

„Es gab in meiner Kindheit auch viel Schönes", bekräftigt Isabella. „Besonders glücklich waren die Sommer, die ich mit meiner Mutter auf unserer Datscha verbrachte. Wir gingen zusammen Pilze sammeln. Das war herrlich." Ihre glücklichen Kinderjahre währten nicht lang. Als sie 15 Jahre alt war, brach der II. Weltkrieg aus.

„Der erste Kriegstag war ein sonniger Sonntag. Ich hatte gerade die achte Klasse absolviert und wollte mit meinen Eltern zu unserer Datscha aufbrechen, da verkündete die Stimme Molotows im Radio: ‚Der Krieg hat begonnen!' Die Menschen waren verwirrt. Sie verstanden nicht, was das zu bedeuten hatte. Vater, der als Mechaniker in einer Zigarettenfabrik arbeitete, wollte versuchen, dort Näheres zu erfahren. ‚Sollen wir zur Datscha fahren oder besser nicht?', fragte Mutter ihn. ‚Den Finnischen Krieg haben wir überlebt', erwiderte er gelassen, ‚da werden wir diesen auch überleben.'

In diesem Sommer absolvierte ich eine zweimonatige Ausbildung als Krankenschwester. Bis ich 16 Jahre alt war, durfte ich nur als Helferin arbeiten. Mit 16 wurde ich Krankenschwester im Militärhospital. Manchmal weinte ich über das Schicksal der jungen Verwundeten, aber oft war ich viel zu unerfahren, um den ganzen Schrecken dessen, was diese Soldaten erlebt hatten, erfassen oder nachempfinden zu können.
Und dann begann am 8. September die Blockade. Die Deutschen standen nur 18 Kilometer vor unserer Stadt. Kurz darauf wurde ein großes Lebensmittellager zerbombt und der Hunger griff schnell um sich. Vater bestand darauf, dass ich in der Fabrik arbeitete, weil man dort Lebensmittelkarten erhielt. Im Hospital bekam ich nur Essen. Also stellte ich fortan zwölf Stunden pro Tag Minen her." 70-Stunden-Wochen waren inzwischen zur Norm geworden.[17]
„Warum wurde die Zivilbevölkerung nicht evakuiert?"
„Im Juli wurden die Leningrader Kinder in der Umgebung der Stadt in Sicherheit gebracht, später an die Wolga geschafft. Offenbar sah niemand die Bombardierung der Lebensmitteldepots oder die Besetzung der Vororte voraus, wo sich zahlreiche Lagerhallen befanden. Man erwartete daher wohl keine Hungerkatastrophe. Am 6. Oktober 1941 begann die Evakuierung der wichtigsten Werke per Zug und Flugzeug. Vor allem das Kirow-Werk mit seinen 7.500 Beschäftigten wurde hinter den Ural verlegt. Daraus entstand das bekannte Tscheljabinsker Traktorenwerk."

„In dem während des Krieges Panzer produziert wurden, die der Stadt den Spitznamen *Tankograd* verliehen …"

„Ja. Nach den Evakuierungen lebten in dem schrecklichen Winter 1941/42 von den ursprünglich 3,2 Millionen Menschen – mit Flüchtlingen wohl eher 3,7 Millionen – noch etwa 2,6 Millionen in der Stadt. Im November kam es zu den ersten Unterbrechungen der Energieversorgung. Bald hatte nur noch das Traktorenwerk Strom, in dem Vater arbeitete, und das damals ebenfalls Panzer produzierte. Die dort angestellten Arbeiter wurden besser verpflegt als alle anderen Leningrader.

Ohne Strom standen bald alle Wasserpumpen still. Auch die Leitungen in unserem Haus funktionierten nicht mehr, und man musste das Wasser vom Brunnen holen. Da Mutter dafür zu schwach war, blieb ich zuhause und besorgte den Haushalt. Anfangs erhielt jeder noch Lebensmittelkarten für 600 Gramm Brot pro Tag, bald waren es nur noch 400 Gramm. Andere Lebensmittel gab es binnen kurzer Zeit überhaupt nicht mehr."

Die Stimmung in der Bevölkerung war so miserabel, dass manche die Aussicht auf einen deutschen Sieg begrüßten, weil sie hofften, er würde das Sowjetsystem hinwegfegen. Im November 1941 kam es sogar zu einer Demonstration von Frauen und Kindern, die verlangten, Leningrad zu einer offenen Stadt zu erklären.[18] Tausende wurden daraufhin verhaftet oder erschossen.[19]

„Im Dezember", flüstert Isabella, „wurde Vater durch die Druckwellen des Artilleriebeschusses verletzt. Er lag auf seinem Bett, bis er im Januar 1942 an seinem 59. Geburtstag starb." Als er seinen Verletzungen erlag, hatte die Hälfte der städtischen Parteimitglieder die Stadt bereits verlassen.[20] Mit knappen Worten schildert Isabella: „Ich bettete ihn auf einen Schlitten und zog ihn ganz allein durch die verschneite Stadt. Auf dem Friedhof legte ich ihn in eines der vielen bereits ausgehoben Gräber. Später gab es nur noch Massengräber. Manche Leichen wurden dann auch verbrannt." Kaum hörbar haucht sie: „Ich habe meinen Vater mutterseelenallein und mit meinen eigenen Händen beerdigt." Im Bibliotheksaal ist es totenstill geworden. Für Augenblicke scheint alles um sie herum wie erstarrt zu sein.

Nach dem Tod ihres Mannes wurde Isabellas Mutter immer apathischer. „Sie saß nur noch im Sessel, starrte vor sich hin und wartete darauf, zu sterben. Diese Wochen nach Vaters Tod war die schlimmste Zeit für meine Mutter und mich. Wir sind fast erfroren. Ich holte unser Brot stets in einem Sack, den ich unter meiner Jacke versteckte. In diesem entsetzlich harten Winter, mit Temperaturen bis minus 30 Grad, hatte jeder Angst vor Dieben."

Zu allem Elend hatte die Bevölkerung auch die drakonischen Strafen und den Terror der Parteiführer zu ertragen. Bis zum Sommer 1942 wurden 21.000 Menschen wegen ‚Bummelei' verhaftet. In den Gefängnissen Leningrads verhungerten täglich bis zu 40 Menschen.[21] Die Erschießung von Plünderern, Broträubern und Kannibalen, die auf Menschenjagd gingen, war angesichts der katastrophalen Verhältnisse vielleicht ohne Alternative.

„Eines Tages, als Mutter und ich vor Kälte und Hunger schon vollkommen abgestumpft waren, besuchte uns unsere immer noch etwas korpulente, ehemalige Haushälterin. Als sie unseren Zustand sah, nahm sie uns mit zu sich nachhause, heizte ihren Ofen, wusch uns mit warmem Wasser und kochte uns ein Essen aus Schweinehautsülze. Man aß damals alles: Ratten, Hunde, Krähen, einfach alles. Da es kaum Heizmaterial gab, wurden die Holzhäuser zu Brennholz gemacht. Der Tauschhandel blühte."

Nach kurzer Pause fährt Isbella fort: „Hunger bringt das Schrecklichste im Menschen zum Vorschein. Aber diese Frau hat mich gerettet. Mutter und ich vegetierten dahin, bis Mutter drei Monate nach Vaters Tod, im März 1942, starb. Auch sie beerdigte ich allein und mit meinen eigenen Händen."

Isabella weist mich auf ein Gedicht von Anna Achmatowa hin, in dem die Dichterin die Stimmung in der belagerten Stadt beschreibt:

> Todesvögel stehen in der Luft,
> da Leningrad um Hilfe ruft.
> Lärmt nicht, noch kann es atmend sich erheben.
> Hört: noch ist alles am Leben!
> …
>
> „Brot!" – aus innersten irdischen Qualen
> dringt dieser Ruf zu den Himmelsscharen.
> Doch der Himmel hat kein Brot,
> und aus den Fenstern blickt der Tod[22]

Nach dem Krieg beschimpfte der ZK-Sekretär Schdanow diese Schriftstellerin als ‚Abschaum' und ‚Schmierfink', ‚halb Hure, halb Nonne, bei der sich Pornographie mit Gebet vermengt'.[23] Sie wurde aus dem Schriftstellerverband ausgeschlossen. Ihr Sohn verbrachte Jahre in Stalins Lagern. Für ihn schrieb sie ihr *Requiem*:

> Ich hab' erfahren,
> Wie aus Gesichtern Knochenschädel werden,
> Wie hinter Augenlidern Schrecken nistet,
> Wie Leid in uns're Wangen
> Die tiefen Zeichen seiner Keilschrift gräbt.[24]

Isabella war nun mutterseelenallein. In der Berufsschule, die sie nach dem Tod ihrer Eltern besuchte, bekamen die Schüler sogar etwas zu essen. „Noch katastrophaler als der Winter von 1941/42 sollte der nächste werden", erklärt sie. „Vorher jedoch, im September 1942, wurde ich mit der gesamten Berufsschule evakuiert." Da hatte Stalin schon alle 60.000 deutschen und finnischen Stadtbewohner nach *Kasachstan* deportieren lassen.[25] Bis April 1942 hatte man mehr als 1 Million Menschen aus der Stadt geschafft. „Ich überlebte, während der Belagerung etwa 1 Million Zivilisten und 700.000 Armeeangehörige zum Opfer fielen"[26], sagt Isabella leise. „Man brachte uns nachts auf Fähren über den Ladogasee. Mit dem Zug erreichten wir acht Tage später Perm und dann *Swerdlowsk*. Wo unsere Reise enden würde, wussten wir aber während der gesamten Fahrt nicht, bis es in einem Vorort von Tscheljabinsk schließlich hieß: Aussteigen! Die Stadt war unter Stalins Industrialisierungsplänen rasant gewachsen. Durch den Krieg gewann diese Entwicklung noch einmal an Tempo. Tscheljabinsk hatte 1928 etwa 60.000 Einwohner. Heute ist es eine Millionenstadt."

„Den ersten Monat lebten wir – vor allem junge Menschen – in Zelten in einem Wald. Ab Oktober 1942 besuchte ich die Berufsschule in Satka, absolvierte dort eine Ausbildung als Dreherin und arbeitete dann, wie viele Leningrader, in dem Traktorenwerk – 54 Jahre lang! Bis zu meinem 73. Lebensjahr!"
„Warum so lang?"
„Ich fand meine Arbeit interessant. Außerdem entwickelte sich zwischen uns ehemaligen Leningradern eine enge Gemeinschaft, deren Vorsitzende ich seit vielen Jahren bin. Heute leben von unserer Gruppe, die mir wie eine Familie war und ist, nur noch 95 Mitglieder."
„Haben Sie nach dem Krieg Kontakt zu Ihren Familienangehörigen aufgenommen?"

„Nein. Ich habe mich auf meine Arbeit und meine Ehe konzentriert. Kinder habe ich leider nicht."

Die anderen Studenten hatten den Leseraum inzwischen lautlos verlassen. Sicherlich hatte die für den Leseraum Verantwortliche schon eine Weile gewartet, ehe sie uns höflich darauf hinwies, dass sie nun schließen werde. Nach einer Weile des Herumirrens ließen wir uns auf einer Couch im Flur der Hochschule nieder.

Ohne ein Anzeichen von Ungeduld oder Müdigkeit erzählte Isabella ihre Geschichte zu Ende: „Am letzten Kriegstag standen die Maschinen im Traktorenwerk still. Wir warteten die ganze Nacht vor dem Radio auf die offizielle Bekanntgabe des Sieges. Gegen 4 oder 5 Uhr morgens erfuhren wir endlich, dass das faschistische Deutschland die Kapitulationsurkunde unterzeichnet hatte. Da kannte unser Jubel keine Grenzen. Wir zogen zum Leninplatz, wo bald unzählige Menschen tanzten und sangen. Dass es regnete, störte niemanden."

„Zu der Zeit gab es schon Tausende deutsche Kriegsgefangene in Tscheljabinsk und unzählige russlanddeutsche Zwangsarbeiter. Viele von ihnen arbeiteten in Ihrem Traktoren- bzw. Panzerwerk. Hatten Sie Kontakt mit ihnen?"

„1946 lernte ich einen deutschen Ingenieur kennen, einen sympathischen jungen Mann aus Magdeburg, der 1943 in Gefangenschaft geraten war. Er lebte, wie alle anderen Gefangenen, in einem der Barackenlager und konnte sich in der Stadt frei bewegen. Ich erinnere mich, dass alle Gefangenen im Winter warme Stiefel trugen und in Tscheljabinsk viele Häuser bauten."

„Wie sehen Sie Stalin heute?", erkundige ich mich zum Abschluss.

„Ich habe inzwischen einige Bücher über ihn gelesen. Er war ein harter Mann, aber nur mit ihm konnten wir den Krieg gewinnen. Das war und wird immer sein großer Verdienst sein."

„Und die unzähligen Toten des *Gulag*?"

„Eine so große Opferzahl war nicht notwendig. Andererseits wäre die schnelle Entwicklung unseres Landes ohne Zwang und ohne Opfer nicht möglich gewesen." Achselzuckend fügt sie hinzu: „So war es eben. Stalin beging Irrtümer. Ein Verbrecher war er nicht."

„Nur Irrtümer?"

„Große Irrtümer, wenn Sie so wollen, und große Verdienste – aber keine Verbrechen."

Das Museum, das die Verteidigung Leningrads während der Belagerung als kollektiven Akt der Stadtbevölkerung – weitgehend unabhängig von der Parteiführung – darstellte, wurde von Stalin geschlossen, seine Leitung verhaftet und die unschätzbare Sammlung persönlicher Dokumente und Erinnerungen vernichtet.[27] Vielleicht hat Isabella das nie erfahren.

17. Helmut Mädl

Drei Monate Krieg, vier Jahre Gefangenschaft

Ruhe und Freundlichkeit umgibt den ehemaligen Kriegsgefangenen. An seinem Couchtisch am sonnigen Fensterplatz ist es leicht, sich wohl zu fühlen. Eine Russisch sprechende Bekannte hatte ihn gebeten, bei unserem Gespräch zuhören zu dürfen. Nun begleiten Frau Taubenberger und ich Helmut Mädl, der 1927 in Nürnberg geboren wurde, gemeinsam auf seiner Reise in die Vergangenheit.

„Ich war Jungzugführer im Jungvolk und wurde mit gerade 16 Jahren, wie alle meine Mitschüler, im Februar 1943 Flakhelfer", beginnt er. „Damit war unser Schulunterricht auf 18 Wochenstunden geschrumpft. Meine Einberufung zur Flak markierte den Beginn des *Totalen Krieges*. Für mich und meine Klassenkameraden bedeutete dies, dass wir nur noch an einem Vormittag in der Woche, zum naturwissenschaftlichen Unterricht, ins Schulgebäude durften. Jeder private Zusatzunterricht, wie Italienisch oder Klavier – und vor allem der Tanzkurs – fiel ins Wasser. An meinem zwölften Tag als Flakhelfer war Nürnberg Ziel eines Bombenangriffs. Dabei starb unser ausbildender Unteroffizier, der 25 Jahre alte Dendl, durch Bombensplitter. Das war ein aufwühlendes Erlebnis für mich!"

Helmuts Patenonkel, der seit Kriegsbeginn den im Wehrdienst befindlichen Vater vertrat, förderte die Zweifel des Jungen an einem für Deutschland günstigen Kriegsausgang. Den 16-Jährigen veranlasste dies, ernsthaft über seine Überlebenschancen nachzudenken.

„Unter den Gymnasiasten wurde damals intensiv für die Waffen-SS geworben. Von diesem Druck blieb nur verschont, wer sich freiwillig zu einer anderen Waffengattung meldete. Also bewarb ich mich als Reserveoffizier bei der Luftwaffe. Ich hoffte durch die längere Ausbildungszeit einen Fronteinsatz so lange wie möglich hinauszögern zu können."

Zehn Jahre zuvor hatte Goebbels erklärt, das neue Regime werde das Kulturleben mit ‚politisch-ideologischer Propaganda' durchtränken.[1] Hitler sowie Stalin strebten die Entmündigung des Einzelnen und die totale Kontrolle über die Gesellschaft an. Besonders Kinder und Jugendliche konnten sich ihrer geschickten Manipulation kaum entziehen. Obwohl alles gewaltsam unterdrückt wurde, was das sorgsam inszenierte Bild vom Hitlermythos oder Stalinkult hätte stören können, gab es heimliche Risse im staatlich kontrollierten Denken. Damit diese Risse nicht aufbrachen, hielten beide Regime die Menschen in ständiger Bewegung, belogen sie oder unterdrückten Informationen. Beide Diktatoren bauten mit Erfolg auf die Leichtgläubigkeit, Unwissenheit und Unterwürfigkeit ihrer Untertanen sowie auf den Ehrgeiz und die Geltungssucht ihrer Parteimitglieder. Geschickt opferten sie den aufgehetzten Massen in Schauprozessen – oder politischem Theater – *Volksschädlinge* oder *Verräter* als Zielscheibe für ihre Wut. Beide Herrscher verstanden, dass Propaganda am wirksamsten in Verbindung mit Terror ist. Deswegen gehörten Gestapo und *Tscheka*, bzw. *NKWD* zu ihren wirksamsten Werkzeugen. Auch Helmuts Onkel riskierte mit seinen *defätistischen* Äußerungen die Einweisung in ein KZ und musste sehr vorsichtig sein.

Hitler und Stalin bereiteten sich beide auf einen Krieg vor.[2] Daher versuchten sie Menschen, vor allem junge Menschen, zu Intoleranz gegenüber anderen Weltanschauungen zu erziehen. Mit Hilfe moderner Medien wie dem Radio, das ganze Völker gezwungen waren einzuschalten, Transportmitteln wie dem Flugzeug sowie der in der UdSSR auch gezielt zu diesem Zweck angestrebten flächendeckenden Alphabetisierung, hatten sie wesentlich bessere Möglichkeiten, Massen zu manipulieren als alle ihre Vorgänger. Zu den Hauptstützen staatlicher Meinungslenkung gehörten in beiden Systemen neben Journalisten, Filmemachern und Schriftstellern vor allem Schulen bzw. Lehrer und die staatlichen Jugendorganisationen. In Deutschland zählte dazu auch der Reichsarbeitsdienst (RAD).

Während seine Klassenkameraden des Jahrgangs 1926 bereits im Februar 1944 zum RAD einberufen wurden, kam Helmut mit seinen letzten Mitschülern des Jahrgangs 1927 – nach bestandenem Notabitur – im September 1944 zum RAD nach Rothenburg ob der Tauber. „Einen Monat später bekam ich die Nachricht, dass unser Zuhause ausgebombt war und meine Mutter nun in der Wohnung ihrer Schwester, der Frau des bereits erwähnten Patenonkels, Unterschlupf gefunden hatte. Im Dezember wurde ich zur Luftnachrichtentruppe nach Berlin-Kladow versetzt und noch vor Weihnachten 1944 zur Flak nach Weimar. Anfang Januar 1945 erfuhr ich, dass auch das Haus, in dem meine Tante lebte, von einer Luftmine stark in Mitleidenschaft gezogen worden war. In die leeren Fensterrahmen hatte man Pappkarton gesteckt, aber die Wohnung blieb zumindest bewohnbar. In dieses neue Zuhause kehrte ich während meines Bombenurlaubs und Jahre später, nach der Kriegsgefangenschaft, zurück.

Zunächst ging es aber zur weiteren Ausbildung nach Zingst an die Ostsee. Weil sich die Kriegslage immer problematischer entwickelte, wurde unsere Ausbildung abgebrochen. Man schickte alle Offiziersbewerber direkt an die Front. So lag ich von Februar bis April 1945 an der Neiße, der damaligen Ostfront. Als die Russen bei ihrer letzten Großoffensive am 16. April schnell durchbrachen, lautete unser Befehl nur noch: Rückzug, um einer Einkesselung zu entgehen.

Nachts flogen die *Nähmaschinen*, so nannten wir die kleinen russischen Flugzeuge, über unsere Köpfe hinweg und warfen Streubomben ab. Eine explodierte direkt neben unserem Geschützwall. In einem unübersichtlichen Waldgebiet, in der Nähe von Halbe, südöstlich von Berlin, erhielt ich am Morgen des 30. April den Auftrag, unsere stehende Fahrzeugkolonne seitlich zu schützen. Plötzlich fuhr die Kolonne aber ohne mich davon! Ich rannte ihr noch eine Weile hinterher, konnte sie aber nicht mehr einholen.

Auf einmal stand ich also mutterseelenallein mitten im Wald und hatte nur noch Platzpatronen. Da entdeckte ich in einem Loch plötzlich einen Russen. Er hatte offenbar noch größere Angst als ich. Mit auf ihn angelegtem Gewehr rannte ich weg, merkte aber schnell, dass es um mich herum von Russen wimmelte. In der Hoffnung zu überleben, gab ich mich gefangen. Man führte mich zu einem Bauernhof, wo schon viele deutsche Soldaten versammelt waren, und bald hieß es in Fünferreihen losmarschieren.

Nach zwei Tagen, an denen wir täglich etwa 35 Kilometer zurücklegten, erreichten wir eine Schule in Fürstenwalde. Dort schor man unser Kopfhaar und zwei Wochen später ging's zu Fuß weiter an den Oderbruch, vorbei an zahlreichen abgeschossenen russischen Panzern. In *Küstrin* verlud man uns in geschlossene Güterwaggons mit zweistöckigen Holzpritschen. Dann waren wir 17 Tage lang unterwegs – immer Richtung Osten."

„Wussten Sie, was mit Ihrer Einheit geschehen war, die Sie so unerwartet verloren hatten?"

„Viel später erfuhr ich, dass die ganze Einheit bei einem Durchbruchsversuch ums Leben gekommen ist." Er schweigt.

In die Stille hinein frage ich ihn, wie es ihm erging, unterwegs zu einem unbekannten Ziel für ungewisse Zeit. „Es mag Sie überraschen, aber ich war vor allem dankbar, nach den ständigen Tieffliegerangriffen und dem grausigen Sterben um mich herum überhaupt noch am Leben und unverletzt zu sein. Wir überquerten die Wolga und erreichten schließlich die wunderschöne Landschaft des Ural. Als wir das Gebirge verlassen hatten, sahen wir aus unserem Guckloch auf den nächsten 200 Kilometer nur Birken. Nichts als Birken! Irgendwann konnte ich diesen Anblick nicht mehr ertragen. Endlich gelangten wir in Westsibirien an unseren Bestimmungsort, die Strafzone von *Tscheljabinsk*, einem riesigen Sperrgebiet, aus dem damals niemand ohne Erlaubnis ein- oder ausreisen durfte. Ich landete in Korkino, einem Lagerkomplex etwa 25 Kilometer südlich der Stadt. Untergebracht wurden wir in Erdbunkern – in jedem Bunker etwa 60 Mann. Im Laufe der nächsten Monate mussten wir die Baracken für unser Lager Nr. 7606 selber errichten. Nach einem halben Jahr konnten wir in diese Hütten umziehen und machten bald intime Bekanntschaft mit allem erdenklichen Ungeziefer: Kleider- und Filzläusen, Wanzen und Flöhen.

In den zahlreichen Kohlebergwerken und Eisenhütten in der Umgebung arbeiteten die meisten Gefangenen unter Tage. Als Schüler bzw. ungelernten Arbeiter traf dieses Los auch mich. Wie alle anderen Lager unterstand auch unseres der Lagerselbstverwaltung, also der Kontrolle durch ausgesuchte Häftlinge – meist so genannte Antifaschisten. Um 6 Uhr wurde geweckt. 6:30 Uhr gab es 500 Gramm nasses Kleiebrot, einen dreiviertel Liter Wassersuppe und 20 Gramm Zucker. Dann marschierten wir 1 Kilometer zu unserer Arbeitsstelle. Der erste russische Kommandant unseres Lagers war ein ausgeprägter Deutschenhasser. Er ließ uns täglich im Stechschritt an sich vorbei defilieren. Vor dem Grubeneingang zog man seine Kleider aus und Arbeitskleidung an. Dann ging es tief in die Grube hinunter. Verlöschte die Lampe, war es schlagartig stockdunkel. Unheimlich war das, bis der russische Vorarbeiter das Licht wieder angezündet hatte. Nach der Arbeit war jeder von uns kohlrabenschwarz."

„Wie war das Verhältnis zwischen den russischen und den deutschen Arbeitern?"

„Es gab wenig Kontakt zu den russischen Arbeitern, außer zu den Aufsehern. Ich würde sagen, der Umgang war unter den gegebenen Umständen normal. Jeder unterlag dem Druck der Normerfüllung. Diese zu erreichen, war so gut wie unmöglich. Wir Gefangenen waren durch Unterernährung viel zu schwach, um die Kohle in der Normgeschwindigkeit auf die Förderbänder zu schaufeln. Mein Vorarbeiter, ein Wolgadeutscher, musste sich auch plagen. Seine Position war schwierig, das merkte ich, als ich 1947 selber ein paar Wochen lang Brigadier auf einer Baustelle war. Wegen Nichterfüllung der Norm wurde ich mit einer Nacht im Karzer bestraft. Als wir bei den Aufräumarbeiten, für die ich anschließend verantwortlich war, die Norm schafften, bestätigte dies in den Augen der Lagerleitung die Wirksamkeit der Karzernacht."

„Wie haben Sie diese Jahre seelisch überstanden?"

„Ich litt stark unter Einsamkeit. Nur der Gedanke: ‚Du musst durchhalten', hielt mich aufrecht. Das Leben drehte sich um die Mahlzeiten. Während der Tagesschicht von 8 bis 16 Uhr gab es keine Pause, kein Essen und kein Trinken. Das *Mittagessen* bekamen wir erst nach getaner Arbeit: 300 Gramm Brot, 200 Gramm Kascha und eine Schöpfkelle Suppe, z. B. Sauerkrautsuppe. Zu trinken gab es immer irgendwelchen Muckefuck. Auf dem Bau wurde das Essen zum Arbeitsplatz gebracht, zur Freude der dort Arbeitenden, die eine Pause einlegen konnten. Zum Abendessen gab es noch einmal 200 Gramm nasses Kleiebrot und wieder etwas dünne Suppe. Nur im Krankenstand erhielt man manchmal auch ein kleines Stückchen Lachs oder einen Löffel amerikanisches Konservenfleisch.

Im September 1945 wurde ich zur Nachtschicht eingeteilt. Das bedeutete, dass man nach dem Abendessen um 19:30 Uhr zur Arbeit ging und ohne weitere Verpflegung bis 7:30 Uhr in der Früh arbeiten musste. Zwischen 2 und 3 Uhr nachts hätte ich im Stehen einschlafen können. Nach dem Frühstück um 8 Uhr legte ich mich hin. Wollte ich das Mittagessen nicht verpassen, blieb mir nicht anderes übrig, als um 12 Uhr wieder aufzustehen. Ab 3 Uhr nachmittags war es mit der Ruhe in der Baracke und dem Schlafen endgültig vorbei. Alle vier Wochen wurde man nackt von dem überwiegend weiblichen Gesundheitspersonal auf seinen körperlichen Zustand untersucht und gewogen. Deshalb weiß ich, dass ich einmal 20 Kilogramm abgenommen hatte und nur noch 51 Kilogramm wog." Obwohl manche Ärzte versuchten, sich darüber hinwegzusetzen, waren für die medizinische Kommission nicht die Gesundheit eines Gefangenen ausschlaggebend, sondern die Produktionserfordernisse des Lagers.[3]

„Aufgrund mangelhafter Ernährung oder Unterkühlung litten wir Gefangenen immer wieder an Darmerkrankungen und Durchfall. Da kam es

nicht selten vor, dass man den 50 Meter entfernten Donnerbalken nicht rechtzeitig erreichte. Auch mir ist das einmal passiert. Dabei hatte ich das zusätzliche Pech, dass mich ein deutscher Mithäftling deswegen anzeigte. Zur Strafe verlor ich eine Freischicht. Kameradschaft existierte unter den Häftlingen bis auf wenige Ausnahmen nicht. Jeder dachte nur an sein eigenes Überleben, wenn nötig auch auf Kosten anderer. Das erste Jahr war das schlimmste. Im ersten Halbjahr war nur jeder zehnte Tag arbeitsfrei. Vergleichsweise gut ging es nur dem Küchenpersonal und den Lagerspezialisten, also den Handwerkern, den Verwaltungsleuten und den Ärzten. Im Spätherbst 1945 wurden die ersten Kranken und nicht mehr Arbeitsfähigen entlassen. Einer von ihnen stammte aus Weiden, wo auch meine Großeltern lebten. Ich bat ihn, meinen Großeltern auszurichten, dass ich noch am Leben wäre. So erfuhren meine Angehörigen zu Weihnachten 1945, dass sie noch auf ein Wiedersehen mit mir hoffen durften."
Dabei war die Chance, dass diese Kranken die Heimat erreichten, nicht groß. Es gibt zwar keine Gesamtuntersuchung über die unterwegs gestorbenen frühzeitig Entlassenen. Aus einzelnen Informationen ergibt sich jedoch zumindest eine Vorstellung. So sind in einem im September 1945 aus Tscheljabinsk abfahrenden Zug von 250 Heimkehrern unterwegs 179 gestorben. Im November des gleichen Jahres erreichten von einem 1.000 Mann zählenden Transport 400 ihre Heimat nicht. In Brest sollen 15.000 bis 20.000 auf der Heimreise Verstorbene begraben sein. In Frankfurt an der Oder liegen über 9.000 von ihnen begraben.[4] Helmuts Bekannter hatte also Glück.

„Das erste Weihnachten in der Gefangenschaft habe ich in besonders schlimmer Erinnerung. Keiner von uns hatte Kontakt mit Zuhause. Ich wusste also nicht einmal, ob meine Eltern den Krieg überlebt hatten. Als der Lagerälteste eine Rede hielt, haben alle geweint. Die erste Postkarte durfte man im September 1946 schreiben. Zwei Monate später erfuhr ich, dass meine Eltern noch lebten." Er schweigt bewegt. Dann sagt er: „Seit Ende November 1945 plagte mich eine eitrige Phlegmone am Hals und ich kam auf die Krankenstation, wo deutsches Ärztepersonal tätig war. Ich musste nicht arbeiten und auch das Essen war etwas besser. Als ich nach einem Vierteljahr langsam wieder zu Kräften gekommen war, wurde ich der Arbeitsgruppe III/4 zugeordnet. Ich musste also nur vier Stunden in der Landwirtschaft arbeiten, vor allem Brennnesseln für die Mittagssuppe sammeln.

Als es mir im Sommer 1946 wieder besser ging, habe ich auf dem Bau unter anderem Mörtel gemischt und zugetragen. Gegen Winterende glitt ich eines Tages kurz vor Feierabend beim Tragen des letzten Kübels aus, rutschte ein eisglattes Holzdach hinunter und stürzte etwa 3 Meter tief auf die harte Schneedecke. Die schmerzhafte Fußverstauchung, die ich dabei erlitt, hatte zur Folge, dass ich ohne Wache einen Kilometer lang ins Lager zurückhumpeln durfte. Fluchtgefahr bestand unter diesen Umständen ja nicht. Anschließend war ich einen Monat lang arbeitsunfähig.

Im Frühjahr 1947 setzte ich Kartoffeln. Auch hier war ein vorgeschriebenes Soll zu erfüllen. Wozu derartige Vorschriften führen konnten, möchte ich Ihnen an einem Beispiel illustrieren. Die Norm verlangte, dass jeder Gefangene pro Tag eine bestimmte Menge Kartoffeln, einzeln oder halbiert, in die Erde legte. Um sein Soll zu erfüllen, schüttete man jedoch, sobald man einen Augenblick unbeobachtet war, immer wieder mal einen halben Eimer in das Setzloch. Im Sommer schoss an diesen Stellen das Kraut aus der Erde. Kartoffeln wuchsen dort aber so gut wie nie. Paradoxerweise führte das Soll also dazu, dass es letztlich weniger statt mehr Kartoffeln zu ernten gab."

Wie gravierend die Folgen der Planwirtschaft sein konnten, belegen zahlreiche Staudämme, Kraftwerke, Häuser und Fabriken, die gleich nach ihrer Fertigstellung wieder abgerissen werden mussten, da sie zwar schnell, aber unsachgemäß gebaut worden waren.[5]

Zaghaften lächelnd erzählt Helmut: „Nach 2-jähriger Haft schloss ich mich dem von einem ehemaligen Chorleiter gegründeten Lagerchor an. Beim Singen konnte ich meine traurige Situation vergessen. Mit unserer Musik haben wir die nächste Weihnachtsfeier bereichert. An anderen Aktivitäten hatte ich kein Interesse. Man musste bei der Wahl seiner Kontakte sehr vorsichtig sein."

Auf meine Frage, was er vom Weltgeschehen außerhalb dieses Sperrgebiets mitbekam, erwidert er: „Das, was in den ostdeutschen Zeitungen stand, die wir ab 1946 in einer Lesestube lesen konnten. So erfuhren wir im Mai 1947, dass man alle deutschen Kriegsgefangenen spätestens Ende 1948 entlassen würde. Das war ein Schock! Schließlich hatten wir auf eine viel frühere Freilassung gehofft! Und nun standen uns noch anderthalb Jahre Gefangenschaft bevor! Von da an haben wir jeden der über 500 Tage bis zum 31. Dezember 1948 gezählt."

Als ob er sein damaliges Entsetzen noch einmal durchlebt, fährt er fort: „Im langen Winter mussten wir im Bergwerk unsere Wattejacke und Filzstiefel ausziehen. Ein Gefangener hatte die Aufgabe, diesen Kleiderberg vor Diebstahl durch russische Grubenarbeiter zu bewachen. Im Januar 1947, an meinem 20. Geburtstag, durfte ich diese leichte Aufgabe übernehmen. Da kam ein russischer Arbeiter vorbei und schenkte mir eine Spalte seiner Mandarine. Das war ein tiefes menschliches Erlebnis für mich." Er schweigt gerührt, ehe er sagt: „Im Frühling 1947 endete meine Arbeit im Bergwerk. Von diesem Frühjahr, am Abend vor Karfreitag, ist mir ein unvergessliches Geschehen in besonderer Erinnerung geblieben. Ich trat bei klarem Wetter aus der Baracke und blickte zum Ostervollmond. Der war aber nur zum Teil zu sehen. Ich erlebte ganz überraschend eine Mondfinsternis!

Um diese Zeit wurde ich in die Arbeitsgruppe III/4 oder III/6 eingestuft, musste also nur vier oder sechs Stunden relativ leichte Arbeit verrichten. Ich half bei der Kartoffelernte, wo man sich an Kartoffeln und Möhren satt essen konnte. Unsere Ration, 3 Liter Kartoffel-Karotten-Brei, also zwei Kochgeschirre voll, bekam ich zusätzlich. Dennoch blieb der Eiweißmangel schlimm. Vielen Häftlingen verfaulten die Zähne, die kurzerhand gezogen wurden. Andere litten unter Schweißdrüsenabszessen. Einmal entfernten die Ärzte bei mir gleich sieben solcher Furunkel. Danach lebte ich in der ständigen Sorge, man könnte mich wegen der Narben unter meinem Arm für einen ehemaligen SS-Mann halten. …" Mit einem zerrissenen Lächeln erzählt er: „Bald war es mit dem Sattessen aber leider wieder vorbei. Meine Gewichtzunahme hatte die Einstufung in einen Acht-Stunden-Arbeitstag zur Folge."

Der andauernde Hungerzustand der Gefangenen – sowie der *Trudarmisten* und der *Gulag*-Häftlinge – wurde bewusst herbeigeführt. Die Hoffnung auf mehr Essen sollte die Lagerinsassen motivieren, die Normen zu erfüllen oder zu übertreffen.[6] Darüber hinaus wirtschafteten sich Wachmannschaften und Lagerchefs häufig in die eigene Tasche.[7] Um ihre Überlebenschancen zu verbessern, waren die Gefangenen nicht selten an der blühenden Korruption beteiligt. Auch Helmut tauschte einmal einen auf der Baustelle gestohlenen Schalter gegen 500 Gramm Brot ein. „Wurde man beim Diebstahl sozialistischen Eigentums erwischt, konnte man für 25 Jahre ins Lager kommen. Ich habe dieses Risiko nur einmal gewagt." Er bezieht sich wohl auf das Dekret *Missachtung des Eigentums des Staates und der Kolchosen* von 1947. In den darauf folgenden sechs Jahren wurden 1,3 Millionen Menschen auf Grundlage dieses Gesetzes verurteilt, drei Viertel von ihnen zu mehr als fünf Jahren Lagerhaft. Besonders häufig waren davon Mütter mit kleinen Kindern betroffen. So gab es 1948 eine halbe Million weiblicher Gefangener im Gulag.[8]

„Im Februar 1948 verließ ein österreichischer Mithäftling während der Arbeitszeit seinen Arbeitsplatz, um bei der Zivilbevölkerung um Brot zu betteln. Während eines überraschenden Zählappells durch unsere mongolischen Wächter fehlte er also." Stockend fährt Helmut fort: „Die Mongolen waren die schlimmsten Bewacher. Sie haben den Österreicher, als er wieder erschien, zuerst weggejagt und dann ‚auf der Flucht erschossen.'" Einerseits mussten Wachsoldaten gut aufpassen, weil sie für die Flucht eines ihrer Chargen bestraft wurden. Andererseits erhielten sie für jeden ‚auf der Flucht Erschossenen' 50 Rubel Prämie oder Sonderurlaub.[9] Um in den Genuss dieser Vorteile zu kommen, kam es vor, dass Fluchtversuche inszeniert wurden.

„Von meinem Jahrgang – wir waren die Jüngsten – hat über die Hälfte die Gefangenschaft in Russland nicht überlebt. Junge Menschen hatten dieser Hölle am wenigsten entgegen zu setzen. Sie gaben am schnellsten auf. Einer der Unzähligen, die allein in Tscheljabinsk umkamen, war mein Mitgefangener Werner Lazarz. Die vielen Krankheits- und Todesfälle führten dazu, dass die Arbeitsgruppen alle paar Wochen neu zusammengewürfelt wurden. Auch das verhinderte das Entstehen von Freundschaften."
Um Bindungen zu verhindern, verlegte die Lagerleitung die Gefangenen bewusst in regelmäßigen Abständen von Lager zu Lager. Das sollte zusätzlich verunsichern und gefügig machen. Auch unter Gulag-Häftlingen versuchte die Lagerverwaltung einer Solidarisierung durch Sprechverbote und gezielte Infiltration von Denunzianten entgegen zu wirken.[10]
„Aus dieser Hölle gab es kein Entkommen. Nur selten wagte jemand einen Fluchtversuch. Ich weiß von keinem, der wirklich geglückt ist. Einmal gelang zwar vier deutschen Offizieren, in einem Waggon, versteckt unter Kohlen, die Flucht bis nach Slatoust, im Mittleren Ural. Als man aber dort die Kohleladung mit Eisenstäben durchstach, wurden sie entdeckt und ins Lager zurückgebracht. Wer überhaupt an Flucht denken wollte, musste perfekt Russisch sprechen. Das sprach in meinem Lager aber so gut wie niemand. Das konnten fast nur die Russlanddeutschen, die wegen ihrer Sprachkenntnisse nicht selten unsere Aufseher waren." Entflohene Gefangene wurden mit besonderer Ausdauer verfolgt, denn für ihr Einfangen lockten Prämien und Sonderurlaub.

„Wie haben Sie das Verhältnis zwischen Russlanddeutschen und deutschen Kriegsgefangenen erlebt?"
„Die Russlanddeutschen standen zwischen allen Fronten. Sie hatten für die Normerfüllung zu sorgen. Unmenschlich oder grausam habe ich sie nie erlebt."

Er schaut mir in die Augen, als ob er mir etwas begreiflich machen will, von dem er aber gleichzeitig weiß, dass es für einen Menschen, der es nicht erlebt hat, nicht nachvollziehbar ist: „Hunger entmenschlicht. Hunger ist schlimmer als Heimweh. Wir haben sogar Gemüseabfälle durchwühlt." Um den sonnigen Tisch ist es still geworden, als er sagt: „Ab Sommer 1948 durften wir unsere Haare wieder wachsen lassen. Als Ende 1948 immer noch niemand entlassen wurde, sank die Stimmung auf einen neuen Tiefpunkt. Da meldete ich mich als freiwillige Küchenhilfe und arbeitete nach meinem Achtstundentag zusätzlich zwei Abende in der Woche hintereinander bis nach Mitternacht in der Küche. An diesen beiden Abenden hatte ich mehr zu essen. Essen!! Ich wollte unbedingt leben! Zumal sich unsere Überlebenschancen nach 1947 spürbar verbessert hatten. Und dann hatte ich Glück! Der Fußballplatz des Lagerpersonals war von einem 20 Zentimeter hohen Draht umgeben. Über den bin ich im Februar 1949 eines Nachts, beim eiligen Rückweg von der Küche zur Baracke gestürzt und erlitt eine Verstauchung des Ellenbogens. Daraufhin entschied die Entlassungskommission meine Rückkehr. So begann am 18. März 1949 bei minus 30 Grad meine Heimreise. In den bekannten Güterwaggons mit Holzpritschen ging es nun endlich nach Westen und schließlich erreichten wir Brest an der Grenze zwischen Polen und der Sowjetunion."
Ob der junge Heimkehrer wusste, dass der Frieden von Brest-Litowsk 1918 für Russland den Verlust nahezu sämtlicher Gebiete bedeutete, die das Zarenreich seit Peter dem Großen erobert hatte? Dass Russland mit der *Ukraine* das reichste Getreideanbaugebiet des ehemaligen Zarenreiches sowie fast alle Ölquellen und 80 Prozent seiner Kohleförderung und Eisenproduktion verloren hatte? Obwohl Lenin diesen Vertrag nach der deutschen Niederlage wenige Monate später annullierte, nutzte Stalin die in Brest begründeten Ressentiments für anti-deutsche Propaganda im II. Weltkrieg.[11] Dass weder Russland noch Deutschland – noch Polen oder Litauen – je nach den Rechten der Ukrainer, um deren Land es sich handelte, fragten, bleibt allzu oft unerwähnt.

„Von Brest muss ich Ihnen etwas erzählen", sagt Helmut. „Dort wurden alle Gefangenen einer erneuten Kontrolle unterzogen. Man suchte nach SS-Männern. Sie können sich vielleicht meine Angst vorstellen! Aber die Armkontrolle ging Gott sei Dank an mir vorüber."

Helmut hatte Grund zur Sorge. Die Sowjets verurteilten Zehntausende Rückkehrer als *Kriegsverbrecher* und entzogen ihnen so den Status eines Kriegsgefangenen. Das Strafmaß lautete generell 25 Jahre Lager. Mit der Entlassung der Deutschen ging 1949 eine neue Welle von Lagereinweisungen sowjetischer Zivilisten einher. Die fehlenden Arbeitskräfte mussten ja irgendwie ersetzt werden. Die Vergehen im inzwischen angebrochenen Zeitalter des Kalten Krieges lauteten meist ‚prowestliche Äußerungen‘ oder ‚Kosmopolitismus.‘ Von den Verhaftungen waren insbesondere Juden betroffen. Seinen Höchststand erreichte das stalinistische Lagersystem mit 2,5 Millionen Gefangenen 1950![12] Erst nach Stalins Tod 1953 nahm diese Zahl deutlich ab. Aber da war Helmut schon lange zuhause. Er erreichte am Morgen des neunten Tages seiner Rückreise, am Sonntag, den 27. März 1949, den Güterbahnhof von Warschau.

„Dort hörte ich das erste Mal seit meiner Gefangennahme – zum ersten Mal in vier Jahren! – Glockenläuten. Das war ein bewegender Augenblick. Als ich bei Frankfurt an der Oder einen Trupp deutscher Frauen bei schwerer Gleisarbeit erblickte, war ich schockiert. Am 1. April erreichten wir endlich die bayerische Grenze bei Hof und durften den ostdeutschen Zug verlassen. Jeder atmete erleichtert auf: ‚Jetzt sind wir endlich raus aus dem sowjetischen Einflussbereich.‘"

Nicht nur in der SBZ war es den Deutschen, besonders den Frauen und Kindern, in den ersten Nachkriegsjahren schlecht ergangen. Der britische Feldmarschall Montgomery hatte 1946 ganz im Geiste einer Kollektivstrafe klar gestellt: ‚Die deutschen Lebensmittelbeschränkungen werden bleiben. Wir werden sie bei 1.000 Kalorien halten … Sie gaben den Insassen von Belsen nur 800.‘ Im Januar 1947 reduzierte die französische Besatzungsmacht die Kalorien auf 450 pro Tag. Später wurde das katastrophale Hungersterben im Nachkriegsdeutschland als Folge einer Weltlebensmittelknappheit dargestellt, ein Geschichtsmythos, der sich bis in die heutigen Tage erhalten hat. Diese Situation änderte sich erst im Juli 1947 mit Beginn des Kalten Krieges.

Von der deutsch-deutschen Grenze schickte Helmut ein Telegramm nach Hause. „Einen Tag später kam ich in Nürnberg an. Das Mehrfamilienhaus, in dem meine Tante lebte, war in den Ruinen der Stadt stehen geblieben. Dort fand ich meine Mutter und meinen Vater wieder!" Stockend fährt er fort: „Bei aller Freude herrschte auch Trauer. Mein Patenonkel war zwei Wochen vor meiner Rückkehr an Krebs gestorben."

Wir sitzen noch eine Weile zusammen und trinken Tee, bevor ich mich zum Abschluss erkundige, wie ihn die Zeit des Krieges und der Gefangenschaft geprägt haben.

„Ich weiß, was Hunger aus Menschen machen kann, und habe gelernt, Lebensmittel zu achten. Ich weiß auch, was Entbehrung heißt und bin dankbar für alles, was mir an Gutem und an Liebe zuteil wird. Das menschliche Miteinander habe ich in den Jahren der Gefangenschaft schmerzlich entbehrt."

„Hegen Sie Groll gegenüber den Russen?"

„Im Gegenteil. Ich bin jedoch ein entschiedener Gegner des Sowjetsystems. Unter diesen Bedingungen kann der Mensch seine positiven Fähigkeiten nicht entfalten."

„Auch das NS-Regime brachte Tod und Verderben über die Menschheit. Wann haben Sie von der Vernichtung der europäischen Juden gehört?"

„Dort, im Lager in Tscheljabinsk", antwortet er. „Dieses Wissen hat mich tief erschüttert."

18. Hubert Wittlif

Ein Wolhyniendeutscher über Massengräber
in Tscheljabinsk

„Ich war noch nie bei ihm zuhause!", entschuldigt sich Natalia, als wir zu dritt auf breiten, fast autoleeren Straßen in *Tscheljabinsk* umherirren. Die junge Russlanddeutsche, die mich mit Herrn Wittlif bekannt machen möchte, und die Deutschdozentin Olga haben ihre Kleidung der plötzlich hereingebrochenen sibirischen Kälte angepasst und zittern trotzdem. Ich hatte mich auf sommerliches Kontinentalklima eingestellt. Auf Schneefall im Juni war ich nicht vorbereitet. Während wir Labyrinthe von älteren und neueren Plattenbau-Siedlungen durchqueren, kreisen meine Gedanken bald nur noch um russische Filzstiefel.

Durchgefroren finden wir den Wohnblock mit den blauen Balkonen schließlich doch. Das Ehepaar Wittlif erwartet uns schon. Nach kurzer Begrüßung ergießen sich die Worte des aufgewühlten, kerzengeraden, alten Herrn wie aus einem berstenden Damm über uns – unsortiert und unsteuerbar: „Seit 1935 habe ich kaum Deutsch gehört!" Schmerz brennt in seinen blauen Augen, als er sich dafür entschuldigt, unser Gespräch nicht auf Deutsch führen zu können. „Der metallurgische Bezirk von Tscheljabinsk wurde zu 99 Prozent von zur Zwangsarbeit verpflichteten deutschen *Trudarmisten* erbaut. In der ganzen Stadt weiß das heute aber so gut wie niemand! Allein deswegen ist es wichtig, dass Sie dieses Buch schreiben!"

Neben zwangsrekrutierten Zivilisten arbeiteten am Bau des Tscheljabinsker Hüttenwerkes auch 25.000 in die Arbeitsarmee abkommandierte russlanddeutsche Soldaten und Offiziere der Roten Armee.[1] Noch schlimmer traf es die nach dem Krieg als Kriegsverbrecher eingestuften ehemaligen russischen Kriegsgefangenen, die in Tscheljabinsk den ersten sowjetischen Atomreaktor bauen mussten, oder die man in der Umgebung der Stadt zur Urangewinnung und zur Förderung radioaktiver Erze zwang.[2]

Nach einer Stunde, ich hatte die Hoffnung auf ein zusammenhängendes Gespräch bereits aufgegeben, legt sich der Sturm in der Seele des alten

Herrn doch allmählich, und sein Wortstrom lässt sich behutsam kanalisieren. Ich erfahre, dass seine Vorfahren während der Zarenzeit nach *Wolhynien* zogen und dass Zar Nikolaj II. sie während des I. Weltkrieges von der umkämpften Grenzregion nach *Weißrussland* deportieren ließ.

So gelangten Hubert Wittlifs Vater und dessen fünf Brüder nach Antonovka und Majdan, in die Gegend von Gomel, unweit der ukrainisch-weißrussischen Grenze, etwa 60 Kilometer nordöstlich des heute berühmt-berüchtigten Tschernobyl.

Unter Stalin erfolgte 1935 die Totalevakuierung aller Deutschen aus einem 100 Kilometer breiten Grenzstreifen aus Wolhynien. 1937 erhielt der *NKWD* den Auftrag, die *Fünfte Kolonne* innerhalb der Sowjetunion zu vernichten. Davon betroffen waren vor allem Deutsche, Juden, Balten und Japaner.[3] Auch die Brüder von Hubert Wittlifs Vater – Wilhelm, Julius, Adolf, Eduard und Samuel – sowie Samuels ältester Sohn wurden verhaftet.

„Aus den Lagern kam fast niemand zurück", presst der alte Herr zwischen seinen Zähnen hervor. „Auch meine fünf Onkel nicht." Die meisten Menschen mit einer abweichenden politischen Auffassung überlebten die ersten zehn Jahre des Sowjetreiches nicht.

Langsam erfahre ich, dass der alte Wolhyniendeutsche 1922, als eines von elf Kindern, in Antonovka geboren wurde. Meine Frage nach dem Schicksal seiner Geschwister beschwört eine typisch russlanddeutsche Antwort herauf. „Meine älteste Schwester Katja und ihr Mann Gustav lebten in der *Ukraine*. Gustav und seine vier Brüder wurden 1937 verhaftet. Sie sind alle umgekommen. Meine Schwester Emma und ihr Mann Emil wurden schon 1933 verhaftet. Nur Emma überlebte die Lagerzeit in Archangelsk."

Huberts Bruder Wilhelm verbrachte elf Lagerjahre in Krasnojarsk und Norilsk. Die jüngere Schwester Mathilde lebt heute an der Wolga. Auch der jüngste, 1928 geborene Bruder überlebte den stalinistischen Terror. Huberts jüngste Schwester Adina starb schon vor Ausbruch des Krieges in Antonovka. Seine Schwester Martha überlebte die Verbannung in Karaganda in *Kasachstan* nicht. Dort waren zwischen 1931 und 1957 etwa 800.000 Gefangene inhaftiert.[4] Mehr als die Hälfte der weiblichen Häftlinge waren Bäuerinnen.[5]

1929, ein paar Jahre bevor der stalinistische Terror die Hand nach seiner Familie ausstreckte, übersiedelte der 7-jährige Hubert mit seiner Familie ins nahe gelegene Majdan, wo sein Vater ein Haus gebaut hatte. Vor dem

Entsetzlichen, das später über ihn hereinbrach, gab es dort eine Zeit, in der die Welt des kleinen Russlanddeutschen noch in Ordnung war. „Fußboden und Wände unseres Hauses waren aus Holz. Von außen wurde Moos in die Ritzen zwischen den Holzbalken gestopft. In den beiden Schlafzimmern standen je drei Betten. In jedem schliefen zwei oder drei Kinder. Der aus Ziegeln gemauerte Ofen in der Mitte des Hauses heizte alle Räume. In der Stube war eine Kochfläche aus Metall eingebaut. Holzbänke umgaben den Esstisch und in den Holzregalen an der Wand bewahrte man das Geschirr auf. Wir hatten keinen elektrischen Strom, sondern benutzten Kerosinlampen. Auch fließendes Wasser gab es nicht, aber jedes Haus hatte einen Brunnen im Garten. Gewaschen hat man sich im hölzernen Waschtrog.

Vater und seine Brüder hatten Kühe und Pferde, bauten Roggen und Weizen an. Vater kaufte und schlachtete Vieh. Mit der Wurst, die er herstellte, verdiente er zusätzlich etwas Geld. Mutter verkaufte selbst gemachte Buletten. Wir lebten gut.

Als wir nach Majdan umgezogen waren, wurde ich eingeschult. Unser Schulgebäude war vorher das Haus eines *Kulaken* gewesen. Vielleicht war auch er erschossen worden. Bis auf eine tschetschenische Familie lebten in unserem Dorf nur Deutsche und unser Unterricht fand auf Deutsch statt. Als ich einmal meine Hausaufgaben vergessen hatte, zog der Lehrer mein Ohr lang und schlug mit dem Lineal drauf. Danach hab ich die Schularbeiten nie mehr vergessen. Im zweiten Schuljahr hatten wir eine mollige, wolgadeutsche Lehrerin. Bei ihr lernte ich zwar eifriger, mit Diktaten hatte ich aber nach wie vor meine Mühe. Nachmittags und während der Ferien hütete ich unsere Schafe und Kühe.“

Plötzlich verdunkeln sich die Züge des alten Herrn wieder. Wie von seinen Erinnerungen gehetzt, brechen die nächsten Worte hervor: „Anfang 1932, ich war noch keine zehn Jahre alt, ließ Stalin uns alles Getreide wegnehmen. Es würde für die Industriearbeiter benötigt, hieß es. Uns blieb nur ein Sack Roggen. Fleisch, Eier, Milch, alles musste an Parteigenossen oder NKWD-Leute abgeliefert werden. Millionen Menschen verhungerten. Und bald mussten alle, die sich weigerten einer *Kolchose* beizutreten, hohe Strafsteuern entrichten.

Keine Familie in unserem Dorf befürwortete die Kollektivierung. Viele versuchten noch schnell, aber leider vergeblich, ihren Besitz zu veräußern. Auch uns gelang es nicht, unser Haus und die sieben Hektar Land zu verkaufen. Aus Mangel an einer Alternative trat Vater schließlich der

Kolchose bei, was einer Enteignung gleichkam. Nur ein Pferd und eine Kuh durften wir behalten. Die deutschen Dörfer Antonovka und Majdan wurden dann mit dem russischen Dorf Dschornowitschi vereinigt. Profitiert haben davon vor allem die armen, oft viel trinkenden Russen, die wohlhabenden wurden ja auch enteignet.“ Tatsächlich gehörte Alkoholismus, laut einem Polizeibericht von 1925, ‚in der Justiz und im Verwaltungs- und Polizeiapparat … zur Tagesordnung‘.[6]

„Russische Buchhalter trugen den Russen, auch wenn sie nicht gearbeitet hatten, häufig einen Strich ins Arbeitsbuch ein. Wir Deutschen erhielten dagegen auch für getane Arbeit oft keinen. Die Alkoholiker unterstützten sich gegenseitig. Sie sangen, tranken, spielten Balalaika und wurden im Herbst trotzdem bezahlt. Ich will aber keineswegs behaupten, dass es nicht auch korrupte Deutsche gab. Die gab es auch.“

Über ungebildete, korrupte und despotische Parteimitglieder klagte sogar die zentrale Kontrollkommission.[7] Die von der Partei eingesetzten Kolchoseleiter und Dorfräte herrschten – ähnlich wie die von der NSDAP eingesetzten Ortsgruppenleiter in Deutschland – fast uneingeschränkt. Voraussetzung für ihre Machtfülle war nicht fachliche Kompetenz, sondern ein guter Draht zur Partei.[8]

Noch mächtiger waren in der UdSSR die stellvertretenden Leiter der Maschinen-Traktor-Stationen (MTS). Diese 1933 eingeführten Ämter waren meist von Spitzeln der Geheimpolizei besetzt.[9] Diese landwirtschaftlichen Geräte wurden nicht kostenlos, sondern gegen eine hohe Getreidepauschale an die Kolchosen vermietet – eine weitere Variante bolschewistischer Erntebeschaffung.[10] In Huberts Leben nahmen Hunger und Elend unterdessen verheerende Ausmaße an.

„Die Menschen lasen halbverfaulte Kartoffeln auf. Mutter sammelte Kräuter und kochte daraus eine Suppe. Aus Eicheln wurden *Lepjoschki*, kleine Fladen, gebacken. Nach und nach verließen fast alle Deutschen die Gegend. Im Frühjahr 1932 machten wir uns, zusammen mit einigen anderen Familien, auf den Weg nach Verchni-Rogatschik. Dort, in der Ukraine, bezogen wir ein Haus mit einem festgestampften Lehmfußboden. Die Hauswände bestanden aus Lehm und Pferdemist.“

Meine Frage nach den vorherigen Besitzern beantwortet er mit einer Mischung aus Zynismus, Schmerz und Hilflosigkeit: „Die waren wahrscheinlich verhungert oder erschossen worden. Vater hielt uns mit Tischlerarbeiten über Wasser. Der Sommer war heiß. Da Mutter das trockene

Klima nicht bekam, kehrte sie im Herbst mit ein paar von uns Kindern nach Majdan zurück. Ich blieb bei Vater und half ihm, LKW zu reparieren."

„Was machte ein Tischler als Autoreparateur?"

„Viele Autoteile waren damals ja noch aus Holz. In Vaters Werkstatt gab es einen Kohleofen. Ich schleppte die Kohlen heran und sammelte Zigarettenkippen, aus denen sich Vater Zigaretten drehte. Unsere Wäsche wuschen wir im Kohleeimer und hängten sie zum Trocknen über den Ofen. Auch trockene Wäsche wurde über den warmen Ofen gelegt, um die lästigen Flöhe zu töten. Einmal ist unsere Wäsche aber verkohlt, weil die glühenden Kohlen im Ofen weiter brannten.

Im darauf folgenden Sommer zog ich mit meinem Vater in das Dorf Kachowka. Dort zimmerte er die Sommerbühne fürs Theater und wir schliefen im Freien. Nach einem Winter Garagenleben oder in einem Wohnheim-Bett, das ich mit meinem Vater teilte, fand ich das herrlich! Zu meinen neuen Aufgaben gehörte es, Brot zu kaufen. An endloses Schlangestehen war ich gewöhnt, aber ich werde nie vergessen, dass die etwa Hundert Wartenden einmal so eng aneinander gepresst standen, dass ich meine Füße in der Luft baumeln lassen konnte.

Im Frühjahr 1933 kehrte ich nach Majdan zurück, wo Mutter und meine Geschwister inzwischen in der Kolchose arbeiteten. Dort waren die Überlebenschancen letztlich doch am besten. Ich ging wieder zur Schule und im gleichen Jahr wurden, wie bereits erwähnt, meine Schwester Emma und ihr Mann verhaftet. Er wurde gefoltert und erschossen."

„Warum?"

Um einen gleichmäßigen Ton bemüht, erwidert er: „Emil war Pfarrer. Das genügte. Genauere Details, wie z. B. der Ort seiner Erschießung und seines Grabes, sind bis heute unbekannt."

Damals wurden in einem Dorf nach dem anderen die Kirchen geschlossen, das Kreuz vom Turm geschlagen, die Glocken entfernt und die Priester verhaftet. Die Bolschewiki, wie später die Nationalsozialisten, duldeten keine andere Weltanschauung als die ihre. Schon 1918 hatten sie den Geistlichen die Bezeichnung *Kultdiener* verliehen und ihnen das Wahlrecht entzogen. Staatsbürgerlich entrechtet, hatten sie weder Anspruch auf Lebensmittelversorgung noch Wohnraum. 1922/23 hatte man bereits über 8.000 Geistliche getötet. Wie viele in Lagern verschwanden, ist unbekannt.[11] ‚Je mehr Vertreter des ... Priesterstandes und der Bourgeoisie an die Wand gestellt werden, umso besser', erklärte Lenin.[12] Die

Menschen – vor allem die ethnischen Minderheiten – wurden durch den Verlust ihrer religiösen Traditionen eines wichtigen Teils ihrer kulturellen Identität beraubt. Trotzki spielte bei der Verfolgung der Religionsführer eine herausragende Rolle. Er ließ den Kirchenbesitz unter dem Vorwand konfiszieren, damit die Hungersnot zu lindern. Mit dem eingeschmolzenen Gold- und Silberschatz finanzierte er jedoch die Gründung kommunistischer Parteien auf der ganzen Welt.[13] Die Aufstände der verhungernden Bevölkerung wurden stattdessen im Maschinengewehrfeuer erstickt. 1936 gab es an der Wolga keinen katholischen Priester mehr. 1938 wurde jede – auch private – religiöse Handlung verboten. Ende der 1930er-Jahre hatten die Bolschewiki etwa 80 Prozent aller Dorfkirchen geschlossen.[14] Man hatte sie in Tanzpaläste, Badeanstalten, Fabriken und Werkstätten umgewandelt. Erst zu Beginn des Krieges, als Stalin die Unterstützung der Kirchenführer für die Armee benötigte, endete ihre Verfolgung.[15] Da waren nur noch knapp 500, also etwa ein Prozent der Kirchen, geöffnet.[16] Zu den etwa 80.000 Geistlichen, die bis dahin ums Leben gekommen waren, zählte auch Huberts Onkel.[17]

„Nach dem Verschwinden von Emma und Emil zogen wir in ihr Haus in Antonovka. Es war viel geräumiger und hübscher als unseres. In der schönen, zweistöckigen Schule in Berjosovka, in meinen Augen ein Hochhaus, absolvierte ich meine letzten drei Schuljahre. Ich nahm an schulischen Arbeitsgemeinschaften teil, lernte etwas über Fotografie und Geographie, sang im Chor, spielte Mandoline und Balalaika und lernte malen."
„Herr Wittliff und sein Sohn sind bekannte Maler. Sie hatten schon einige Ausstellungen in Weißrussland und Tscheljabinsk", ergänzt Natalia die bescheidenen Worte des alten Herrn.
„Nachdem man 1936 weitere Familienmitglieder abgeholt hatte, dachten wir, dieser Terror wäre nun endlich vorbei. Verlässliche Informationen über die Hintergründe dieser Verhaftungswellen gab es nicht, nur die staatliche Propaganda. Keiner wagte über das Verschwinden der Menschen zu sprechen." Aufgrund dieser Gewaltherrschaft wurde Hitler von etlichen Russlanddeutschen wie von zahlreichen Ukrainern und Weißrussen als Retter angesehen.[18]
„1938, als man die deutschen Schulen erneut verbot und wieder deutsche Lehrer verhaftete und in Lager steckte, endete meine Schulzeit. Im Laufe

meiner sieben Schuljahre hatte ich Deutsch, Russisch und Weißrussisch gelernt. Nun wurde unsere Schule abgebaut und in einem anderen Dorf als Parteizentrale wieder errichtet. Als ich diesen Ort 1990, vier Jahre nach dem Reaktorunfall in Tschernobyl, besuchte, stand dieses Gebäude noch. Mittlerweile ist aber das ganze Dorf überflutet, weil man meint, so ließe sich die Radioaktivität in dieser Gegend verringern. Heute ist das ganze Gebiet im Umkreis von 30 Kilometern um Tschernobyl menschenleer."

Wenigstens hatte Hubert mit seiner Schulbildung Glück. Denn zwischen 1941 und 1956 durfte kaum ein russlanddeutsches Kind die Schule besuchen. Im Laufe der Jahre hatte das eine hohe Zahl an Analphabeten oder Halbalphabeten zur Folge. Besonders betroffen davon waren die Jahrgänge 1930 bis 1945.[19]

„Was geschah weiter im Säuberungsjahr 1938?"

„Nach einem Besuch zuhause nahm mich mein Bruder Wilhelm mit nach Gurjew in Westkasachstan, das heutige Atyrau, wo er als Lehrer arbeitete. Ich nahm ein Fernstudium in Fremdsprachen auf und als mein Bruder vor Kriegsbeginn zum Militär eingezogen wurde, arbeitete ich bereits als Lehrer an der Arbeiterfakultät. Aufgrund der Propaganda, die kurz nach Kriegsbeginn einsetzte, wünschte ich mir inständig den Sieg der Roten Armee. Ich erinnere mich an Propagandafilme, in denen deutsche Soldaten schwangere, nackte Russinnen und Ukrainerinnen im Schnee erschossen. Nach Stalins Tod wurde der Regisseur dieser Filme einmal von einem Journalisten gefragt, ob er Szenen, wie die in seinem Film, tatsächlich jemals gesehen habe. ‚Nein', erwiderte er, ‚aber was sollte ich tun?'"

Der sowjetische Film spielte, wie der nationalsozialistische, in der Propaganda eine herausragende Rolle. In beiden Ländern beschwor er die Volksgemeinschaft, patriotischen Kampfgeist und die Hoffnung auf die Zerschlagung des Feindes – des jüdisch-bolschewistischen auf der einen und des kapitalistisch-faschistischen auf der anderen Seite.[20] Auch zahlreiche Schriftsteller ließen sich hier wie dort gern und gut dotiert vor den Propagandakarren spannen. Während sie in Deutschland das Bild russischer Barbaren und rückständiger Untermenschen zeichneten, riefen sie in Russland dazu auf, die deutschen ‚fischäugigen Idioten' und ‚grauäugigen Schnecken' zu töten und in der Erde zu verscharren.[21] Auf beiden Seiten hatte derartige Propaganda gleich nach dem I. Weltkrieg damit begonnen und wurde lediglich während der Hitler-Stalin-Pakt-Jahre zurückgefahren.

Verbittert fährt Hubert fort: „Damals schämte ich mich, Deutscher zu sein. Kurz nach Kriegsbeginn wurden alle deutschen Soldaten aus der Armee entlassen, auch mein Bruder. Im gleichen Jahr löste man die Schule in Gurjew auf und ich begann in einer kasachischen Schule zu unterrichten. Es dauerte nicht lange, da forderte der NKWD von meinem Schulleiter eine Begründung, oder eher eine Legitimation, für meine Deportation. Selbst Stalin versuchte offenbar hin und wieder, Unrecht mit einem Mäntelchen von Scheinlegitimität zu umgeben. Mein Vorgesetzter, ein anständiger Mann, hatte Mitleid mit mir, weil ich noch so jung war und fragte: ‚Was soll ich in dein Arbeitsbuch schreiben?‘ Wir einigten uns auf: ‚Dieser Mann wird evakuiert, weil sich die Frontlinie nähert.‘ Und das in Kasachstan!"

Hubert Wittlif landete per LKW in einem 30 Kilometer entfernten Ort. „Da man dort keinen Lehrer brauchte, schickte mich der dortige Rechtsanwalt nach Baksay. Ich wusste aber nicht, wie ich dorthin kommen sollte. Alle *Kasachen*, die ich um Mitnahme bat, verlangten als Gegenleistung Tee. Tee hatte ich aber nicht. Es gab auch keinen zu kaufen. Auch der Kamelwagenlenker, der mich schließlich doch mitnahm, forderte als Bezahlung Tee. ‚Den bekommst du in Baksay‘, versprach ich. Wir waren lange unterwegs. Es war bitter kalt. Als wir unser Ziel endlich erreichten, waren meine Hände und Füße rot gefroren. Erst jetzt gestand ich dem Kamelwagenbesitzer, dass ich keinen Tee hatte. Er ließ mich zum Glück laufen. Mein Geld lehnte er ab. Da es in den Läden nichts zu kaufen gab, war Geld sinnlos.

In Baksay wurde ich bei einer russischen Familie einquartiert. Als die Hausfrau meine rot geschwollenen Hände und Füße erblickte, goss sie Kerosin in eine Schüssel und ließ mich meine Hände und Füße darin baden. Diese Kerosinbäder musste ich einige Tage lang wiederholen. Von Dezember 1941 bis April 1942 konnte ich nur Socken und Galoschen tragen, aber ohne diese Russin hätte ich meine Hände und Füße verloren. Es gab aber auch andere Russen. Eines Tages wollte ich in einem Laden Brot kaufen. Der Verkäufer, einer meiner ehemaligen Schüler, erklärte aber überheblich: ‚An Deutsche verkaufe ich kein Brot.‘

Während meine Erfrierungen langsam heilten, arbeitete ich als Lehrer. Eines Tages hieß es, ich käme an die Front und solle eine Tasse, einen Löffel und Wäsche mitbringen. Stattdessen wurden jedoch alle Deutschen in Viehwaggons nach Tscheljabinsk geschafft. Vom Bahnhof ging es per LKW weiter bis an den Fluss Miass. Außer einem Getreidespeicher gab es dort nichts: keine Brotfabrik, kein Eisenhüttenwerk, nichts. Ein Wächter mit Hund führte uns zum Lager Nummer 1, in dem vor uns Kriminelle untergebracht waren. Da es noch keine Baracken gab, wohnten wir zunächst in den vorhandenen Erdhütten."

Eine Brücke zur Gegenwart schlagend, erklärt er bitter: „Auf dem Gelände, um dieses Lager herum, liegen heute noch die Knochen von etwa 27.000 Trudarmisten. Ein Denkmal gibt es dort bis heute nicht! Die Toten wurden nackt, mit nichts als einem um den Fuß gebundenen Zettel, auf dem ihre Nummer notiert war, dort hingeworfen. Seit kurzem gibt es wenigstens vor unserer deutschen Kirche ein Denkmal, das an diese Toten erinnert. Über das alltägliche Massensterben hinaus wurden 1942 allein in meinem Lager 400 Trudarmisten erschossen."
„Würden Sie mir Ihr tägliches Leben in diesem Lager schildern?"
Mit dunkler Miene schildert er: „Wer den Plan erfüllte, erhielt täglich 500 Gramm Brot, unsere Hauptnahrung. Wer dazu nicht in der Lage war, erhielt nur 400 Gramm. Bis Juni 1942 mussten wir offiziell zehn Stunden am Tag arbeiten, danach elf. In Wirklichkeit schufteten wir etwa 280.000 Trudarmisten in Tscheljabinsk aber meistens 14 Stunden täglich, ohne mehr Brot dafür zu bekommen. Ab 1943 gab es praktisch nur noch Brot zu essen.
Bei Ankunft oder Verlassen des Lagers registrierte ein NKWD-Mann jeden Gefangenen. War ein Trudarmist zu schwach zum Arbeiten, wurde er zum OPP verlegt. Am besten übersetzt man diesen Ort mit ‚Abteilung für die Vorbereitung der Leichen'. Ärzte gab es dort keine. Dahin kam man nur zum Sterben." In solchen Krankenstationen gehörte die Manipulation der Totenscheine zur gängigen Praxis. So sollten die wahren Ursachen des Massensterbens – katastrophale Hygiene, chronische Unterernährung und Sklavenarbeit – verschleiert werden.[22]
„Früh morgens, wenn die meisten Gefangenen noch schliefen, wurden die Leichen auf einen Pferdewagen geworfen. Passierte er das Lagertor, schlug ein NKWD-Mann jedem Toten mit einem Vorschlaghammer den Schädel ein, ehe er die Totenliste unterschrieb. Dann … „ Am ganzen Körper zitternd, haucht er: „Die folgenden Details habe ich von dem Kutscher eines Leichenwagens erfahren und von einem zweiten bestätigt bekommen. Einmal habe ich einen solchen Leichenkarren jedoch selber gesehen. Da der Fahrer offenbar nicht genau wusste, wo er die Toten abla-

den sollte, kletterte sein Begleiter auf einen Hügel, um Ausschau zu halten. Bei der Deponie für Schlacke, die bei der Eisen- und Stahlerzeugung entstand, wurden die Leichen an Händen und Füßen gepackt und auf den Abfallplatz geworfen." Minutenlang herrscht Totenstille.

Hubert Wittlif wusste vermutlich nicht, dass man den Toten vor ihrer Entsorgung die Goldzähne herausbrach. Wurden ihre Schädel nicht zertrümmert, trieb man ihnen ein Metallsporn in die Brust.[23] Menschenvernichtung gab es vor und nach Hitler, Stalin und Mao. Sie und ihre Helfershelfer betrieben sie allerdings in einem bis dahin ungekannten Ausmaß. So erklärte der jüdische Chef der Wirtschaftsstelle im Kreml, Naftali Frenkel, schon 1929, dass der Lagerinsasse gezwungen werden muss, in den ersten drei Monaten bis zur völligen Erschöpfung – oder bis zum Tod – zu arbeiten. Danach ist er wertlos und nur Ernährungsballast. Und das zu einem Zeitpunkt, als in den bolschewistischen Lagern schon 3 Millionen Menschen umgekommen waren![24] Am sibirischen Fluss Kolyma, im 1931 vom NKWD gegründeten Goldabbau-Unternehmen Dalstroi, dem tödlichsten aller Lagerkomplexe, starb jeder zweite Häftling – insgesamt 700.000 bis 3 Millionen Gefangene.[25]

Als sich der alte Herr wieder etwas beruhigt hat, fährt er fort. „Wir schliefen in Erdhütten auf Holzbrettern, auf denen außer einem leeren Sack nichts lag. Noch heute leide ich als Folge dieser jahrelangen, harten Unterlage unter Rückenschmerzen. Einmal gestattete mir einer der Meister, meinen Sack mit Sägespänen zu füllen. Als ich mit dem gefüllten Sack ins Lager zurückkehrte, brüllte mich ein NKWD-Mann an: ,Komm mit, du faschistisches Maul!' In seinem Büro bellte er: ,Zeig her, was du gestohlen hast' Ich erklärte ihm, dass der Meister mir die Erlaubnis erteilt hatte ..." Seine Frau hatte für einen Augenblick das Wohnzimmer verlassen. Nun kehrt sie mit einer kleinen, weißen Schüssel zurück und stellt sie auf den Tisch.

„Dieses Schüsselchen war auch in dem Sack", erzählt Hubert. „ ,Du Missgeburt! Du Schwein!', donnerte der NKWD-Mann los. ,Du gehst in die Steingrube und stirbst wie die anderen Faschisten!' Als ich schwieg, drückte er auf einen Knopf. Zu dem Soldat, der blitzschnell erschien, sagte er: ,Siehst du, er hat in der Küche eine Schüssel gestohlen!' Der Soldat schaute sie sich an und erwiderte: ,In unserer Küche haben wir keine solchen Schüsseln.' Da wurde der NKWD-Mann erst recht wütend. ,Ich habe nicht Verbotenes getan', wagte ich schließlich zu sagen. ‚Aber du führst Böses im Schilde?!', konterte er heimtückisch feixend. Ich beschloss, zu schweigen und die Beschimpfungen, die auf mich herabprasselten, zu ertragen. Schließlich jagte mich mein Peiniger weg wie einen Hund. Ich achtete von da an sehr darauf, ihm aus dem Weg zu gehen. Der russische Soldat hatte mich jedoch vor der Arbeit in der Steingrube und meinem sicheren Tod bewahrt."

Dass manche NKWD-Mitarbeiter versuchten, sich mit dem Aufspüren von *Feinden* unentbehrlich zu machen, um einer Abkommandierung an die Front zu entgehen, wusste Hubert Wittlif damals wohl nicht.[26] Erregt legt er ein Foto vor uns hin: „Die Steingrube, in die ich um ein Haar gekommen wäre! Unzählige kamen dort um. Auch da gibt es keine Gedenktafel."

Er starrt minutenlang wortlos vor sich hin, ehe er flüstert: „Vor einiger Zeit besuchte ein Journalist einer Tscheljabinsker Zeitung mit mir die Leidensorte der ehemaligen Trudarmisten rund um Tscheljabinsk, die Gebäude, die sie errichtet haben und die Orte ihrer Massengräber. Unterwegs fragten wir Passanten, was sie über die Trudarmisten und ihr Schicksal in Tscheljabinsk wussten." Verbittert stößt der alte Herr hervor: „Keiner wusste auch nur irgendetwas! Nicht nur unzählige Menschen wurden damals ausgelöscht, sondern auch die Erinnerung an ihr Schicksal! Bis heute! Als wäre das alles nie passiert!! Als mich der Journalist um ein Familienbild bat, konnte ich ihm keines geben. Alle unsere Familienphotos gingen durch Deportation und Lagerjahre verloren. In der russischen und deutschen Geschichtsschreibung entsteht der Eindruck, all das sei nie geschehen!"

Da die Gräberfelder weder gekennzeichnet, noch die Verwandten von der Grablage ihrer Angehörigen benachrichtigt wurden, sind die Orte der Massengräber heute meist vergessen. Gedenkstätten und Museen sucht man im ganzen Land vergeblich. Das noch vorhandene Wissen von Zeitzeugen interessiert vielleicht den einen oder anderen Journalisten, die Geschichtsforschung jedoch offenbar kaum.

„Was geschah, nachdem Sie der NKWD-Mann weggejagt hatte?"
„Zur Abschreckung wurde beinahe jeden Morgen mit variierender Zahlenangabe verkündet: ‚Heute wurden 20 Spione erschossen!' Da dies aber täglich zu hören war, hatte es seine schreckliche Wirkung irgendwann verloren. Man war einfach zu abgestumpft, um Angst zu haben. Zudem

dachten viele, es sei besser, tot zu sein, als weiter in dem Lager zu vegetieren. Wir waren bis auf die Knochen abgemagert. In den Reifengummi-Schuhen hatte man im Winter ständig eiskalte Füße und die erdrückende Sommerhitze war fast genauso unerträglich. Bis September 1946 musste ich die harten Böden ausheben, auf denen neue Gebäude errichtet wurden. Anschließend arbeitete ich bis 1947 beim Aufbau des Autowerkes in Miass mit. Dann wurde ich dort in der Abteilung beschäftigt, die Anlagen herstellte, mit denen sich die Temperatur in Hochöfen messen ließ." Mit matter Verwunderung ergänzt er: „Ich war in all diesen Jahren nur einmal krank. Vielleicht weil mein Leben auch vorher schon hart war …"

„Wie erging es Ihrer Familie?"

Seine düstere Miene verdunkelt sich noch mehr: „Mein Bruder Wilhelm wurde erst nach Stalins Tod aus dem Lager bei Norilsk entlassen. Er blieb vor Ort und starb ein paar Jahre später an den Folgen seiner Internierung."

Das nördlich des Polarkreises gelegene Norilsk, das auf dem wohl größten Nickelvorkommen der Welt lag, gilt als das schlimmste aller *Gulag*-Lager.[27] In Erwartung eines Krieges beschlossen die Bolschewiki 1935, dort die Bodenschätze zu erschließen und einen Industriestandort zu schaffen.[28] Während die Gefangenen scharenweise umkamen, hatten die Lagerchefs ‚Fleisch, Butter, Sekt und Krabben in Hülle und Fülle.' Die Hausmädchen, die sie sich hielten, holten sie aus dem Lager.[29] In den ersten beiden Jahrzehnten ihrer Existenz wurden die Stadt und das Nickelkombinat fast ausschließlich von Gefangenen errichtet und betrieben. Die Zahl der Zwangsarbeiter stieg bis 1944 auf 100.000.[30] Bis 1952 verdreifachte sie sich auf etwa 300.000.[31]

Lebenslanger Schmerz ballt sich in Hubert Wittlifs Worten zusammen: „Fast alle Männer meiner Familie wurden vernichtet." Kaum hörbar ergänzt er: „Etwa zehn Jahre nach seiner Entlassung besuchte ich meinen Bruder einmal in Norilsk. Es war das einzige Mal, das ich ihn je wieder gesehen habe. Die Baracken, in denen er gelitten hat, schaute ich mir Jahre später einmal an – ohne ihn …" Er verstummt.

„Und der Rest Ihrer Familie?", frage ich ihn nach einer Weile.

„Meine Eltern und Geschwister wurden im kalten Herbst 1941 in offenen Güterwaggons deportiert. Während der Zug einmal für längere Zeit anhielt, stieg Vater aus, um einen Platz in einem der geschlossenen Wagen organisieren. Er stand mit dem Sack voller Fleisch am Bahnsteig, da fuhr der Zug zum Entsetzen aller ohne ihn weiter. Meine Mutter und meine

Geschwister landeten ohne ihn und ohne Lebensmittel in Orsk im Ural. Vater wusste nicht, wo er sie suchen sollte, aber er fand wenigstens mich in Gurjew. Bevor ich zur *Trudarmee* eingezogen wurde, lebten wir eine Zeit lang zusammen. Dann schickte man ihn irgendwo anders hin, weil er für die Trudarmee zu alt war. Er fand Mutter erst drei Jahre später wieder. Das bisschen Geld, das er in der Zwischenzeit verdient hatte, wurde ihm unterwegs gestohlen. Er starb kurz nach seiner Ankunft in Orsk."

„Und Ihre Mutter?"

„Die habe ich 1947 in Orsk wiedergesehen. Ein russischer Musiker, mit dem ich in Gurjew ein Zimmer geteilt hatte, schickte mir einen Brief meiner Mutter nach."

Die Anspannung meines Gastgebers hatte sich im Laufe des Erzählens ganz langsam gelegt und war spürbarer Erschöpfung gewichen. Als ich mich erkundige, wo seine Heimat ist, antwortet er: „In Antonovka – und in Tscheljabinsk." Dann erzählt er noch, dass die Deutschen in Russland zwar 1964 von den pauschal gegen sie erhobenen Vorwürfen freigesprochen wurden, eine Wiedergutmachung erhielten sie aber ebenso wenig wie die Erlaubnis, in ihre Heimat zurückzukehren.

Erfolglose Vorstöße der Russlanddeutschen, ihre Rückkehr zu erwirken, oder wenigstens ein geschlossenes Siedlungsgebiet zu erhalten, gab es viele: 1966, 1972, 1979 und 1980 eine Demonstration auf dem Roten Platz. 1988 wurde die Lutherische Kirche anerkannt.[32] 1989 verabschiedete der Oberste Sowjet eine Deklaration, welche die Deportationen als gesetzwidrig und verbrecherisch bezeichnete.[33] Am Leben der Entrechteten änderte das nichts. Stattdessen setzte eine enorme Ausreisewelle nach Deutschland ein, obwohl es Anfang der 1990er-Jahre zur Gründung einiger deutscher Kreise in Westsibirien kam und – gegen den Widerstand der heute dort lebenden russischen Bevölkerung – auch im Gebiet von *Saratow* und Wolgograd (*Stalingrad*).

„Sind Sie heute Deutscher oder Russe?", frage ich Hubert Wittlif zum Abschied.

„Deutscher natürlich! Meine Frau und ich wollten nach Deutschland auswandern. Unsere Möbel und Bücher hatten wir bereits verkauft, aber dann wurden wir beide krank. Mein jüngerer Bruder ist nach Deutschland übersiedelt. Er starb kurz nach seiner Ankunft dort."

Laut einer offiziellen Volkszählung lebten 1989 etwa 2 Millionen Russlanddeutsche unter 16 Jahren in den GUS-Staaten. Inoffizielle Schätzungen gehen von etwa 4 Millionen aus.[34] Von ihnen wanderten zwischen 1990 und 1997 etwa 1,5 Millionen nach Deutschland aus.[35] 2005 lebten etwa 2 Millionen Deutsche aus Russland und ihre Verwandten in Deutschland.[36]

„Heute bin ich 80 Jahre alt. Zwei meiner Söhne leben hier und sprechen kein Deutsch." Stolz fügt der alte Wolhyniendeutsche hinzu: „Unser Ältester ist Rechtsanwalt, der Jüngere Kunstmaler. Beide haben eine gute Arbeit und einen guten Ruf. Und wir beide", er schaut seine Frau zärtlich an, „erwarten nun hier gemeinsam unseren Tod."

19. Natalia

Estland, Kirgisien, Ural – Der Weg einer Komsomolzin

Es ist März 2008. Das Thermometer zeigt minus 20 Grad! Nuria und ich eilen tief vermummt zur Straßenbahnhaltestelle, vorbei an ein paar Männern und Frauen, die mit einem Flachbeil das dicke Eis vor Geschäftseingängen wegschlagen. Vor allem Banken scheinen sich diesen Service zu leisten. Salz oder Split werden weder auf Gehwegen noch auf Straßen gestreut, auch Räumfahrzeuge sind mir nirgends begegnet. Und die Straßenbahn wartet mit neuen Überraschungen auf mich! Frost und Reif machen die Fensterscheiben vollkommen undurchsichtig! Allein wäre die Orientierung im winterlichen *Tscheljabinsk* eine beträchtliche Herausforderung.

Wir finden Natalia, eine einstige Lehrerin, in einem relativ neuen, zehnstöckigen Wohnblock. Nach der freundlichen Begrüßung lassen wir uns in ihrer hellen Wohnung am Küchentisch nieder. Mit ihrem schmalen Gesicht, ihren hellblauen Augen und dem glatten, zu einem Dutt zurückgekämmten, grauen Haar erinnert sie mich an meine schlesische Großmutter!

Natalia wurde am Weihnachtstag 1924 in Tallinn, der Hauptstadt *Estlands* geboren, die bis 1918 Reval hieß. Nach dem estnischen Freiheitskrieg von 1918 bis 1920 und gegen Ende des *Russischen Bürgerkriegs* hatte sich Natalias Mutter mit ihren beiden Kindern, dem 5-jährigen Mark und der 1-jährigen Irina, auf den Weg von St. Petersburg zu ihrem Mann nach Tallinn gemacht. Da er als zaristischer Armeeangehöriger viel auf Reisen war, trug sich die einsame Frau mit dem Gedanken, sich von ihm zu trennen. Unterwegs, in Tartu (Dorpat), Estlands zweitgrößter Stadt, suchte sie vor Straßenräubern Zuflucht auf dem Friedhof. Als sie mit ihren Kindern verloren auf einer Bank ausruhte, stand plötzlich ein Regimentskamerad ihres Mannes vor ihr – und verliebte sich Hals über Kopf in die verängstigte junge Frau.

Kurz nachdem sie ihren Mann wohlbehalten erreicht hatte, brach dieser wieder auf und ließ seine Familie erneut allein zurück. Als Natalias Mutter ihn wenig später um die Scheidung bat, willigte er ohne weiteres ein. So war sie 1921 frei, den Regimentskameraden ihres Mannes zu heiraten, einen gelernten Radioingenieur – Natalias Vater. Dieser war am Aufbau der Radiostationen in Estland beteiligt und führte Lehrgänge für die estländische Marine durch.

Auf meine Frage, wie ein Russe dazu kam, in Estland solche Aufgaben zu übernehmen, erklärt sie: „Nachdem Estland und Russland 1920 einen Freundschaftspakt unterzeichnet hatten, zogen viele Russen in die baltischen Länder, vor allem diejenigen, die keine Kommunisten waren." Ehe es jedoch zu diesem Pakt kam, hatten die Sowjets 1917 das estnische Parlament aufgelöst und die Wahl, die ihnen eine Niederlage beschert hatte, annulliert. Nach kurzer deutscher Besatzung fiel im November 1917 die Rote Armee in Estland ein, das sich seine Freiheit gegen das sowjetische Russland erkämpfen musste. Erst nach ihrer militärischen Niederlage erkannten die Bolschewiki die Unabhängigkeit Estlands an. Bevor sich die Sowjets jedoch zurückzogen, verübten sie Massaker an über 3.000 Menschen.[1]

„Die politischen Gräben zogen sich auch mitten durch meine Familie", erzählt die ehemalige Lehrerin. „Als Angehörige der Intelligenz waren die Eltern meiner Mutter im Sowjetreich besonders gefährdet, während ihr Sohn, Mutters Bruder, mein Onkel Nikolaj Nikolajevitsch Krestinsky, ein leidenschaftlicher Anhänger Lenins war. Er war sogar eine Zeit lang Botschafter in Deutschland. Ich erinnere mich, dass er uns auf seinem Weg nach Berlin einmal besuchte. Es ist meine einzige Erinnerung an ihn." Diesen Vertrauten Lenins – von 1921 bis 1923 Volkskommissar für Finanzen – ließ Stalin im Rahmen der Moskauer Prozesse 1938 zum Tode verurteilen.

Als Legitimation für die Tötung hochrangiger Parteimitglieder schreckte der *NKWD* in jenen Jahren nicht vor Zugentgleisungen, Explosionen und Vergiftungen zurück, die eine große Anzahl von Toten und Verletzten forderten. Diese Verbrechen wurden den Hinrichtungskandidaten angelastet. Um die Emotionen im Gerichtssaal aufzupeitschen, ging der staatliche Ankläger Wyschinski sogar so weit, Überlebende im Gerichtssaal zu präsentieren und die Szenen ihrer Verstümmelungen bis ins Detail nachzuzeichnen.[2]

Auch um den nicht Geständigen mit der Gefangennahme ihrer Kinder drohen zu können, hatte man die Strafmündigkeit 1935 auf zwölf Jahre gesenkt. Mit der zusätzlichen Möglichkeit der Inhaftierung von Verwandten wurde im Grunde ein System der Geiselhaft eingeführt. Manche nicht geständigen *Staatsfeinde* wurden sogar gezwungen, die Vergewaltigung ihrer Töchter mit anzusehen.[3] Die Angeklagten hatten im Grunde keine andere Wahl, als sich – häufig unter Folter – dieser vom NKWD inszenierten Verbrechen für schuldig zu erklären. Dieses Schicksal traf offenbar auch Natalias Onkel.

Natalia wuchs mit ihren beiden älteren Halbgeschwistern, ihrem 1922 geborenen Bruder Lew und ihrem jüngeren Bruder Konstantin, der 1931 das Licht der Welt erblickte, auf. In einer Zweizimmer-Erdgeschosswohnung half eine Kinderfrau bei der Betreuung der fünf Sprösslinge. Mit fünf Jahren konnte das aufgeweckte Mädchen bereits lesen und schreiben.
„In meinen Adern fließt zwar auch polnisches und deutsches Blut, aber mein Vater war Russe. Daher sollte ich auf eine russische Schule gehen. Da diese weit von unserem Haus entfernt war, wollten mir meine Eltern den weiten Weg mit öffentlichen Verkehrsmitteln während der beiden ersten Schuljahre ersparen. Deswegen wurde ich zwei Jahre von meiner Mutter zuhause unterrichtet. Sie war eine der ersten Frauen, die Bestuschew-Literaturkurse besucht hatten. Diese nach Konstantin Nikolajevitsch Bestuschew-Rjumin benannten Lehrgänge boten Russinnen eine erste Möglichkeit, eine Art höhere Bildung zu erlangen. 1933 kam ich also direkt in die dritte Klasse. Im gleichen Jahr ging Mark nach St. Petersburg, um dort Ingenieurwesen zu studieren.
Zur damaligen Zeit war das eine schwerwiegende Entscheidung, denn zwischen meinem Bruder und uns lag nun eine Grenze. Mir erschien Russland damals wie ein ferner, fremder Kontinent. Meine Eltern staunten, als Mark ihnen schrieb, er müsse keine Studiengebühren zahlen. Nach Abschluss seines Studiums begann er 1939 in einem Ministerium zu arbeiten. Nach Unterzeichnung des Hitler-Stalin-Paktes war er 1940 an der Vereinigung zwischen Estland und Russland beteiligt. Im Laufe dieses Prozesses wurden viele Esten – und auch manche Russen – festgenommen."
Während Hitler durch diesen Pakt einen Zweifronten-Krieg vermeiden wollte, hoffte Stalin auf einen Abnutzungskrieg, der die westeuropäischen Staaten erheblich schwächen würde.[4] Deutschland sagte der Sowjetunion Kohlelieferungen, die Prototypen neuer Flugzeugmodelle, Kriegs-

schiffe sowie vollständige Werksanlagen für chemische und metallurgische Produktionsverfahren zu und erhielt von Russland Getreide, Erdöl und andere Rohstoffe.[5]

„Die kleine russische Schule stand neben der orthodoxen Kirche. Über den drei Klassenzimmern wohnte der Lehrer, ein Bekannter meiner Eltern. Bis mein Bruder Lew auf die höhere Schule wechselte, teilten wir den Schulweg. Zwei Jahre nach ihm besuchte auch ich das russische Gymnasium. Das hatte allerdings auch Nachteile. So schrieb meine Schwester den estnischen Aufsatz, eine Voraussetzung für den Universitätsbesuch, nicht gut genug, um zum Studium zugelassen zu werden.“

„Warum gingen Sie da nicht besser auf eine estnische Schule?“

„Das war für die russische Minderheit alles nicht so einfach. Weil sich mein Vater z. B. vehement gegen die Estnifizierung seines Namens wehrte, erhielt er bei der staatlichen Rundfunkstation nicht die Position, die ihm als Spezialist zugestanden hätte, sondern wurde nur als Ingenieur angestellt. Ein beträchtlicher Teil der russischen Minderheit, die damals in Estland lebte, war arm. Viele hatten gegen die Bolschewiki gekämpft und einen erheblichen Teil ihres Besitzes verloren, als sie nach deren Sieg nach Estland flohen.“

„In Estland lebten auch viele Deutsche. Wurden die auch diskriminiert?“

„Nein. Sie wurden als die *Herren* betrachtet. Manche Esten hatten über die Jahrhunderte sogar deutsche Namen angenommen. Generell kann man sagen, dass die Volksgruppen getrennt voneinander lebten. Wir russischen Kinder spielten *Krieg* gegen die estnischen Kinder. “

Im 14. Jahrhundert hatte der Deutsche Orden die Macht im baltischen Raum übernommen. Im 16. Jahrhundert erlangte Schweden die Oberherrschaft und Anfang des 18. Jahrhunderts verleibte der Zar Estland seinem Reich ein. Dennoch blieb die Unterrichts- und Behördensprache bis Ende des 19. Jahrhunderts Deutsch. Erst nach der Unabhängigkeit wurde Estnisch offiziell Amtssprache.

„Die ersten großen Veränderungen in Ihrem Leben müssen sich als Folge des Hitler-Stalin-Paktes eingestellt haben?“

„Richtig. Nun ließ Hitler die Deutschen auf Schiffen *Heim ins Reich* holen. Sie versuchten zwar, ihr Hab und Gut zu verkaufen, verloren aber dennoch einen Großteil ihres Besitzes. Wir hatten von einer deutschen Familie ein Klavier ausgeliehen. Weil sie es weder mitnehmen noch verkaufen konnte, blieb es bei uns. Die Esten waren gekränkt, weil die Deutschen mit Freude gingen." Insgesamt mussten damals fast 400.000 Deutsche ihre Heimat in den Gebieten verlassen, die als Folge des Hitler-Stalin-Paktes Teil der Sowjetunion wurden![6]

„Seit 600 Jahren lebten Deutsche in Estland", fährt Natalia begeistert fort. „Sie wurden bewundert und respektiert, aber jetzt wurde Estland mit Russland vereinigt. Ich wurde *Komsomolzin* und meine Schwester Irina wurde für ihre Arbeit in der Apotheke besser bezahlt. Nun hatten wir Russen die besseren Chancen, vor allem da wir neben Estnisch auch Russisch sprachen. Die sowjetisch-estnische Regierung ließ Formulare und Pässe in beiden Sprachen ausstellen. Dafür benötigte man Scharen von Übersetzern. Das waren in erster Linie Russen."

„Führte das nicht zu Spannungen mit den Esten?"

„Zunächst schon. Im Laufe der Zeit nahmen sie jedoch ab."

„Weil die Esten Angst vor Repressalien hatten?"

„Die einen hatten Angst, die anderen profitierten von dem kostenlosen Schulbesuch, den es jetzt für alle gab."

„Wie sah es mit Verhaftungen und Deportationen Missliebiger aus?"

„Viele wurden festgenommen und verschleppt."

Insgesamt deportierten die Sowjets von 1939 bis 1941 zwischen 1,5 und 2,5 Millionen Menschen aus ihrem neuen Machtbereich, in der Mehrzahl Polen. Hunderttausende kamen um oder wurden umgebracht. Aus den baltischen Staaten verschleppten die Bolschewiki 160.000 Menschen und ließen zusätzlich etwa 100.000 in Gefängnisse sperren. Betroffen waren vor allem Politiker, Gewerkschafter, Lehrer und Intellektuelle, deren Positionen meist von Russen übernommen wurden. Allein in Estland schrumpfte die Bevölkerung zwischen 1939 und 1945 um 25 Prozent.[7] Dieses Vorgehen wird auch heute von Russland nicht als Besatzung anerkannt.

„Es mag keine leichte Frage sein, aber haben Sie jemals versucht sich vorzustellen, wie Sie sich als Estin unter sowjetischer Herrschaft gefühlt hätten?"

Natalia schüttelt den Kopf: „Wir Russen hatten uns so lange benachteiligt gefühlt, dass wir jetzt vor allem froh waren, dass es uns besser ging.[8] Andererseits bestand die Tragik meiner Familie – und die vieler anderer – darin, dass ein Teil meiner Verwandtschaft von den neuen Machtverhältnissen profitierte, während der andere vernichtet wurde. Das ahnten wir damals jedoch nicht.

Als wir lange Zeit nichts von Mark hörten, dachten – oder hofften – wir, er sei mobilisiert worden. Dann erhielten wir eines Tages einen Brief von ihm aus *Leningrad*, in das St. Petersburg inzwischen umbenannt worden war. Da ich Briefmarken sammelte, löste ich sie vorsichtig von dem Kuvert und war erstaunt, auf ihrer Rückseite in winziger Schrift zu lesen: ,Alle grüßen Euch.' Wollte Mark uns mitteilen, dass die Frau und Kinder meines 1938 erschossenen Onkels noch lebten? Später erfuhren wir, dass man sie nach *Kasachstan* deportiert hatte. Auch Varvara, die Schwester meiner Mutter, wurde verschleppt. Ihr Mann verbrachte zehn Jahre im *Gulag*. Dass auch Mark 1940 verhaftet und nach Zlatoust, im mittleren Ural, deportiert wurde, erfuhren wir erst nach dem Krieg. Bis heute wissen wir nicht, wann er gestorben ist und wo er begraben liegt. Meinen Vater, der durchaus auch Gutes in der Sowjetunion sah, hat dies alles tief erschüttert."

Wie Millionen andere, so geriet auch Natalias Familie in Stalins Todesmühle. Zahlreiche überzeugte Kommunisten trugen zu diesem Terror bei, indem sie andere ,entlarvten.'[9] Sie dachten wohl wie Elena Sidorkina: ,Ich wollte meine Pflicht erfüllen … wollte helfen … die Faschisten zu besiegen.'[10] Oder wie die Jüdin Galina Lewison: ,Wir waren … gehorsam wie Schäfchen … nicht fähig, anders zu denken, als man uns vorschrieb.'[11] Als die Gewaltentwicklung 1937 ihren Höhepunkt erreichte, hatten die Bolschewiki bereits einschlägige Erfahrungen im Massenmorden von Kosaken, *Kulaken*, Bauern und Kirchenleuten gesammelt. Das Verschwinden von Menschen in stummer Anonymität verhinderte – wie auch unter den Nationalsozialisten – das Entstehen von Märtyrern.
Trotz NKWD-eigener Goldförderung und Devisenreserven hungerten die Bauern 1937 noch immer, und dann setzte auch noch eine Rezession ein. Da es die Parteielite ablehnte, wirtschaftliche Fehlschläge als selbstverschuldet anzuerkennen, benötigte man *Schuldige* – ,schädliche Elemente', die für die ,Sabotage' verantwortlich gemacht werden konnten.[12] Die industrielle Führungsschicht und die bürgerliche Elite waren bereits ausgelöscht, daher nutzte Stalin nun die Gelegenheit, sich seiner politischen Gegner zu entledigen.[13] Er ließ die regionalen Parteiführer und ihre Klientel vernichten und durch neue, ihm treu ergebene Kader ersetzen. Die regionalen NKWD-Chefs hatten Verhaftungs-Quoten zu erfüllen und im ganzen Land Parteifunktionäre sowie ihre Mitarbeiter anzuklagen und zu erschießen.[14]
In einer Zeit, in der Kritik an Stalins Führung als konterrevolutionärer

Akt galt, fielen auch über zwei Drittel der Mitglieder des Zentralkomitees dieser Mordorgie zum Opfer. Der Diktator erklärte unterdessen, das Ziel sei erreicht, wenn auch nur 5 Prozent der Getöteten wirkliche Feinde seien.[15] Kalinin, Kaganowitsch und Molotow stimmten sogar der Verhaftung ihrer Ehefrauen und Verwandten zu, denn im engeren Kreis um Stalin konnte nur bleiben, wer bereit war, seine Familie zu opfern und dadurch signalisierte, dass ihm am Führer mehr lag als an familiären Bindungen.[16] Besonders bedroht war, wer die Revolution anders erlebt und sogar darüber publiziert hatte, als in der offiziellen Geschichtsversion festgelegt.[17] Stalin, der sich zum ersten Helden der Revolution stilisiert hatte, wollte mit ihnen auch das kollektive Gedächtnis der Partei auslöschen.[18] Natalias Onkel, der Leninfreund Krestinsky, und dessen Verwandte waren da natürlich besonders gefährdet.

Der *Große Terror* mag für Stalin auch ein Schritt der Vorbereitung auf den bevorstehenden Krieg gewesen sein. Molotow und Kaganowitsch verteidigten diese Meinung bis zu ihrem Tod: ‚Wir mussten dafür sorgen, dass es in Kriegszeiten keine fünfte Kolonne geben würde.‘[19] Damit meinten sie in erster Linie von der stalinistischen Linie abweichende Kommunisten, rebellische Bauern und Angehörige nicht-russischer Minderheiten.

Man kann Trotzki wohl zustimmen, für den die enorme Gewaltbereitschaft der Bolschewiki auch in Furcht wurzelte: ‚Die Bevölkerung hat Angst vor der Partei, die Partei vorm Zentralkomitee, das Zentralkomitee vorm Politbüro und das Politbüro vor Stalin. Umgedreht fürchtet sich die Partei vor der Gesellschaft, das Zentralkomitee vor der Partei, das Politbüro vor dem Zentralkomitee und Stalin vor dem Politbüro.‘[20]

Der Terror entsprang wohl auch Stalins Unvermögen, seinen totalen Führungsanspruch auf andere Weise zu behaupten. Die ungeheure Anzahl der Verhafteten lässt sich letztlich aber nur erklären, wenn man auch weiß, dass die Sowjetunion unter drastischem Arbeitskräftemangel litt, denn die große Mehrheit der Gulag-Häftlinge wurde als Zwangsarbeiter eingesetzt.[21]

Auf meine Frage, was sie damals über die Verhaftung ihrer Familienangehörigen dachte, antwortet Natalia: „Wir jungen Leute verstanden doch überhaupt nicht, was wirklich geschah!".

„Das Gleiche habe ich oft von ehemaligen Hitlerjungen und BDM-Mädchen gehört", sage ich nachdenklich.

Ohne darauf einzugehen, fährt sie fort: „Ich hatte die begeisterten Briefe meines Bruders gelesen, der von einem Gratis-Urlaubsschein schwärmte und überzeugt war, nach dem Studium eine gute Stelle zu finden. Im Vergleich zu Estland erschien mir das Sowjetreich wie eine bessere Welt. Darüber hinaus las ich Bücher von Makarenko[22] und Alexei Tolstoi, z. B. seinen Roman *Gang durch Qualen*. So entstand bei mir ein idealisiertes Bild der Sowjetmacht."

„Hätte sich Ihre Meinung geändert, wenn Sie damals über Stalins Verbrechen – auch gegenüber Ihrer Familie – informiert gewesen wären?"

„Wohl kaum. Ich hätte wahrscheinlich angenommen, mein Bruder habe etwas Unrechtes getan und wäre der Überzeugung gewesen, dass seine Verhaftung ein kleines Übel war im Vergleich zu dem guten Großen der Sowjetunion. Jede Veränderung fordert Opfer!", betont sie. „Ich war eine Idealistin."

Ob Natalia je erfuhr, dass zwischen 1921 und 1954 fast 4 Millionen Menschen verhaftet wurden, über 1,5 Millionen davon in den zwei Jahren 1937/38?[23] Und dass allein in diesen beiden Jahren wahrscheinlich weit mehr als 700.000 ‚Staatsverbrecher' wie ihr Onkel erschossen wurden?[24] Die Zahl der Gulag-Insassen wuchs in der Zeit von über 1 Million auf fast 2 Millionen. Mindestens 140.000 von ihnen kamen in den Lagern um oder wurden erschossen, unter ihnen Invaliden und Beinamputierte.[25] Die auf dem Transport Gestorbenen wurden nirgends registriert.[26]

Auf meine Frage nach ihren Erinnerungen an den Einmarsch der deutschen Wehrmacht 1941 antwortet Natalia: „Der Krieg wurde von jedem erwartet. Zugleich hoffte man jedoch, dass er vermieden werden könne."

„Besonders tragisch war die Lage der estnischen Juden. Was wissen Sie über ihr Schicksal?"

„Vor dem Krieg lebten Esten und Juden in Frieden miteinander. Dann beteiligten sich die Esten aber eifrig an der Judenverfolgung."

Auch dazu gibt es eine andere Seite. Die sowjetischen Besatzungsbehörden hatten ein Jahr vor dem deutschen Einmarsch die kulturelle und religiöse Freiheit des Judentums in Estland beendet, alle jüdischen Vereine und Gesellschaften verboten und die jüdischen Betriebe verstaatlicht. Etwa 10 Prozent der jüdischen Bevölkerung, 350 bis 450 Personen, wurde mit großen Teilen der estnischen Elite kurz nach Kriegsbeginn von den Bolschewiki nach Sibirien deportiert. 75 Prozent der jüdischen Bevölkerung gelang die Flucht vor der deutschen Wehrmacht in die Sowjetunion oder nach Finnland. Dennoch wurden fast 1.000 estnische Juden von den Nationalsozialisten ermordet, mit bereitwilliger Unterstützung estnischer Helfer, die den Juden Kollaboration mit den Bolschewiki vorwarfen. In den über 20 NS-Konzentrations- und Arbeitslagern in Estland kamen etwa 10.000 Juden aus allen Teilen Mittel- und Osteuropas ums Leben.

Als der Krieg begonnen hatte, ließ sich Natalias Vater als Kriegsfreiwilliger einziehen und auch ihr Bruder Lew blieb in Estland. „Der Rest meiner Familie – Mutter, Irina, mein kleiner Bruder Konstantin und ich – wurde freiwillig evakuiert. Jeder konnte 50 Kilogramm Gepäck mitnehmen. Wir reisten mit vielen Angehörigen der estnischen Elite – Juden, Esten und Russen – in einem Personenzug an die Wolga. Natürlich befanden sich zahlreiche Kommunisten unter den Evakuierten. Wir hatten genug Lebensmittel und waren eigentlich guter Dinge.

Nach 1.500 Kilometern näherten wir uns Ulianowsk. Wir hatten uns schon zum Aussteigen bereit gemacht, da hielt der Zug nicht einmal an! Er fuhr einfach weiter, bis er nach 500 Kilometern Ufa erreichte. Die aufgebrachte Menge rief nach dem sowjetischen Kommissar. Der erklärte uns aber nur, es gäbe Gründe, warum wir nicht in Ulianowsk aussteigen konnten. Auch in Ufa könnten wir nicht bleiben. Er würde uns nach Tscheljabinsk weiterschicken, hinter den Ural. 350 Kilometer Luftlinie weiter nach Osten!

Als wir nach zweiwöchiger Reise Tscheljabinsk fast erreicht hatten, drehte der Zug plötzlich nach Süden ab. Am Bahnhof des Dorfes Nischne-Uwelskaja hieß es endlich aussteigen. Man brachte uns in einem großen Clubraum unter, wo sich jede Familie notdürftig Schlafstätten herrichtete. Alle hatten das dringende Bedürfnis, endlich wieder eine Banja zu benutzen.

Bald jedoch hieß es in der *Kolchose* anpacken. Ställe mussten gebaut, Weizen verpackt und verschickt werden. In der Kantine erhielten wir täglich drei kostenlose Mahlzeiten und ich fühlte mich in meinem Sowjet-Idealismus bestärkt. Die Juden machten sich bald auf den Weg nach Tscheljabinsk, und wir fanden in dem baufälligen Haus einer Dorfbewohnerin ein Zimmer, das wir mit einer alten Frau teilen mussten. Wir lebten also zu fünft in einem Raum – die alte Frau, Mutter, Irina, Konstantin und ich.

Dies war meine erste Reise in die Sowjetunion. Mir war das Land, von dem ich so schwärmte, selber ja gar nicht bekannt. Erst jetzt entdeckte ich das schwere, von Armut geprägte Leben, wie ich es von Estland her nicht gewohnt war. Mich beeindruckte die Stärke dieser Menschen, die alle miteinander in der Kolchose arbeiteten und zufrieden zu sein schienen. So brachte der Krieg ganz unterschiedliche Menschen zusammen."

Natalias Tante hatte es nach Frunse verschlagen. So hieß die kirgisische Stadt Bischkek, die aus einer Karawanenstation an der Seidenstraße hervorgegangen war, ab 1926. Als Kirgisistan 1991, nach 200 Jahren russischer Dominanz, unabhängig wurde, erhielt die Stadt ihren alten Namen zurück.

„Tante Varvara schrieb uns einen Brief, in dem sie von den billigen Lebensmittelpreisen und dem guten Klima dort schwärmte. Sie hatte als Professorin für Chemie eine gute Arbeit, durfte den Ort aber nicht verlassen. Also machten wir uns nach einem Monat in der Kolchose auf den Weg zu ihr, während die meisten anderen Evakuierten in Nischne Uwelskaja blieben und nach Kriegsende in das von den Faschisten befreite Estland zurückkehrten.

Als wir Frunse Anfang September 1941 erreichten, hatte meine Tante eine Einzimmerwohnung für uns gefunden. Ich ging in die zehnte Klasse. Alles schien gut, bis nach drei Monaten Mutters Brille zerbrach. Neue Brillengläser gab es nicht, also wurde sie fortan für Erntearbeiten eingesetzt. Da sie nun weniger verdiente, konnten wir uns die 100 Rubel für meine weiterführende Schule nicht mehr leisten und ich begann zu arbeiten. Irina absolvierte eine Ausbildung als Krankenschwester und ging anschließend an die Front.

Trotz allem ging es uns noch relativ gut. Als im Laufe der Zeit jedoch immer mehr Menschen eintrafen, wurden die Lebensmittel allmählich knapp. Weil man in der Munitionsfabrik mehr Geld verdienen konnte, bemühte ich mich dort um Arbeit. Ich wurde aber nicht genommen, weil ich aus Estland kam. Also arbeitete ich täglich zehn bis zwölf Stunden auf dem Bau und schleppte acht Monate lang Zement. Das Fabrikgebäude hatte noch nicht mal ein Dach, da begannen die Menschen schon, darin Munition herzustellen."

Plötzlich legt sich ein Lächeln auf Natalias Züge: „Ich habe die Stadt als wunderschön in Erinnerung: große Gebäude, breite asphaltierte Straßen und viele Grünflächen. Als Ende November Schnee auf den Bergen im Süden lag, kam es mir vor, als hinge ein großartiger Teppich vom Himmel.

Wir erfuhren, dass Vater in einer Holzfällersiedlung bei *Swerdlowsk* arbeitete. Später wurde er in die estnische Division der Roten Armee rekrutiert. Ein estnischer Sowjetkommissar in Tscheljabinsk, der die Ansicht vertrat, Spezialisten sollten nicht an der Front, sondern im Hinterland eingesetzt werden, sorgte dafür, dass Vater Ende 1942 beim Radiosender Tscheljabinsk eine Anstellung erhielt. Dorthin holte er uns. Als wir eines frühen Morgens an seine Tür klopften, war die Freude riesengroß!

Vater hatte in der Radiostation zwar nur ein kleines Zimmer, aber es hatte Zentralheizung und Strom. Meine Eltern schliefen auf dem Sofa, mein Bruder und ich auf dem Boden. Auch wenn in der ganzen Stadt manchmal die Elektrizität abgeschaltet wurde, hatten wir im Funkhaus immer Strom. Ich freute mich über die Straßenbahn und ich erinnere mich an die schöne Stimme Lewitans."

„Jeder vertraute der Stimme dieses kleinen Juden", erklärt Nuria. „Er war Nachrichtensprecher und saß im Keller eines alten Hauses in Ekaterinburg."

„Mittlerweile haben wir das Jahr 1943. Sie waren 19 Jahre alt und hatten weder einen Schulabschluss noch eine Ausbildung. Was machten Sie nun?"

„Auf Vaters Vorschlag besuchte ich die Telegraphen-Fachschule. Als ich sie nach zwei Jahren als Telegraphen-Mechanikerin verließ, war Vater schon tot. Er starb ein Jahr nach unserer Ankunft an einer Lungenentzündung." Leise erzählt sie weiter: „Meine Schwester besuchte uns ab und zu, wenn sie Verwundete von der Front nach Tscheljabinsk begleitete. Meinen Bruder Lew hatte man an die finnische Front geschickt. Alle Mitglieder seiner Fallschirmspringer-Einheit wurden von den Faschisten gefangen genommen und wahrscheinlich erschossen. Genaueres weiß ich über den Verbleib meines Bruders nicht."

So hatte Natalias Mutter innerhalb kurzer Zeit zwei Söhne und ihren Mann verloren, denke ich betroffen – und Natalia ihren Vater und zwei Brüder.

„Mutter arbeitete nach Vaters Tod zunächst in einem Betrieb und dann in der Kinderbibliothek. Ich absolvierte, während ich als Rundfunkmechanikerin arbeitete, per Fernstudium die zehnte Klasse und studierte ab 1945, ebenfalls im Fernstudium, Philologie."

„Warum sind Sie nach Kriegsende nicht nach Estland zurückgekehrt?"

„Weil wir Russen sind und keine Esten."

Sie gehörte also nicht zu den fast 200.000 Russen, die zwischen 1945 und

1949 in das kleine Land mit 1 Million Einwohnern umsiedelten. Durch sie hofften die Bolschewiki, den Einfluss der Einheimischen zu neutralisieren und Estland – wie die anderen baltischen Republiken – an ihren Machtbereich zu binden.[27] Die estnische Bevölkerung begrüßte die Rotarmisten nicht als Befreier, sondern betrachtete sie im Allgemeinen als ‚stalinistische Banditen‘.[28] Es war wohl eine gute Entscheidung für Natalia und ihre Familie, in Tscheljabinsk zu bleiben.

„Können Sie sich an Stalins Tod 1953 erinnern?"
„Selbstverständlich! Wir dachten, die Welt geht unter! Jeder fragte sich beklommen: ‚Was werden wir ohne ihn tun?!‘ Ich habe damals niemanden erlebt, der sich gefreut hätte. Heute denkt man über Stalin primär negativ, aber ich habe seine dunklen Seiten lange Zeit nicht begriffen."
Während ich darüber nachdenke, dass sowohl der Hitler-Mythos als auch der Stalin-Kult für zahlreiche Zeitgenossen einer Vergötterung gleichkam, erzählt Natalia: „Als Stalin starb, war ich schon verheiratet und arbeitete als Lehrerin. Das Leben, das wir uns eingerichtet hatten, bedeutete uns viel. Wir konnten uns einfach nicht vorstellen, wie es ohne Stalin weitergehen sollte. In den Dörfern fanden sich die Menschen zu großen Trauerveranstaltungen zusammen, zu denen niemand gezwungen wurde. Selbst Menschen, die unter Stalin gelitten hatten, oder deren Familienangehörige im Gefängnis saßen, weinten! Ich war überrascht, wie sehr auch sie trauerten."
Die Trauer über den Tod des Diktators war tatsächlich immens. Zu seinem Begräbnis reisten so viele Menschen nach Moskau, dass Hunderte in dem Gedränge umkamen. Nicht Befreiung empfanden viele Menschen, sondern noch größere Furcht und Orientierungslosigkeit, zumal sie mit seinem Nachfolger Berija den Gulag identifizierten. Viele Menschen glaubten ja immer noch, Stalin habe die Wahrheit über den Gulag nicht gewusst. Wer sich jedoch über Stalins Tod freute, war vorsichtig genug, dies nicht öffentlich kund zu tun. Nur im Gulag selber wurde sein Tod mit unverhohlener Freude gefeiert – allerdings nicht von den Wächtern und Verwaltern, die nun um ihre Arbeitsplätze fürchteten. Und sicherlich freuten sich Zehntausende Kinder, die ohne jegliches Wissen um ihre Verwandten in Heimen aufgewachsen waren und nun zu ihren Familien zurückkehren durften.[29]
Ich frage mich, was wohl passieren würde, wenn im heutigen Russland alle Familien offen ihr Leid des letzten Jahrhunderts beweinten, wenn sie

endlich Details über das Verschwinden, die Todesumstände oder den Mord an Millionen Familienmitgliedern in den Händen hielten, wenn sie die letzten Ruhestätten der Verschwundenen aufsuchen könnten und es dort Denkmäler und Trauerfeiern gäbe statt Heldenmärsche auf dem Roten Platz. Aber auch heute gibt es kein einziges Denkmal, welches an das Leid der Millionen im Gulag Gequälten und Umgekommenen erinnert, sowenig wie an die Erschossenen und Deportierten, die Verhungerten und inhaftierten Repatrianten.

„Als Chruschtschow allmählich mehr Information über Stalin unter das Volk brachte, waren die Menschen zunächst vollkommen erstaunt", erzählt Natalia weiter.
Auf dem XX. Parteitag kritisierte Chruschtschow 1956 in seiner *Geheimrede* den Personenkult um Stalin und dessen Verbrechen. Er ließ zahlreiche in Straflagern Inhaftierte befreien und ganze Bevölkerungsgruppen rehabilitieren. Dass er Stalins Verbrechen nutzte, um seine eigene Machtposition zu stärken, verstanden wohl nur wenige. Er ließ die Menschen wissen, dass Sicherheitsbehörden und Militärtribunale fast 4 Millionen Menschen der Auflehnung für schuldig befunden hatten, dass von ihnen fast 2,5 Millionen in Lager gesteckt, etwa 800.000 verbannt und fast 650.000 hingerichtet worden waren. Unerwähnt ließ er die Toten infolge der Kollektivierungskampagnen, Hungersnöte und Repressalien in der *Ukraine* und den baltischen Staaten – wohl weil er darin selbst verwickelt war.[30]
Es gelang Chruschtschow, den Eindruck zu erwecken, die Wahrheit über den Terror selber erst entdeckt zu haben und alle Verantwortung auf Stalin und andere, auch auf Berija, abzuwälzen. Berija hatte zwar nach Stalins Tod erklärt, von den 2,5 Millionen Gulag-Insassen seien nur etwa 200.000 ‚gefährliche Staatsverbrecher.'[31] Alle anderen wollte er entlassen. Chruschtschow ließ ihn dennoch erschießen und putschte sich selber an die Macht.
„Nach Chruschtschows erschütternden Enthüllungen breitete sich unter den Menschen bald die Hoffnung aus: Nun wird endlich alles gut!", erinnert sich Natalia. „Und ganz, ganz zaghaft begann man, etwas freier zu denken."
Ich denke an die vielen Deutschen, für die Hitlers Tod ein Schock war, die das große Unrecht, das sie in seinem Ausmaß langsam zu begreifen begannen, nicht wahrhaben wollten, die zusammenbrachen, als man sie nach

Kriegsende zwang, die Konzentrationslager in ihrer unmittelbaren Nähe zu besichtigen. Wenn die Menschen beider Länder in der Lage wären, sich von ihrer politischen Beeinflussung zu lösen, dann müssten sich Russen und Deutsche der Kriegsgeneration besonders gut verstehen! War dies der Grund, weshalb mir weder hier noch dort Feindseligkeit gegenüber dem ehemaligen Feind begegnete?

„Wie steht es um die Freiheit, besonders die Meinungsfreiheit im Russland Putins und Medwedjews?", frage ich Natalia zum Abschluss.

„Heute muss man in Russland keine Angst mehr haben!", erklärt sie überzeugt. „Aber es ist auch nicht immer nur gut, alles sagen zu dürfen. Manch böse Worte bleiben besser ungesagt, egal wie groß die Freiheit ist, sie sagen zu dürfen!"

Die ermordeten oder auf andere Weise zum Schweigen gebrachten Journalisten würden wohl anders antworten. Eine Analyse von *Freedom House* (2005) stuft Russland als etwa so unfrei ein wie Ruanda, den Kongo oder Iran.[32] Laut der Journalistin Elena Tregubova gibt es heute in Russland keinen unzensierten Fernsehsender, hat die Opposition keinen Zugang zu den Medien, werden friedliche Demonstrationen zerschlagen und Oppositionsparteien aufgelöst.[33] Nach Angaben der Menschenrechtsorganisation *Reporter ohne Grenzen* wurden in Russland seit 2000 mindestens 23 Journalisten getötet.[34]

Hatte Anna Politkowskaja Recht, als sie schrieb: ‚Immer auffälliger werden die Andeutungen – im Fernsehen, in den Reden der Obersten – dass Stalin gar nicht so schlecht gewesen sei …'[35] Hatte sie Recht, wenn sie Russland auf dem Weg in eine neue Diktatur beschrieb? Musste sie auch deswegen sterben? Zum Abschluss ein Bericht der *Neuen Zürcher Zeitung* vom 25. Mai 2009, in dem Markus Ackeret über eine geplante Ideologie-Kommission in Moskau berichtet:

‚Der Kreml hat … eine … Kommission ins Leben gerufen, die den Versuchen zur «Verfälschung der Geschichte zum Schaden Russlands» entgegenwirken soll. Sie … setzt sich aus Vertretern verschiedener Ministerien und Behörden – unter anderem der Geheimdienste und des Militärs –, … und aus einigen wenigen, ebenfalls als Propagandisten … bekannten Historikern zusammen. … Seit mehreren Jahren stört sich die russische Führung daran, dass zahlreiche einstige Sowjetrepubliken, namentlich die Ukraine und die drei baltischen Staaten, … das sowjetisch geprägte Geschichtsbild hinterfragen. Das betrifft vor allem den Zweiten Weltkrieg …

Russland will nicht akzeptieren, dass die Rote Armee in der Westukraine, in Polen und im Baltikum als Okkupantin und nicht als Befreierin gesehen wird. ... Auch Schilderungen der Verbrechen Stalins ... sind Gegenstand der Kritik ... Historiker und oppositionelle Politiker ... fürchten, dass künftig Mythen zur Wahrheit erhoben werden und deren Infragestellung als Vergehen geahndet werden soll. ... Russland kehrt damit zur unseligen Tradition der staatlichen ideologischen Vereinnahmung der Historie zurück – ein ... eminent politischer Schritt, der mit zwei derzeit im Parlament hängigen Gesetzen verbunden ist. Diese sehen für angebliche Geschichtsverfälschung hohe Bußen und Gefängnisstrafen vor.'

20. Hermann

Krieg im Kaukasus und medizinische Experimente in russischer Gefangenschaft

In dem Haus am Hang oberhalb des Neckars in Tübingen, in dem er heute noch lebt, wurde Hermann 1922 geboren. 18 Jahre später holte ihn der Krieg. Als Mitglied des Nachrichtencorps der 4. Armee durchzog er den Kaukasus und gelangte bis nach *Tschetschenien*. Täglich waren Kabel zu legen und wieder aufzurollen. „FF-Kabel", erklärt er, „Fern-Feld-Kabel. Mit ihrer Hilfe waren zehn Gespräche gleichzeitig möglich. Unser Ziel war Baku, die Hauptstadt Aserbaidschans, oder die Ölfelder am Kaspischen Meer. Angekommen sind wir dort aber nie. Wir kamen nur bis Salski im Kaukasus, jenseits des Don."

Zu Beginn des 20. Jahrhunderts waren die Ölfelder Bakus die größten der Welt und erbrachten die Hälfte der Welterdölproduktion. Nachdem bolschewistische Truppen das Land 1920 okkupiert hatten, begab sich die Regierung Aserbaidschans ins Exil. Die Ölkönige wurden enteignet und mussten ebenfalls das Land verlassen. Die sowjetische Besatzung dauerte über 70 Jahre, bis zum Zusammenbruch der Sowjetunion 1991. Im II. Weltkrieg ging es bei der *Schlacht um Stalingrad* vor allem um die Kontrolle über diese Ölfelder.

„Weil der Russe am Terek Widerstand leistete, blieben wir bis Ende 1943 dort liegen", erinnert Hermann sich. „Von Anfang Januar bis Ende März 1944 ging es zurück, bis ich bei der großen Schlacht von Kursk in russische Gefangenschaft geriet."[1]

„Würden Sie mir die letzten Tage vor Ihrer Gefangennahme beschreiben?"

„Ich gehörte zur Divisionscorps-Funkstelle. Wir verbanden die Divisionen, die 20 bis 50 Kilometer auseinanderlagen, miteinander und diese mit dem Corps. Wir Funker waren Teil des Corpsstabes. Den verantwortlichen General habe ich allerdings nie gesehen. Wenn ich nicht Störungen behob, musste ich Wache schieben. Wir lernten, amerikanische Flugzeuge schon von weitem zu hören. Es waren die einzigen, die man noch sah. Die

Russen flogen ebenfalls amerikanische Maschinen. Auch vielen nagelneuen, amerikanischen Fords begegnete man in der Roten Armee. Bis 1942 wurden Fords auch in Deutschland hergestellt."

Hermann bezieht sich auf das Leih- und Pachtgesetz von 1941, das es den damals noch nicht am Krieg beteiligten USA ermöglichte, trotz ihres neutralen Status' verbündete Staaten mit kriegswichtigem Material zu be liefern. Damit wurden die Neutralitätsgesetze aufgehoben und eine monatelange Praxis legalisiert, die den britischen Abwehrkampf entscheidend stärkte. Nach dem Einmarsch der Wehrmacht in die Sowjetunion wurde dieses Gesetz auch auf die UdSSR ausgedehnt.

Die Sowjetunion erhielt von den USA fast 60 Prozent ihres Flugzeugtreibstoffs, über die Hälfte ihres Sprengstoffes, 20.000 Militärflugzeuge, 10.000 Panzer, mehr als die Hälfte ihrer Schienen, fast 2.000 Lokomotiven, etwa 11.000 Zugwaggons, fast 500.000 LKW und Jeeps sowie ein halbes Pfund Lebensmittel für jeden sowjetischen Soldaten für jeden Tag des Krieges.[2] Briten und Kanadier lieferten weitere 5.000 Panzer und 7.000 Flugzeuge. Churchill bezeichnete den Lend-Lease-Act als ,praktisch eine Kriegserklärung' der USA an Deutschland. Ohne diese Unterstützung befürchteten er und Roosevelt einen schnellen Zusammenbruch der sowjetischen Verteidigung.

Von der großen Politik verstand der 18-jährige Hermann nicht viel. Als er mit seinem Störungstrupp, sechs Mann in einem LKW, an einem heißen Sommertag Anfang August 1944 auf einem abgeernteten Feld ein durchschnittenes Kabel flicken wollte, wurde die Gruppe von Bordwaffen beschossen. „Die Störung, die wir zu beheben hatten, befand sich aber in Richtung Feind. Hin und her gerissen zwischen dem Befehl und der Angst um unser Leben kam uns der Kompaniechef der 2. Kompanie in seinem Mercedes entgegen und warnte uns: ,Dort drüben ist der Russe!' Damit war unsere Entscheidung getroffen. Wir gaben die Störungsbehebung auf und folgten ihm.

Plötzlich kam ein Soldat auf uns zu, der wie ein Russe aussah. Er schien vor russischen Panzern auf der Flucht zu sein und sich ergeben zu wollen. Leider konnten wir ihn nicht verstehen. Ich vermute, er sprach Tschetschenisch. Ein klein wenig Russisch verstand ich ja inzwischen. Also nahm ihn der Kompaniechef mit zum Corpsstab. Dort herrschte ein heilloses Durcheinander. ,Der Russe ist durchgebrochen!' wurde wild durcheinander geschrien. Alle rannten kreuz und quer vor der starken

Kräfteansammlung der Russen davon. Bevor wir dem brennenden Dorf den Rücken kehren konnten, mussten wir wegen des schlechten Benzins erst noch den Vergaser unseres LKW putzen und verloren dadurch unsere Einheit aus den Augen. Also waren wir, zehn Mann und ein Unteroffizier, tagelang allein auf der Flucht, meist bei Dunkelheit. Einmal sah ich unterwegs Kamele, mit denen die Russen ihre Front aufbauten. Davon hab ich sogar noch ein Bild!

Als wir schließlich eine Ortschaft erreichten, in der mehrere deutsche Fahrzeuge versammelt waren, hielten wir an. Gegen 3 Uhr nachts schossen die Russen mit ihren Stalinorgeln den ganzen Ort in Brand. In dem Dauerfeuer flog unsere gesamte Munition in die Luft. So eine Explosion habe ich nie wieder erlebt. Generell galt: half ein Dorf uns, wurde es von den Russen niedergebrannt, unterstützte es die Russen, war es vor uns nicht sicher. Die Russen waren ja, wie wir, auf die Verpflegung durch die Zivilbevölkerung angewiesen.

Kurz darauf teilte uns der Zugführer mit: ‚Die Rollbahn nach Westen ist seit gestern zu!' Wir waren also eingekesselt. Ich begab mich zum Corpsstab, wo die Verantwortlichen wie Könige in ihren Edelkarossen hockten – Mercedes, Horch usw. Mit denen fuhren wir Funker bis tief in die Nacht hinein zurück. Es regnete in Strömen. Der schwere Boden war aufgeweicht. Da es in unserer Kolonne auch bespannte Einheiten gab, bewegte sich der ganze Pulk im Pferdetempo voran.

Als man nach Freiwilligen für den Störtrupp suchte, hab ich mich nicht gemeldet. An eine sinnvolle Entstörung war, meiner Meinung nach, nicht mehr zu denken. Von den Fahrern deutscher Fahrzeuge, die uns entgegenkamen, erfuhren wir, dass im nächsten Dorf die Russen lagen. In diesem unbeschreiblichen Chaos wurde ich als ZBV (zur besonderen Verwendung) zur Flaksicherung abkommandiert. Dort sah ich, wie sich ein Soldat mit dem Spaten ein Loch grub, während ihm die Kugeln um die Ohren pfiffen. Als ich mich weigerte, den gleichen selbstmörderischen Befehl auszuführen, drohte der Hauptmann, mich zu erschießen. Mir blieb also nichts anderes übrig, als auch so ein Loch zu graben. Nach einer Weile kam zu meinem Glück meine Einheit vorbei und nahm mich mit."

„War das nicht strafbar?"

„Theoretisch schon, aber zu diesem Zeitpunkt war alles in Auflösung begriffen. Die meisten machten sich nur noch davon, so schnell sie konnten. Als unser Auto wegen Benzinproblemen in Sichtweite russischer Panzer liegen blieb, verkrochen wir uns im nahen Hirsefeld. Wir schlichen kreuz und quer durch das riesige Feld, bis plötzlich eine Stimme brüllte: ‚Hände hoch!' Ich warf meine Flinte ins Feld und schon stand ich einem russischen Schützen gegenüber, der an einem Baum lehnte. Das war Ende August 1944. Man führte uns alle zwölf zu einer *Kolchose*. Dort wurde uns alles, was nicht angewachsen war, weggenommen. Dann bellte ein Russe mit vorgehaltener Maschinenpistole: ‚Ukrainski!?' Einer antwortete: ‚Da, da' – also ja, ja. Der wurde sofort abgeknallt, hat buchstäblich ins Gras gebissen. Das war einer der schlimmsten Augenblicke meines Lebens."

Da die *Ukrainer* unter Stalin besonders gelitten hatten, sahen viele den Einmarsch der Wehrmacht als Befreiung an. Zahlreiche Ukrainer arbeiteten daher als Hilfswillige für die Deutschen. Zu spät erkannten sie, dass ihr Land zwischen zwei totalitären Regimes zermalmt wurde. Fielen diese *Hiwis* der Roten Armee in die Hände, wurden sie oft sofort erschossen.

Der Veteran starrt vor sich hin, ehe er hastig weitererzählt: „Wir mussten tagelang marschieren – 20 Kilometer hin, 20 Kilometer zurück. Offenbar wusste niemand so recht, was mit uns geschehen sollte. Schließlich wurden wir einem großen Haufen anderer Gefangener hinzugefügt und nach Kursk gebracht. In dem Schulgebäude, in dem man uns unterbrachte, gab es zwar Öfen, aber kein Brennmaterial. Und die Nächte waren schon empfindlich kühl."

„Wie wurden Sie behandelt? Wie sah die Verpflegung aus?"

„In der Küche arbeiteten Polen. Die haben uns zwar beschimpft, aber zu essen bekamen wir trotzdem. Nachts hörten wir einen starken Luftangriff. Waren das Deutsche? Oder Russen? Als die Zahl der Gefangenen innerhalb weniger Wochen auf einige Hundert angeschwollen war, wurden wir Ende September mit dem Zug nach *Tscheljabinsk* geschafft. Für unterwegs erhielt jeder Gefangene einen Laib Brot. Ich hatte außerdem noch ein paar Körner in meiner Kitteltasche. Dann ging die lange Reise los. Wasser bekamen wir unterwegs.

Als wir nach mehreren Tagen ein Lager direkt neben den Bahngleisen erreichten, konnten manche Gefangenen nicht mehr laufen. Der deutsche Oberfeldwebel, der uns dort in Empfang nahm, brüllte ungerührt: ‚Zeigt, dass Ihr deutsche Soldaten seid!' Erfreut waren die dort bereits Inhaftierten über uns Neuzugänge nicht! Bis zu unserer Ankunft war es ihnen relativ gut gegangen. Nun war das Lager überfüllt und das Brot wurde knapp.

Die ersten 14 Tage geschah nichts, außer dass alle Häftlinge täglich zweimal gezählt wurden. Als man nach zwei Wochen Metallarbeiter suchte, meldete ich mich, wie viele andere, die ebenfalls keine Metallarbeiter waren. Ende 1944 musste ich dann Entwässerungsgräben schaufeln. Das war Schwerstarbeit. Es gab weder Pickel noch Brechstange, nur einen Blechspaten, und die polnischen Aufseher schrieen in einem fort: ‚Dawai! Dawai!'

Einmal im Monat wurden wir medizinisch untersucht und entsprechend unserer körperlichen Verfassung in eine der Arbeitsgruppen eingeteilt. Nach wochenlanger Knochenarbeit in der Gruppe 1 war ich so am Ende, dass man mich dem Transport der Dystrophiker[3] als Begleitung zuteilte. In einem Zug, der außer Unterernährten auch Holz und Kartoffeln geladen hatte, ging die Fahrt in ein anderes Lager.

Im Laufe der 14 Tage, die wir unterwegs waren, musste ich Wasser holen und den Waggon heizen. Bewacht wurden wir von einem 1,50 Meter großen Russen, der ein 2 Meter langes Gewehr schulterte. Das war mehr als überflüssig. Von den Halbtoten wäre sicher keinem der Gedanke an Flucht gekommen.

Eines Tages wurden sie irgendwo unter einem Sichelmond bei großer Kälte leicht bekleidet ausgeladen. Was aus ihnen geworden ist, weiß ich nicht. Ich war tief erschüttert. Dieses Bild hat sich in meiner Seele eingebrannt und mich mein Leben lang begleitet. Immer wieder steht es vor mir ...“ Er verstummt. Nur sein gehetzter Blick verrät, dass sein Erinnerungsfilm weiterläuft. Als sich seine Züge wieder etwas entspannt haben, flüstert er: „Bei aller Härte gab es auch Lichtblicke, z. B. ein Schauspiel, das die Österreicher aufführten. Ein ganz besonderer Trost in dieser Hölle war die wunderbare litauische Ärztin Lydia, die sich, wo sie konnte, für uns einsetzte.“

„Wurden alle Gefangenen gleich behandelt?“

„Wie in jedem Lager, so herrschte auch in Tscheljabinsk eine weitgehende Selbstverwaltung der Häftlinge. Unsere Kapos waren meist Leute, die etwas Russisch sprachen. Unser Barackenältester, ein vollgefressener Berliner Unteroffizier, genoss wie alle anderen gewisse Privilegien. Er musste wenig arbeiten, während die meisten Häftlinge schufteten und hungerten. Im Winter 1944/45 fegte eine Epidemie durch das Lager, die viele hinwegraffte. Ich habe nur dank Lydia überlebt. Als ich krank wurde – wahrscheinlich hatte ich verdorbene Kutteln gegessen – verschrieb sie mir Backobst und stufte mich eine Arbeitskategorie herunter. Dieses zusätzliche Essen hat mir das Leben gerettet. Außerdem setzte sich Lydia dafür ein, dass ich in ein Lager verlegt wurde, in dem die Häftlinge vor allem Schachspiele und Rechenmaschinen aus Zehnerreihen bunter Perlen produzierten. Manche stellten nebenbei Spielzeug für die russischen Wachleute her, die ihnen dafür Tabak gaben. Wer so töricht war, sein Brot gegen Tabak einzutauschen, dem ging es bald schlecht. Vor dieser Dummheit habe ich mich gehütet."

„Wie haben Sie das Verhältnis zwischen Gefangenen und Aufsehern erlebt?"

„Außer ‚dawai!‘ und ‚stoj!‘ hörten wir nicht viel von den Aufsehern. Die meisten waren keine Schinder. Sie hatten es oft auch nicht viel besser als wir. Viel schlimmer war, dass es in den Baracken von Wanzen wimmelte.

Auch in diesem Lager, in dem Rumänen das Sagen hatten, konnte man sich der *NKWD*-Propaganda nicht entziehen. Unser Instruktor überredete mich Ende 1945, dem *Nationalkomitee Freies Deutschland* beizutreten. Als so genannter Antifaschist wurde ich nicht mehr kahl geschoren. Meine Gesinnung war also von weither erkennbar. Mit dieser Entscheidung konnte ich bis 1949, also bis zum Ende meiner Haftzeit, in diesem vergleichsweise angenehmen Vorzeigelager bleiben."

Die nächste Aussage des *neuen* Antifaschisten überrascht mich sehr: „Im Laufe der Jahre erschienen regelmäßig amerikanische Ärzte in unserem Lager, um Medikamente an uns zu testen. 1944/45 bekamen wir in diesem Zusammenhang sogar manchmal beste amerikanische Konserven: *Oscar Mayer* und *John Morrell*. Daran erinnere ich mich genau. Offenbar war man nur gut genährt für diese Experimente tauglich."

„Sind Sie sicher, dass es amerikanische Ärzte waren?"

„Absolut sicher!"

„Wie sahen die Experimente aus?"

„Wir bekamen Spritzen. Anfangs ein- bis zweimal im Jahr, später auch häufiger."

„Wussten Sie, um welche Art von Versuchen es sich handelte? Konnten Sie die Teilnahme verweigern?"

„Da hatte man keine Wahl."

„Zogen diese Eingriffe irgendwelche Folgeerscheinungen nach sich?"

„Man hatte anschließend immer ein paar Tage lang Fieber."

„Sie sprechen von unfreiwilligen medizinischen Experimenten an Kriegsgefangenen?", frage ich ihn, über seine Ruhe erstaunt.

„Ich weiß. Was ich Ihnen erzähle, ist die Wahrheit, die ich erlebt habe."

„Wie lang gingen diese Versuche?"

„An den genauen Zeitraum kann ich mich nicht erinnern. Aber es ging über Jahre." Es muss in den Jahren von 1945 bis 1949 gewesen sein. Im Laufe meiner Recherchen ist mir ein einziges anderes Dokument begegnet, in dem Ähnliches berichtet wird. Die deutsche Krankenschwester Hilde Nowak, die als Zivilinternierte in einem nahe gelegenen Lager, 8 Kilometer von Kopeysk entfernt, interniert war, berichtet von einer zweistöckigen Poliklinik, an der sie vorbeikam, um in einer Apotheke unbeschriftetes Impfserum abzuholen. Das wurde jedem Gefangenen in seinem Lager in den Rücken gespritzt. Die Patienten reagierten mit Abszessen und faustgroßen, rot entzündeten Schwellungen. Als der Strom an Erkrankungen nicht abriss, protestierten die Ärztin Dr. Kabanowa und Schwester Manessia beim Kommissar.[4]

„Ab 1946 konnte ich endlich einmal im Jahr nachhause schreiben", fährt Hermann fort. „Im August 1949 kam ich in das Hauptlager zurück und wurde verhört: ‚Sie sind Faschist!', versuchte man mich zu provozieren. ‚Nein, ich war Soldat', erwiderte ich. Man beschimpfte mich zwar noch eine Weile, aber schließlich wurde auch ich verladen und auf den langen Weg nachhause geschickt."

21. Jewgenij Tschernjaew

Kindheit in einer stalinistischen Sondersiedlung

Jewgenij Tschernjaew ist emeritierter Professor für Regie und war bis zu seiner Pensionierung Dekan an der Akademie für Kultur und die Künste in *Tscheljabinsk*. Unsere Gespräche in seiner ehemaligen Hochschule wurden von einigen deutsch-russischen Kulturveranstaltungen unterbrochen und zogen sich daher über ein paar Tage hin. Trotz dieser Unannehmlichkeiten verlor er nie seine entgegenkommende Freundlichkeit und seinen lächelnden Ernst. Das hellblaue Sakko des ehemaligen Hochschullehrers betonte seine blauen Augen. Das lichte Haar unterstrich seine hohe Stirn, und die großen Brillengläser ließen das schmale Gesicht des schlanken *Kosaken* noch schmaler erscheinen. Nichts an ihm wirkte hastig oder unüberlegt.

Jewgenij Tschernjaew kam 1926 als ältestes von sechs Geschwistern in einem Kosakendorf in der Nähe der Stadt Plast zur Welt, am Ostrand des Südurals, etwa 130 Kilometer südlich von Tscheljabinsk. Dieses Gebiet hatte der Zar einst den *Tataren* für ihren verdienstvollen Kampf gegen Napoleon überlassen. So kam es, dass die von Katharina der Großen dort angesiedelten Kosaken und die Tataren Dörfer in unmittelbarer Nähe zueinander bewohnten.

„Nach der Revolution von 1917 wurde das Kosakentum offiziell verboten", erklärt Jewgenij. „Erst seit Gorbatschow dürfen wir unsere Traditionen wieder offen pflegen."

Wie vor und während des II. Weltkriegs ist das Kosakentum auch heute gespalten. Die ,Allrussische Kosaken-Union', das Sprachrohr der alten kommunistischen Nomenklatura, setzt sich für die Wiedereingliederung der unabhängigen Republiken in ein neues Großrussland ein und für die Rechte der über 25 Millionen Russen, die heute außerhalb der russischen Förderation leben. Die antikommunistische, patriotische und christlich-konservative ,Union der Kosakenheere' drängt auf die Rückkehr der

Kosaken in ihre angestammten Gebiete. Beide tragen zur Destabilisierung der Kaukasusregion bei.[1]

„Stalin zweifelte an der Loyalität der Kosaken", bemerke ich. „Sie waren ja treue Diener der Zaren gewesen und viele hatten gegen die Bolschewiki gekämpft."

„Richtig. Es gab aber auch solche, die auf Stalins Seite standen. Viele, sehr viele Kosaken wurden nach Sibirien verbannt. Dabei spielte auch eine Rolle, dass Kosaken eher wohlhabend waren und daher als *Kulaken* eingestuft wurden."

„Mit ihrem enteigneten Besitz konnte Stalin seine Anhänger entlohnen", werfe ich ein.

„Da will ich Ihnen nicht widersprechen."

Der Chef der ukrainischen *Tscheka*, Latsis, gab unumwunden zu, dass die ‚Enteignungen' in die Taschen der Tschekisten wanderten.[2] Diese wurden darauf getrimmt, Kulaken nicht als Menschen, sondern als Schädlinge zu betrachten, die vernichtet werden mussten.[3] Methoden der Indoktrinierung wie bei der SS, geht es mir durch den Kopf, nur die Feindbilder waren andere.

„Im bitterkalten Winter von 1930 wurden wir in Güterwaggons ins 650 Kilometer entfernte Tobolsk deportiert." (Diese älteste Stadt Sibiriens, östlich des Urals, wurde Ende des 16. Jahrhunderts von Kosaken gegründet.) „Unterwegs starb mein 1-jähriger Bruder." Er war eines von Hunderttausenden Kindern, die im Rahmen der *Liquidierung der Kulaken* umkamen.

„Vom Bahnhof brachte man uns mit Pferdewagen zu einer *Kolchose* mitten im Wald. ‚Baut Häuser!' hieß es. Stattdessen arbeitete Vater jedoch bald als Buchhalter für die Kolchose und stellte in seiner Freizeit Filzstiefel her. Die ließen sich im 2 Kilometer entfernten Dorf gegen Lebensmittel eintauschen. Es dauerte nicht lange und Vaters Stiefel waren so begehrt, dass er die Nachfrage nicht mehr allein bewältigen konnte und Lehrlinge anlernte. Dort, umgeben von endlosen Wäldern, verbrachte ich die nächsten zehn Jahre meiner Kindheit."

Die *Entkulakisierung* war im Grunde eine Wiederholung der Entkosakisierung von 1919/20. Sie setzte mit der Zwangskollektivierung von 1929 ein. Nicht nur Wohlhabende wurden nun zu Staatsfeinden erklärt und enteignet. Letztlich war jeder betroffen, der versuchte, sich den Bolschewiki zu widersetzen. 400.000 Familien wurden von Haus und Hof vertrieben, weitere 400.000 Familien, wie Jewgenijs, wurden in *Sondersiedlungen* deportiert.[4] Von diesen Deportierten verhungerten oder erfroren etwa 300.000 Menschen allein auf dem Transport.[5] Darüber hinaus wurden über eine halbe Million Menschen verhaftet und fast 36.000 erschossen.[6] Insgesamt wurden im Rahmen dieser Entkulakisierung 5 Millionen Sowjetbürger ins Elend gestürzt.[7] Über dieses Verbannungssystem, das neben dem *Gulag* und den Gefängnissen ebenfalls dem *NKWD* unterstand, über die verschiedenen Arten der Zwangsumsiedlung generell, ist noch wenig bekannt.

Die Gesamtzahl der über die Jahre deportierten Kulaken wird auf 10 bis 12 Millionen geschätzt. Bis 1935 kam ein Drittel von ihnen um, ein Drittel landete im Gulag und ein Drittel, wie Jewgenijs Familie, in Sondersiedlungen. Insgesamt erlitten 11 Millionen Menschen zwischen 1929 und 1935 einen vorzeitigen Tod – etwa 3 Millionen in Folge der Entkulakisierung.[8] Nach 1935 kamen noch 3,5 Millionen Todesopfer des Gulag hinzu.[9]

„Als sich die Umstände in unserer Sondersiedlung langsam besserten, gab es auch gute Zeiten, Jahre ohne Hunger", erzählt Jewgenij. „Der Mensch ist enorm anpassungsfähig. Man gewöhnte sich auch an dieses Leben. Die Leute, die dort als Notgemeinschaft lebten, entwickelten einen ausgeprägten Gemeinschaftssinn. An manchen Tagen kam man zusammen, um Gebrauchsgegenstände zu tauschen. Alle Tauschwaren wurden im Zentrum der Siedlung aufgetürmt, dann rief jemand: ‚Wer braucht einen Topf?' Wer einen Topf brauchte, hatte vielleicht etwas anderes, um es dafür einzutauschen.

In diesem gerodeten Waldgebiet säumten etwa 40 Holzhäuser eine einzige, unbefestigte Straße. Vor seiner Hütte pflanzte jeder eine Birke, den Baum, der die russische Seele verkörpert. Hatte man nach viel Arbeit und Mühsal ein neues Stück Land endlich so weit, dass es gepflügt werden konnte, war das ein bedeutendes Ereignis! Die Pferde wurden mit bunten Bändern und Blumen geschmückt und alle Kolchosbewohner feierten ein ausgelassenes Fest. Auf den Feldern wurde Roggen und Lein angepflanzt, Weizen und Erbsen, Hafer, Kartoffeln, Kraut und Mohrrüben. Sowohl der Kolchose-Vorsitzende als auch der Kommandant waren anständige Menschen." Ergänzt werden muss, dass die *Sondersiedler* Arbeitsnormen unterlagen, die bis zu 50 Prozent über denen freier Arbeiter lagen und dass sie bis zu einem Viertel ihrer Gehälter an die GPU/NKWD-Kommandantur zahlen mussten.[10]

„Mutter war gebildet. Sie leitete bald den Kindergarten und übernahm, ohne medizinische Ausbildung, die Rolle einer Krankenschwester. Bei größeren Problemen musste man jedoch mit dem Pferdefuhrwerk 15 Kilometer bis zum nächsten Krankenhaus fahren. Dieses Dorf Uschakowo, 150 Kilometer vom Fluss Vagaj entfernt, erlangte literarischen Ruhm, als der britische Schriftsteller Kipling von dort seinen ersten Brief aus Russland schrieb."

„1933 kamen Sie in die Schule?"

„Ja. Wir hatten ein Klassenzimmer für die erste und dritte und ein zweites für die zweite und vierte Klasse." Lächelnd fährt er fort: „Es gab auch ein kleines Theater, in dem wunderbare Stücke aufgeführt wurden. Auf das Bühnenbild und die Kostüme verwandte man viel Mühe und Sorgfalt. Meine Mutter war der Star. Da ich es ihr gleichtun wollte, spielte ich ab der dritten Klasse mit großem Eifer im Kindertheater mit. Das hat mir viel Freude bereitet und mein ganzes weiteres Leben geprägt.

Als Stalin 1936 eine neue Verfassung in Kraft setzte, die Gleichberechtigung und Freiheit versprach, schöpften die Menschen Hoffnung. Auch Vater versprach sich eine Verbesserung unserer Lage. Aber es sollte ganz anders kommen.

Im Sommer 1937 reiste die ganze Familie für einen Besuch bei Verwandten in den Ural. Wegen unseres weiteren Schulbesuchs blieb meine Schwester bei einer Tante, die in einer *Sowchose* Lehrerin war, und ich bei dem Bruder meiner Mutter, einem Schuldirektor. Auch meine Mutter und meine jüngeren Geschwister blieben noch eine Weile im Ural, als Vater nach Sibirien zurückreiste.

Als Mutter nach Tobolsk zurückgekehrt war, schrieb sie, dass man Vater verhaftet hatte, mit der damals üblichen Begründung, er sei ein *Feind des Volkes* und wolle die sowjetische Macht stürzen. Mein Onkel war daraufhin auf einmal ganz verschlossen." Niemand verstand, warum es zu all den Verhaftungen kam und keiner wagte, sich dazu zu äußern. Jeder hatte Angst vor Kontakt mit den Familien der *Volksfeinde*.

„Als ich 1938 die fünfte Klasse absolviert hatte, mussten meine Schwester und ich nach Tobolsk zurückkehren. Der Abschied von der Schule und meinen neu gewonnenen Freunden fiel mir schwer. Unsere Oma begleitete uns. Mutter weinte nach dem Verschwinden meines Vaters viel. Wahrscheinlich war es diese psychische Belastung, die epileptische Anfälle bei

ihr auslöste. Unser Leben – das Leben unzähliger Menschen – bestand in den folgenden Jahren aus Hoffen, Bangen und Warten. Auf der Suche nach meinem Vater erfuhr ich 1960, dass man ihn 1937 erschossen hatte."
Jewgenijs Vater zählte zu den 50 Prozent der etwa 700.000 Verhafteten der Jahre 1937/38, die hingerichtet wurde. Fast alle waren Kulaken, die aus der Verbannung zurückgekehrt waren, nachdem sie ihre 8-jährige Strafe hinter sich hatten. Besonders brutal ging der NKWD im *Donbass*-Gebiet und in Westsibirien vor, wo Jewgenijs Familie ursprünglich lebte.

Obwohl noch keine vergleichende wissenschaftliche Arbeit über das NS-KZ-System und den Gulag vorliegt, kann man für beide ähnliche Phasen ausmachen. Im Zusammenhang mit der Machtergreifung der Bolschewiki und der Nationalsozialisten dienten die Lager der Stabilisierung der neuen Machthaber und anschließend beiden Diktaturen als Herrschaftsinstrument. Während Stalin die Arbeitskraft der Gulag-Häftlinge bereits seit Anfang der 1930er-Jahre ausbeuten ließ, rückte diese Entwicklung für Hitler erst nach dem gescheiterten Winterfeldzuges 1941/42 in den Mittelpunkt.

Zu Kriegsbeginn arbeiteten über 2 Millionen Gulag-Häftlinge in NKWD-Unternehmen.[11] Ihre Sterberate lag 1942 bei 25 Prozent.[12] Bis zu Stalins Tod durchliefen etwa 18 Millionen Menschen diese Lager.[13] Während die Zahl von Hitlers KZ-Häftlingen kurz vor Kriegsende mit über 700.000 Menschen den Höhepunkt erreicht hatte, kletterte die Zahl aller Gefangenen in der UdSSR – Gulag, Kriegsgefangene, Trudarmisten etc. – 1952/53 auf den Höchststand von 5,5 Millionen Menschen.[14] Da waren in den NS-Vernichtungslagern schon über 3 Millionen Juden vergast oder erschossen worden. Millionenfache Massenvernichtung durch Gas gab es in der UdSSR nicht. Wohl aber millionenfache Menschenvernichtung durch Hunger und Arbeit. Während Stalin in den Bauern das größte Hindernis für seine Modernisierungspläne sah und sie sich zu Feinden machte, pries Hitler die Bauernschaft als ‚Fundament des deutschen Volkstums.'

Manche Historiker verweisen darauf, dass die Umsiedlung von Millionen Bauern und das dadurch verursachte Massenelend eine Maßnahme darstellte, um der Überbevölkerung und der Landflucht Herr zu werden. Da für die freiwillige Erschließung ungenutzter Territorien keine staatlichen Mittel zur Verfügung standen, sei Stalin nur der Zwang geblieben.[15] Nicht erklären kann dies die millionenfache Deportation bei Schnee und Frost.

Als Jewgenij drei Jahre alt war und dieses Schicksal auch seine Familie traf, klagte im Ural niemand über Überbevölkerung.

„Zurück in Tobolsk besuchte ich das 15 Kilometer entfernte Internat", erzählt er leise weiter, „und kam nur an den Wochenenden nachhause. Ich hatte gute Lehrer und trotz aller Widrigkeiten auch an diese Zeit meiner Kindheit gute Erinnerungen. Einen Höhepunkt stellten die Ferien im März 1939 dar. Mit einem Pferdefuhrwerk fuhr ich zu einem Schülerwettbewerb, einer so genannten *Olympiade*. Dort musste man Lieder vorsingen, Gedichte vortragen und eine Figur aus Pappmache herstellen. Von allen Teilnehmern der siebten Klassen belegte ich den ersten Platz! Welch eine Freude! Als Preis erhielt ich eine warme Wolljacke für meine Mutter."

„Nach dem Hitler-Stalin-Pakt besetzte die Rote Armee nicht nur das Baltikum und einen Teil Polens, sondern führte auch Krieg gegen Finnland. Änderte der *Finnisch-Russische Krieg* etwas in Ihrem Leben?"
„1940 durften wir in den Ural zurückkehren, wo Mutter Unterstützung bei Verwandten fand. 1960, als Vater schon rehabilitiert war, fand ich heraus, dass ein Mann aus unserem Dorf ihn und zwei weitere Menschen verraten hatte. Die genauen Hintergründe habe ich allerdings nie erfahren. Ich vermute, es war Neid. Für diese unsäglichen Denunziationen wurde nie ein Mensch zur Rechenschaft gezogen." Wenige der Spitzel, die Unzählige ins Elend stürzten, rangen sich, wie der Stalinfreund und Schriftsteller Simonow, gegen Ende seines Lebens zu der Erkenntnis durch, dass Stalins Tyrannei auch auf den Schultern zahlloser Denunzianten und der feigen Komplizenschaft vieler Funktionsträger ruhte.[16]
„Besuchten Sie in Plast wieder die Schule Ihres Onkels?"
„Ja. Nach der siebten Klasse hatte ich die gesetzliche Schulpflicht zwar erfüllt, wollte aber weiter zur Schule gehen. Als Neffe des Schuldirektors hatte ich schnell wieder Freunde. Erfüllt von meinen Theater-Erfahrungen rief ich das Schultheater ins Leben. Unsere erste Aufführung, *Der Zigeuner* von Puschkin, war ein großer Erfolg."
„Und dann begann der nächste Krieg."
„Ja. Als ich die achte Klasse abgeschlossen hatte, fiel Hitler in Russland ein und ich erlernte in der *Sowchose* Podowinij den kriegsnützlichen Beruf des Drehers."
„Können Sie sich an den Kriegsbeginn erinnern?"
„Ganz genau sogar! An jenem Sonntag, dem 22. Juni, wurde in unserer

Schule gerade eine Turnveranstaltung im Rahmen der BGTO durchgeführt, was soviel bedeutet wie: Sei bereit zur Arbeit und zur Verteidigung der Heimat. Um 12 Uhr mittags wurden alle Schüler und Zuschauer zum großen Platz im Zentrum der Sowchose gerufen und der Sowchose-Leiter gab bekannt: ‚Es ist Krieg!‘ Die erste Reaktion war Angst und Betroffenheit. Schnell verbreiteten sich aber die Entschlossenheit und die Gewissheit, dass man den Feind vernichten werde. Der Vertreter der Russlanddeutschen erklärte: ‚Ich reite morgen zum Militärkommissariat und melde mich freiwillig!‘ Ich habe zunächst jedoch ganz normal als Dreher weiter gearbeitet.

Zwei Jahre später, als ich 16 Jahre alt wurde, ahnte Mutter wohl, dass man mich bald einziehen würde und bat mich, nach Plast zu kommen. Dort unterrichtete ich an einer Gewerbeschule 15-Jährige in Dreherarbeiten, bis ich im Mai 1944 meinen Einberufungsbefehl erhielt. Einerseits war ich gern bereit, meine Pflicht als Soldat tun, andererseits tat mir meine Mutter leid.

Ich hatte mich zur Luftwaffe gemeldet, wurde zu Beginn der Grundausbildung aber vor die Wahl gestellt: Panzer oder Fallschirmspringer. Ich entschied mich für das Fallschirmspringen und wurde in Kirschatsch, 90 Kilometer nordöstlich von Moskau, ausgebildet." Lächelnd sagt er: „Heute verbinde ich noch immer eine gewisse Romantik mit dem Fallschirmspringen und würde gern noch einmal springen. Vor dem ersten Sprung herrschte enorme Aufregung. Gemeinsam sangen wir gegen unsere Furcht an. Ich war der Erste, der laut singend sprang. Als sich dann mein Schirm geöffnet hatte, schmetterte ich aus voller Kehle weiter.

Nach meiner Grundausbildung, zu der auch die Ausbildung an der Flak gehörte, wurde ich Ende 1944 an die 3. Ukrainische Front in Marsch gesetzt, die sich damals in Ungarn befand. Nun wurde es ernst. Ich sprang mit einem Maschinengewehr aus dem Flugzeug, während mich die deutsche Flak beschoss. Manchmal wurde ich auch an der Flak eingesetzt. Wer wie ich acht Schulklassen absolviert hatte, kam häufiger zur Flak. Bei der Befreiung Ungarns, bei den Kämpfen am Plattensee, begann für mich das Frontleben. Ich sah jeden Tag brennende Panzer, tote Soldaten und Zivilisten, die sich versteckten, so gut sie konnten.

Bei meinem ersten Kampfeinsatz an der Flak standen wir zu fünft auf einer Plattform. Sobald ein Flugzeug ins Visier kam, sollte ich einen Hebel drücken. Es erschienen viele Flugzeuge. Ich drückte und drückte und drückte, aber die Flak reagierte nicht. Der Kommandant brüllte: ‚Schieß!! Schieß!!!‘ Aber es ging einfach nicht. Schließlich versuchte er es selbst.

Auch vergeblich. Da untersuchte er das Geschoss. Und stellen Sie sich vor!! Über uns flogen unzählige feindliche Flugzeuge, aber irgendjemand hatte vergessen, das Geschoss zu laden!"

„Sind das Ihre schlimmsten Kriegserinnerungen?"

„Nein. Die habe ich an Wien. Die Brücken waren schon fast alle gesprengt. Wir hatten den Kanal überquert und kämpften Straße für Straße. So ein Häuserkampf ist schrecklich …

Als wir Wien am 13. April, nach sieben Tagen, eingenommen hatten und die Waffen endlich schwiegen, kamen die Bewohner aus allen Ecken hervor und begannen zu singen und zu tanzen." Traurig ergänzt er: „Von den vier Flakgeschützen meiner Batterie hat nur meines überlebt, von 700 Mann ganze 40. Wegen unserer hohen Verluste wurde meine Division ins Hinterland verlegt und durch eine andere ersetzt." Bei diesen Häuserkämpfen, bei denen insgesamt 18.000 sowjetische Soldaten fielen, kam es zu zahlreichen Vergewaltigungen und Plünderungen. Auch 19.000 Wehrmachtssoldaten waren am Ende tot und 47.000 gefangen genommen.

Jewgenij schweigt, ehe er sagt: „Am 2. Mai fiel Berlin und am 5. Mai wurde in Prag zum Aufstand gegen die deutsche Besatzung aufgerufen."

Damit begannen blutige Übergriffe auf deutsche Zivilisten und verwundete Soldaten in den zahlreichen Lazaretten der Stadt. Am 8. Mai unterzeichnete General Toussaint eine Kapitulationsurkunde gegenüber den Amerikanern, die den Soldaten freien Abzug gewährten. Jedoch konnte nur ein kleiner Teil der rund 42.000 deutschen Zivilisten die Stadt mit den Truppen verlassen. Als die sowjetischen Truppen Prag am 9. Mai erreichten, ging der Aufstand in eine Gewaltorgie über, der innerhalb von zwölf Tagen Zehntausende deutsche Zivilisten zum Opfer fielen. Die Überlebenden wurden unter anderem im KZ Theresienstadt interniert, oder mussten in der Landwirtschaft arbeiten.

„Meine Division kam den Tschechen zu Hilfe", erinnert sich Jewgenij. „Wir verfolgten die fliehenden Faschisten. Als wir die österreichische Grenze erreichten, hatte Deutschland kapituliert. Bis zu diesem Tag hatte es geheißen: ‚Verdunkelung und kein Rauch'. Nun war alles hell erleuchtet und wir schossen vor Freude in die Luft. Nur eine deutsche Abteilung unter General Schörner kämpfte trotz des Waffenstillstandes noch eine Zeit lang weiter."

„Haben Sie während dieser Kämpfe Menschen erschossen?"

Meine direkte Frage überrascht ihn nicht: „Ich habe nie einen Menschen direkt ermordet, aber ich habe Flugzeuge abgeschossen und darin saßen ja auch Menschen. Ich betrachtete diese Abschüsse als Heldentaten und empfand das Tragen der Medaillen, die ich erwarb, als Ehre." Dabei ist er der einzige russische Veteran, der mir ohne Medaillen und Orden gegenübersitzt.

„Ihr Vater war, wie Millionen andere, Opfer des bolschewistischen Regimes, das Sie ja auch verteidigten! Ich möchte Ihre Gefühle besser verstehen können."

„Mir, dem Sohn eines *Vaterlandverräters*, war es besonders wichtig, meine Vaterlandsliebe durch meinen mutigen Kampfeinsatz unter Beweis zu stellen, zu demonstrieren, dass ich stolz bin auf den Sieg gegen das faschistische Deutschland."

Furcht vor Ausgrenzung führte bei Kulakenkindern oft zu dem verzweifelten Bemühen, sich als Sowjetbürger zu beweisen. Man setzte sie während des Kriegs häufig in besonders gefährlichen Situationen ein. Um ihre Vaterlandsliebe zu beweisen, wurden viele sogar leidenschaftliche Stalinisten.[17]

„Was geschah nach Kriegsende mit Ihnen?"

„Ich blieb acht Monate, bis Dezember 1945, in Debrecin, in Ungarn. Die nächsten fünf Jahre verbrachte ich im Dienst der Armee in der *Ukraine*. Während dieser Zeit wusste niemand in meiner Familie, wo ich war."

Durch einen mehrjährigen Militärdienst konnten Söhne von *Vaterlandsverrätern*, die den Krieg überlebt hatten, sowie repatriierte Kriegsgefangene die Aufnahme in die Volksgemeinschaft, aus der man sie ausgestoßen hatte, wiedererlangen.

„Was bedeuten die Kriegszeit und die jahrelange anschließende Unfreiheit heute für Sie?"

Ohne zu überlegen antwortet er: „Nichts als verlorene Zeit. Trotz allem hatte ich in meinem Leben auch viel Glück. Ab 1954 besuchte ich die Pädagogische Hochschule, studierte Geschichte und war im Kulturclub als Theaterregisseur und Maler tätig. Nach meinem Studienabschluss arbeitete ich im Kulturclub und als Geschichtslehrer. 1965 wurde ich Direktor des Kulturclubs und begann 1972 hier an der Akademie Regie zu lehren. Nach einem 1977 erfolgreich abgeschlossenen Fernstudium war ich 25 Jahre lang Dekan dieser Akademie. Es gab also weit mehr in meinem Leben als die Kriegszeit. Dafür schätze ich mich glücklich."

Er hat Grund, sich glücklich zu schätzen. Unzählige traumatisierte und verwundete Veteranen endeten, von den Sowjetbehörden vernachlässigt, als Bettler oder tranken sich zu Tode. Das wahre Ausmaß dieses Problems ist bis heute unerforscht – und weitgehend unerkannt.[18] Besonders schlecht erging es den Kosaken, die auf deutscher Seite gekämpft hatten und anschließend von den Alliierten an Stalin ausgeliefert wurden.

Harold Macmillan, der zukünftige britische Premier, schrieb im Mai 1945 in sein Tagebuch: ‚Sie [die Kosaken] auszuliefern hieß, sie zu Sklaverei, Folter und möglicherweise Tod zu verdammen. Sie nicht auszuliefern hieß, die Russen vor den Kopf zu stoßen und u. a. den Vertrag von Jalta zu brechen. So entschlossen wir uns zur Auslieferung.' Die alliierten Kriegsgefangenen, die Stalin zu diesem Zeitpunkt noch in seinen Händen hielt, waren ein gewichtiges Argument dafür, das Leben der Kosaken zu opfern.

Kurz nach diesem Tagebucheintrag trieben britische Armeeangehörige in der Steiermark über 20.000 Kosaken mit Gewehrkolbenschlägen auf LKW und übergaben sie bei Judenburg dem NKWD. Ganze Kosakenfamilien begingen kollektiven Selbstmord, um der Auslieferung an Stalin zu entgehen.[19] Frauen und Kinder wurden mit Bajonetten in Züge gesperrt, aus denen verzweifelte Mütter ihre Kinder von Brücken in Flüsse warfen und dann selber hinterher sprangen.[20] An dem britischen Vorgehen änderte all dies nichts.

Zum Abschluss erkundige ich mich bei Jewgenij, ob er sich heute als Held des vaterländischen Krieges betrachtet.

„Ein Held bin ich nicht. Das ganze Volk ist der Held. Nur durch gemeinsame Anstrengung haben wir gesiegt. Helden waren vor allem die Frauen und Mütter in beiden Ländern. Sie hatten die drückendste, die schwerste Last zu tragen."

Danksagung

Dieses Buch wäre ohne das Vertrauen der Zeitzeugen und die Unterstützung zahlreicher anderer Menschen nicht entstanden.

Dem Direktor der Volkshochschule Wangen, Rudi Sigerist, gebührt Dank dafür, dass er dieses Buch anregte und mich in den Kulturaustausch zwischen der Stadt Wangen und der Akademie für Kultur und die Künste in Tscheljabinsk integrierte.

Dem Direktor der Akademie in Tscheljabinsk, Herrn Ruschanin, möchte ich für seine vielseitige Unterstützung, insbesondere für den Kontakt zu den Medien und Zeitzeugen in Russland, danken.

Für das erste Lesen, für Korrekturen, Rückmeldung und freundschaftliche Kritik danke ich Wolfram Schröter und Ulrich Korwitz.

Danken möchte ich auch den zahlreichen Dolmetschern, die ihr Können unentgeltlich zur Verfügung stellten. Die Dozentin der Pädagogischen Universität von Tscheljabinsk, Olga Vlassenko, und ihre Studenten Pavel, Galina und andere waren die ersten, die dieses Projekt mit Enthusiasmus unterstützten. Auch die Deutsch-Dozentin der Kulturakademie, Helena Meljechina, stellte mir ihre Zeit gern zur Verfügung. Oleg Salo, der Tscheljabinsker Vorsitzende der Organisation der Deutschen in Russland, stand mir zur Seite, wo er nur konnte. Auch der Russlanddeutschen Natalia Oberdoerfer möchte ich für ihre Mitwirkung danken.

Die mannigfache und begeisterte Unterstützung der Journalistin Nuria Fatichowa trug Wesentliches zu diesem Buch bei ebenso wie die Deutschlehrerin Ljubow Telminowa. Für das Übersetzen russischer Texte danke ich der Wangenerin Alrun Taubenbergen ganz herzlich. Ohne sie alle, die mir nicht nur ihr Können und ihre Zeit, sondern vielfach auch ihre Freundschaft schenkten, wäre dieses Buch nicht entstanden.

Danken möchte ich auch Prof. Dr. Dietrich Beyran – Institut für Osteuropäische Geschichte und Landeskunde der Universität Tübingen – für seine sachdienliche Unterstützung und die Überarbeitung des Glossars.

Für das gründliche und professionelle Lektorat der mehrfach überarbeiteten Texte und ihre Geduld danke ich auch diesmal Petra Wägenbaur. Christiane Hemmerich danke ich dafür, dass sie auch meinem dritten Buch mit ihrem Umschlag ein Gesicht verlieh.
Und einen besseren Verleger und Freund als Hubert Klöpfer kann sich kein Autor wünschen.

Anmerkungen

1. Alexander Semjonowitsch Schlykow

1 Bullock, Alan: *Hitler und Stalin. Parallele Leben*. Berlin 1991, S. 390.

2 1936 wurden in der UdSSR 219.418 Menschen verhaftet und 1.118 erschossen. 1937 wurden 429.311 Menschen inhaftiert und 353.074 erschossen. 1938 wurden 328.618 Menschen erschossen und 205.509 verhaftet. (Rittersporn, Gabor: „Zynismus, Selbsttäuschung und unmögliches Kalkül: Strafpolitik und Lagerbevölkerung in der UdSSR". In: Berding, Helmut/Heller, Klaus/Speitkamp, Winfried (Hg.): *Krieg und Erinnerung. Fallstudien zum 19. und 20. Jahrhundert*. Göttingen 2000, S. 303.

3 Figes, Orlando: *Die Flüsterer. Leben in Stalins Russland*. Berlin 2008, S. 413.

4 Figes, ebenda, S. 346.

5 Applebaum, Anne: *Der Gulag*. München 2005, S. 158.

6 Courtois, Stéphane/Werth, Nicolas/Pannè, Jean-Louis/Paczkowski, Andrzej/Bartosek, Karel/Margolin, Jean-Louis (Hg.): *Das Schwarzbuch des Kommunismus. Unterdrückung, Verbrechen und Terror*. München 1998, S. 217.

7 Lukaschenko arbeitete für den sowjetischen Geheimdienst und als Polit-Kommissar bei der Roten Armee. 1990 kam er ins Minsker Parlament und ist seit 1994 regierender Präsident. Er schaltete die Opposition aus, ließ Kritiker festnehmen und verbot die regierungskritische Presse. In den letzten Jahren sind immer mehr Oppositionspolitiker „verschwunden". Er setzte ein Referendum durch, das seine Amtszeit verlängerte und seine Machtbefugnisse ausweitete. Beobachter konstatierten bei jeder Wahl „massive Wahlrechtsverletzungen". Außenpolitisch verfolgt er einen antiwestlichen Kurs. International ist Weißrussland isoliert. Lukaschenko stellt seine „Wahlsiege" nicht nur durch repressive Methoden sicher, sondern vermag es, der Landbevölkerung sein Vorgehen als fair darzustellen. So kann er den demokratischen Schein wahren und zugleich weiterhin seine autokratische Herrschaft durch den KGB sichern. Wegen seiner Wirtschaftspolitik zu Lasten des privaten Gewerbes genießt er bei vielen Weißrussen ein hohes Ansehen.

8 Courtois u. a. (Hg.), ebenda, S. 245.

9 Applebaum, ebenda, S. 455.

10 Baberowski, Jörg: *Der rote Terror. Die Geschichte des Stalinismus*. Bundeszentrale für Politische Bildung. Bonn 2007.

11 Tregubova, Elena: *Die Mutanten des Kreml.* Berlin 2006, S. 231.

12 Courtois u. a. (Hg.), ebenda, S. 233.

13 Applebaum, ebenda, S. 444.

14 Mendelsohn, Ezra: *The Jews of East Central Europe between the World Wars.* Bloomington 1983, S.239, zitiert aus Bieberstein, Johannes Rogalla v.: „*Jüdischer Bolschewismus*" – *Mythos und Realität.* Dresden 2002, S. 282.

15 Kibelka, Ruth: *Ostpreußens Schicksalsjahre 1944–1948.* Berlin 2000, S. 130.

16 Courtois u.a. (Hg.), ebenda, S. 262.

17 Baberowski, ebenda, S. 248.

18 Kibelka, ebenda, S. 67.

19 Sakwa, Richard: *The Rise and Fall of the Soviet Union 1917–1991.* New York 1999, S. 257.

20 Baberowski, ebenda, S. 229.

21 Figes, ebenda, S. 601.

22 Baberowski, ebenda, S. 216.

23 Baberowski, ebenda, S. 222.

24 Baberowski, ebenda, S. 233.

25 Kellmann, Klaus: *Stalin. Eine Biographie.* Darmstadt 2005, S. 192.

26 Baberowski, ebenda, S. 127.

27 Scheide, Carmen: „*Städtisches Alltagsleben*". In: Maeder, Eva/Lohm, Christina (Hg.): *Utopie und Terror. Josef Stalin und seine Zeit.* Zürich 2003, S. 104.

28 Baberowski, ebenda, S. 230.

29 Der Humanismus ist eine Weltanschauung, deren wichtigste Prinzipien Toleranz, Gewaltfreiheit und Gewissensfreiheit sind. Das Wohlergehen des Einzelnen und der Gesellschaft bilden den höchsten Wert. Der Humanismus beruht auf folgenden Grundüberzeugungen: 1. Die Würde des Menschen, seine Persönlichkeit und sein Leben müssen respektiert werden. 2. Der Mensch hat die Fähigkeit, sich zu bilden und weiter zu entwickeln. 3. Die schöpferischen Kräfte des Menschen sollen sich entfalten können. 4. Die Gesellschaft soll ... die Würde und Freiheit des einzelnen Menschen gewährleisten.

30 Bullock, ebenda, S. 556.

2. Dr. G.

1 Walser, Martin: *Ein springender Brunnen.* Frankfurt/M. 1998, S. 9.

2 Ueberschär, Gerd R.: „Das Scheitern des ‚Unternehmens Barbarossa'. Der deutschsowjetische Krieg vom Überfall bis zur Wende vor Moskau im Winter 1941/42". In: Ueberschär, Gerd R./Wette, Wolfram: *Der deutsche Überfall auf die Sowjetunion 1941. ‚Unternehmen Barbarossa'.* Frankfurt/M. 1997, S. 118.

3 Nawratil, Heinz: *Die deutschen Nachkriegsverluste. Vertreibung, Zwangsarbeit, Kriegsgefangenschaft, Hunger, Stalins deutsche KZs.* Graz 2008, S. 63.

4 Nawratil, ebenda, S. 82.

3. Olga Geibel

1 Schippan, Michael/Striegnitz, Sonja: *Wolgadeutsche – Geschichte und Gegenwart.* Berlin 1992, S. 143.

2 Beyrau, Dietrich: „Aus Subalternität in die Sphären der Macht. Die Juden im Zarenreich und in Sowjetrussland (1860–1930)". In: Baberowski, Jörg: *Moderne Zeiten. Krieg, Revolution und Gewalt im 20. Jahrhundert.* Göttingen 2006, S. 74.

3 Schumann, Rosemarie: *Fremde Heimat – Deutsche in Russland von der Aussiedlung bis zur Rückwanderung.* Berlin 2003, S. 117.

4 Baberowski, Jörg: *Der Rote Terror. Die Geschichte des Stalinismus.* Bundeszentrale für Politische Bildung. Bonn 2007, S. 198.

5 Die Kalmücken sind ein westmongolisches Volk, das sich im 17. Jahrhundert an der unteren Wolga niederließ. Unzufrieden mit der russischen Herrschaft wanderten 1771 knapp 170.000 Kalmücken in ihr Stammland zurück. Nur 66.000 überlebten die Rückkehr. Die Zurückgebliebenen, Nomaden und Halbnomaden, wurden zur Sesshaftigkeit gezwungen. In ihrer Verbitterung unterstützten sie die deutsche Wehrmacht. Als Vergeltung wurden sie nach Sibirien deportiert, wobei ein Drittel von ihnen ums Leben kam. Die nach Polen und Deutschland gelangten Kalmücken wurden überwiegend zwangsrepatriiert.

6 Ausgenommen von dieser Form der Zwangsverpflichtung waren lediglich Mütter mit Kindern unter zwei Jahren. (Schumann, ebenda, S. 173).

7 Wheatcroft, Stephen G.: „Ausmaß und Wesen der deutschen und sowjetischen Repressionen und Massentötungen 1930 bis 1945". In: Dahlmann, Dittmar/Hirschfeld, Gerhard (Hg.): *Lager, Zwangsarbeit, Vertreibung und Deportation.* Essen 1999, S. 107.

8 Figes, Orlando: *Die Flüsterer. Leben in Stalins Russland.* Berlin 2008.

9 Figes, ebenda, S. 698.

4. Minachmet Achmetzyanow

1 Figes, Orlando: *Die Flüsterer. Leben in Stalins Russland.* Berlin 2008, S. 158.

2 Giljasov, Iskander: „Tatarstan-Russland. Innerstaatliche oder zwischenstaatliche Beziehungen." In: Heidenreich, Bernd/Heller, Klaus/Schinke, Eberhard (Hg.): *Rußlands Zukunft. Vorträge eines gemeinsamen Seminars mit der Hessischen Landeszentrale für Politische Bildung.* Berlin 1994, S. 215.

3 Aufständische, die sich gegen die Mobilmachung im I. Weltkrieg in Turkestan er-

hoben. Während der Oktoberrevolution kämpften sie anfangs als Verbündete der Bolschewiki für ihre nationale Unabhängigkeit. Schnell jedoch entwickelte sich unversöhnliche Feindschaft. Sowjethistoriker stellten die Basmatschi als religiös fanatisierte Gewalttäter dar. Dass viele bei Kooperation mit den Sowjets Posten erhielten und in die Rote Armee aufgenommen wurden, verschwiegen sie.

4 Courtois, Stéphane/Werth, Nicolas/Pannè, Jean-Louis/Paczkowski, Andrzej/ Bartosek, Karel/Margolin, Jean-Louis (Hg.): *Das Schwarzbuch des Kommunismus. Unterdrückung, Verbrechen und Terror.* München 1998, S. 160.

5 Courtois u. a. (Hg.), ebenda, S.160.

6 Baberowski, Jörg: *Der Rote Terror. Die Geschichte des Stalinismus.* Bundeszentrale für Politische Bildung. Bonn 2007, S. 67.

7 Kasan ist die Hauptstadt der Republik Tatarstan mit rund 1 Million Einwohnern (2007). Sie ist Zentrum des Islam sowie ein Maschinenbaustandort und Verkehrsknotenpunkt. Sie wurde im 10. Jahrhundert als Hauptstadt des tatarischen Khanats Kasan gegründet und ist die erste nichtrussische Stadt, die Zar Iwan IV., genannt „der Schreckliche", 1552 dem russischen Reich einverleibte. Die Eroberung Tatarstans begründete die Tradition des russischen Vielvölkerstaates.

8 Baberowski, ebenda, S. 126.

9 Maeder, Eva: „,Proletarisierung' der Bauern oder ,zweite Leibeigenschaft'? – Kollektivierung und Kolchossystem." In: Maeder, Eva/Lohm, Christina (Hg.): *Utopie und Terror. Josef Stalin und seine Zeit.* Zürich 2003, S. 91.

10 Wheatcroft, Stephen G.: „Ausmaß und Wesen der deutschen und sowjetischen Repressionen und Massentötungen 1930 bis 1945". In: Dahlmann, Dittmar/Hirschfeld, Gerhard (Hg.): *Lager, Zwangsarbeit, Vertreibung und Deportation.* Essen 1999, S. 96 f.

11 Courtois u. a. (Hg.), ebenda, S. 199.

12 Figes, ebenda, S. 271.

13 Im Vielvölkerstaat Russland stellen Russen heute mit 80 Prozent die Mehrheit der Bevölkerung. Größere Minderheiten sind die Tataren (4,0 Prozent), die Ukrainer (2,2 Prozent), die Armenier (1,9 Prozent), die Tschuwaschen (1,5 Prozent), die Baschkiren (1,4 Prozent) und die Deutschen (0,8 Prozent). Für viele nichtrussische Völker wurden Republiken mit weitgehender Autonomie errichtet, die in den letzten Jahren jedoch wieder erheblich eingeschränkt wurde. Russisch ist die einzige überall geltende Amtssprache. Parallel dazu wird in einzelnen Republiken die jeweilige Volkssprache als zweite Amtssprache verwendet. Das kyrillische Alphabet ist mit Ausnahme Tatarstans die einzige offizielle Schrift. Tatarisch wird ab 2001 gegen den Widerstand der dort ansässigen russischsprachigen Bevölkerung in lateinischer Schrift geschrieben. Diese Praxis verbot das Russische Verfassungsgericht jedoch 2004 mit der Begründung, dass für die Einigkeit Russlands eine einheitliche Schrift notwendig sei.

14 Bullock, Alan: *Hitler und Stalin. Parallele Leben.* Berlin 1991, S. 167.

15 Rittersporn, Gabor T.: „Zynismus, Selbsttäuschung und unmögliches Kalkül:

Strafpolitik und Lagerbevölkerung in der UdSSR". In: Berding, Helmut/Heller, Klaus/ Speitkamp, Winfried (Hg.): *Krieg und Erinnerung. Fallstudien zum 19. und 20. Jahrhundert.* Göttingen 2000, S. 315.

16 Figes, ebenda, S. 819.

17 Weiß, Daniel: „Stalin. Person und Personenkult". In: Maeder, Eva/Lohm, Christina (Hg.): *Utopie und Terror. Josef Stalin und seine Zeit.* Zürich 2003, S. 57 f.

18 Courtois u. a. (Hg.), ebenda, S. 94.

19 Courtois u. a. (Hg.), ebenda, S. 134.

20 Bullock, ebenda, S. 95.

21 Applebaum, Anne: *Der Gulag.* München 2005, S. 50.

22 Baberowski, ebenda, S. 42.

5. Helga Rex

1 Neulietzegöricke wurde nach der Trockenlegung des Oderbruchs 1753 durch Friedrich den Großen gegründet. Mit seinen Fachwerkhäusern steht dieses älteste Kolonistendorf im Oderbruch heute unter Denkmalschutz.

2 Schumann, Rosemarie: *Fremde Heimat – Deutsche in Russland von der Aussiedlung bis zur Rückwanderung.* Berlin 2003, S. 184.

3 Andrei Wyschinski trat 1920 in die KPdSU ein und gewann rasch das Vertrauen Stalins. Er war von 1923 bis 1925 Staatsanwalt beim Obersten Gericht der Sowjetunion, von 1925 bis 1928 Rektor der Moskauer Staatsuniversität, von 1928 bis 1931 Mitglied des Volkskommissariats für Bildungswesen und von 1935 bis 1939 Generalstaatsanwalt der Sowjetunion.
Während der Moskauer Prozesse 1936 bis 1938 war er Chefankläger und damit ein wesentlicher juristischer Handlanger der Stalinschen Säuberungen. In seinen Augen reichten die Geständnisse der Angeklagten aus, um ihre Schuld zu dokumentieren. Dass diese Geständnisse sehr oft unter der Folter gegeben wurden, übersah er geflissentlich.
Nach Kriegsende nahm er in Nürnberg an den Prozessen gegen die Hauptkriegsverbrecher teil. Nach Stalins Tod wurde er erneut stellvertretender Außenminister und ständiger Vertreter der Sowjetunion bei den Vereinten Nationen. Er starb 1954 in New York. Seine Arbeit *Die Theorie der Beweisführung beim Gericht im sowjetischen Recht*, die politische Repressionen theoretisch rechtfertigt, bekam 1947 den Stalin-Preis erster Klasse verliehen. Wyschinski wurde viermal mit dem Leninorden ausgezeichnet.

4 Kellmann, Klaus: *Stalin, eine Biographie.* Darmstadt 2005, S. 225.

5 Nawratil, Heinz: *Die deutschen Nachkriegsverluste. Vertreibung, Zwangsarbeit, Kriegsgefangenschaft, Hunger, Stalins deutsche KZs.* Graz 2008, S. 32.

6 Poljan, Pavel M.: „Westarbeiter: Reparationen durch Arbeitskraft. Deutsche Häftlinge in der UdSSR". In: Berding, Helmut/Heller, Klaus/Speitkamp, Winfried (Hg.): *Krieg und Erinnerung. Fallstudien zum 19. und 20. Jahrhundert.* Göttingen 2000, S. 360.

6. Alfons Fraas

1 Prieb, Alexander: *Geiseln. Von Deutschland nach Rußland und zurück. Chronik der Rußlanddeutschen am Beispiel der Familie Prieb.* Kleve 1998.

2 Als Kriegskommunismus bezeichnet man die sowjetische Wirtschaftspolitik von 1918 bis 1921, während des Russischen Bürgerkriegs. Sie hatte die oft gewaltsame Zwangseinziehung bäuerlicher Erzeugnisse ohne Gegenleistung zum Ziel. Auch kleinere und mittlere Industriebetriebe wurden verstaatlicht, privater Handel verboten. Diese Maßnahmen erwiesen sich wirtschaftspolitisch als katastrophal und führten zu einer Hungersnot. Streiks und Aufstände waren die Folge. Der Kriegskommunismus wurde Anfang 1921 zugunsten der Neuen Ökonomischen Politik (NEP) teilweise aufgegeben, unter Stalin jedoch erneut aufgegriffen.

3 Baberowski, Jörg: *Der Rote Terror. Die Geschichte des Stalinismus.* Bundeszentrale für Politische Bildung. Bonn 2007, S. 49 ff.

4 Bullock, Alan: *Hitler und Stalin. Parallele Leben.* Berlin 1991, S. 150 und Kellmann, Klaus: *Stalin. Eine Biographie.* Darmstadt 2005, S. 49.

5 Schippan, Michael/Striegnitz, Sonja: *Wolgadeutsche – Geschichte und Gegenwart.* Berlin 1992, S. 169.

6 Courtois, Stéphane/Werth, Nicolas/Pannè, Jean-Louis/Paczkowski, Andrzej/Bartosek, Karel/Margolin, Jean-Louis (Hg.): *Das Schwarzbuch des Kommunismus. Unterdrückung, Verbrechen und Terror.* München 1998, S. 142.

7 Brandes, Detlef: „Die Wolgarepublik: Eigenstaatlichkeit oder Nationales Gouvernement?" In: Rothe, Hans (Hg.): *Deutsche in Russland, Studien zum Deutschtum im Osten*, Heft 27, 1999, S. 113.

8 Schippan, ebenda, S. 177.

9 Brandes, ebenda, S. 119.

10 Mennoniten sind eine reformierte Glaubensgemeinschaft. Ihr Name leitet sich von dem Theologen Menno Simons ab. Ihre Geschichte beginnt mit der Täuferbewegung um 1525 in Zürich. Da ihnen Verfolgung und Tod drohten, wanderten viele nach Nordamerika aus. Zahlreiche niederländische Mennoniten siedelten sich an der Weichsel an und kamen nach der Ersten Teilung Polens 1772 unter preußische Herrschaft. Eine große Zahl zog Ende des 18. Jahrhunderts in die Ukraine und nach Russland. Nach Einführung der Wehrpflicht 1874 wanderten viele nach Nordamerika aus. Man schätzt, dass heute mehr als 200.000 Menschen russlandmennonitischer Herkunft in Deutschland leben, was auch auf ihre Unterdrückung unter den kommunistischen Machthabern zurückgeht.

11 Die flächengrößte und bevölkerungsreichste der russischen Kaukasusrepubliken. Schon Rom und Persien stritten um die Vorherrschaft über diese Region. Um die nördlichen Völker fernzuhalten, wurde die Kaukasische Mauer errichtet. Im 7. Jahrhundert eroberten die Araber das Gebiet. 1813 wurde Dagestan von Russland unterworfen. 1921 entstand die Autonome Sozialistische Sowjetrepublik Dagestan. Mit Auflösung der UdSSR wurden Dagestan weitreichende Autonomierechte zuge-

standen. Mitte der 1990er-Jahre wurde Dagestan in den Tschetschenienkrieg hinein-
gezogen.

12 Brandes, ebenda, S. 115.

13 Löwe, Heinz-Dietrich: „Stalin. Eine politische Biografie". In: Maeder, Eva/Lohm, Christina (Hg.): *Utopie und Terror. Josef Stalin und seine Zeit.* Zürich 2003, S. 75.

14 Courtois u. a. (Hg.), ebenda, S. 320.

15 Bullock, ebenda, S. 372.

16 Brandes, ebenda, S. 124.

17 Figes, Orlando: *Die Flüsterer. Leben in Stalins Russland.* Berlin 2008, S. 267.

18 Bullock, ebenda, S. 386.

19 Bullock, ebenda, S. 369.

20 Jahn, Egbert: „Zum Problem der Vergleichbarkeit von Massenverfolgung und Massenvernichtung". In: Berding, Helmut/Heller, Klaus/Speitkamp, Winfried (Hg.): *Krieg und Erinnerung. Fallstudien zum 19. und 20. Jahrhundert.* Göttingen 2000, S. 44. Andere Autoren sprechen von 6 Millionen Toten, davon 4 Millionen in der Ukraine, 1 Million in Kasachstan und 1 Million im nördlichen Kaukasus und Schwarzerdegebiet. (Courtois, ebenda, S. 185).

21 Kopelew, Lew: *Und schuf mir einen Götzen.* Göttingen 1996, S. 304.

22 Stark, Meinhard: *Frauen im Gulag. Alltag und Überleben 1936 bis 1956.* München, Wien 2003, S. 97.

23 Löwe, ebenda, S. 82.

24 Schmid, Ulrich: „Literatur unter Stalin". In: Maeder, Eva/Lohm, Christina (Hg.): *Utopie und Terror. Josef Stalin und seine Zeit.* Zürich 2003, S. 147 ff.

7. Adam

1 Wildt, Michael: „Vor der ‚Endlösung'. Die Judenpolitik 1935–1938". In: Berding, Helmut/Heller, Klaus/Speitkamp, Winfried (Hg.): *Krieg und Erinnerung. Fallstudien zum 19. und 20. Jahrhundert.* Göttingen 2000, S. 416 ff.

2 Klein, Peter: „Die Rolle der Vernichtungslager Kulmhof (Chelmo), Belzec und Auschwitz-Birkenau in den frühen Deportationsvorbereitungen". In: Berding u. a. (Hg.), ebenda, S. 481.

3 Courtois, Stéphane/Werth, Nicolas/Pannè, Jean-Louis/Paczkowski, Andrzej/Bartosek, Karel/Margolin, Jean-Louis (Hg.): *Das Schwarzbuch des Kommunismus. Unterdrückung, Verbrechen und Terror.* München 1998, S. 351.

4 Musial, Bogdan (Hg.): *Sowjetische Partisanen in Weißrussland. Innenansicht aus dem Gebiet Baranovici 1941–1944. Eine Dokumentation.* Schriftenreihe der Vierteljahreshefte für Zeitgeschichte. München 2004, S. 13.

5 Kellmann, Klaus: *Stalin, eine Biographie.* Darmstadt 2005, S. 200.

6 Sandkühler, Thomas: „Die Ingangsetzung der ‚Endlösung' im Generalgouvernement am Beispiel des Distriktes Galizien 1941/42". In: Berding u. a. (Hg.), ebenda, S. 458.

7 Nach deutschen Schätzungen liegt die Zahl der von Partisanen in Weißrussland getöteten deutschen Soldaten zwischen 35.000 und 45.000 (Musial, Hg., ebenda, S. 22).

8 Baberowski, Jörg: *Der Rote Terror. Die Geschichte des Stalinismus.* Bundeszentrale für Politische Bildung. Bonn 2007, S. 225.

9 Musial (Hg.), ebenda, S. 15.

10 Kellmann, ebenda, S. 205.

11 Im Sommer 1944 ereignete sich bei Kursk eine der größten militärischen Katastrophen für Deutschland. Die deutschen Verluste betrugen über 500.000 Mann an Gefallenen und Gefangenen. Weil dieses Desaster mit dem Attentat des 20. Juli zusammenfiel, wurde es in Hitlers Umfeld mit Verrat begründet.

12 Name der russischen Städte Samara und Bolgar von 1935 bis 1990.

13 Kibelka, Ruth: *Ostpreußens Schicksalsjahre 1944–1948.* Berlin 2000, S. 197.

14 Poljan, Pavel: *Deportiert nach Hause. Sowjetische Kriegsgefangene im „Dritten Reich" und ihre Repatriierung.* Wien, München 2001, S. 107.

15 Zu den Aufgaben des GUPWI gehörte die Zuführung der Kriegsgefangenen zur Arbeit, politische Umerziehung, Verringerung der Mortalitätsrate, die in einzelnen Lagern anfänglich 50 Prozent betrug, und Suche nach Kriegsverbrechern.

16 Beyrau, Dietrich: *Schlachtfeld der Diktatoren. Osteuropa im Schatten von Hitler und Stalin.* Göttingen 2000, S. 106.

17 Tjurina, Elena A.: „Die Rolle der Zwangsarbeit in der Wirtschaft der UdSSR." In: Berding u. a. (Hg.), ebenda, S. 274.

18 Horthy leitete 1919 den Kampf gegen die in Ungarn etablierte kommunistische Räterepublik unter Béla Kun. 1920 wurde er zum provisorischen Staatsoberhaupt gewählt und musste den Frieden von Trianon akzeptieren, durch den Ungarn zwei Drittel seines Territoriums verlor. In seinem Bestreben, diese Gebiete zurückzugewinnen, stützte er sich auf das Deutsche Reich. Diese Politik trug ihm nach dem Münchener Abkommen Teile der Slowakei ein. 1940 trat er den Achsenmächten bei und erhielt einen Teil Siebenbürgens von Rumänien zurück.
Die zahlreichen an der Räterepublik beteiligten Juden hatten das Bild des *Judeobolschewisten* geprägt. Ab 1938 wurde eine Reihe antijüdischer Gesetze erlassen, jedoch weigerte sich Ungarn, seine jüdischen Einwohner an Hitler auszuliefern. Dies änderte sich nach der deutschen Besatzung. Auf Druck Schwedens, der USA und des Vatikans ließ Horthy die Deportation ungarischer Juden im Juli 1944 stoppen, wodurch die jüdische Bevölkerung von Budapest weitgehend verschont blieb. Nur ein Viertel der über 800.000 ungarischen Juden überlebte den Holocaust. 1944 wurde Horthy von den Deutschen verhaftet, nachdem er versucht hatte, mit der UdSSR einen Waffenstillstand abzuschließen. Nach 1945 ging er nach Portugal ins Exil.

19 Ein jüdischer Geschäftsmann und Schmuggler, der 1923 zu 10 Jahren Zwangsarbeit auf den Solowezki-Inseln verurteilt wurde. Dort wurde er bald Chef der Betriebs- und Handelsabteilung. Von ihm stammt der Satz: ‚Aus dem Häftling müssen wir innerhalb der ersten drei Monate alles herausholen – danach brauchen wir ihn nicht mehr.' Die Idee, Arbeitsleistung an Essensrationen zu koppeln, die unzählige Tote forderte, stammt von ihm. Er wurde dreimal mit dem Leninorden ausgezeichnet.

8. Anatolij Alexejewitsch Gulin

1 Merridale, Catherine: *Iwans Krieg. Die Rote Armee 1939–1945*. Frankfurt/M. 2006, S. 168.

2 Poljan, Pavel M.: „Westarbeiter: Reparationen durch Arbeitskraft. Deutsche Häftlinge in der UdSSR". In: Berding, Helmut/Heller, Klaus/Speitkamp, Winfried (Hg.): *Krieg und Erinnerung. Fallstudien zum 19. und 20. Jahrhundert*. Göttingen 2000, S. 8.

3 Hoffmann, Martin: „Der Zweite Weltkrieg in der offiziellen sowjetischen Erinnerungskultur". In: Berding u. a. (Hg.), ebenda, S. 135 f.

4 Baberowski, Jörg: *Der Rote Terror. Die Geschichte des Stalinismus*. Bundeszentrale für Politische Bildung. Bonn 2007, S. 232.

5 Baberowski, ebenda, S.201.

6 Merridale, ebenda, S. 85.

7 Baberowski, ebenda, S. 195.

8 Figes, Orlando: *Die Flüsterer. Leben in Stalins Russland*. Berlin 2008, S. 595.

9 Musial, Bogdan (Hg.): *Sowjetische Partisanen in Weißrussland. Innenansicht aus dem Gebiet Baranovici 1941–1944. Eine Dokumentation*. Schriftenreihe der Vierteljahreshefte für Zeitgeschichte. München 2004, S.42.

10 Hoffmann, ebenda, S. 136.

11 Figes, ebenda, S. 590.

12 Merridale, ebenda, S. 209.

13 Streit, Christian: „Die sowjetischen Kriegsgefangenen in der Hand der Wehrmacht". In: Monaschek, Walter (Hg.): *Die Wehrmacht im Rassenkrieg*. Wien 1996, S. 75.

14 Baberowski, ebenda, S. 224 und Bullock, Alan: *Hitler und Stalin. Parallele Leben*. Berlin 1991, S. 1072.

15 Bullock, ebenda, S. 1078.

16 Streit, Christian: „Die Behandlung der sowjetischen Kriegsgefangenen und völkerrechtliche Probleme des Krieges gegen die Sowjetunion". In: Ueberschär, Gerd R./ Wette, Wolfram: *Der deutsche Überfall auf die Sowjetunion. „Unternehmen Barbarossa"* 1941. Frankfurt/M. 1997, S. 165.

17 Sokolow, Boris: „Von der ‚deutschen Schuld' zur ‚sowjetischen Schuld'. Russische Literatur über den Zweiten Weltkrieg 1945–2000". In: Herrmann, Dagmar/Volpert, Astrid (Hg.): *Traum und Trauma. Russen und Deutsche im 20. Jahrhundert*. München 2003, S. 335.

18 Baberowski, ebenda, S. 234.

19 Poddskyi, Anatolij Alexejewitsch: „Der widerwillige Blick zurück". In: *Osteuropa. 59. Jahrgang/Heft 8–10. Impulse für Europa. Tradition und Moderne der Juden Osteuropas.* Oktober 2008, S. 446.

20 Streit, Christian: „Die sowjetischen Kriegsgefangenen in der Hand der Wehrmacht." In: Monaschek, Walter (Hg.): *Die Wehrmacht im Rassenkrieg.* Wien 1996, S. 77.

21 Streit, Christian: „Die sowjetischen Kriegsgefangenen in den deutschen Lagern". In: Berding u. a. (Hg.), ebenda, S. 410.

22 Bullock, ebenda, S. 365.

23 Bullock, ebenda, S. 371.

24 Kellmann, Klaus: *Stalin. Eine Biographie.* Darmstadt 2005, S. 99.

25 Kellmann, ebenda, S. 99.

26 Kellmann, ebenda, S. 96.

27 Baberowski, ebenda, S. 248.

28 Baberowski, ebenda, S. 245.

29 Poljan, ebenda, S. 41.

30 Nawratil, Heinz: *Die deutschen Nachkriegsverluste. Vertreibung, Zwangsarbeit, Kriegsgefangenschaft, Hunger, Stalins deutsche KZs.* Graz 2008, S. 67.

31 OSOBIY OTDEL (Sonderabteilung) ist die Abkürzung für einen Abschirmdienst. Die Menschen, die für diesen Dienst arbeiteten, nannte man Osobisty. (Singular Osobist).

32 Poljan, ebenda, S. 18.

33 Poljan, ebenda, S. 49.

34 Poljan, ebenda, S. 182.

35 Schmid, Ulrich: „Literatur unter Stalin". In: Maeder, Eva/Lohm, Christina (Hg.): *Utopie und Terror. Josef Stalin und seine Zeit.* Zürich 2003, S. 136.

36 Figes, ebenda, S. 296 ff.

37 Poljan, ebenda, S. 119.

38 Nawratil, ebenda, S. 21.

39 Poljan, ebenda, S. 112.

40 Miller, Alexei: „The Communist Past in Post-Communist Russia". In: Borysza, Jerzy W./Ziemer, Klaus: *Totalitarian and Authoritarian Regimes in Europe.* Warschau 2006, S. 519.

9. Lydia Drude

1 Spätaussiedler nennt man deutsche Volkszugehörige, die seit 1993 nach Deutschland übersiedelt sind. Als solcher anerkannt wird seit 1997 nur noch, wer ausreichende deutsche Sprachkenntnisse nachweist. Auf Grund des Wohnortzuweisungsgesetzes sind Aussiedler, die ihren Unterhalt nicht selber bestreiten, in ihrer Freizügigkeit eingeschränkt. Von 1950 bis 2005 kamen etwa 4,5 Millionen Aussiedler nach Deutschland. Die Stigmatisierung Deutschstämmiger in der Sowjetunion schlug in Deutschland in eine Stigmatisierung als ,Russen' um. Diese Ausgrenzung wurde von der Jugend als Aspekt eigener Identitätsbildung angenommen und führt immer noch zu Integrationsproblemen.

2 „Die Deutschen in Russland. Der leidvolle Schicksalsweg einer ethnischen Minderheit. Teil I. Die Auswanderung von Deutschen nach Russland von 1763–1878." In: *Lindenblätter*. Bildungsverein für Volkskunde in Deutschland. Die Linde e. V. 1999, S. 43.

3 Schippan, Michael/Striegnitz, Sonja: *Wolgadeutsche – Geschichte und Gegenwart*. Berlin 1992, S. 145.

4 Schippan, ebenda, S. 140.

5 Hilkes, Peter: „Die Russlanddeutschen in der Sowjetunion und ihren Nachfolgestaaten." In: Rothe, Hans (Hg): *Deutsche in Russland. Studien zum Deutschtum im Osten*, Heft 27, 1996, S. 153.

6 Courtois, Stéphane/Werth, Nicolas/Pannè, Jean-Louis/Paczkowski, Andrzej/Bartosek, Karel/Margolin, Jean-Louis (Hg.): *Das Schwarzbuch des Kommunismus. Unterdrückung, Verbrechen und Terror*. München 1998, S. 184 f.

7 Heim, Susanne: „Bevölkerungsökonomie, Deportation und Vernichtung." In: Berding, Helmut/Heller, Klaus/Speitkamp, Winfried (Hg.): *Krieg und Erinnerung. Fallstudien zum 19. und 20. Jahrhundert*. Göttingen 2000, S. 507.

8 Lemberg, Hans: „Das Konzept der ethnischen Säuberungen im 20. Jahrhundert". In: Berding, ebenda, S. 486.

9 Richter-Eberl, Ute: „Gekämpft, gehofft und doch verloren? Der Zweite Weltkrieg und die Russlanddeutsche Identitätspolitik". In: Rothe (Hg.), ebenda, S. 132.

10 Schumann, Rosemarie: *Fremde Heimat – Deutsche in Russland von der Aussiedlung bis zur Rückwanderung*, Berlin 2003, S. 171.

11 Schumann, ebenda, S. 180.

12 Richter-Eberl, ebenda, S. 133.

13 Schumann, ebenda, S. 185.

14 Courtois u. a. (Hg.), ebenda, S. 281.

15 Courtois u. a. (Hg.), ebenda, S. 240.

16 Schippan, ebenda, S. 188.

10. Gebhard

1 Bieberstein, Johannes Rogalla v.: ,Jüdischer Bolschewismus' – Mythos und Realität. Dresden 2002, S. 158.

2 Bieberstein, ebenda, S. 162.

3 Bullock, Alan: *Hitler und Stalin. Parallele Leben.* Berlin 1991, S. 309.

4 Bullock, ebenda, S. 334.

5 Kibelka, Ruth: *Ostpreußens Schicksalsjahre 1944–1948.* Berlin 2000, S. 201f.

6 Bullock, ebenda, S. 539.

7 Baberowski, Jörg: *Der Rote Terror. Die Geschichte des Stalinismus.* Bundeszentrale für Politische Bildung. Bonn 2007, S. 123 ff.

8 Hoffmann, Martin: „Russland und der Nationalitätenkonflikt im Nordkaukasus." In: Heidenreich, Bernd/Heller, Klaus/Schinke, Eberhard (Hg.): *Rußlands Zukunft.* Vorträge eines gemeinsamen Seminars mit der Hessischen Landeszentrale für Politische Bildung. Berlin 1994, S. 245.

9 Bullock, ebenda, S. 1180.

10 Bonwetsch, Bernd: „Der GULAG und die Frage des Völkermords." In: Baberowski, Jörg (Hg.): *Moderne Zeiten. Krieg, Revolution und Gewalt im 20. Jahrhundert.* Göttingen 2006, S. 121 f.

11 Lemhöfer, Lutz: „Gegen den gottlosen Bolschewismus. Zur Stellung der Kirchen zum Krieg gegen die Sowjetunion." In: Ueberschär, Gerd/Wette, Wolfram: *Der Überfall auf die Sowjetunion ,Unternehmen Barbarossa' 1941.* Frankfurt/M. 1997, S. 80.

12 Ueberschär, Gerd R.: „Hitlers Entschluss zum ,Lebensraum'– Krieg im Osten". In: Ueberschär, ebenda, S. 29.

13 Baberowski, ebenda, S. 230.

14 Bullock, ebenda, S. 1101.

11. Efim (Chaim) Kolodesh

1 Kiew wird wegen seiner Kirchen und Klöster und seiner Bedeutung für die orthodoxe Christenheit als *Jerusalem des Nordens* bezeichnet. 1240 wurde die Stadt von Mongolen niedergebrannt und fast alle Einwohner getötet. 1320/65 kam sie zu Litauen und wurde 1569 eine polnisch-litauische Provinzhauptstadt. 1667 fiel Kiew unter russische Vorherrschaft. Während der deutschen Besatzung (1941 bis 1943) wurden 120.000 bis 160.000 sowjetische Kriegsgefangene und Zivilisten ermordet, davon mehr als 33.000 Juden. 1986 wurde Kiew vom Tschernobyl-GAU schwer getroffen und ist seit 1991 Hauptstadt der unabhängigen Ukraine.

2 Jüdische Speisegesetze. Beispielsweise ist Schweinefleisch nicht koscher. Diese Regeln schreiben auch vor, wie ein Tier getötet wird. Orthodoxe Juden legen die geforderte Trennung von Milch- und Fleischprodukten so streng aus, dass sie dafür getrenntes Ess- und Kochgeschirr verwenden.

3 Sie basierte auf einem von 1911 bis 1913 geführten Mordprozess. Das 12-jährige Opfer wurde auf dem Gelände einer jüdischen Fabrik gefunden. Menachem Beilis, ein jüdischer Fabrikarbeiter und Wera Tscheberjak, deren Sohn mit dem Opfer befreundet war, wurden verhaftet. Beiden war aber nichts nachzuweisen. Einem Presseaufruf folgte die Unterstützung überwiegend deutscher und österreichischer Juden für Beilis. Nachdem dieser frei gesprochen war, reiste er mit seiner Familie und dank der Finanzhilfe des Bankiers Rothschild nach Palästina und 1920 nach New York aus. Wera Tscheberjak wurde nach einem kurzen Verfahren zum Tode verurteilt und sofort erschossen.

4 Eliašević, Dimitrij/Maksim Melcin: „Stürmischer Aufschwung. Jüdische Studien in Russland." In: Osteuropa. *Impulse für Europa. Tradition und Moderne der Juden Osteuropas.* 59. Jahrgang/Heft 8–10, Oktober 2008, S. 437.

5 Beyrau, Dietrich: „Aus Subalternität in die Sphären der Macht. Die Juden im Zarenreich und in Sowjetrussland (1860–1930)". In: Baberowski, Jörg (Hg.): *Moderne Zeiten. Krieg, Revolution und Gewalt im 20. Jahrhundert.* Göttingen 2006, S. 77.

6 Beyrau, ebenda, S. 83.

7 Bieberstein, Johannes Rogalla v.: *„Jüdischer Bolschewismus" – Mythos und Realität.* Dresden 2002, S. 131.

8 Budnickij, Oleg: „Die Juden und die Tscheka. Mythen, Zahlen, Menschen." In: Osteuropa, 59. Jg., ebenda, 2008, S. 127.

9 Bieberstein, ebenda, S. 204.

10 Budnickij, ebenda S. 120.

11 Bieberstein, ebenda, S. 140.

12 Budnickij, ebenda, S. 127.

13 Courtois, Stéphane/Werth, Nicolas/Pannè, Jean-Louis/Paczkowski, Andrzej/Bartosek, Karel/Margolin, Jean-Louis (Hg.): *Das Schwarzbuch des Kommunismus. Unterdrückung, Verbrechen und Terror.* München 1998, S. 118.

14 Bieberstein, ebenda, S. 190.

15 Beyrau, ebenda, S. 83.

16 Bar Mitzwa ist ein Ritus, der die religiöse Mündigkeit eines Kindes andeutet und im Allgemeinen am Sabbat nach dem 13. Geburtstag gefeiert wird.

17 Bieberstein, ebenda, S. 141.

18 Poddskyi, Anatolij: „Der widerwillige Blick zurück." In: Osteuropa, 59. Jg., ebenda, S. 446.

19 Bullock, Alan: *Hitler und Stalin. Parallele Leben.* Berlin 1991, S. 979 f.

20 Urban, Thomas: „Ilja Ehrenburg als Kriegspropagandist." In: Herrmann, Dagmar/Volpert, Astrid (Hg.): *Traum und Trauma. Russen und Deutsche im 20. Jahrhundert.* München 2003, S. 42 ff.

21 Urban, ebenda, S. 258.

22 Eliašević/Maksim, ebenda, S. 438.

23 Urban, ebenda, S. 259.

24 Beyrau, ebenda, S 47.

25 Kellmann, Klaus: *Stalin. Eine Biographie.* Darmstadt 2005, S. 202 f.

26 Poddskyi, ebenda, S. 452.

12. Theo

1 Das Dritte Reich zeigte sich an Rumänien nur in soweit interessiert, als dessen lebenswichtige Öllieferungen nicht gefährdet waren. Ende Juni erzwang die Sowjetunion in Folge des Hitler-Stalin-Paktes von Rumänien die Abtretung der Nordbukowina und Bessarabiens. Da ein sowjetisches Eingreifen in Richtung der rumänischen Ölfelder drohte, diktierte Hitler 1940 den Zweiten Wiener Schiedsspruch, durch den Rumänien den gesamten Norden und Osten an Ungarn verlor. An ein Weiterregieren Karls II. war nun nicht mehr zu denken. Um den Staat vor der Machtübernahme durch die ‚eiserne Garde‘, die größte faschistische Bewegung außerhalb Deutschlands und Italiens, zu schützen, berief er Kriegsminister Antonescu zum Ministerpräsidenten, dankte – von Antonescu gezwungen – ab und ging ins Exil. Gestützt auf das Militär konnte Antonescu regieren, bis er 1944 von den Sowjets verhaftet wurde.

2 Der Vertrag von Trianon ist einer der Verträge, die den I. Weltkrieg beendeten. Ungarn verlor zwei Drittel seines Territoriums. Tschechen und Slowaken riefen 1918 die Tschechoslowakische Republik aus. Siebenbürgen, Schwaben, Sachsen und Banater entschieden sich für die Vereinigung ihrer Gebiete mit Rumänien. Der Vertrag besiegelte die Trennung von etwa 3,2 Millionen Ungarn vom Mutterland. Andererseits verblieben viele Nicht-Magyaren auf dem Gebiet des übrig gebliebenen Ungarn. Die Ungarn waren über diesen Vertrag schockiert. Als Kriegsverlierer wurde Ungarn zusätzlich mit hohen Reparationen belastet. Die Wirtschaftsbeziehungen zu seinen Nachbarn wurden durch hohe Zollmauern unterbrochen. Da gleichzeitig viele Flüchtlinge aus den abgetrennten Gebieten nach Ungarn strömten, verschlechterte sich die Wirtschaftslage dramatisch.

3 Sorkaja, Neja: „Das Kino auf dem Schlachtfeld." In: Herrmann, Dagmar/Volpert, Astrid (Hg.): *Traum und Trauma. Russen und Deutsche im 20. Jahrhundert.* München 2003, S. 207.

4 Bullock, Alan: *Hitler und Stalin. Parallele Leben.* Berlin 1991, S. 534.

5 Rittersporn, Gabor T.: „Zynismus, Selbsttäuschung und unmögliches Kalkül: Strafpolitik und Lagerbevölkerung in der UdSSR." In: Berding, Helmut/Heller, Klaus/Speitkamp, Winfried (Hg.): *Krieg und Erinnerung. Fallstudien zum 19. und 20. Jahrhundert.* Göttingen 2000, S. 312.

6 Sakwa, Richard: *The Rise and Fall of the Soviet Union 1917–1991.* New York 1999, S. 253.

7 Plaggenborg, Stefan: „Stalinismus als Herrschaftsform. Ein Problemaufriss." In: Berding, Helmut/Heller, Klaus/Speitkamp, Winfried (Hg.): *Krieg und Erinnerung. Fallstudien zum 19. und 20. Jahrhundert.* Göttingen 2000, S. 200.

8 Kellmann, Klaus: *Stalin. Eine Biographie.* Darmstadt 2005, S. 178.

9 Voß, Stefan: „Stalins Kriegsvorbereitungen 1941, erforscht, gedeutet und instrumentalisiert. Eine Analyse postsowjetischer Geschichtsschreibung." In: *Hamburger Beiträge zur Geschichte des östlichen Europa.* Hamburg 1998, S. 125.

10 Bullock, ebenda, S. 951.

11 Als Weltwirtschaftskrise bezeichnet man den 1929 einsetzenden volkswirtschaftlichen Einbruch in allen Industrienationen. Das Deutsche Reich suchte durch Stärkung seiner Währung, einhergehend mit rapidem Sozialabbau, einen Weg aus der Krise. Dies trug zu einer Radikalisierung bei, die den Aufstieg des Nationalsozialismus begünstigte. Die Krise hatte mehrere Ursachen. Im I. Weltkrieg hatten die USA ihre Produktion stark ausgeweitet, um die Nachfrage der europäischen Staaten, die als Produzenten ausfielen, zu befriedigen. Als Europa seine Produktion wieder aufnahm, kam es zu einem Überangebot und fallenden Preisen. Ende der 1920er-Jahre war der Markt gesättigt, die Industrie in den USA stand vor einem Abgrund. 1930 gerieten die Banken in den USA und in Frankreich in eine Krise und zogen große Summen kurzfristiger Darlehen aus Deutschland ab – Devisen im Wert von mehreren Milliarden RM. Als im Juli 1931 eine Berliner Großbank illiquide geworden war, setzte ein massenhafter Ansturm der Bevölkerung auf die Banken ein. Diese mussten am 13. Juli 1931 ihre Zahlungen einstellen. Im Februar 1932 standen 6.120.000 Arbeitslose, also 16,3 Prozent der Gesamtbevölkerung, 12 Millionen Beschäftigten gegenüber.

12 Kellmann, ebenda, S. 155 ff.

13 Nawratil, Heinz: *Die deutschen Nachkriegsverluste. Vertreibung, Zwangsarbeit, Kriegsgefangenschaft, Hunger, Stalins deutsche KZs.* Graz 2008, S. 19.

14 Der rumänische Regierungschef unterzeichnete den Pakt mit Deutschland und Italien in der Hoffnung, die an Ungarn verlorenen Gebiete und die an die UdSSR abgetretene Nordbukowina wieder zu gewinnen.

15 Wette, Wolfram: „Die propagandistische Begleitmusik zum deutschen Überfall auf die Sowjetunion am 22. Juni 1941." In: Ueberschär, Gerd R./Wette, Wolfram: *Der deutsche Überfall auf die Sowjetunion ‚Unternehmen Barbarossa' 1941.* Frankfurt/M. 1997, S. 62 f.

16 Hillgruber, Andreas: „Der Ostkrieg und die Judenvernichtung." In: Ueberschär u. a., ebenda, S. 191 f.

17 Hillgruber, ebenda, S. 196.

18 Ueberschär, Gerd R.: „Das Scheitern des ‚Unternehmens Barbarossa.' Der deutsch-sowjetische Krieg vom Überfall bis zur Wende vor Moskau im Winter 1941/42". In: Ueberschär u. a., ebenda, S. 103.

19 Wette, ebenda, S. 54.

20 Sorkaja, ebenda, S. 210.

21 Sokolow, Boris: „Von der ‚deutschen Schuld' zur ‚sowjetischen Schuld.' Russische Literatur über den Zweiten Weltkrieg 1945–2000." In: Herrmann u. a. (Hg.), ebenda, S. 322.

22 Das größte KZ Nordwestdeutschlands. Von den mehr als 100.000 Häftlingen starben fast 43.000. Nach Kriegsende richteten die britischen Besatzungsbehörden dort für drei Jahre ein Internierungslager ein.

13. Ivan Kirillowitsch Zykunov

1 Figes, Orlando: *Die Flüsterer. Leben in Stalins Russland.* Berlin 2008, S. 603.

2 Courtois, Stéphane/Werth, Nicolas/Pannè, Jean-Louis/Paczkowski, Andrzej/ Bartosek, Karel/Margolin, Jean-Louis (Hg.): *Das Schwarzbuch des Kommunismus. Unterdrückung, Verbrechen und Terror.* München 1998, S. 157.

3 Courtois u. a. (Hg.), ebenda, S. 104 ff.

4 Figes, ebenda, S. 102.

5 Maeder, Eva: „‚Proletarisierung‘ der Bauern oder ‚zweite Leibeigenschaft‘? – Kollektivierung und Kolchossystem.“ In: Maeder, Eva/Lohm, Christina (Hg.): *Utopie und Terror. Josef Stalin und seine Zeit.* Zürich 2003, S. 90.

6 Maeder, ebenda, S. 88.

7 Bullock, Alan: *Hitler und Stalin. Parallele Leben.* Berlin 1991, S. 362.

8 Figes, ebenda, S. 173.

9 Figes, ebenda, S. 495 ff.

10 Stettner, Ralf: *‚Archipel GULag‘ – Stalins Zwangslager – Terrorinstrument und Wirtschaftsgigant. Entstehung, Organisation und Funktion des sowjetischen Lagersystems 1928–1956.* Paderborn, München, Wien, Zürich 1996, S. 209.

11 Stark, Meinhard: *Frauen im Gulag. Alltag und Überleben 1936 bis 1956.* München, Wien 2003, S. 279.

12 Applebaum, Anne: *Der Gulag.* München 2005, S. 355.

13 Erren, Lorenz: „‚Selbstkritik‘ und Schuldbekenntnis. Kommunikation und Herrschaft unter Stalin (1917–1953).“ In: Beyrau, Dietrich/Doering-Manteufel, Anselm/ Raphael, Lutz (Hg.): *Ordnungssysteme. Studien zur Ideengeschichte der Neuzeit.* Bd. 19. München 2008, S. 379.

14 Kopelew, Lew: *Und schuf mir einen Götzen.* Göttingen 1996, S. 303 f.

15 Hartmann, Anne: „Traum und Trauma Sowjetunion. Deutsche Autoren über ihr Leben im sowjetischen Exil.“ In: Herrmann, Dagmar/Volpert, Astrid (Hg.): *Traum und Trauma. Russen und Deutsche im 20. Jahrhundert.* München 2003, S. 150.

16 Figes, ebenda, S 357.

17 Zentralarchiv FSK f. 3 op. 4 d.40 B. 58. Zitiert nach: Plaggenborg, Stefan: „Stalinismus als Herrschaftsform. Ein Problemaufriss.“ In: Berding, Helmut/Heller, Klaus/ Speitkamp, Winfried (Hg.): *Krieg und Erinnerung. Fallstudien zum 19. und 20. Jahrhundert.* Göttingen 2000, S. 196.

18 Baberowski, Jörg: *Der Rote Terror. Die Geschichte des Stalinismus.* Bundeszentrale für Politische Bildung. Bonn 2007, S. 134.

19 Courtois u. a. (Hg.), ebenda, S. 238.

20 Figes, ebenda, S. 593.

21 Kopelew, Lew: *Aufbewahren für alle Zeit*. München 1986, S. 19.

22 Kibelka, Ruth: *Ostpreußens Schicksalsjahre 1944–1948*. Berlin 2000, S. 93.

23 Kibelka, ebenda, S. 86.

24 Poljan, Pavel: *Deportiert nach Hause. Sowjetische Kriegsgefangene im „Dritten Reich" und ihre Repatriierung*. Wien, München 2001, S. 70.

25 Applebaum, ebenda, S. 480.

26 Weiß, Daniel: „Stalin. Person und Personenkult". In: Maeder, Eva/Lohm, Christina (Hg.): *Utopie und Terror. Josef Stalin und seine Zeit*. Zürich 2003, S. 60.

27 Ziegler, Jean: *Die Barbaren kommen. Kapitalismus und organisiertes Verbrechen*. München 1998, S. 106 ff.

28 Figes, ebenda, S. 896.

14. Edith

1 Kossert, Andreas: *Ostpreußen. Geschichte und Mythos*. München 2007, S. 239.

2 Kellmann, Klaus: *Stalin. Eine Biographie*. Darmstadt 2005, S. 227.

3 Frister, Roman: *Die Mütze oder der Preis des Lebens*. Berlin 1997.

4 Kossert, ebenda, S. 308.

5 Haumann, Heiko: „‚Eine sozialistische Lebensweise der Zukunft.' Die Sowjetunion zwischen 1929 und 1939." In: Maeder, Eva/Lohm, Christina (Hg.): *Utopie und Terror. Josef Stalin und seine Zeit*. Zürich 2003, S. 30.

6 Tuchel, Johannes: „Dimensionen des Terrors: Funktionen der Konzentrationslager in Deutschland 1933 – 1945." In: Berding, Helmut/Heller, Klaus/Speitkamp, Winfried (Hg.): *Krieg und Erinnerung. Fallstudien zum 19. und 20. Jahrhundert*. Göttingen 2000, S. 372.

7 Courtois, Stéphane/Werth, Nicolas/Pannè, Jean-Louis/Paczkowski, Andrzej/Bartosek, Karel/Margolin, Jean-Louis (Hg.): *Das Schwarzbuch des Kommunismus. Unterdrückung, Verbrechen und Terror*. München 1998, S. 27.

8 Kossert, ebenda, S. 304.

9 Nemmersdorf (heute Majakovskoje, Oblast Kaliningrad) war eines der ersten Dörfer Deutschlands, die im II. Weltkrieg von der Roten Armee eingenommen wurden. Nachdem die Wehrmacht das Dorf zurückerobert hatte, fand man mindestens 23 erschossene Zivilpersonen – in der Mehrzahl Frauen und Kinder. Dieses erste dokumentierte Verbrechen der Roten Armee auf deutschem Boden wurde in Deutschland als *Massaker von Nemmersdorf* bekannt. Das Ereignis wurde von der NS-Propaganda genutzt, um die Bevölkerung für den *Kampf gegen den Bolschewismus* zu mobilisieren.

10 Kossert, ebenda, S. 311 .

11 Kibelka, Ruth: *Ostpreußens Schicksalsjahre 1944–1948*. Berlin 2000, S. 34.

12 Poljan, Pavel M.: „Westarbeiter: Reparationen durch Arbeitskraft. Deutsche Häftlinge in der UdSSR." In: Berding u. a. (Hg.), ebenda, S. 341.

13 Kossert, ebenda, S. 328.

14 Zitiert nach: Nawratil, Heinz: *Die deutschen Nachkriegsverluste. Vertreibung, Zwangsarbeit, Kriegsgefangenschaft, Hunger, Stalins deutsche KZs*. Graz 2008, S. 100.

15 Broszat, Martin, in: Kibelka, Ruth: *Ostpreußens Schicksalsjahre 1944–1948*. Berlin 2000, S. 33.

16 Kossert, ebenda, S. 331.

17 Aly, Götz: „Dafür wird die Welt büßen. ‚Ethnische Säuberungen.' – Die Geschichte eines europäischen Irrweges." In: Dahlmann, Dittmar/Hirschfeld, Gerhard (Hg.): *Lager, Zwangsarbeit, Vertreibung und Deportation*. Essen 1999, S. 495.

18 Urban, Thomas: „Ilja Ehrenburg als Kriegspropagandist." In: Herrmann, Dagmar/Volpert, Astrid (Hg.): *Traum und Trauma. Russen und Deutsche im 20. Jahrhundert*. München 2003, S. 259 ff.

19 Kellmann, ebenda, S. 226.

20 Kossert, ebenda, S. 327 ff.

21 Kibelka, ebenda, S. 149.

22 Wels, Christel: *Der unvergessene Weg*. Berlin 2007.

23 Kibelka, ebenda, S. 26.

24 Arno Surminski bestätigte mir in einem Telefonat, dass dieser Satz aus seiner Feder stammt, konnte aber die genaue Quelle nicht nennen.

25 Kibelka, ebenda, S. 219.

26 Kibelka, ebenda, S. 207.

27 Kibelka, ebenda, S. 231.

28 Kibelka, ebenda, S. 221.

29 Kibelka, ebenda, S. 191.

30 Kibelka, ebenda, S. 16.

31 Kibelka, ebenda, S. 76.

32 Kibelka, ebenda, S. 85.

15. Melchior Maier

1 Brandes, Detlef: „Die Wolgarepublik: Eigenstaatlichkeit oder Nationales Gouvernement?" In: Rothe, Hans (Hg.): *Deutsche in Russland, Studien zum Deutschtum im Osten*, Heft 27, 1999, S. 120.

2 Schippan, Michael/Striegnitz, Sonja: *Wolgadeutsche – Geschichte und Gegenwart*. Berlin 1992, S. 122.

3 Brandes, ebenda, S. 122.

4 Schippan, ebenda, S. 171.

5 Schumann, Rosemarie: *Fremde Heimat – Deutsche in Russland von der Aussiedlung bis zur Rückwanderung.* Berlin 2003, S. 146.

6 Heim, Susanne: „Bevölkerungsökonomie, Deportation und Vernichtung." In: Berding, Helmut/Heller, Klaus/Speitkamp, Winfried (Hg.): *Krieg und Erinnerung. Fallstudien zum 19. und 20. Jahrhundert.* Göttingen 2000, S. 508.

7 1323 wurde Karelien zwischen Russland und Schweden geteilt. 1809 fiel ganz Finnland an Russland. Nach Oktoberrevolution und finnischer Unabhängigkeitserklärung war Karelien Schauplatz blutiger Bürgerkriegskämpfe. Gleichzeitig kämpften finnische Truppen gegen das bolschewistische Russland. 1920 erkannte Sowjetrussland die Unabhängigkeit Finnlands in den Grenzen des ehemaligen Großherzogtums an. Aus den einst russischen Teilen wurde 1923 die Karelische Autonome Sozialistische Sowjetrepublik. Mit der Niederlage Finnlands während des II. Weltkriegs fiel der Großteil Westkareliens an die Sowjetunion. 1947 wurde die heutige Grenze festgelegt. Mit Auflösung der UdSSR wurde die einstige Karelische ASSR 1991 zur Republik Karelien mit der alten Hauptstadt Petrosawodsk. Heute ist das Gebiet zwischen Russland und Finnland geteilt. Die Bevölkerung, Finnen, Karelier und Russen, unterscheiden sich in Sprache, Kultur und Religion.

8 Bullock, Alan: *Hitler und Stalin. Parallele Leben.* Berlin 1991, S. 358.

9 Schumann, ebenda, S. 148.

10 Applebaum, Anne: *Der Gulag.* München 2005, S. 89.

11 Baberowski, Jörg: *Der Rote Terror. Die Geschichte des Stalinismus.* Bundeszentrale für Politische Bildung. Bonn 2007, S. 126.

12 Bullock, ebenda, S. 354.

13 Courtois, Stéphane/Werth, Nicolas/Pannè, Jean-Louis/Paczkowski, Andrzej/Bartosek, Karel/Margolin, Jean-Louis (Hg.): *Das Schwarzbuch des Kommunismus. Unterdrückung, Verbrechen und Terror.* München 1998, S. 188.

14 Courtois u. a. (Hg.), ebenda, S. 169.

15 Courtois u. a. (Hg.), ebenda, S. 320.

16 Bullock, ebenda, S. 290.

17 Heim, ebenda, S. 510.

18 Bieberstein, Johannes Rogalla v.: *„Jüdischer Bolschewismus" – Mythos und Realität.* Dresden 2002, S. 198.

19 Brandes, ebenda, S. 114.

20 Bullock, ebenda, S. 497.

21 Jakobson, Michael: „Die Funktionen und die Struktur des sowjetischen Gefängnis- und Lagersystems 1928 bis 1934." In: Berding u. a. (Hg.), ebenda, S. 219.

22 Figes, Orlando: *Die Flüsterer. Leben in Stalins Russland.* Berlin 2008, S. 480.

23 Maeder, Eva: „‚Proletarisierung' der Bauern oder ‚zweite Leibeigenschaft'? – Kol-

lektivierung und Kolchossystem." In: Maeder, Eva/Lohm, Christina (Hg.): *Utopie und Terror. Josef Stalin und seine Zeit.* Zürich 2003, S. 99.

24 Schumann, ebenda, S. 170.

25 Schippan, ebenda, S. 187.

26 Baberowski, ebenda, S. 189.

27 Seit 1996 müssen Deutschstämmige in ihrem Herkunftsland ausreichende deutsche Sprachkenntnisse nachweisen, um als Aussiedler anerkannt zu werden. Der einfache Test richtet sich an deutschstämmige Antragsteller, der qualifizierte Sprachtest an nicht-deutsche Familienangehörige. Die Durchfallquote für den qualifizierten Sprachtest lag 1996/97 bei 58,2 Prozent, für den einfachen Test bei 36,4 Prozent.

16. Isabella Joassifovna Tschutschanova

1 Bieberstein, Johannes Rogalla v.: *„Jüdischer Bolschewismus" – Mythos und Realität.* Dresden 2002, S. 138.

2 Baberowski, Jörg: *Der Rote Terror. Die Geschichte des Stalinismus.* Bundeszentrale für Politische Bildung. Bonn 2007, S. 44.

3 Bullock, Alan: *Hitler und Stalin. Parallele Leben.* Berlin 1991, S. 245.

4 Baberowski, ebenda, S. 41.

5 Figes, Orlando: *Die Flüsterer. Leben in Stalins Russland.* Berlin 2008, S. 198 f.

6 Figes, ebenda, S. 272.

7 Baberowski, ebenda, S. 104 f.

8 Figes, ebenda, S. 389 ff.

9 Scheide, Carmen: „Städtisches Alltagsleben." In: Maeder, Eva/Lohm, Christina (Hg.): *Utopie und Terror. Josef Stalin und seine Zeit.* Zürich 2003, S. 109.

10 Baberowski, ebenda, S. 73 f.

11 Figes, ebenda, S. 268.

12 Kirow, Sergei Mironowitsch, (1886–1934), war 1919 für die Niederschlagung eines Arbeiterstreiks im Kaukasus verantwortlich, wobei bis zu 1.500 unbewaffnete Menschen ohne Gerichtsverfahren erschossen wurden sowie für mehrere „Säuberungsaktionen" im Terek-Gebiet. 1921 wurde er Sekretär der Parteiorganisation in Aserbaidschan. Seine Hauptaufgabe bestand im Wiederaufbau der Ölförderung in Baku. 1926 wurde er Erster Sekretär der Leningrader Parteiorganisation und hatte großen Anteil an der Zerschlagung der Akademie der Wissenschaften. Auf seine Anordnung hin wurden mehrere Tausend „sozial fremde Elemente" aus Leningrad deportiert. Als Mitglied einer Kollektivierungskommission war er für brutales Vorgehen gegen Bauern verantwortlich. Ab 1930 gehörte er zum Politbüro. Bei der Wahl zum Zentralkomitee 1934 stimmten 292 Delegierte gegen Stalin und nur drei gegen Kirow. Kurz darauf fiel er einem Attentat zum Opfer. Der Mord an Kirow war einer der Anlässe für die stalinschen Säuberungen der Jahre 1936 bis 1939. Aufgrund des offensichtlichen

Nutzens, den Stalin daraus zog, gibt es Vermutungen, er habe den Mord in Auftrag gegeben. Dafür haben sich aber nie Beweise finden lassen.

13 Baberowski, ebenda, S. 187.

14 Baberowski, ebenda, S. 39.

15 Bullock, ebenda, S. 405.

16 Bullock, ebenda, S. 399.

17 Figes, ebenda, S. 604.

18 Baberowski, ebenda, S. 221.

19 Figes, ebenda, S. 534.

20 Figes, ebenda, S. 558.

21 Baberowski, ebenda, S. 236.

22 Borowsky, Kay: *Eine Stadt im Spiegel ihrer Geschichte.* Stuttgart 1996.

23 Figes, ebenda, S. 693.

24 Zitiert nach Bullock, ebenda, S. 1187.

25 Baberowski, ebenda, S. 236.

26 Historiker schätzen die Zahl der Zivilisten, die als Folge der Blockade umkamen, heute auf 600.000 bis 800.000. Siehe Baberowski, ebenda, S. 235.

27 Figes, ebenda, S. 662.

17. Helmut Mädl

1 Bullock, Alan: *Hitler und Stalin. Parallele Leben.* Berlin 1991. S. 541.

2 Löwe, Heinz-Dietrich: „Stalin. Eine politische Biografie." In: Maeder, Eva/Lohm, Christina (Hg.): *Utopie und Terror. Josef Stalin und seine Zeit.* Zürich 2003, S. 82.

3 Stettner, Ralf: *„Archipel GULag" – Stalins Zwangslager – Terrorinstrument und Wirtschaftsgigant. Entstehung, Organisation und Funktion des sowjetischen Lagersystems 1928–1956.* Paderborn, München, Wien, Zürich 1996, S. 262.

4 *Erlebnisberichte aus dem Gefangenenlager 7618 Miss-Nowostroika im Ural 1944–1949,* S. 190.

5 Baberowski, Jörg: *Der Rote Terror. Die Geschichte des Stalinismus.* Bundeszentrale für Politische Bildung. Bonn 2007, S. 130.

6 Stettner, ebenda, S. 275.

7 Applebaum, Anne: *Der Gulag.* München 2005, S. 213.

8 Courtois, Stéphane/Werth, Nicolas/Pannè, Jean-Louis/Paczkowski, Andrzej/Bartosek, Karel/Margolin, Jean-Louis (Hg.): *Das Schwarzbuch des Kommunismus. Unterdrückung, Verbrechen und Terror.* München 1998, S. 259.

9 Stark, Meinhard: *Frauen im Gulag. Alltag und Überleben 1936 bis 1956.* München, Wien 2003, S. 175.

10 Stark, ebenda, S. 45 ff.

11 Schumann, Rosemarie: *Fremde Heimat – Deutsche in Russland von der Aussiedlung bis zur Rückwanderung.* Berlin 2003, S. 116.

12 Applebaum, ebenda, S. 487.

18. Hubert Wittlif

1 Courtois, Stéphane/Werth, Nicolas/Pannè, Jean-Louis/Paczkowski, Andrzej/ Bartosek, Karel/Margolin, Jean-Louis (Hg.): *Das Schwarzbuch des Kommunismus. Unterdrückung, Verbrechen und Terror.* München 1998, S. 242.

2 Applebaum, Anne: *Der Gulag.* München 2005, S. 464.

3 Schumann, Rosemarie: *Fremde Heimat – Deutsche in Russland von der Aussiedlung bis zur Rückwanderung.* Berlin 2003, S. 149.

4 Stark, Meinhard: *Frauen im Gulag. Alltag und Überleben 1936 bis 1956.* München, Wien 2003, S. 78.

5 Stark, ebenda, S. 149.

6 Courtois u. a. (Hg.), ebenda, S. 150.

7 Baberowski, Jörg: *Der Rote Terror. Die Geschichte des Stalinismus.* Bundeszentrale für Politische Bildung. Bonn 2007, S. 158.

8 Maeder, Eva: „‚Proletarisierung' der Bauern oder ‚zweite Leibeigenschaft'? – Kollektivierung und Kolchossystem." In: Maeder, Eva/Lohm, Christina (Hg.): *Utopie und Terror. Josef Stalin und seine Zeit.* Zürich 2003, S. 96.

9 Petrov, Nikita: „Die Rolle der Organe der Staatssicherheit (OGPU-NKWD) in der UdSSR in den 1930er bis 1940er Jahren." In: Berding, Helmut/Heller, Klaus/ Speitkamp, Winfried (Hg.): *Krieg und Erinnerung. Fallstudien zum 19. und 20. Jahrhundert.* Göttingen 2000, S. 191.

10 Maeder, ebenda, S. 95.

11 Baberowski, ebenda, S. 110.

12 Courtois u. a. (Hg.), ebenda, S. 143.

13 Bieberstein, Johannes Rogalla v.: *„Jüdischer Bolschewismus" – Mythos und Realität.* Dresden 2002, S. 135.

14 Bullock, Alan: *Hitler und Stalin. Parallele Leben.* Berlin 1991, S. 358.

15 Figes, Orlando: *Die Flüsterer. Leben in Stalins Russland.* Berlin 2008, S. 591.

16 Figes, ebenda, S. 75.

17 Baberowski, ebenda, S. 113.

18 Richter-Eberl, Ute: „Gekämpft, gehofft und doch verloren? Der Zweite Weltkrieg und die Russlanddeutsche Identitätspolitik." In: Rothe, Hans (Hg.): *Deutsche in Russland, Studien zum Deutschtum im Osten,* Heft 27. 1996, S. 140.

19 Sarazin, Paul: *Fremde Heimat Deutschland.* Wettenberg 2005, S. 38.

20 Sorkaja, Neja: „Das Kino auf dem Schlachtfeld." In: Herrmann, Dagmar/Volpert, Astrid (Hg.): *Traum und Trauma. Russen und Deutsche im 20. Jahrhundert.* München 2003, S. 203.

21 Baberowski, ebenda, S. 227.

22 Stark, ebenda, S. 359.

23 Stettner, Ralf: *„Archipel GULag" – Stalins Zwangslager – Terrorinstrument und Wirtschaftsgigant. Entstehung, Organisation und Funktion des sowjetischen Lagersystems 1928 – 1956.* Paderborn, München, Wien, Zürich 1996, S. 283.

24 Kellmann, Klaus: *Stalin. Eine Biographie.* Darmstadt 2005. S. 104.

25 Stettner, ebenda, S. 221 ff.

26 Stark, ebenda, S. 152.

27 Applebaum, ebenda, S. 153.

28 Applebaum, ebenda, S. 304.

29 Applebaum, ebenda, S. 294.

30 Figes, ebenda, S. 609.

31 Figes, ebenda, S. 665.

32 Richter-Eberl, ebenda, S. 142.

33 Schumann, ebenda, S. 198.

34 Schumann, ebenda, S. 203.

35 „Die Deutschen in Russland. Der leidvolle Schicksalsweg einer ethnischen Minderheit. Teil I. Die Auswanderung von Deutschen nach Russland von 1763–1878". In: *Lindenblätter.* Bildungsverein für Volkskunde in Deutschland. Die Linde e. V. 1999, S. 9.

36 Sarazin, ebenda, S. 7.

19. Natalia

1 Courtois, Stéphane/Werth, Nicolas/Pannè, Jean-Louis/Paczkowski, Andrzej/ Bartosek, Karel/Margolin, Jean-Louis (Hg.): *Das Schwarzbuch des Kommunismus. Unterdrückung, Verbrechen und Terror.* München 1998, S. 306.

2 Schlögel, Karl: *Terror und Traum. Moskau 1937.* München 2008, S. 188.

3 Figes, Orlando: *Die Flüsterer. Leben in Stalins Russland.* Berlin 2008, S. 369.

4 Kellmann, Klaus: *Stalin. Eine Biographie.* Darmstadt 2005, S. 161.

5 Bullock, Alan: *Hitler und Stalin. Parallele Leben.* Berlin 1991, S. 875.

6 Schumann, Rosemarie: *Fremde Heimat – Deutsche in Russland von der Aussiedlung bis zur Rückwanderung.* Berlin 2003, S. 154.

7 Applebaum, Anne: *Der Gulag.* München 2005, S. 449.

8 1925 verabschiedete die estnische Regierung eines der liberalsten Minderheitenge-

setze seiner Zeit. Mit den Juden erhielten auch die Deutschbalten, Estlandschweden und Russen den Minderheitenstatus.

9 Vitzthum, Hilda: *Mit der Wurzel ausrotten. Erinnerungen einer ehemaligen Kommunistin.* München 1984, S. 263.

10 Stark, Meinhard: *Frauen im Gulag. Alltag und Überleben 1936 bis 1956.* München, Wien 2003, S. 227.

11 Zitiert nach Stark, ebenda, S. 263.

12 Getty, J. Arch: „Afraid of their Shadows: The Bolshevik Recourse to Terror 1932–1938." In: Hildermeier, Manfred (Hg.): *Stalinismus vor dem Zweiten Weltkrieg.* Schriften des Historischen Kollegs Kolloquium 43. München 1998, S. 173.

13 Stettner, Ralf: *„Archipel GULag" – Stalins Zwangslager – Terrorinstrument und Wirtschaftsgigant. Entstehung, Organisation und Funktion des sowjetischen Lagersystems 1928–1956.* Paderborn, München, Wien, Zürich 1996, S. 92.

14 Baberowski, Jörg: *Der Rote Terror. Die Geschichte des Stalinismus.* Bundeszentrale für Politische Bildung. Bonn 2007, S. 165 ff.

15 Baberowski, ebenda, S. 175.

16 Baberowski, ebenda, S. 181.

17 Bullock, ebenda, S. 90.

18 Weiß, Daniel: „Stalin. Person und Personenkult". In: Maeder, Eva/Lohm, Christina (Hg.): *Utopie und Terror. Josef Stalin und seine Zeit.* Zürich 2003, S. 63.

19 Figes, ebenda, S. 358.

20 Getty, ebenda, S. 173.

21 Stettner, ebenda, S. 174.

22 Makarenko, Anton Semjonowitsch (1888–1939) war Schriftsteller und gilt als bedeutendster Pädagoge der Sowjetunion. 1920 begann er in einem von Bürgerkrieg und Hungersnot geplagten Gebiet mit dem Aufbau eines Arbeitsheims für straffällige Jugendliche, der späteren *Gorkij-Kolonie*. Anstelle einer militärisch geführten Strafkolonie entstand die erste koedukative Einrichtung dieser Art in Russland. Die ersten Zöglinge waren verwahrloste Kriegswaisen – Diebe, Bandenmitglieder, Kindersoldaten, Kinderprostituierte. 1927 gründete Makarenko die Kolonie F. E. Dserschinski bei Charkow. Diese Einrichtung der Geheimpolizei wurde für diese zur Kaderschmiede. Makarenkos Roman *Ein Pädagogisches Poem* (Berlin 1986) über diese beiden Heime gilt als sein Hauptwerk.

23 Bonwetsch, Bernd: „Der GULAG und die Frage des Völkermords." In: Baberowski, Jörg (Hg.): *Moderne Zeiten. Krieg, Revolution und Gewalt im 20. Jahrhundert.* Göttingen 2006, S. 131.

24 Bonwetsch, ebenda, S. 125.

25 Baberowski, ebenda, S. 194.

26 Figes, ebenda, S. 351.

27 Baberowski, ebenda, S. 248.

28 Figes, ebenda, S. 749.

29 Figes, ebenda, S. 771.

30 Applebaum, ebenda, S. 535.

31 Applebaum, ebenda, S. 503.

32 Tregubova, Elena: *Die Mutanten des Kreml.* Berlin 2006, S. 215.

33 Tregubova, ebenda, S. 27.

34 Im Juli 2003 starb der regierungskritische Duma-Abgeordnete Schtschekotschichin. Im Oktober 2006 wurde die Journalistin Anna Politkowskaja in Moskau ermordet. Im November 2006 starb der regimekritische ehemalige Geheimagent Litwinenko an den Folgen eines Giftanschlages. Im August 2008 verlor der Regierungskritiker Jewlojew bei einer Polizeiaktion in Inguschetien sein Leben. Im Januar 2009 wurden der Menschenrechtsanwalt Stanislaw Markelow und die Journalistin Anastassija Baburowa auf offener Straße in Moskau erschossen. Im Juli wurde die prominente Menschenrechtlerin Natalja Estemirowa im Nordkaukasus zunächst entführt und anschließend ermordet. Im August wurde die Leiche des Menschenrechtsaktivisten Andrej Kulagin gefunden.

35 Politkowskaja, Anna: *Russisches Tagebuch.* Frankfurt 2008, S. 354.

20. Hermann

1 „Unternehmen Zitadelle" war der Deckname für den Angriff auf den sowjetischen Frontbogen um die russische Stadt Kursk während des II. Weltkrieges im Sommer 1943. Die Operation gilt als letzte deutsche Großoffensive im Krieg gegen die Sowjetunion. Im ihrem Rahmen fand statt, was als größte Panzerschlacht der Geschichte gilt. Die Angriffspläne waren den Sowjets durch den Spion „Werther" vorzeitig bekannt. Wer sich unter diesem Decknamen verbarg, ist bis heute ungeklärt. 1993 erschienen unter der Regie des russischen Verteidigungsministeriums Dokumente, in denen die Zahl der Gefallenen, Verwundeten und Vermissten der gesamten Operation auf 866.000 beziffert wird. Unabhängige Historiker nennen noch weitaus höhere Zahlen. Als Fazit kann man sagen, dass die Wehrmacht im Osten mit dieser Schlacht die Initiative endgültig verlor.

2 Sakwa, Richard: *The Rise and Fall of the Soviet Union 1917–1991.* New York 1999, S. 275.

3 Dystrophie ist eine Ernährungs- bzw. Hungerkrankheit als Folge einer lange dauernden Unterernährung. Es kommt zur Abmagerung und evtl. zu Wassereinlagerungen (Hungerödem).

4 Nowak, Hilde: *Gratis nach Sibirien. Als junge Frau in sowjetischen Arbeitslagern 1945–1950.* Kassel 2007, S. 139 ff.

21. Jewgenij Tschernjaew

1 Heller, Klaus: „Die ‚Wiedergeburt' des Kosakentums in Russland." In: Heidenreich, Bernd/Heller, Klaus/Schinke, Eberhard (Hg.): *Rußlands Zukunft. Vorträge eines gemeinsamen Seminars mit der Hessischen Landeszentrale für Politische Bildung*, Berlin 1994, S. 165.

2 Courtois, Stéphane/Werth, Nicolas/Pannè, Jean-Louis/Paczkowski, Andrzej/Bartosek, Karel/Margolin, Jean-Louis (Hg.): *Das Schwarzbuch des Kommunismus. Unterdrückung, Verbrechen und Terror.* München 1998, S. 120.

3 Figes, Orlando: *Die Flüsterer. Leben in Stalins Russland.* Berlin 2008, S. 161.

4 Bonwetsch, Bernd: „Der GULAG und die Frage des Völkermords." In: Baberowski, Jörg (Hg.): *Moderne Zeiten. Krieg, Revolution und Gewalt im 20. Jahrhundert.* Göttingen 2006, S. 117.

5 Courtois u. a. (Hg.), ebenda, S. 170.

6 Figes, ebenda, S. 351.

7 Schumann, Rosemarie: *Fremde Heimat – Deutsche in Russland von der Aussiedlung bis zur Rückwanderung*, Berlin 2003, S. 146.

8 Bullock, Alan: *Hitler und Stalin. Parallele Leben.* Berlin 1991, S. 374.

9 Bullock, ebenda, S. 374.

10 Courtois u. a. (Hg.), ebenda, S. 176.

11 Applebaum, Anne: *Der Gulag.* München 2005, S. 301.

12 Figes, ebenda, S. 608.

13 Applebaum, ebenda, S. 13.

14 Kellmann, Klaus: *Stalin. Eine Biographie.* Darmstadt 2005, S. 240.

15 Heim, Susanne: „Bevölkerungsökonomie, Deportation und Vernichtung." In: Berding, Helmut/Heller, Klaus/Speitkamp, Winfried (Hg.): *Krieg und Erinnerung. Fallstudien zum 19. und 20. Jahrhundert.* Göttingen 2000, S. 509.

16 Figes, ebenda, S. 718.

17 Figes, ebenda, S. 230.

18 Figes, ebenda, S. 637 f.

19 Baberowski, Jörg: *Der Rote Terror. Die Geschichte des Stalinismus.* Bundeszentrale für Politische Bildung. Bonn 2007, S. 246.

20 Applebaum, ebenda, S. 461.

Bibliographie

„Die Deutschen in Russland. Der leidvolle Schicksalsweg einer ethnischen Minderheit. Teil I. Die Auswanderung von Deutschen nach Russland von 1763–1878." In: *Lindenblätter.* Bildungsverein für Volkskunde in Deutschland. Die Linde e. V. 1999.

Erlebnisberichte aus dem Gefangenenlager 7618 Miss-Nowostroika im Ural 1944–1949.

Osteuropa. 59. Jahrgang/Heft 8–10: *Impulse für Europa. Tradition und Moderne der Juden Osteuropas.* Oktober 2008.

Der illustrierte Ploetz. Weltgeschichte in Daten und Bildern von den Anfängen bis zur Gegenwart. Zürich 1979.

Aly, Götz: „Dafür wird die Welt büßen. ,Ethnische Säuberungen'. – Die Geschichte eines europäischen Irrwegs." In: Berding, Helmut/Heller, Klaus/Speitkamp, Winfried (Hg.): *Krieg und Erinnerung. Fallstudien zum 19. und 20. Jahrhundert.* Göttingen 2000.

Applebaum, Anne: *Der Gulag.* München 2005.

Baberowski, Jörg: *Der Rote Terror. Die Geschichte des Stalinismus.* Bundeszentrale für Politische Bildung. Bonn 2007.

Baberowski, Jörg (Hg.): *Moderne Zeiten. Krieg, Revolution und Gewalt im 20. Jahrhundert.* Göttingen 2006.

Berding, Helmut/Heller, Klaus/Speitkamp, Winfried (Hg.): *Krieg und Erinnerung. Fallstudien zum 19. und 20. Jahrhundert.* Göttingen 2000.

Beyrau, Dietrich: *Schlachtfeld der Diktatoren. Osteuropa im Schatten von Hitler und Stalin.* Göttingen 2000.

Beyrau, Dietrich: „Katastrophen und sozialer Aufstieg." In: Osteuropa. 59. Jahrgang/Heft 8–10: *Impulse für Europa. Tradition und Moderne der Juden Osteuropas.* Oktober 2008.

Beyrau, Dietrich: „Aus Subalternität in die Sphären der Macht. Die Juden im Zarenreich und in Sowjetrussland (1860–1930)." In: Baberowski, Jörg (Hg.): *Moderne Zeiten. Krieg, Revolution und Gewalt im 20. Jahrhundert.* Göttingen 2006.

Bieberstein, Johannes Rogalla v.: *Jüdischer Bolschewismus – Mythos und Realität.* Dresden 2002.

Bonwetsch, Bernd: „Der GULAG und die Frage des Völkermords". In: Baberowski, Jörg (Hg.): *Moderne Zeiten. Krieg, Revolution und Gewalt im 20. Jahrhundert.* Göttingen 2006.105

Bonwetsch, Bernd: „Ich habe an einem völlig anderen Krieg teilgenommen." In: Berding, Helmut/Heller, Klaus/Speitkamp, Winfried (Hg.): *Krieg und Erinnerung. Fallstudien zum 19. und 20. Jahrhundert.* Göttingen 2000.

Borowsky, Kay: *Eine Stadt im Spiegel ihrer Geschichte.* Stuttgart 1996.

Borysza, Jerzy W./Ziemer, Klaus: *Totalitarian and Authoritarian Regimes in Europe.* Warschau 2006.

Brandes, Detlef: „Die Wolgarepublik: Eigenstaatlichkeit oder Nationales Gouvernement?" In: Rothe, Hans (Hg.): *Deutsche in Russland,* Studien zum Deutschtum im Osten, Heft 27, 1999.

Budnickij, Oleg: „Die Juden und die Tscheka. Mythen, Zahlen, Menschen." In: Osteuropa. 59. Jahrgang/Heft 8–10. *Impulse für Europa. Tradition und Moderne der Juden Osteuropas.* Oktober 2008.

Bullock, Alan: *Hitler und Stalin. Parallele Leben.* Berlin 1991.

Courtois, Stéphane/Werth, Nicolas/Pannè, Jean-Louis/Paczkowski, Andrzej/Bartosek, Karel/Margolin, Jean-Louis (Hg.): *Das Schwarzbuch des Kommunismus. Unterdrückung, Verbrechen und Terror.* München 1998.

Dahlmann, Dittmar/Hirschfeld, Gerhard (Hg.): *Lager, Zwangsarbeit, Vertreibung und Deportation.* Essen 1999.

Eliaševič, Dimitrij/Maksim Melcin: „Stürmischer Aufschwung. Jüdische Studien in Russland". In: Osteuropa. 59. Jahrgang/Heft 8–10: *Impulse für Europa. Tradition und Moderne der Juden Osteuropas.* Oktober 2008.

Erren, Lorenz: „‚Selbstkritik' und Schuldbekenntnis. Kommunikation und Herrschaft unter Stalin (1917–1953)." In: Beyrau, Dietrich/Doering-Manteufel, Anselm/Raphael, Lutz (Hg.): *Ordnungssysteme.* Studien zur Ideengeschichte der Neuzeit. Bd. 19. München 2008.

Figes, Orlando: *Die Flüsterer. Leben in Stalins Russland.* Berlin 2008.

Getty, J. Arch: "Afraid of their Shadows: The Bolshevik Recourse to Terror 1932–1938". In: Hildermeier, Manfred (Hg.): *Stalinismus vor dem Zweiten Weltkrieg.* Schriften des Historischen Kollegs Kolloquium 43. München 1998.

Giljasov, Iskander: „Tatarstan-Russland. Innerstaatliche oder zwischenstaatliche Beziehungen." In: Heidenreich, Bernd/Heller, Klaus/Schinke, Eberhard (Hg.): *Rußlands Zukunft.* Vorträge eines gemeinsamen Seminars mit der Hessischen Landeszentrale für Politische Bildung. Berlin 1994.

Hartmann, Anne: „Traum und Trauma Sowjetunion. Deutsche Autoren über ihr Leben im sowjetischen Exil." In: Herrmann, Dagmar/Volpert, Astrid (Hg.): *Traum und Trauma. Russen und Deutsche im 20. Jahrhundert.* München 2003.

Haumann, Heiko: „‚Eine sozialistische Lebensweise der Zukunft.' Die Sowjetunion zwischen 1929 und 1939." In: Maeder, Eva/Lohm, Christina (Hg.): *Utopie und Terror. Josef Stalin und seine Zeit.* Zürich 2003.

Heidenreich, Bernd/Heller, Klaus/Schinke, Eberhard (Hg.): *Rußlands Zukunft.* Vorträge eines gemeinsamen Seminars mit der Hessischen Landeszentrale für Politische Bildung. Berlin 1994.

Heim, Susanne: „Bevölkerungsökonomie, Deportation und Vernichtung." In: Berding,

Helmut/Heller, Klaus/Speitkamp, Winfried (Hg.): *Krieg und Erinnerung. Fallstudien zum 19. und 20. Jahrhundert*. Göttingen 2000.

Heller, Klaus: „Die ‚Wiedergeburt' des Kosakentums in Russland." In: Heidenreich, Bernd/Heller, Klaus/Schinke, Eberhard (Hg.): *Rußlands Zukunft*. Vorträge eines gemeinsamen Seminars mit der Hessischen Landeszentrale für Politische Bildung. Berlin 1994.

Herrmann, Dagmar/Volpert, Astrid (Hg.): *Traum und Trauma. Russen und Deutsche im 20. Jahrhundert*. München 2003.

Hildermeier, Manfred (Hg.): *Stalinismus vor dem Zweiten Weltkrieg*. Schriften des Historischen Kollegs Kolloquium 43. München 1998.

Hilkes, Peter: „Die Russlanddeutschen in der Sowjetunion und ihren Nachfolgestaaten." In: Rothe, Hans (Hg.): *Deutsche in Russland*. Studien zum Deutschtum im Osten, Heft 27, 1996.

Hillgruber, Andreas: „Der Ostkrieg und die Judenvernichtung." In: Ueberschär, Gerd R./Wette, Wolfram: *Der deutsche Überfall auf die Sowjetunion ‚Unternehmen Barbarossa'* 1941. Frankfurt/M. 1997.

Hoffmann, Martin: „Russland und der Nationalitätenkonflikt im Nordkaukasus." In: Heidenreich, Bernd/Heller, Klaus/Schinke, Eberhard (Hg.): *Rußlands Zukunft*. Vorträge eines gemeinsamen Seminars mit der Hessischen Landeszentrale für Politische Bildung. Berlin 1994.

Hoffmann, Martin: „Der Zweite Weltkrieg in der offiziellen sowjetischen Erinnerungskultur." In: Berding, Helmut/Heller, Klaus/Speitkamp, Winfried (Hg.): *Krieg und Erinnerung. Fallstudien zum 19. und 20. Jahrhundert*. Göttingen 2000.

Jahn, Egbert: „Zum Problem der Vergleichbarkeit von Massenverfolgung und Massenvernichtung." In: Berding, Helmut/Heller, Klaus/Speitkamp, Winfried (Hg.): *Krieg und Erinnerung. Fallstudien zum 19. und 20. Jahrhundert*. Göttingen 2000.

Jacobs, Ingeborg: *Freiwild. Das Schicksal deutscher Frauen 1945*. Berlin 2008.

Jakobson, Michael: „Die Funktionen und die Struktur des sowjetischen Gefängnis- und Lagersystems 1928 bis 1934." In: Berding, Helmut/Heller, Klaus/Speitkamp, Winfried (Hg.): *Krieg und Erinnerung. Fallstudien zum 19. und 20. Jahrhundert*. Göttingen 2000.

Karner, Stefan: „Der Archipel GUPVI. Das sowjetische Lagersystem für Kriegsgefangene und Internierte." In: Berding, Helmut/Heller, Klaus/Speitkamp, Winfried (Hg.): *Krieg und Erinnerung. Fallstudien zum 19. und 20. Jahrhundert*. Göttingen 2000.

Kellmann, Klaus: *Stalin. Eine Biographie*. Darmstadt 2005.

Kershaw, Ian: „Der Nationalsozialismus als Herrschaftssystem." In: Berding, Helmut/Heller, Klaus/Speitkamp, Winfried (Hg.): *Krieg und Erinnerung. Fallstudien zum 19. und 20. Jahrhundert*. Göttingen 2000.

Kibelka, Ruth: *Ostpreußens Schicksalsjahre 1944-1948*. Berlin 2000.

Klein, Peter: „Die Rolle der Vernichtungslager Kulmhof (Chelmo), Belzec und Auschwitz-Birkenau in den frühen Deportationsvorbereitungen." In: Berding, Helmut/Heller, Klaus/Speitkamp, Winfried (Hg.): *Krieg und Erinnerung. Fallstudien zum 19. und 20. Jahrhundert*. Göttingen 2000.

Kopelew, Lew: *Aufbewahren für alle Zeit.* München 1986.

Kopelew, Lew: *Und schuf mir einen Götzen.* Göttingen 1996.

Kossert, Andreas: *Ostpreußen. Geschichte und Mythos.* München 2007.

Lachauer, Ulla: *Ritas Leute. Eine deutsch-russische Familiengeschichte.* Hamburg 2003.

Lemhöfer, Lutz: „Gegen den gottlosen Bolschewismus. Zur Stellung der Kirchen zum Krieg gegen die Sowjetunion." In: Ueberschär, Gerd R./Wette, Wolfram: *Der Überfall auf die Sowjetunion ‚Unternehmen Barbarossa' 1941.* Frankfurt/M. 1997.

Lemberg, Hans: „Das Konzept der ethnischen Säuberungen im 20. Jahrhundert." In: Berding, Helmut/Heller, Klaus/Speitkamp, Winfried (Hg.): *Krieg und Erinnerung. Fallstudien zum 19. und 20. Jahrhundert.* Göttingen 2000.

Löwe, Heinz-Dietrich: „Stalin. Eine politische Biografie." In: Maeder, Eva/Lohm, Christina (Hg.): *Utopie und Terror. Josef Stalin und seine Zeit.* Zürich 2003.

Maeder, Eva/Lohm, Christina (Hg.): *Utopie und Terror. Josef Stalin und seine Zeit.* Zürich 2003.

Maeder, Eva: „‚Proletarisierung' der Bauern oder ‚zweite Leibeigenschaft'? – Kollektivierung und Kolchossystem." In: Maeder, Eva/Lohm, Christina (Hg.): *Utopie und Terror. Josef Stalin und seine Zeit.* Zürich 2003.

Merridale, Catherine: *Iwans Krieg. Die Rote Armee 1939–1945.* Frankfurt/M. 2006.

Miller, Alexei: „The Communist Past in Post-Communist Russia." In: Borysza, Jerzy W./Ziemer, Klaus: *Totalitarian and Authoritarian Regimes in Europe.* Warschau 2006.

Monaschek, Walter (Hg.): *Die Wehrmacht im Rassenkrieg.* Wien 1996.

Musial, Bogdan (Hg.): *Sowjetische Partisanen in Weißrussland. Innenansicht aus dem Gebiet Baranovici 1941–1944.* Eine Dokumentation Schriftenreihe der Vierteljahreshefte für Zeitgeschichte. München 2004.

Narsky, Igor: „Der Ural im russischen Bürgerkrieg." In: Baberowski, Jörg (Hg.): *Moderne Zeiten. Krieg, Revolution und Gewalt im 20. Jahrhundert.* Göttingen 2006.

Narsky, Igor: "First There Was Oblivion. Collective Remembrances of the First Years of Soviet Power in Russia in 1922 (Ural Study 1917–1922)." In: Borysza, Jerzy W./Ziemer, Klaus: *Totalitarian and Authoritarian Regimes in Europe.* Warschau 2006.

Nawratil, Heinz: *Die deutschen Nachkriegsverluste. Vertreibung, Zwangsarbeit, Kriegsgefangenschaft, Hunger, Stalins deutsche KZs.* Graz 2008.

Nowak, Hilde: *Gratis nach Sibirien. Als junge Frau in sowjetischen Arbeitslagern 1945–1950.* Kassel 2007.

Petrov, Nikita: „Die Rolle der Organe der Staatssicherheit (OGPU-NKWD) in der UdSSR in den 1930er bis 1940er Jahren." In: Berding, Helmut/Heller, Klaus/Speitkamp, Winfried (Hg.): *Krieg und Erinnerung. Fallstudien zum 19. und 20. Jahrhundert.* Göttingen 2000.

Plaggenborg, Stefan: „Stalinismus als Herrschaftsform. Ein Problemaufriss." In: Berding, Helmut/Heller, Klaus/Speitkamp, Winfried (Hg.): *Krieg und Erinnerung. Fallstudien zum 19. und 20. Jahrhundert.* Göttingen 2000.

Poddskyi, Anatolij: „Der widerwillige Blick zurück." In: Osteuropa. 59. Jahrgang/Heft 8–10. *Impulse für Europa. Tradition und Moderne der Juden Osteuropas.* Oktober 2008.

Politkowskaja, Anna: *Russisches Tagebuch*. Frankfurt/M. 2008.

Poljan, Pavel: *Deportiert nach Hause. Sowjetische Kriegsgefangene im ‚Dritten Reich' und ihre Repatriierung*. Wien, München 2001.

Poljan, Pavel: „Westarbeiter: Reparationen durch Arbeitskraft. Deutsche Häftlinge in der UdSSR." In: Berding, Helmut/Heller, Klaus/Speitkamp, Winfried (Hg.): *Krieg und Erinnerung. Fallstudien zum 19. und 20. Jahrhundert*. Göttingen 2000.

Prieb, Alexander: *Geiseln: von Deutschland nach Rußland und zurück. Chronik der Rußlanddeutschen am Beispiel der Familie Prieb*. Kleve 1998.

Richter-Eberl, Ute: „Gekämpft, gehofft und doch verloren? Der Zweite Weltkrieg und die Russlanddeutsche Identitätspolitik." In: Rothe, Hans (Hg.): *Deutsche in Russland*. Studien zum Deutschtum im Osten, Heft 27, 1996.

Rittersporn, Gabor T.: „Zynismus, Selbsttäuschung und unmögliches Kalkül: Strafpolitik und Lagerbevölkerung in der UdSSR." In: Berding, Helmut/Heller, Klaus/Speitkamp, Winfried (Hg.): *Krieg und Erinnerung. Fallstudien zum 19. und 20. Jahrhundert*. Göttingen 2000.

Rothe, Hans (Hg.): *Deutsche in Russland*. Studien zum Deutschtum im Osten, Heft 27, 1996.

Sakwa, Richard: *The Rise and Fall of the Soviet Union 1917–1991*. New York 1999.

Sandkühler, Thomas: „Die Ingangsetzung der ‚Endlösung' im Generalgouvernement am Beispiel des Distriktes Galizien 1941/42." In: Berding, Helmut/Heller, Klaus/Speitkamp, Winfried (Hg.): *Krieg und Erinnerung. Fallstudien zum 19. und 20. Jahrhundert*. Göttingen 2000.

Sarazin, Paul: *Fremde Heimat Deutschland*. Wettenberg 2005.

Scheide, Carmen: „Städtisches Alltagsleben." In: Maeder, Eva/Lohm, Christina (Hg.): *Utopie und Terror. Josef Stalin und seine Zeit*. Zürich 2003.

Schippan, Michael/Striegnitz, Sonja: *Wolgadeutsche – Geschichte und Gegenwart*. Berlin 1992.

Schlögel, Karl: *Terror und Traum*. München 2008.

Schmid, Ulrich: „Literatur unter Stalin." In: Maeder, Eva/Lohm, Christina (Hg.): *Utopie und Terror. Josef Stalin und seine Zeit*. Zürich 2003.

Schüddekopf, Carl: *Im Kessel. Erzählen von Stalingrad*. München 2002.

Schumann, Rosemarie: *Fremde Heimat – Deutsche in Russland von der Aussiedlung bis zur Rückwanderung*. Berlin 2003.

Sokolow, Boris: „Von der ‚deutschen Schuld' zur ‚sowjetischen Schuld'. Russische Literatur über den Zweiten Weltkrieg 1945–2000." In: Herrmann, Dagmar/Volpert, Astrid (Hg.): *Traum und Trauma. Russen und Deutsche im 20. Jahrhundert*. München 2003.

Sorkaja, Neja: „Das Kino auf dem Schlachtfeld." In: Herrmann, Dagmar/Volpert, Astrid (Hg.): *Traum und Trauma. Russen und Deutsche im 20. Jahrhundert*. München 2003.

Stark, Meinhard: „Deutsche Frauen im GULag. Der subjektive Horizont: Interviews mit Überlebenden." In: Berding, Helmut/Heller, Klaus/Speitkamp, Winfried (Hg.): *Krieg und Erinnerung. Fallstudien zum 19. und 20. Jahrhundert*. Göttingen 2000.

Stark, Meinhard: *Frauen im Gulag. Alltag und Überleben 1936 bis 1956.* München, Wien 2003.

Stettner, Ralf: „*Archipel GULag* " - *Stalins Zwangslager – Terrorinstrument und Wirtschaftsgigant. Entstehung, Organisation und Funktion des sowjetischen Lagersystems 1928–1956.* Paderborn, München, Wien, Zürich 1996.

Streit, Christian: „Die sowjetischen Kriegsgefangenen in der Hand der Wehrmacht." In: Monaschek, Walter (Hg.): *Die Wehrmacht im Rassenkrieg.* Wien 1996.

Streit, Christian: „Die sowjetischen Kriegsgefangenen in den deutschen Lagern." In: Berding, Helmut/Heller, Klaus/Speitkamp, Winfried (Hg.): *Krieg und Erinnerung. Fallstudien zum 19. und 20. Jahrhundert.* Göttingen 2000.

Streit, Christian: „Die Behandlung der sowjetischen Kriegsgefangenen und völkerrechtliche Probleme des Krieges gegen die Sowjetunion." In: Ueberschär, Gerd R./Wette, Wolfram: *Der deutsche Überfall auf die Sowjetunion ‚Unternehmen Barbarossa' 1941.* Frankfurt/M. 1997.

Tjurina, Elena A.: „Die Rolle der Zwangsarbeit in der Wirtschaft der UdSSR." In: Berding, Helmut/Heller, Klaus/Speitkamp, Winfried (Hg): *Krieg und Erinnerung. Fallstudien zum 19. und 20. Jahrhundert.* Göttingen 2000.

Tregubova, Elena: *Die Mutanten des Kreml.* Berlin 2006.

Tuchel, Johannes: „Dimensionen des Terrors: Funktionen der Konzentrationslager in Deutschland 1933–1945." In: Berding, Helmut/Heller, Klaus/Speitkamp, Winfried (Hg.): *Krieg und Erinnerung. Fallstudien zum 19. und 20. Jahrhundert.* Göttingen 2000.

Ueberschär, Gerd R./Wette, Wolfram: *Der deutsche Überfall auf die Sowjetunion ‚Unternehmen Barbarossa' 1941.* Frankfurt/M. 1997.

Ueberschär, Gerd R.: „Hitlers Entschluss zum ‚Lebensraum'-Krieg im Osten." In: Ueberschär, Gerd R./Wette, Wolfram: *Der deutsche Überfall auf die Sowjetunion ‚Unternehmen Barbarossa' 1941.* Frankfurt/M. 1997.

Ueberschär, Gerd R.: „Das Scheitern des ‚Unternehmens Barbarossa.' Der deutsch-sowjetische Krieg vom Überfall bis zur Wende vor Moskau im Winter 1941/42." In: Ueberschär, Gerd R./Wette, Wolfram: *Der deutsche Überfall auf die Sowjetunion ‚Unternehmen Barbarossa' 1941.* Frankfurt/M. 1997.

Urban, Thomas: „Ilja Ehrenburg als Kriegspropagandist." In: Herrmann, Dagmar/Volpert, Astrid (Hg.): *Traum und Trauma. Russen und Deutsche im 20. Jahrhundert.* München 2003.

Vitzthum, Hilda: *Mit der Wurzel ausrotten. Erinnerungen einer ehemaligen Kommunistin.* München 1984.

Voß, Stefan: „Stalins Kriegsvorbereitungen 1941, erforscht, gedeutet und instrumentalisiert. Eine Analyse postsowjetischer Geschichtsschreibung." In: *Hamburger Beiträge zur Geschichte des östlichen Europa.* Hamburg 1998.

Weiß, Daniel: „Stalin. Person und Personenkult." In: Maeder, Eva/Lohm, Christina (Hg.): *Utopie und Terror. Josef Stalin und seine Zeit.* Zürich 2003.

Wette, Wolfram: „Die propagandistische Begleitmusik zum deutschen Überfall auf die Sowjetunion am 22. Juni 1941." In: Ueberschär, Gerd R./Wette, Wolfram: *Der* deutsche Überfall auf die Sowjetunion ‚Unternehmen Barbarossa' 1941. Frankfurt/M. 1997.

Wheatcroft, Stephen G.: „Ausmaß und Wesen der deutschen und sowjetischen Repressionen und Massentötungen 1930 bis 1945." In: Dahlmann, Dittmar/Hirschfeld, Gerhard (Hg.): *Lager, Zwangsarbeit, Vertreibung und Deportation.* Essen 1999.

Wildt, Michael: „Vor der ‚Endlösung.' Die Judenpolitik 1935–1938." In: Berding, Helmut/ Heller, Klaus/Speitkamp, Winfried (Hg.): *Krieg und Erinnerung. Fallstudien zum 19. und 20. Jahrhundert.* Göttingen 2000.

Ziegler, Jean: *Die Barbaren kommen. Kapitalismus und organisiertes Verbrechen.* München 1998.

Glossar

Der Altai

ist ein Hochgebirge im südlichen Sibirien, im Grenzgebiet von Kasachstan, Russland, der Mongolei und China. Die russische Besiedlung der Region begann im 17. Jahrhundert. 1991 wurde hier der Deutsche Nationalkreis Halbstadt gegründet, welcher der dort lebenden deutschstämmigen Bevölkerung eine Alternative zur Ausreise nach Deutschland bieten sollte. Heute sind jedoch die meisten ausgewandert.

Babij Jar

war 1941 Schauplatz einer der großen Mordaktionen im II. Weltkrieg. Die jüdische Bevölkerung Kiews war vor dem Einmarsch der Wehrmacht großenteils geflohen, etwa 50.000 waren aber zurückgeblieben. Wenige Tage nach der Eroberung kam es in der Stadt zu Explosionen und Bränden, bei denen mehrere Hundert Wehrmachtsangehörige und Einwohner ums Leben kamen. Wehrmachts- und SS-Offiziere beschlossen, einen Großteil der Kiewer Juden zu töten und dieses Vorhaben als *Evakuierungsaktion* zu tarnen. Daraufhin wurden Zehntausende von Juden getötet und Teile der Schlucht gesprengt, um die Leichen zu verbergen. Nach der verlorenen Schlacht von Stalingrad kehrte

SS-Standartenführer Blobel mit einem Sonderkommando und 300 Gefangenen zurück, welche die Leichen *enterden* und verbrennen mussten. Anschließend wurden die Gefangenen als Mitwisser erschossen. Das Massaker war einer der Anklagepunkte in den Nürnberger Prozessen. Blobel wurde zum Tode verurteilt. 1968 verurteilte man acht Mitglieder des Sonderkommandos zu langen Haftstrafen. Keiner der beteiligten Wehrmachtsoffiziere musste sich vor Gericht verantworten.

Brest(-Litowsk)

am westlichen Bug, gehört seit 1991 zum unabhängigen Weißrussland. Von 1349 bis 1795 gehörte die Stadt zum Großfürstentum Litauen. Nach der dritten Teilung Polens kam sie 1795 unter russische Herrschaft. Die Stadt war 1918 Vertragsort des Friedensvertrags von Brest-Litowsk zwischen dem Deutschen Reich und Sowjetrussland. Nach dem Polnisch-Sowjetischen Krieg gehörte die Stadt 1922 wieder zu Polen. In Übereinstimmung mit dem Geheimen Zusatzprotokoll zum Molotov-Ribbentrop-Abkommen wurde die Stadt im September 1939 der Roten Armee übergeben. Als die deutsche Wehrmacht Brest 1941 eroberte, wurde ein Ghetto für die jüdische Bevölkerung eingerichtet und deren Einwohner ermordet. Die Zahl der Opfer wird auf 15.000 bis 20.000 geschätzt. Im Juli 1944 rückten wieder sowjetische Truppen ein.

Bürgerkrieg
s. Russischer Bürgerkrieg

Dnjepropetrowsk
ist mit 1,05 Millionen Einwohnern die drittgrößte Stadt der Ukraine. Die Stadt wurde 1776 als Jekaterinoslaw *zum Ruhme Katharinas* gegründet. Diesen Namen trug sie bis 1926. Bis zum Holocaust war die Stadt ein Zentrum jüdischen Lebens. In der Sowjetzeit war Dnjepropetrowsk eine *Geschlossene Stadt*, da hier zum Beispiel die Dnjepr-Rakete entwickelt und gebaut wurde. Geschlossen nannte man eine Stadt oder ein Gebiet in der ehemaligen Sowjetunion mit Zutrittsverbot oder -beschränkungen. Die geschlossenen Städte erhielten Tarnnamen, die meisten wurden nach dem Zusammenbruch der Sowjetunion geöffnet, wie Kaliningrad, Nischni Nowgorod (Gorki), Samara (Kuibyschew), Sewastopol, Tscheljabinsk oder Wladiwostok.

Donbass
ist eine Bezeichnung für das Donezbecken, ein großes Steinkohle- und Industriegebiet in der Ukraine und im südwestlichen Russland. Das Zentrum des Donbass ist *Donezk*. In den 1930er-Jahren arbeiteten in den Kohlegruben des Donbass Hunderte deutsche Bergleute, die sich angesichts ihrer Arbeitslosigkeit im Ruhrgebiet dorthin verpflichtet hatten. Soweit sie nicht bis 1935/36 zurück-

gekehrt waren, wurden sie fast alle Opfer der stalinschen Säuberungen. Zu Beginn des II. Weltkrieges wurden große Industriebetriebe vom Donbass ins westliche Sibirien verlegt, um sie vor dem deutschen Angriff zu schützen. Omsk, Nowosibirsk, Krasnojarsk und andere Städte hinter dem Ural entwickelten sich so zu wichtigen Industriezentren. Im II. Weltkrieg war das Donezbecken wegen seiner reichen Kohlengruben ein Hauptangriffsziel des Unternehmens Barbarossa. Nach 1945 mussten dort viele Zwangsarbeiter und Kriegsgefangene Dienst tun.

Donezk
das Zentrum des Kohlereviers *Donbass*, ist die fünftgrößte Stadt der Ukraine. 1924 wurde sie in Stalino umbenannt und im II. Weltkrieg fast völlig zerstört. Unter deutscher Besatzung wurden mehr als 60.000 Stadtbewohner ermordet, darunter ca. 17.000 Juden.

Ehrenburg, Ilja
(1891–1967) wurde in eine jüdische Familie in Kiew geboren. Er war Schriftsteller und Journalist. 1920 der Spionage beschuldigt, gelangte er 1921 nach Paris, wurde aber nach Belgien abgeschoben. Daraufhin zog er nach Berlin, wo zu dieser Zeit die russischsprachige Kultur eine Blüte erlebte. Angesichts der Bedrohung durch den Nationalsozialismus ergriff er Partei für die Sowjetunion und erhielt bald das Angebot, für die sowjetische Zeitung *Iswestija* zu schreiben. Im *Großen Vaterländischen Krieg* wurde er für die sowjetischen Soldaten zu einem der prominentesten Propagandisten. Nach 1953 war er einer der

wichtigsten Initiatoren des *Tauwetters* in der Kultur.

Entkulakisierung
s. Kulak

Finnisch-Russischer Krieg
1939 forderte die Sowjetunion von Finnland die Abtretung von Gebieten nordöstlich von Leningrad sowie die Zustimmung zur Errichtung eines Marinestützpunktes an der finnischen Küste. Die Weigerung Finnlands führte zum sowjetischen Einmarsch im November 1939. Nach heftigem Widerstand wurden die Finnen von den sowjetischen Truppen besiegt. Der Krieg endete im März 1940 mit dem Frieden von Moskau, in dem Stalin alle seine Forderungen durchsetzte. Wegen ihres Angriffs auf Finnland wurde die Sowjetunion 1939 aus dem Völkerbund ausgeschlossen.

Gulag
steht für Hauptverwaltung der Besserungsarbeitslager und ist das Synonym für ein umfassendes Repressionssystem in der Sowjetunion, bestehend aus Zwangsarbeitslagern, Straflagern, Gefängnissen und Verbannungsorten. Lenin ließ mit Beginn des *Russischen Bürgerkriegs* 1918 Internierungslager für Klassenfeinde, politische Gegner und andere errichten. Nach offiziellen Zahlen befanden sich 1919 in Russland 4.100 Konzentrationslager und weitere 7.500 Arbeitslager. Die forcierte Industrialisierung und Zwangskollektivierung vervielfachten das Häftlingsaufkommen. Das System der Lager und Zwangsarbeit wurde seit Anfang der 1930er-Jahre straff organisiert und stetig erweitert. Nach dem II. Weltkrieg wurden auch Kriegsgefangene als Zwangsarbeiter eingesetzt. In den sowjetischen Lagern waren zeitweise bis zu 2,5 Millionen Menschen inhaftiert. Die Gesamtzahl der Menschen, die zwischen Ende der 1920er- und Mitte der 1950er-Jahre in einem Lager oder einer Kolonie gefangen gehalten wurden, wird heute mit 18 bis 20 Millionen angegeben.

Gesetz über die Aussiedlung
s. Ukaz

Jagoda, Genrich Grigorjewitsch
(1891–1938) entstammt einer jüdischen Familie aus dem russisch besetzten Teil Polens. 1917 trat er den Bolschewiki bei und beteiligte sich an der Oktoberrevolution. Er wurde Mitglied der Geheimpolizei und war 1923 bereits zweiter stellvertretender Vorsitzender der mittlerweile in OGPU umbenannten Organisation. Nach dem Tod Dserschinskis wurde er 1926 stellvertretender OGPU-Vorsitzender. Ende der 1920er-Jahre war er de facto Leiter der OGPU und an der als Entkulakisierung bezeichneten Vernichtung der wohlhabenderen Landbevölkerung beteiligt. Jagoda war für den Bau des Weißmeer-Ostsee-Kanals verantwortlich und 1933/34 am Bau des Moskau-Wolga-Kanals beteiligt. Dabei starben jeweils Tausende Häftlinge. 1934 wurde er Chef der OGPU, die er dem *NKWD* angliederte. Von 1934 bis 1936 war er Chef des NKWD. Jagoda wurde 1936 durch Nikolai *Jeschow* ersetzt, 1937 verhaftet, gefoltert und getötet.

Jeschow, Nikolai Iwanowitsch

(1895–1940) war während des *Russischen Bürgerkriegs* Politischer Kommissar in der Roten Armee, danach Funktionär an verschiedenen Orten. 1936 löste er den NKWD-Chef *Jagoda* ab. Er erwies sich bei knapp 1,50 m Körpergröße als der *blutdurstige Zwerg*, als der er später bezeichnet wurde. Planvorgaben zur Liquidierung von *Staatsfeinden* wurden üblich. 1,5 Millionen Menschen wurden verhaftet und von diesen etwa 638.000 ermordet. Diese Zeit der *Großen Säuberung* ist auch als *Jeschowtschina* bekannt. Auch die Rote Armee wurde *gesäubert*. 1938 wurde Jeschow von Berija abgelöst. 1939 erfolgte seine Verhaftung. 1940 wurde er zum Tode verurteilt und erschossen. Wie bei anderen prominenten Opfern wurde nach seinem Tod sein Bild aus Fotografien, die ihn mit Stalin zeigen, herausretuschiert

Kasachen

s. Kasachstan

Kasachstan

hat etwa 15 Millionen Einwohner (2006). Im 19. Jahrhundert erobert, wurde das Gebiet 1936 zu einer Unionsrepublik der Sowjetunion. Kasachstan litt wie die Ukraine in besonderer Weise unter der Kollektivierung. Hunderttausende nomadischer Kasachen verließen das Land oder verhungerten. Seit den 1930er-Jahren wurde Kasachstan zum Zielort für viele Deportierte aus dem europäischen Teil der UdSSR, im und nach dem Krieg folgten Krimtataren, Tschetschenen, Inguschen, Koreaner und Russlanddeutsche. Von 1949 bis 1989 fanden hier 470 Atomtests statt,

davon 124 oberirdisch. Seit der Unabhängigkeit 1991 hat die Zahl der Angehörigen von Minderheiten stark abgenommen. Unter dem Ersten Parteisekretär Nasarbajew hat sich im postsowjetischen Kasachstan ein autoritär-diktatorisches Regime entwickelt.

Königsberg

(nach 1946 Kaliningrad) wurde im II. Weltkrieg infolge britischer Luftangriffe Ende August 1944 bzw. im Laufe der Schlacht um Königsberg bis April 1945 fast völlig zerstört. Von den etwa 150.000 zurückgebliebenen Einwohnern kamen viele durch Hunger, Krankheit und Übergriffe russischer Soldaten um. Im Oktober 1946 ordnete Stalin die Deportation aller verbliebenen Deutschen an. Im Gegenzug erfolgte die Ansiedlung sowjetischer Bürger.

Kolchose

Bezeichnung für einen landwirtschaftlichen Betrieb, der genossenschaftlich organisiert war. Die ersten Kolchosen entstanden nach 1917 auf freiwilliger Basis, ab 1929 waren es meist Zwangskollektive. Es gab eine starke staatliche Einflussnahme durch das auferlegte Produktionssoll mit staatlich festgesetzten Preisen. Der *höher entwickelte* sozialistische Gegenpart war der *Sowchos*, der landwirtschaftliche Staatsbetrieb.

Komsomol

Die Jugendorganisation der KPdSU wurde 1918 gegründet. Seit 1922 bzw. 1924 existierten zusätzlich die Pionierorganisation für Jugendliche (10 bis 15 Jahre) und die *Oktoberkinder* (7 bis 10 Jahre). Der Komsomol diente als Rekrutierungs- und Mobilisierungsreserve für die Partei. Im *Bürgerkrieg* und im II. Weltkrieg wurden seine Mitglieder für den Kriegseinsatz mobilisiert, in den Fünfjahrplänen für Industrie- und Erschließungsprojekte. Seit den 1940er-Jahren erfasste der Komsomol fast die gesamte sowjetische Jugend. In den 1970er-Jahren errichteten Komsomolzen 10.000 Dorfschulen. 1978/79 umfasste der Komsomol 60 Prozent der Jugend. Jeder fünfte Lehrer und jeder vierte Wissenschaftler war Ende der 1970er-Jahre Komsomolze. Nach dem gescheiterten Putsch kommunistischer Militärs gegen Gorbatschow wurde der Komsomol 1991 aufgelöst. Das Zentralorgan *Komsomolskaja Prawda* existiert als unabhängige Zeitung bis heute.

Komsomolze
Mitglied des Komsomol

Kosaken
ursprünglich Läuflinge aus Polen und Russland, die an den südlichen Steppengrenzen Siedlungen bildeten. Im 18. Jahrhundert wurden sie als besondere Reiterverbände in die russische Armee eingegliedert. Hauptsiedlungsgebiete der Kosaken waren der Ural, das Don- und das Dnjepr-Gebiet. Ural- und Orenburger Kosaken waren maßgeblich an der Kolonisierung Sibiriens beteiligt. Auch bei der Eroberung und Russifizierung des Kaukasus spielten sie eine entscheidende Rolle. Im *Russischen Bürgerkrieg* stand ein großer Teil der Kosaken auf der Seite der *Weißen*. Bereits 1918 hatte Lenin daher Tausende Kosaken töten und ihre Siedlungen in Brand stecken lassen. Die Bolschewiki ent

schieden, dass die reichen Kosaken ‚bis auf den letzten Mann liquidiert werden müssen'. Sie waren den Repressalien unter Stalin in besonderer Weise ausgeliefert.
Die ersten Kavallerie-Formationen der Kosaken auf deutscher Seite entstanden im Herbst 1941. Durch den Sieg der Wehrmacht glaubten manche, alte Privilegien zurückzuerhalten. Sie wurden zumeist außerhalb Russlands, vor allem in Jugoslawien, zur Partisanenbekämpfung eingesetzt. Die Briten lieferten die Kosaken an Stalin aus. Viele Kosaken überlebten die erzwungene Rückkehr nicht. Der mehrheitliche Kriegseinsatz der Kosaken auf Seiten der Roten Armee trug sicherlich mit dazu bei, dass die Kosaken als Gruppe nach Kriegsende keine systematische Verfolgung mehr durch die sowjetische Führung erlitten. Heute gibt es 4 bis 5 Millionen Kosaken. Ihr Land erhielten sie nie zurück.

Küstrin/Kostrzyn
liegt an der Mündung der Warthe in die Oder. Die Altstadt wurde im II. Weltkrieg zu 90 Prozent zerstört und nach Kriegsende dem Erdboden gleichgemacht. Gemäß dem Potsdamer Abkommen wurde die Stadt Polen zur Verwaltung zugesprochen und die deutsche Bevölkerung zwangsausgesiedelt.

Kulak
war in Russland eine abfällige Bezeichnung für Zwischenhändler, Wucherer und Schwindler. In der bolschewistischen Terminologie war es die Kennzeichnung für *reicher Bauer* oder *Dorfbourgeois*, der fremde Arbeit ausbeutete. Im Zuge der Kollektivierung wur

den die Kulaken und Bauern, die sich der Kollektivierung widersetzten, Repressalien ausgesetzt. Sie reichten von Umsiedlungen in Nachbarorte, über Deportation in unwirtliche Gebiete und Einweisung in Zwangsarbeitslager bis zur Erschießung. Betroffen waren etwa 1,4 Millionen Bauernhaushalte mit bis zu 6 Millionen Personen.

Leningrad

lautete der Name der russischen Stadt *Sankt Petersburg* von 1924 bis 1991. Der nahe gelegene Hafen bildete das Zentrum des Matrosenaufstands gegen die Bolschewiki, der von Trotzki blutig niedergeschlagen wurde. Lenin erklärte Moskau daraufhin (wieder) zur Hauptstadt. Durch *Bürgerkrieg*, Hungersnot und Statusverlust sank die Stadtbevölkerung erheblich. Während des II. Weltkriegs wurde Leningrad fast 900 Tage lang von deutschen Truppen belagert. Bereits 1945 erhielt die Stadt die Auszeichnung *Heldenstadt*. 1991 nahm sie wieder ihren ursprünglichen Namen an.

Leningrader Blockade

Sie dauerte von 1941 bis 1944. Die Wehrmacht verzichtete nach dem Willen Hitlers auf die Eroberung der Stadt und *begnügte* sich mit ihrer Belagerung. Als sich die Blockade schloss, lebten 2,5 Millionen Menschen in Leningrad, darunter etwa 400.000 Kinder. In den stadtnahen Gebieten, die ebenfalls innerhalb des Blockaderings lagen, waren weitere 343.000 Menschen verblieben. Im ersten Kriegswinter war kein Evakuierungsplan vorhanden. Bis November 1941 hungerte die Stadt in vollständiger Isolation - bis die *Straße des Lebens*, eine

Eisstraße über den zugefrorenen Ladogasee, eröffnet wurde. Die Route lag im Schussfeld der Wehrmacht. Im Schnitt kam von drei LKW nur einer in Leningrad an.

Die Rationen sanken im Oktober auf 400 Gramm Brot für Arbeiter und 200 Gramm für Kinder und Frauen, im November auf 250, respektive 125 Gramm. Bei Temperaturen bis minus 40 Grad Celsius war Heizmaterial äußerst knapp. Aber das riesige Kirow- und Ishorskij-Werk sowie die Admiraltejskij-Werft arbeiteten weiter. Im ersten Jahr der Belagerung starben etwa 470.000 Menschen. Bis Februar 1942 wurden dem *NKWD* über Tausend Fälle von Kannibalismus bekannt. Die endgültige Opferzahl ist immer noch umstritten. Die meisten Schätzungen gehen von ca. 1 Million aus. Im Januar 1944 konnte die Stadt von der Roten Armee befreit werden. Dabei kamen etwa 500.000 sowjetische Soldaten ums Leben.

Liquidationsgesetze

1915 trat das 1. Liquidationsgesetz in Kraft. Es bestimmte, dass alle Personen deutscher, österreichischer und ungarischer Nationalität, die nach dem 1. Januar 1880 russische Staatsbürger geworden waren, in einer Zone von etwa 150 Kilometern entlang der Grenze zu Deutschland und Österreich-Ungarn sowie in einer Zone von 100 Werst entlang der Küste von Ostsee, Schwarzem und Asowschem Meer ihren Grundbesitz innerhalb von zehn bzw. 16 Monaten zu verkaufen hatten. Dies betraf auch Kolonisten, die selbst oder deren Söhne an der Front dienten. Personen, die zur orthodoxen Kirche übertraten, sowie das den Kolonisten bei der Ansiedlung überlassene Land blieben von dieser Regelung zunächst ausgeschlossen.

Im 2. Liquidationsgesetz vom Dezember 1915 wurden die Bestimmungen des 1. Liquidationsgesetzes auf alle Grenzgouvernements ausgedehnt. Die betroffenen Bauern mussten ihr Land an die Bauernbodenbank verkaufen, die es an russische Bauern günstig weiter verkaufte, vor allem an solche, die sich im Krieg ausgezeichnet hatten. Auch das den Kolonisten bei der Ansiedlung übergebene Land wurde nun einbezogen. Infolge der Zwangsverkäufe fielen die Bodenpreise auf einen Bruchteil des Vorkriegswertes, so dass faktisch von Enteignung gesprochen werden kann. Aus den westlichen Gebieten Russlands wurden ca. 110.000 Deutsche nach Osten deportiert. Im August 1916 und Anfang 1917 erfolgte eine Ausdehnung des Geltungsbereiches der Liquidationsgesetze auf fast ganz Russland.

Magnitogorsk

liegt im Südural zu beiden Ufern des Flusses Ural. Die Stadt wurde 1929 gegründet und hat rund 416.700 Einwohner (Stand 2005). Bereits 1930 wurde hier der erste Stahl produziert. Binnen kurzer Zeit entstand in Magnitogorsk die weltgrößte Eisen- und Stahlproduktion, die im II. Weltkrieg wohl der wichtigste Stahllieferant für die russische Kriegsproduktion war. Heute gehört die Stadt zu den 25 am meisten verschmutzen Orten der Welt. Ein lokales Krankenhaus berichtet davon, dass 72 Prozent aller Kinder krank geboren werden. 73 Prozent aller Mütter sind ebenfalls nicht gesund. Dies ist auf die äußerst hohe Konzentration von Blei, Schwefeldioxid und weiterer Schwermetalle in Luft und Trinkwasser zurückzuführen.

Das Nationalkomitee Freies Deutschland (NKFD)

war ein Zusammenschluss gefangener deutscher Soldaten, Offiziere und kommunistischer Emigranten in der Sowjetunion zum Kampf gegen den Nationalsozialismus. 1943 erfolgte die Gründung des NKFD. Neben dem offiziellen NKFD befand sich in Moskau das so genannte Institut Nr. 99. Die dortigen Kader der Exil-KPD leisteten die eigentliche Propagandaarbeit. Zu den Aufgaben des NKFD gehörte die politische Aufklärungsarbeit unter den deutschen Offizieren und Soldaten an der Front und unter den deutschen Kriegsgefangenen. Über Lautsprecherwagen wurden u. a. Reden des deutschen Generals von Seidlitz-Kurzbach, des Divisionspfarrers Krummacher, von Walter Ulbricht, Anton Ackermann und Erich Weinert verbreitet. Ziel war es, Wehrmachtsangehörige zur freiwilligen Gefangennahme zu bewegen. Im Juli 1944 gab sich Generalleutnant Vincenz Müller gefangen. Ihm folgten 17 Generäle der Heeresgruppe Mitte, die ihren Beitritt zum NKFD erklärten. Prominentes Mitglied war Feldmarschall Paulus, der u. a. deutsche Verbände durch falsch gesetzte Funksprüche in Hinterhalte lockte. Weitere prominente Mitglieder waren Karl Barth, Lilly Becher, Max Emendörfer, Peter Gingold, Walter Janka, Charlotte von Kirschbaum, Bernt von Kügelgen, Alfred Kurella, Paul Merker, Otto Niebergall, Ludwig Renn, Julius Schaxel, Anna Seghers, Eleonore

Wolf, Friedrich Wolf, Otto Winzer und Rudolf Lindau.

NKWD

steht für Volkskommissariat des Inneren der UdSSR. 1917 wurde der sowjetrussische Staatssicherheitsdienst mit der Bezeichnung WTSCHK, bzw. *Tscheka* gegründet. Im Laufe der Jahre hat der Polizeiapparat der Sowjetunion mehrere Teilungen und Fusionen durchgemacht. Zeitweise unterstanden dem NKWD die russische Miliz und die Sicherheitsdienste mit der Geheimpolizei. 1946 wurden alle Volkskommissariate in Ministerien umbenannt, das NKWD hieß danach MWD. Umbenannt wurde auch das dem NKWD unterstellte Volkskommissariat für Staatssicherheit (NKGB), das nunmehr Ministerium für Staatssicherheit (MGB) hieß. Nach Stalins Tod, 1953, wurde das *Superministerium* wieder aufgeteilt, wobei dem MWD die Polizeifunktionen und dem jetzt KGB genannten Staatssicherheitsdienst die Aufgaben einer Geheimpolizei zugeordnet wurden. Heute ist das MWD zuständig für die regulären Polizeikräfte und innere Sicherheit. Der russische Inlandsgeheimdienst ist heute der FSB, der aus dem KGB hervorging. Der Geheimdienst in Weißrussland trägt weiterhin die Bezeichnung KGB. Auf das Konto von Innenbehörde und Staatssicherheitdiensten gingen 1918 bis 1953 massenhafte und meist auch nach sowjetischem Recht jeder Grundlage entbehrende Terrorakte und Repressalien. Insgesamt wurden 7,5 Millionen Menschen deportiert, davon starben 1,7 Millionen. Im Rahmen der *stalinschen Säuberungen* (1936 bis 1939) wurden 1,5 Millionen Menschen exekutiert, 5 Millionen starben im *Gulag*.

Polnisch-Sowjetischer Krieg

1920 fiel der neu entstandene polnische Staat in Sowjetrussland ein. Polen strebte eine weit nach Osten reichende osteuropäische Konföderation unter polnischer Führung an. Als Bezug diente der Verlauf der Ostgrenze Polen-Litauens am Vorabend der Polnischen Teilungen (1772). Eine Unabhängigkeit der Ukraine und Weißrusslands, die von diesen angestrebt wurde, war sowohl gemäß polnischen als auch sowjetrussischen Kriegszielen ausgeschlossen. Im *Frieden von Riga* (1921) stimmte Sowjetrussland einem Friedensvertrag zu, der Polen erhebliche Gebiete im Osten zusicherte. Die neue polnisch-sowjetische Grenze verlief stellenweise bis zu 250 km östlich des geschlossenen polnischen Siedlungsgebiets. Der Krieg wurde nach 1945 weitgehend aus dem offiziellen polnischen Geschichtsbild ausgeklammert und, wenn überhaupt, als bewaffnete Aktion bürgerlicher Kreise dargestellt. Stalin sicherte sich im geheimen Zusatzprotokoll des Deutsch-Sowjetischen Nichtangriffspaktes 1939 die Gebiete, die 1920 an Polen übergeben worden waren.

Rostow am Don

wurde im II. Weltkrieg im November 1941 durch die Wehrmacht eingenommen. Die Juden wurden in der Smijowskaja Balka (Schlangenschlucht) erschossen. Nach heftigen Kämpfen wurde die Stadt im Februar 1943 endgültig von der Roten Armee zurückerobert. Die Region ist ein bedeutendes Steinkohleabbaugebiet.

Russischer Bürgerkrieg

nennt man den Kampf zwischen *Weißen* (Menschewiki, Sozialrevolutionäre, Bürgerliche, konservative Monarchisten) und *Roten* (Bolschewiki) im Anschluss an die *Oktoberrevolution* 1917/18 bis 1920. Insgesamt 8 Millionen Menschen verloren dabei ihr Leben, ein Vierfaches der Verluste im I. Weltkrieg. Die Sowjets erlangten durch ihn die Herrschaft über einen Großteil des Russischen Reichs.

Im Mai 1919 rief die Komintern den proletarischen Aufstand in Europa aus und im gleichen Monat proklamierte Lenin: „Wenn wir vor dem Winter nicht den Ural einnehmen, so wird die Niederlage der Revolution unvermeidlich sein." Zwei Wochen später fiel Jekaterinburg, das wichtigste Industriezentrum des Urals, an die Roten. Im Juli wurde Tscheljabinsk erobert. Damit war der Widerstand im Ural gebrochen.

Nach dem I. Weltkrieg erwies sich der Bürgerkrieg für Russland als die noch größere Katastrophe. Rund 770.000 Soldaten starben insgesamt auf beiden Seiten. Weitere rund 700.000 Kombattanten verloren durch Seuchen ihr Leben. Die Zahl der Exekutionen durch die *Roten* wird in der westlichen Literatur zwischen 50.000 und 200.000 beziffert. Wie viele Menschen infolge staatlicher Repressionen ihr Leben verloren, ist unbekannt. Der Terror seitens der *Weißen* ist ebenfalls ungenügend dokumentiert. Schätzungen gehen von 20.000 bis 100.000 Morden an Sympathisanten der Gegenseite aus. Hinzu kommen noch 50.000 bis 100.000 Opfer jüdischer Herkunft. Die Juden, unter der Zarenherrschaft von der Beamtenlaufbahn ausgeschlossen, bildeten beim Aufbau der Verwaltung unter den Bolschewiki ein Reservoir an gebildeten Fachkräften, die nicht im Dienst des vorherigen Regimes gestanden hatten. Dies wurde in der weißen Propaganda für antisemitische Parolen ausgenutzt.

Säuberung

s. Stalinsche Säuberung

Sankt Petersburg

s. Leningrad

Saratow

war die Hauptstadt der 1924 gegründeten Autonomen Sowjetrepublik der Wolgadeutschen. Nach dem Einwanderungsmanifest von Zarin Katharina II. wurden ab 1764 rund 100 deutsche Kolonistendörfer im Umkreis von etwa 200 km östlich und südlich der Stadt gegründet, die sich im 19. Jahrhundert zu einem bedeutenden Zentrum der Getreideindustrie und der Baumwollweberei entwickelte. 1830 hatte Saratow 45.000 Einwohner, 1897 bereits 137.000. Heute leben wieder ca. 12.000 Wolgadeutsche im Gebiet Saratow.

Schlacht von Stalingrad

Die Wolga, an der *Stalingrad* liegt, war während des Krieges ein wichtiger Nachschubweg der Sowjetunion, besonders für Rüstungsgüter aus den USA. Die Einnahme der Stadt sollte diesen Nachschub unterbinden und einen Vorstoß der Wehrmacht in den Kaukasus mit seinen wichtigen Ölvorkommen absichern. Geführt wurde der Angriff von Generaloberst Paulus, der die 200.000 bis 250.000 Mann starke 6. Armee und Teile der 4. Panzerarmee befehligte. Der Angriff begann im Juni 1942. Lange Zeit hinderte Stalin die Bevölkerung daran, die mit Flüchtlingen überfüllte Stadt zu verlassen, um die Moral der sowjetischen Soldaten zu steigern. Frauen und Kinder mussten beim Bau der Verteidigungsstellungen mithelfen und teilweise sogar kämpfend eingreifen. Weder die Rote Armee noch die Wehrmacht nahmen auf die Zivilbevölkerung Rücksicht. Von den 600.000 Einwohnern, die sich im August 1942 in der Stadt aufhielten, kamen in den ersten Tagen der Schlacht über 40.000 bei Luftangriffen ums Leben. Ende August begann man Einwohner zu evakuieren, doch für eine vollständige Räumung war es zu spät. Etwa 75.000 Zivilisten mussten in der Stadt bleiben, von denen viele erfroren oder verhungerten.

Seit November war die 6. Armee eingekesselt. Die meisten Soldaten starben nicht infolge von Kampfhandlungen, sondern an Unterernährung und Unterkühlung. Trotz der aussichtslosen Lage lehnte Paulus die sowjetische Aufforderung zur Kapitulation ab. Am 31. Januar gab Hitler seine Beförderung zum Generalfeldmarschall bekannt. Er wollte Druck auf Paulus ausüben, unter allen Umständen die Stellung zu halten. Am 2. Februar kapitulierte Paulus dennoch und begab sich in die Gefangenschaft. Innenpolitisch wurde Stalingrad für viele Offiziere zum Anlass, sich der militärischen Opposition gegen Hitler anzuschließen. Von den 108.000 deutschen Soldaten, die in Gefangenschaft gerieten, kehrten nur 6.000 in ihre Heimat zurück. In den Trümmern der Stadt lagen etwa 170.000 gefallene deutsche Soldaten. Die Verluste auf sowjetischer Seite

werden auf etwa 1 Million Zivilisten und Soldaten geschätzt. Paulus kehrte 1953 in die DDR zurück.

Semljanka

ist eine Erdhütte. Um sie zu errichten hob man eine etwa 60 cm dicke Schicht aus dem Boden, schichtete die Wände aus Wiesensoden einen Meter hoch, ließ Öffnungen für Tür und Fenster, stellte auf zwei gegenüber liegenden Seiten einen hohen Pfosten und verband diese durch einen starken Balken, den Swolok, der die Spitze des Daches bildete.

Sondersiedler

s. Sondersiedlung

Sondersiedlung

Auf Beschluss des Rates der Volkskommissare vom 1. Juli 1931 und auf Befehl der OGPU vom 2. Juni 1931 übernahm der GULAG der OGPU die Leitung der Sondersiedler und deren Arbeitseinsatz. Zwischen 1928 und dem Todesjahr des Diktators 1953 haben 18 Millionen Menschen diese Sondersiedlungen durchlaufen.

Sowchose

Bezeichnung für einen landwirtschaftlichen Staatsbetrieb. Im Gegensatz zu den *Kolchosen* befanden sich die Sowchosen im Staatsbesitz mit angestellten Lohnarbeitern. Sie wurden ab 1919 aus staatlichen und privaten Gütern gebildet, um den Bauern die Vorzüge der gemeinschaftlichen Bewirtschaftung zu demonstrieren. In den 1970er-Jahren produzierten sie knapp 50 Prozent der agrarischen Gesamtproduktion der UdSSR. In den Jahren nach 1991 haben sich viele Sowchosen (und Kolchosen), weil sie unrentabel waren und die junge Bevölkerung in die Städte zog, aufgelöst. Zurück blieben Kulturruinen und Landbrachen von großem Ausmaß.

Stalingrad

das heutige Wolgograd, hieß ursprünglich Zarizyn. Mitte des 19. Jahrhunderts wurde Zarizyn zu einem Handelszentrum, vor allem für Öl aus Baku. Im *Bürgerkrieg* (1917–1920) gab es hier erbitterte Kämpfe. 1925 wurde die Stadt in Stalingrad umbenannt. 1942–1943 wurde sie in der *Schlacht von Stalingrad* vollständig zerstört. Der Wiederaufbau begann gleich nach ihrer Befreiung 1943. Im Rahmen der Entstalinisierung wurde der Name 1961 in Wolgograd geändert. In jüngster Zeit mehren sich nationalistische Stimmen, die Stadt wieder in Stalingrad umzubenennen.

Stalino

s. Donezk

Stalinsche Säuberungen

die Bezeichnung für Repressalien unter Stalin. Sie erreichten ihren Höhepunkt in der so genannten *Großen Säuberung* von 1936 bis 1938. Die Aktionen waren oft als gerichtliche Verfolgung getarnt und durch unter Folter erpresste Geständnisse begründet (Schauprozesse). Eine zweite Säuberungswelle setzte zu Beginn des Jahres 1948 ein. Sie war hauptsächlich gegen Juden gerichtet, die als *wurzellose Kosmopoliten* denunziert wurden. Diese Kampagne endete mit Stalins Tod 1953. Stalins Propaganda rechtfertigte die *Säuberungen* als vorbeugende Beseitigung politischer Gegner. Etwa drei Jahre nach Stalins Tod wurden auf dem XX. Parteitag der KPdSU die Verbrechen Stalins verurteilt.

Die Zahl der Opfer ist Gegenstand vieler Diskussionen. Seit dem Zusammenbruch der UdSSR war es möglich, Angaben durch Archive zu erhalten. Ihnen entnahm man, dass etwa 800.000 Gefangene unter Stalin exekutiert worden seien, 1,7 Millionen seien im *Gulag* gestorben und 389.000 *Kulaken* während der Umsiedlungen umgekommen – insgesamt ungefähr 3 Millionen Opfer. Inzwischen weiß man, dass die Daten unvollständig sind, da über einige Opfergruppen keine sorgfältigen Daten erhoben wurden. Dazu gehören die Opfer ethnischer Deportationen und die Vertreibung der deutschen Bevölkerung nach dem II. Weltkrieg. So vertreten heute einige Wissenschaftler die Meinung, die Opfer Stalins überschreiten nicht die 4 Millionen, während andere glauben, die Zahl liege wesentlich höher. Stalins Biograf Wolkogonow schätzt, dass von 1929 bis 1953 19,5 bis 22 Millionen Menschen zu Tode kamen.

Stettin

Hier wurde 1729 Katharina die Große geboren. 1944 richteten Bombenangriffe der britischen Luftwaffe große Schäden an, und am 26. April 1945 wurde Stettin von der Roten Armee erobert. Nach Kriegsende war der genaue Verlauf der Demarkationslinie zwischen der Sowjetischen Besatzungszone Deutschlands und den unter polnische Verwaltung gestellten deutschen Gebieten noch unklar. Am 5. Juli 1945 wurde Stettin unter Bruch alliierter Vereinbarungen und des Potsdamer Abkommens von der sowjetischen Besatzungsmacht an Polen übergeben und in *Szczecin* umbenannt. Die Ansiedlung von Polen ging mit der Vertreibung der deutschen Bevölkerung einher. Der Hafen wurde erst 1955 von der Sowjetunion an die Stadt übergeben.

Swerdlowsk

war von 1924 bis 1991 der Name der Stadt Jekaterinburg an den östlichen Ausläufern des Ural, in einer Region mit reichen Bodenschätzen. Die Stadt wurde 1721 von Zar Peter I. als Eisenhüttenzentrum angelegt und nach seiner Gattin, der späteren Kaiserin Katharina I., benannt. Die industrielle Entwicklung wurde durch den Bau der Transsibirischen Eisenbahn gefördert. Zar Nikolaus II. und seine Familie wurden auf Initiative Lenins von den Bolschewiki 1918 in Jekaterinburg hingerichtet. 1924 wurde die Stadt zu Ehren des Sowjetführers Jakow M. Swerdlow in Swerdlowsk umbenannt. Nach Auflösung der UdSSR Ende 1991 erhielt die Stadt ihren alten Namen zurück. Die Einwohnerzahl beträgt heute etwa 1,29 Millionen.

Tataren

s. Tatarstan

Tatarstan

liegt am Zusammenfluss von Wolga und Kama. Die Tataren sind ein Turkvolk, das im 13. Jahrhundert im Zusammenhang mit der Invasion der Mongolen nach Westen kam. Das von den Mongolen gebildete Chanat Kasan, wurde 1552 von Zar Iwan IV. erobert und in den russischen Staat eingegliedert. Die tatarische Kaufmannschaft behielt ihre wirtschaftliche Bedeutung, vor allem im Handel zwischen Russland und den muslimischen Staaten Zentralasiens. 1920 machten die Bolschewiki Tatarstan zu einer Autonomen Sozialistischen Sowjetrepublik. Während der Auflösung der Sowjetunion erklärte sich Tatarstan 1990 zur föderativ souveränen Republik. Moskau investiert in Tatarstan großzügig, um sicherzustellen, dass es in der rohstoffreichen Republik keine nennenswerten Unabhängigkeitsbestrebungen gibt. Tatarstan gilt als eine der reichsten Republiken der Russischen Föderation. Erdöl- und Erdgasvorkommen tragen zu diesem Reichtum bei.

Bei der Volkszählung 2002 machten die Tataren 2 Millionen der 3,8 Millionen Einwohnern Tatarstans aus. 1,5 Millionen waren Russen. Amtssprachen sind Russisch und Tatarisch, die sowohl mit kyrillischen wie mit lateinischen Buchstaben geschrieben werden. Die Zahl der Tatarisch sprechenden Tataren beträgt knapp 8 Millionen weltweit, davon leben 5,8 Millionen in den GUS-Staaten.

Trudarmee, bzw. Trudarmija, deutsch: Arbeitsarmee

war eine militarisierte Form der Zwangsarbeit von 1941 bis 1946. Betroffen waren vor allem Russlanddeutsche, aber auch wehrpflichtige Finno-Ugrier, Ungarn, Rumänen und Italiener. Zunächst wurden die russlanddeutschen Armeeangehörigen in Bautrupps versetzt. Ab September 1941 wurden alle russlanddeutschen Männer im Alter von 17 bis 50 Jahren einberufen. Ab Oktober 1942 folgte auch die Einberufung der Frauen. Freigestellt waren nur Schwangere und Mütter von Kindern unter drei Jahren. Dies führte zur Verwahrlosung oder zum Tod eines Teils der zurückgebliebenen Kinder.

Die Arbeitstrupps unterstanden dem NKWD. Ähnlich wie *Gulag*-Häftlinge wurden sie für Schwerstarbeit beim Bau von Eisenbahnlinien und Industrieanlagen, im Bergbau oder beim Holzfällen eingesetzt. Nach Ende des II. Weltkriegs wurden die Trudarmisten in die reguläre Belegschaft der Betriebe eingegliedert. Die Zusammenführung ihrer Familien war erst Ende der 1950er-Jahre abgeschlossen. Eine Rückkehr in ihre Siedlungsgebiete blieb den Russlanddeutschen verwehrt. Sie mussten schriftlich auf Entschädigung für das enteignete Vermögen verzichten. Die russische Geschichtsforschung begann sich erst Ende der 1980er-Jahre mit diesem Thema auseinanderzusetzen.

Tscheka

(s. auch *NKWD*) ist die 1917 gegründete politische Polizei der UdSSR. Sie wurde zur Bekämpfung der Opposition und ausländischer Geheimdienstaktivitäten eingesetzt und vielfach umbenannt (GPU, OGPU, GUGB, NKGB, MGB, KGB). Hiervon abgeleitet wurde der Ausdruck *Tschekisten* für die Mitarbeiter von Geheimdiensten in den Staaten des Warschauer Pakts. Ihre Mitarbeiterzahlen stiegen von 600 Anfang 1918 auf 40.000 Ende 1918 und 280.000 Anfang 1921. Die Tscheka wurde von den Bolschewiki als *bewaffneter Arm der Diktatur des Proletariats* bezeichnet. Sie war die Hauptstütze für das als *Roter Terror* (1918–1919) bezeichnete Regime, das sich gegen Adel, Grundbesitzer und Bürgertum richtete, gegen zaristische Offiziere, nichtbolschewistische Sozialisten, Geist-

liche und oppositionelle Teile der Arbeiterschaft sowie mit den Requirierungen vor allem auch gegen die Bauernschaft. Die Schätzungen über Erschießungen, Folterungen und Einweisungen in Lager bewegen sich von 250.000 bis 1 Million Opfer.

Tscheljabinsk

war vor dem Bau der Transsibirischen Eisenbahn 1896 unbedeutend. Mit dem Bahnanschluss wurde die Stadt zu einem wichtigen Industriestandort des Russischen Reichs bzw. der Sowjetunion. Die T-34 Panzer und *Stalinorgeln* wurden hier gebaut, so dass die Stadt während des II. Weltkriegs auch *Tankograd* (Panzerstadt) genannt wurde. Tscheljabinsk wurde ein Rüstungs-, Industrie-, Verkehrs- und Kulturzentrum von landesweiter Bedeutung. Die metallurgischen Kombinate gehören zu den größten Russlands und Europas. In der Umgebung gibt es Braunkohle, Steinkohle und weißen Marmor. Bereits 1941/1942 befand sich in Tscheljabinsk ein Straflager. Mit dem Zustrom deutscher Kriegsgefangener entwickelten sich hier ganze Lagerzonen. Die Sterblichkeit war so groß, dass die Lager ständig mit neuen Gefangenen aufgefüllt wurden. Zwischen 1943 und 1948 starben hier etwa 24.000 Menschen, darunter auch deutsche Zivilverschleppte.

In der Nähe der Stadt befindet sich die geheime Atomtestsperrzone *Tscheljabinsk 70*, deren Existenz erst 1992 öffentlich bekannt wurde. 150 km von der Stadt entfernt liegt das Chemiekombinat Majak, früher als *Tscheljabinsk-65* bezeichnet, wo während der Sowjetzeit der Hauptanteil des kernwaffenfähigen Plutoniums für die

Atomwaffen-Produktion gewonnen wurde. Da die sowjetische Planung wichtige Sicherheitsvorschriften außer Acht ließ, ereigneten sich mehrere Unfälle, bei denen große Mengen an radioaktivem Material freigesetzt wurden. Der Kyschtym-Unfall von 1957 war die bis heute gravierendste nukleare Havarie. Die Explosion wurde in sowjetischen Zeitungen offenbar als Wetterleuchten erklärt. Der benachbarte Karatschai-See gilt als der am stärksten verschmutzte Ort der Erde. Das Wasser des Flusses Tetscha wurde zur Kühlung direkt durch den Reaktorkern geführt und hoch kontaminiert in den Fluss zurückgeleitet – eine Trinkwasserquelle für 120.000 Menschen. 2003 wurde der Betrieb der Atomanlage gestoppt, dennoch lief im Oktober 2007 flüssiger radioaktiver Abfall aus einem Tank 1,5 km eine Straße entlang. Die Verstrahlung der Gegend beträgt die doppelte bis sechsfache Menge des in Tschernobyl freigesetzten Materials. Über Opferzahlen ist aus Gründen militärischer und politischer Geheimhaltung nur wenig bekannt.

Tschetschenien

Am Ende des II. Weltkriegs wurde die tschetschenische Bevölkerung von Stalin deportiert und konnte erst nach 1956 in ihre Heimat zurückkehren. 1991 erklärte Tschetschenien seine Unabhängigkeit, was die massenhafte Flucht der russischsprachigen Bevölkerungsteile nach sich zog (200.000 bis 300.000 Menschen). 1994 erteilte der russische Präsident Jelzin den Befehl zur militärischen Intervention. Der fast zweijährige Krieg kostete mindestens 80.000 Menschenleben und machte 500.000 Tschet-

schenen zu Flüchtlingen. Die russische Armee und tschetschenische Freischärler machten sich schwerer Menschenrechtsverletzungen schuldig. 1997 unterzeichneten Jelzin und der demokratisch gewählte Präsident Maschadow einen Friedensvertrag. Bis 1999 verwandelte sich Tschetschenien in ein Rückzugsgebiet für mafiaähnliche Vereinigungen, die im ganzen GUS-Raum operierten. Als es in Russland wiederholt zu Sprengstoffanschlägen kam, gab es Gerüchte, sie seien vom russischen Geheimdienst FSB verübt worden, um einen Vorwand für den zweiten Tschetschenienkrieg zu liefern und so den Wahlkampf Putins zu unterstützen. Der ehemalige FSB-Mitarbeiter Litwinenko hat dies bis zu seiner Vergiftung immer wieder behauptet. 1999 marschierte die russische Armee erneut in Tschetschenien ein. Bei den Wahlen im Jahr 2003 schaffte es Russlands Präsident Putin, seinen Kandidaten Achmad Kadyrow durchzusetzen. Die Wahl wurde von westlichen Politikern und Menschenrechtsorganisationen als Farce bezeichnet. 2004 wurde Kadyrow bei einem Bombenanschlag getötet. Seit Beginn des Krieges wurden Tausende Zivilisten, vorwiegend junge tschetschenische Männer, unter dem Vorwurf des Terrorismus verschleppt, gefoltert und ermordet. Seit 2007 ist der für seine Skrupellosigkeit und Brutalität bekannte Ramsan Kadyrow, der Sohn des getöteten Achmad Kadyrow, Präsident des Landes.

Ukaz

Der Erlass vom August 1941 zur Deportation der Sowjetdeutschen und zur Auflösung der Autonomen Republik der Wolgadeutschen lautete: „… Entsprechend glaubwürdigen Nachrichten … befinden sich unter der in den Volga-Rayons lebenden deutschen Bevölkerung … Zehntausende von Diversanten und Spionen, die nach einem aus Deutschland gegebenen Signal … Sprenganschläge verüben sollen … Um … ernsthaftes Blutvergießen zu verhindern, hat das Präsidium des Obersten Sowjets … es für notwendig befunden, die gesamte deutsche Bevölkerung … umzusiedeln … Für die Ansiedlung sind die … Gebiete Novosibirsk und Omsk, … Altaj, Kasachstan … zugewiesen worden. …" Der Vorsitzende des Präsidiums des Obersten Sowjets der UdSSR gez. M. Kalinin, Moskau, Kreml, 28. August 1941.

Ukraine

Die Ukraine wurde 1921 von der Roten Armee unter Trotzki in einem blutigen Krieg an Sowjetrussland angeschlossen. Für die junge Sowjetunion war die Ukraine die *Kornkammer*. Der durch den *Bürgerkrieg* verursachten Hungersnot 1921–1924 fielen unzählige Menschen in der Ukraine und anderen Teilen Russlands zum Opfer. Als Stalin die Landwirtschaft zwangsweise kollektivieren ließ, kamen 1932–33 noch einmal schätzungsweise 6 bis 10 Millionen Menschen durch Hungersnöte um. Die Hungerkatastrophe in der Ukraine wurde von Journalisten im Frühjahr 1933 an die Weltöffentlichkeit getragen. Neuere westliche Forschungen distanzieren sich von Versuchen, die Verantwortung des stalinistischen Systems zu leugnen oder zu relativieren.

Während der deutschen Besetzung im II. Weltkrieg war die Ukraine Schau-

platz zahlreicher Massenmorde an Juden und sowjetischen Kriegsgefangenen. Besonders im Osten und Süden der Ukraine kam es zu Hungersnöten, da der Bevölkerung die Nahrung entzogen wurde. Der II. Weltkrieg forderte in der Ukraine etwa 6,5 Millionen zivile Todesopfer, davon etwa 750.000 jüdische Ukrainer. Viele Dörfer und Städte wurden 1943 beim Rückzug der Deutschen Wehrmacht zerstört. Es gab 1945 in der Ukraine etwa 10 Millionen Obdachlose. Zwischen 1941 und 1947 tobte zudem nicht nur ein Partisanenkrieg gegen die deutschen Besatzer, sondern in der westlichen Ukraine operierte eine Unabhängigkeitsbewegung, welche gegen die Sowjets und gegen die polnische Heimatarmee kämpfte und die Vertreibung der polnischen Bevölkerung betrieb.

Usbekistan

Durch Usbekistan verlief seit dem Altertum ein Teil der Seidenstraße. Das 16. Jahrhundert war eine Blütezeit der Wirtschaft, Baukunst, Dichtung und der Malerei. Auf Dauer waren die Usbeken jedoch durch die persische Eroberung von dem sich entwickelnden Welthandel abgeschnitten. Im 19. Jahrhundert geriet das Land in die Interessenssphäre Russlands, das schließlich die Kolonialherrschaft ausübte. Das Gebiet des heutigen Usbekistan wurde vom Russischen Reich annektiert. 1929 wurde Tadschikistan von Usbekistan getrennt. 1937 formierte sich eine moskauhörige Staatsbürokratie, nachdem die einheimische Parteiführung dem stalinistischen Terror zum Opfer gefallen war. 1959 bis 1983 regierte der Parteifürst Scharaf Raschidow in einem Paradebeispiel lokaler Partokratie. 1991 wurde Usbekistan für unabhängig erklärt. Danach gab es wiederholt Nationalitätenkonflikte.

Weißrussland

wurde 1921 eine der sozialistischen Sowjetrepubliken. In den 1930er-Jahren fiel der maßgebliche Teil der weißrussischen Intelligenz der stalinistischen Säuberung zum Opfer. Nach dem sowjetischen Einmarsch in Ostpolen – zum großen Teil weißrussisches und litauisches Siedlungsgebiet – im September 1939, wurden in der Mehrheit Angehörige der polnischen Minderheit und bürgerlich-adliger Schichten deportiert, inhaftiert und ermordet. Nach dem Einmarsch der Deutschen wurde 1942 die sowjetische Partisanenbewegung ins Leben gerufen. Im Januar 1944 gab es über Tausend Abteilungen mit fast 200.000 Partisanen, von denen über die Hälfte in Weißrussland operierte. Laut einem Bericht der Kommunistische Partei Weißrussland vom April 1944 haben Partisanen in den vorausgegangenen zweieinhalb Jahren 368.515 deutsche Soldaten und Offiziere sowie 19.030 Polizisten und Soldaten der mit den Deutschen Verbündeten getötet und 8.269 Züge in die Luft gesprengt – bei dem relativ geringen eigenen Verlust von 7.814 Gefallenen. Dem widersprechen deutsche Schätzungen: Danach kamen durch sowjetische Partisanen ca. 45.000 Personen um – etwa die Hälfte davon deutsche Soldaten.

Während der 3-jährigen deutschen Besatzung Weißrusslands wurden viele Städte und Hunderte Dörfer zerstört, ihre Bewohner ermordet, in die Flucht getrieben oder zur Zwangsarbeit nach Deutschland verschleppt. Schätzungsweise 1 Million Zivilisten der 9 Millionen zählenden Bevölkerung kamen um, darunter 550.000 Juden, 345.000 Opfer der *Partisanenbekämpfung* und 100.000 Angehörige anderer Volksgruppen. Hinzu kommen etwa 700.000 Kriegsgefangene, die meist elendig verhungerten.

Die Wolchow-Front

bestand von 1941 bis 1944. Ihr Hauptauftrag war die Verteidigung der Stellungen am Wolchow und die Aufhebung der Belagerung Leningrads. 1942 gelang es Generalleutnant Wlassow, die deutschen Stellungen zu durchbrechen. Allerdings wurden die russischen Einheiten aufgerieben. Wlassow begab sich in Gefangenschaft, wo er die Russische Befreiungsarmee aufbaute, die kaum zum Einsatz kam.

Wolgograd

s. Stalingrad

Wolhynien

ist ein Gebiet im Nordwesten der heutigen Ukraine. 1914 lebten dort etwa 250.000 Deutsche. Im Laufe des I. Weltkriegs wurden sie alle zwangsausgesiedelt, ein Großteil nach Sibirien deportiert. 1918 durften sie theoretisch zurückkehren. Bis 1924 kamen ca. 120.000 nach Wolhynien zurück. 1921 wurde Wolhynien zwischen Polen und der sowjetischen Ukraine geteilt. Als Folge der Aufteilung Polens im geheimen Zusatzprotokoll des Hitler-Stalin-Paktes wird Wolhynien 1939 erneut sowjetisch und die deutsche Bevölkerung ins Wartheland umgesiedelt. 1941 wird Wolhynien von Deutschland besetzt. Unter den Augen der deutschen Besatzung beginnen ukrainische Nationalisten 1943 die polnische Zivilbevölkerung systematisch zu vertreiben und zu ermorden. Als Wolhynien nach Ende des II. Weltkriegs an die Sowjetunion fällt, werden die überlebenden Polen umgesiedelt. Im Gegenzug werden die Ukrainer im Gebiet des südöstlichen Polens – in den Nachkriegsgrenzen! – in der *Aktion Weichsel* in die Oder-Neiße-Gebiete deportiert, soweit sie zuvor nicht für die Sowjetunion optiert hatten.

Nachwort

Briefwechsel Prof. Dr. Igor Narsky – Prof. Dr. Jörg Baberowski

Tscheljabinsk, den 12. Mai 2009

Lieber Jörg,

das Anliegen von Bruni Adler, das heutige Russland besser zu verstehen und dazu beizutragen, die grenzüberschreitende Begegnung der Menschen in Ost und West zu erleichtern, schätze ich hoch. Besonders jetzt, da alte Ängste aus der Zeit des Kalten Krieges leider wieder spürbar werden. Ich bin von dem Buch der Autorin sehr beeindruckt. Frau Adler hat mit Zeitzeugengesprächen viel Erfahrung. Sie hat in den letzten Jahren zwei ähnliche Projekte zur deutschen und deutsch-polnischen Vergangenheit veröffentlicht. Als Journalistin und ausgebildete Psychotherapeutin gelingt es ihr, Menschen zum offenen Erzählen zu bewegen. So kamen Aussagen zustande, die manche Zeitzeugen jahrzehntelang für sich behalten hatten. Mehr noch: nach den Begegnungen mit Frau Adler haben ihre Gesprächspartner ihr erlaubt, diese Interviews über eine belastende Vergangenheit zu veröffentlichen. Aus meiner Erfahrung mit Oral History muss ich gestehen: das ist nicht selbstverständlich. Das passiert nicht oft.

Ihre zusammengetragenen Erinnerungen sind voller wertvoller Details, die Emotionen, Einzelheiten des Alltags und Überlebenstechniken wiedergeben, die in „konventionellen" historischen Quellen selten zu finden sind. Das erlaubt Leserinnen und Lesern, die tragischen, grauenvollen Gräueltaten des 20. Jahrhunderts aus einer gefährlich nahen Perspektive zu betrachten und hautnah zu fühlen. Manche Geschichten haben mich zutiefst erschüttert. Die Ergebnisse dieser mühevollen Arbeit verdienen großen Respekt.

Bei der Lektüre wurde ich auch mit einigen Fragen konfrontiert. Diese betreffen erstens die Organisation der Interviews in Russland; zweitens

Besonderheiten der historischen Verortung persönlicher Erinnerungen; drittens das Verständnis des Verhältnisses zwischen Erinnerungspolitik und privater Erinnerung in der UdSSR und im heutigen Russland und viertens die Bedeutung von Schuldgefühlen in Deutschland und Russland. Diese Problembereiche, die mir im Laufe der Lektüre durch den Kopf gingen, betrachte ich der Überlegung wert. Auch dafür bin ich Frau Adler dankbar.

Leider, so scheint mir, fanden Frau Adlers Gespräche in Russland manchmal unter ungünstigen Bedingungen statt, im Lesesaal einer Bibliothek oder in der Garderobe eines Klubs. Es ist auch bedauerlich, dass die Übersetzer keine professionellen Dolmetscher waren, sondern Deutschdozenten, Deutschlehrer und Deutschstudenten. Dadurch sind womöglich manche Schattierungen in den Gesprächen verloren gegangen.

Die historischen Bezugspunkte für die persönlichen Geschichten der Sowjetbürger sind in Frau Adlers Text vor allem die Hungersnot 1932/33, der „Große Terror", der Hitler-Stalin-Pakt, die verschiedenen Deportationen, der Krieg 1941–1945 und der GULag für Kriegsgefangene beider Seiten. Bestimmte Orientierungspunkte und Fragestellungen ziehen, wie man weiß, bestimmte Antworten nach sich. Frau Adler interessiert sich offenbar dafür, „wie Täter gemacht werden – und selber zu Opfern werden können." Sie interessiert sich für die Opfer ideologischer Massenmanipulation und für die Opfer von Gewaltexzessen kaltblütiger Regime. Ihre Gesprächspartner erscheinen oft so, als ob sie Manipulation und Gewalt ohnmächtig ausgeliefert gewesen wären, beinahe wie Marionetten in einem Theater des Verbrechens. Dabei kommt vielleicht hin und wieder zu kurz, dass diese Zeitzeugen auch persönlich erlebte Geschichten des Überlebens unter unmöglichen Umständen erzählen.

Damit komme ich auf das Problem der Erinnerung zu sprechen, auf die Wendepunkte und Brüche der Erinnerungspolitik in der UdSSR. Man darf nicht vergessen, dass die harten sowjetischen Erinnerungsschablonen zweimal – während Chruschtschows „Tauwetter" und Gorbatschows „Perestrojka" – brüchig wurden. In den 1960er-Jahren wurden die inoffiziellen Erinnerungen über die „unangenehme" Vergangenheit vom Staat nicht nur verordnet, sondern gleichzeitig auch kanalisiert – und dann nach und nach unterdrückt. In den späten 1980er-Jahren verlor die sowjetische Obrigkeit die Kontrolle über die neue Erinnerungsflut, die im Endeffekt massiv zum Zusammenbruch der Sowjetunion beitrug. Beide Wellen haben Muster für die persönliche Aufarbeitung einer schmerzhaften Vergangenheit geliefert, die von der Autorin und ihren Zeitzeugen aber leider nicht thematisiert werden.

Ich bin jedoch weit davon entfernt, die aktuelle russische Situation des Erinnerns beschönigen oder rechtfertigen zu wollen. Die akuten Probleme des Umgangs mit der Gewaltgeschichte würde ich wie folgt formulieren: Im öffentlichen Diskurs zirkulieren unversöhnliche Deutungsmuster, die so gut wie keinen gemeinsamen Nenner haben. Andreas Langenohl definiert diese Situation als „Erinnerungspluralität ohne Leitplanken".
Der „Große Vaterländische Krieg" gegen Deutschland spielt dabei die Rolle einer Art Prüfsteins aller Interpretationen des Stalinismus. Verlauf und Ergebnisse des II. Weltkriegs dienen als Argument für Verurteilung oder Rechtfertigung der stalinistischen Diktatur.
Die Erinnerung an den II. Weltkrieg löst viel stärkere Emotionen aus als alle anderen Ereignisse der Stalinzeit, die mit Makroverbrechen verbunden sind, sei es die Zerstörung des Dorfes Anfang der 1930er-Jahre, der „Große Terror" oder Repressalien des Spätstalinismus.
Die Diskussion über die belastende Vergangenheit stellt derzeit einen undifferenzierten Kampf für eine einzige „Wahrheit" dar. Alternative Deutungen werden je nach dem, von welcher Seite sie kommen, als Verrat oder Fälschung der Geschichte abqualifiziert. In diesem Kampf sind alle Mittel recht, wobei administrative Gewalt das stärkste Argument ist.

Diese Hindernisse beim Reflektieren der russischen Gewaltgeschichte sollen jedoch nicht den Eindruck erwecken, die Aufarbeitung der belastenden Vergangenheit sei hoffnungslos verbaut. Die Bevölkerung in Russland hat eine breite Palette von Mechanismen der individuellen Vergangenheitsbewältigung entwickelt. Der persönliche Umgang mit der Geschichte ist viel kritischer als die institutionell organisierte offizielle Erinnerung. Das zeigen Umfragen und Interviews mit Zeitzeugen des Stalinismus. Andererseits sollte nicht jeder Versuch staatlicher Institutionen, den Diskurs über die Vergangenheit zu steuern, sofort als gefährliche autoritäre Tendenz gedeutet werden. Der Diskurs über die russische Gewaltgeschichte braucht in der Tat einen Rahmen und ein Mindestmaß an Konsens.

Der derzeitige Diskurs über die totalitäre Vergangenheit in Russland verlockt zur Gegenüberstellung mit der Vergangenheitsbewältigung in Deutschland. Das Einordnen des Umgangs mit einer belastenden Vergangenheit in Kategorien von „Erfolg" und „Scheitern" stammt aus der Zeit des Kalten Krieges und ist eine Vereinfachung. Nicht nur das Maß an Demokratie in Staat und Gesellschaft beeinflusst den Umgang mit Geschichte, sondern auch das internationale politische Klima, Generationskonflikte und anthropologische Konstanten von Erinnerungsprozessen. Darauf verweisen in der Tat einige verblüffende Parallelen in der Dynamik der Aufarbeitung totalitärer Vergangenheit in Deutschland und der Sowjetunion.

So waren die Positionen der Regierungen hinsichtlich der Erweiterung des definierten Täterkreises und der Verschärfung ihrer strafrechtlichen Verfolgung in den 1950er-Jahren in beiden Ländern zögerlich. Die Intensivierung der Aufarbeitung der Gewaltgeschichte markierten in Deutschland und Russland die 1960er-Jahre und besonders die Mitte der 1980er-Jahre, als der Kalte Krieg langsam abebbte. Sowohl in Russland wie auch in Deutschland ist heute die Tendenz zu beobachten, Deutsche und Russen verstärkt auch als Opfer von Totalitarismus und Kriegsverbrechen zu sehen. In Russland und im östlichen Teil Deutschlands werden heute außerdem nostalgische Verklärungen der autoritären Regimes der 1960er- und 1970er-Jahre spürbar. All das weist darauf hin, dass der Vergleich des Umgangs mit der deutschen und russischen Geschichte differenzierter gesehen und nicht auf polarisierende Gegenüberstellung reduziert werden sollte.

Die Bedingungen der Vergangenheitsbewältigung in Deutschland und der Sowjetunion unterschieden sich gravierend, vor allem dadurch, dass die Vergangenheitsaufarbeitung in der UdSSR unter Chruschtschow und Gorbatschow „von oben" veranlasst wurde und nicht wie im ehemaligen Westdeutschland und in der DDR „von außen" kam. In der UdSSR sollte der Umgang mit der belastenden Vergangenheit eine geschwächte Regierung legitimieren. Dabei stieß das Regime schnell an Grenzen, weil die offizielle Version der stalinistischen Makroverbrechen nur die Kommunistische Partei als Opfer anerkannte.

In Russland gab es weder Alliierte noch postautoritäre Kontrollen, um eine umfassende Vergangenheitsaufarbeitung zu unterstützen und gegen die Meinungselite durchzusetzen. Auch ist nicht zu vergessen: in Deutschland hat das Konzept der kollektiven Schuld die „Tätergeneration" von den eigenen Kindern isoliert und die NS-Geschichte zur mehr oder weniger bewältigten Vergangenheit gemacht. In Russland ist die Situation dagegen prinzipiell anders: der „Große Vaterländische Krieg" ist heute der letzte Gründungsmythos, der identitäts- und sinnstiftend wirkt und soziale Integrität unterstützt. Kinder und Jugendliche in Russland reden über diesen Krieg auch heute noch in Wir-Form. Ich kann mit Sicherheit prognostizieren, dass die russische Regierung den Sieg der UdSSR im II. Weltkrieg noch lange Zeit für politische Ziele instrumentalisieren wird, weil sie darin ein wesentliches Mittel der eigenen Legitimierung und der sozialen Zementierung sieht.

Damit komme ich zum Problem der Umdeutung von Scham- und Schuldgefühlen. Jeder hat eigene Vorurteile, auch Historiker, die sich in diesem Punkt nicht von anderen Sterblichen unterscheiden. Frau Adler geht in ihrem Manuskript von der pazifistischen Idee aus, dass alle Opfer gleich sind. Rational und emotional stimme ich diesem Gedanken zu. Wenn es aber um die NS-Zeit oder die Stalin-Epoche geht, stoße ich an eine unüberwindbare persönliche Barriere. Das ist der Punkt, an dem Wissenschaft aufhört und familiäre sowie persönliche Erfahrungen und Emotionen einsetzen. Kann ich im gleichen Maß Mitleid mit meinem Urgroßvater, einem alten, blinden Priester, der von NKWD-Leuten erschossen wurde, und für seine Henker, die später möglicherweise auch erschossen wurden, empfinden?

An diese Grenzen stößt vielleicht auch Frau Adler. Die Leiden der deutschen Zivilbevölkerung werden von ihr in erschütternder Intensität dokumentiert, wogegen die Gräueltaten deutscher Truppen in den okkupierten Gebieten der UdSSR unterrepräsentiert sind. Ist diese Asymmetrie dadurch verursacht, dass die Verbrechen der deutschen Truppen in der Sowjetunion der deutschen Leserschaft längst bekannt sind? Das darf ich bezweifeln, wenn ich an den Schock des deutschen Publikums zurückdenke, als es Mitte der 1990er-Jahre die Ausstellung über die Wehrmacht im Osten besuchte. Und ich frage mich: hat die Hälfte der großen Familie meiner jüdischen Mutter, die in den Ghettos Weißrusslands und in zerbombten Zügen Richtung Osten verschwand, zum Thema „Zerrissene Leben" keine Verbindung?

Und folgt der Logik der Gleichheit der Opfer nicht fast unausweichlich die These von der Gleichheit der Täter? Hilft eine solche Sicht der

„grenzüberschreitenden Begegnung der Menschen im Ost und West"? Dabei will ich nicht behaupten, dass sich die Partisanen den Deutschen gegenüber manierlich verhielten oder dass die massenhaften Vergewaltigungen deutscher Frauen durch Rotarmisten gerechtfertigt werden können. Wahrscheinlich gelange ich aus meiner persönlichen, nicht wissenschaftlichen, sondern menschlichen Perspektive zu keinem klaren Blick.

Trotz dieser Anmerkungen muss ich gestehen, dass ich bei der Lektüre von Frau Adlers Buch vieles gelernt habe. Ich sehe jetzt viel klarer, dass die offiziellen Leitplanken der Erinnerung nicht so effektiv sind, wie ich bisher dachte. Sie können Misstrauen zwischen den Generationen säen, Gesellschaften manipulieren und äußere Loyalität aufrechterhalten. Aber sie sind nicht imstande, persönliche Erinnerungen zu eliminieren. Diese widerstehen offenbar dem offiziellen Erinnerungsdiskurs erfolgreich. So sind die privaten Erinnerungen an die Stalin-Zeit in Russland offensichtlich viel kritischer, als dies der Regierung recht ist. In Deutschland hat die Politik der kollektiven Schuldzuweisung die „Tätergeneration" zwar dazu gebracht, jahrzehntelang zu schweigen. Aber ihre Kinder und Enkelkinder haben nicht nur Täter, sondern auch Opfer gefunden und sind auch außerhalb Deutschlands auf Mitverantwortliche für die Schrecken des 20. Jahrhunderts gestoßen. Niemand kann dauerhaft unter der Hochspannung von Schuldgefühlen leben. Niemand kann sein Leben nur als sinnlose Geschichte der Fehlentscheidungen und des Scheiterns akzeptieren. Jeder hat das Recht, die Zeit als „schön" zu bezeichnen, in der er jung, gesund und verliebt war – egal, unter welchem Regime und unter welchen Umständen er lebte. Genau das tun die deutschen und „russischen" Erzählerinnen und Erzähler im Buch von Frau Adler. Sie erzählen unterschiedliche Geschichten, die unter anderem auch deutlich machen: eine einzige Wahrheit gibt es nicht.

Lieber Jörg, ich bin auf Deine Eindrücke von diesem Manuskript gespannt. Es kann sein, dass Du die Arbeit von Frau Adler ganz anders wahrnimmst, weil sich eben unsere persönlichen Erfahrungen und außerwissenschaftlichen Hintergründe deutlich unterscheiden.

Herzlich
Igor

Lieber Igor,

ich habe Deine kritischen Einwände aufmerksam gelesen und verstehe, warum Du das Buch auf andere Weise gelesen hast als ich es getan habe. Ich glaube, dass die Verschiedenheit unseres Urteils mit der Rolle zusammenhängt, in der wir das Buch gelesen haben. Jeder Autor weiß, dass das Buch, das er schreibt, nicht ihm, sondern dem Leser gehört, der es auf seine Weise verstehen kann und darf. Die Wahrheit steht nicht in den Texten, sie entsteht in der Interpretation von Texten. Man kann ein Buch auf vielerlei Weise lesen: als Zeitzeuge, als interessierter Laie, als Empörter und Beleidigter, als Richter und Rechtfertiger, als Historiker und Wissenschaftler, und man wird in diesen Funktionen das Gelesene wahrscheinlich unterschiedlich beurteilen.

Wir haben Bruni Adlers Buch auf verschiedene Weise gelesen, aber wir können uns als Historiker nicht mit dem Hinweis begnügen, wir verstünden es nur deshalb auf verschiedene Weise, weil wir uns in anderen gesellschaftlichen Kontexten an die Vergangenheit erinnern. Denn wäre es so, wäre das Verstehen unmöglich. Ich habe mich darum bemüht, den Text als Historiker und nicht als Zeitgenosse zu lesen, der nur dem Meinungsdienst verpflichtet ist. Ich habe mir, als ich Deine Einwände las, folgende Wirklichkeit vorgestellt: ein Historiker schreibt ein Buch, in dem die Verbrechen von Wehrmachtssoldaten beschrieben werden. Es trägt den Titel: „Verbrechen der Wehrmacht". Ich lese und wundere mich. Das, was dort beschrieben wird, entspricht doch überhaupt nicht meinem Geschichtsgefühl. Ich empfinde, was dort gesagt wird, als Anklage. Mein Vater, so mein innerer Einwand, war doch nur ein einfacher Panzerfahrer an der Westfront. Er hatte doch niemals an Erschießungen und Gräueln teilgenommen. Er hatte nicht einmal eine Gelegenheit dazu bekommen. Und er hatte sich immer als Opfer des Regimes und des Krieges gesehen, so sehr, dass er später nicht einmal die Spielzeugwaffen der Kinder in seiner Umgebung ertragen konnte. Warum spricht das Buch nicht auch davon? Dann meldet sich der Historiker in mir zu Wort. Er formuliert sogleich Einwände gegen das Geschichtsgefühl des Erinnernden. Denn er weiß, dass der Autor von den Verbrechen der Wehrmacht erzählen wollte und deshalb nicht nur das Recht, sondern auch die Pflicht hatte, davon und von nichts anderem zu erzählen. Alles, was sonst noch über die Wirklichkeit des Kriegsalltags hätte erzählt werden können, konnte er also weglassen. Ich muss mich daher damit abfinden, dass die Erinnerungen meines Vaters in diesem Buch nicht vorkommen können. Ich kann dem Autor nicht zurufen: Sie haben meinen Vater und seine Erfahrungen vergessen! Sie haben nicht die ganze Geschichte erzählt! Denn wir wissen, dass es die ganze Geschichte nicht gibt. Es gibt nur Geschichten, die aus Perspektiven erzählt werden.

Bruni Adlers Buch trägt den Titel *Zerrissene Leben*. Sie möchte das Leiden und Sterben von Opfern beschreiben, solcher Opfer freilich, deren Stimmen bislang weder in Russland noch in Deutschland zu hören waren: deutsche Soldaten und Kriegsgefangene, Opfer von Vergewaltigungen, ehemalige „Ostarbeiter" und Angehörige nationaler Minderheiten, die in der Stalin-Zeit aus ihrer Heimat vertrieben worden waren. Man kann eine solche Geschichte als Historiker erzählen, indem man die Erlebnisse in einen großen Zusammenhang einordnet und chronologisch anordnet, um Ursachen und Wirkungen von Ereignissen und Erlebnissen sichtbar zu machen. Man kann auf solche Einordnungen aber auch verzichten und sich darauf beschränken, das Erlebte fühlbar und hörbar zu machen, indem man die Opfer sprechen lässt. Denn wer wissen will, wie Menschen die Schrecken des Krieges und der Diktaturen des 20. Jahrhunderts erlebt haben, kann sich nicht darauf beschränken, Verfassungen und Verordnungen zu untersuchen, sondern muss sich den Erinnerungen jener zuwenden, die in der inszenierten und veröffentlichten Meinung keinen Platz gefunden haben. Man könnte auch sagen, dass es die Erlebnisse der Außenseiter sind, die uns das scheinbar Vertraute in neuem Licht zeigen. Der britische Historiker Orlando Figes hat in seinem Buch *Die Flüsterer* vorgeführt, wie solche Geschichten erzählt werden können und müssen und was dabei herauskommt, wenn man die Opfer sprechen lässt. Das ist es, worauf es auch Bruni Adler ankommt, der es in ihren Miniaturen des Schreckens auf eindrucksvolle Weise gelingt, die Erfahrungen der

Zeitgenossen so zur Sprache zu bringen, dass die Stereotypen von Tätern und Opfern, Helden und Verrätern, wie sie vor allem in der Sowjetunion erzählt werden, verblassen. Mich hat die Geschichte des Soldaten Anatolij Alexejewitsch Gulin besonders berührt, der 1941 in deutsche Kriegsgefangenschaft geriet, der erleben musste, wie er und seine Kameraden misshandelt wurden, von deutschen Soldaten ebenso wie von Esten und Letten, die den Besatzern als Bewacher dienten, wie sie sich aus Verzweiflung und weil sie überleben wollten, für die Wlassow-Armee anwerben ließen und wie sie nach dem Krieg als Verräter und Feinde von den eigenen Landsleuten misshandelt, eingesperrt und erniedrigt wurden. Wann haben diese Menschen über ihre Erfahrungen je sprechen können? Wer hat je für sie gesprochen und ihrem Leid eine Stimme gegeben?

Nun ist es zweifellos wahr, dass man mit den Erinnerungen von Menschen mit großer Sorgfalt umgehen muss. Wir wissen, dass die Erinnerung kein authentischer Ausdruck des Vergangenen ist und in ihr das Leben auch nicht aufbewahrt wird. Erinnerungen sind keine Spiegel der Vergangenheit. Man erinnert sich immer wieder neu an das, was man erlebt hat, weil die Erfahrungen, die man in der Zwischenzeit gesammelt hat, das Erlebte in ein neues Licht rücken.

Nun ist es aber keineswegs so, dass sich die privaten Erinnerungen von Menschen stets in den Rahmen der veröffentlichten und verordneten Erinnerung einfügen. Die deutschen und russischen Erfahrungen sind gute Beispiele für die Parallelität erlaubter und unterdrückter Erinnerungen. Manche Erinnerungen konnten in die großen Erzählungen von der Schuld oder vom Sieg integriert werden, manche nicht. In der veröffentlichten Erinnerung in Deutschland durften deutsche Soldaten und Zivilisten nicht Opfer gewesen sein, auch wenn Millionen Menschen sich an das Erlebte auf diese Weise erinnerten. Russen waren stets nur Opfer, die sich am Ende in Sieger verwandelten. Wer für sich nicht in Anspruch nehmen konnte, auf der Seite der Sieger gewesen zu sein, musste schweigen. Denn in Russland gab es keine Möglichkeit, die offizielle Version der Erinnerung in Frage zu stellen oder sie zu kritisieren.

Zweifellos konnten Deutsche wie Russen nach dem Krieg sich auf eine Weise an das Geschehen erinnern, die es ihnen ermöglichte, Teil eines großen Ganzen zu werden. Deutsche, die öffentlich Schuld eingestanden, wurden Teil einer Gemeinschaft von Lernenden und Vorbildern, an denen andere sich ein Beispiel nehmen sollten. Russen, die sich den Krieg nur als Veranstaltung von Siegern vorstellen durften, konnten nicht nur ihren Frieden mit dem bolschewistischen Regime machen. Sie konnten den Schrecken der Stalin-Zeit, dem Massenterror und der Gewalt nachträglich einen Sinn geben. Ihr Leiden war nicht umsonst. Sie hatten für einen Zweck gelitten und waren am Ende Sieger. Einmal in ihrem Leben durften Bauern Sieger sein. Warum hätten sie dieses Angebot nicht dankbar aufgreifen sollen? Denn ein anderes Leben als das Leben in der Diktatur war nicht möglich und nicht vorstellbar. Nicht einmal in Deutschland konnten Menschen über ihre traumatischen Erfahrungen unbefangen sprechen. Zwar drohten ihnen keine Repressionen, wenn sie sich zu Gehör bringen wollten. Man überhörte sie einfach oder gab ihnen zu verstehen, dass ihre Erinnerungen im öffentlichen Raum nicht erwünscht seien.

Es hatte in Russland keinen Regimewechsel gegeben, bis zu seinem Ende bestimmte das Regime, welche Erinnerungen einen Platz im Gedächtnis der Nation haben sollten. Menschen, deren Erfahrungen nicht Teil der offiziellen Heldengeschichte sein konnten, mussten schweigen: ehemalige Ostarbeiter und Kriegsgefangene, Deportierte und Kollaborateure, vergewaltigte Frauen, Angehörige stigmatisierter Minderheiten. Für sie ist es auch im gegenwärtigen Russland nicht leichter geworden. Nun kann man natürlich einwenden, diese Menschen hätten auch Schönes in ihrem Leben erfahren, seien nicht nur Opfer von Gewalt gewesen, denn schließlich haben sie überlebt und konnten am Ende ihre Erlebnisse auch jemandem anvertrauen. Aber wozu soll ein Buch, das vom Leiden und Sterben spricht, von den schönen Seiten des Lebens erzählen? Dann hätte es doch sein Thema verfehlt. Hätte Bruni Adler ein Buch über die Erinnerungskultur in der späten Sowjetunion verfasst und darin über die schönen Seiten des Lebens geschwiegen, man hätte sie zu Recht kritisiert. Aber von einem Buch, das den Titel *Zerrissene Leben* trägt, sollte man nicht erwarten, dass in ihm das Glück und die Freude an erster Stelle stehen, die es im Leben dieser Menschen zweifellos auch gegeben haben mag.

Die Geschichten, die Bruni Adler erzählt, weisen in ein Gelände, das noch nicht erkundet worden ist. Sie eröffnen ein Feld, auf dem jene ihre Stimme erheben, die nicht sprechen konnten. Ich kann nicht erkennen, dass der Text Verbrechen zu rechtfertigen oder Mitleid mit Tätern und Opfern zu erzeugen versucht. Er identifiziert nicht einmal Schuld und Verantwortung, sondern erzählt von den Schrecken des Terrors und der Gewalt und den Techniken des Überlebens unter scheinbar ausweglosen Umständen. Von den Verbrechen und Gräueln der deutschen Besatzer ist an mehreren Stellen des Buches die Rede, nicht zuletzt in der Lebensgeschichte des

Soldaten Anatolij Alexejewitsch Gulin, der Opfer der nationalsozialistischen wie der stalinistischen Gewaltexzesse geworden war und dessen Leben in der Ausweglosigkeit auf erschütternde Weise symbolisiert, worin die Essenz des Vernichtungskrieges bestand.

Historiker wollen verstehen, was Menschen getan haben. Sie klagen die Überlebenden und die Toten nicht an und sie richten auch nicht über sie, so hat der französische Historiker Marc Bloch einmal über den Beruf des Historikers geschrieben. So habe ich auch das Anliegen Bruni Adlers verstanden. Deshalb glaube ich, dass sich Deine Vorwürfe und Einwände auf Fragen beziehen, die in diesem Buch gar nicht thematisiert werden.

Mit herzlichem Gruß
Jörg

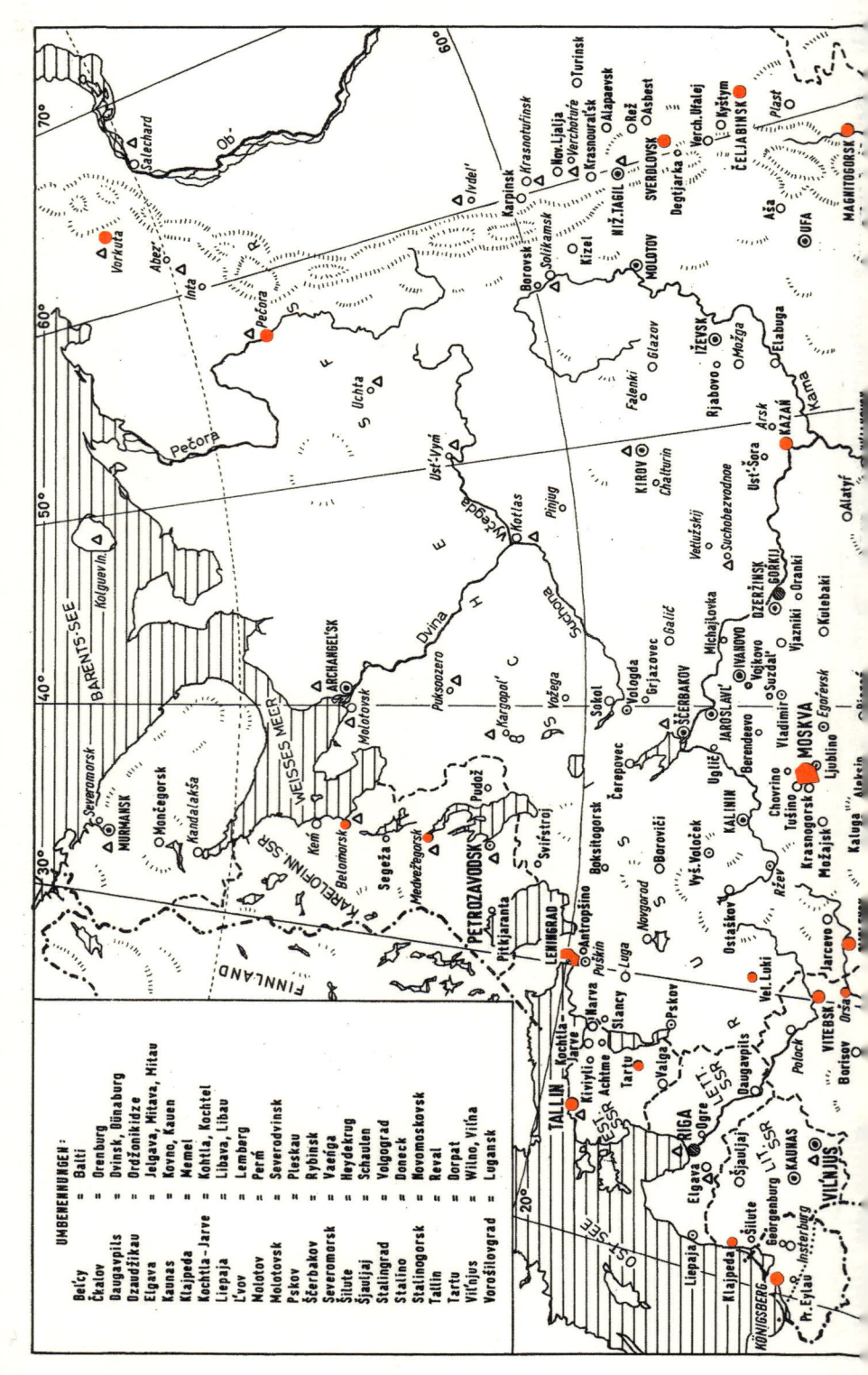